【北京社科名家文库】

新旧中国的交替

BEIJING SHEKE MINGJIA WENKU

金冲及自选集

金冲及◎著

首都师范大学出版社
CAPITAL NORMAL UNIVERSITY PRESS

图书在版编目(CIP)数据

新旧中国的交替／金冲及著. —北京：首都师范大学出版社，2014.7
(北京社科名家文库)
ISBN 978-7-5656-1972-4

Ⅰ. ①新… Ⅱ. ①金… Ⅲ. ①中国历史—近现代—文集 Ⅳ. ①K250.7—53

中国版本图书馆 CIP 数据核字(2014)第 156712 号

北京社科名家文库
XINJIU ZHONGGUO DE JIAOTI
新旧中国的交替
金冲及自选集
金冲及　著

项目统筹：杨林玉　　责任编辑：刘志勇
责任设计：王征发　　封面绘画：王征发
责任校对：李佳艺　　责任印制：何景贤
首都师范大学出版社出版发行
地　址　北京西三环北路 105 号
邮　编　100048
电　话　68418523(总编室)　68982468(发行部)
网　址　www.cnupn.com.cn
北京集惠印刷有限责任公司印刷
全国新华书店发行
版　次　2014 年 9 月第 1 版
印　次　2014 年 9 月第 1 次印刷
开　本　710mm×1 000mm　1/16
印　张　36　　插　页　1
字　数　426 千
定　价　85.00 元

《北京社科名家文库》编委会

出版说明

1978年，中国改革开放的元年。自那一年开始，中国已经走过了波澜壮阔的30年。这是伟大的30年，是改变中国的30年，是震惊世界的30年，也是哲学社会科学蓬勃发展的30年。

在哲学社会科学这30年的辉煌成就里，浸透着为新中国哲学社会科学奠基的老一辈专家呕心沥血的求索，也镌循着寻着他们足迹的后来者追求真理的步伐。“学之大者，国之重器”。我们有责任将这些“大者”潜心研究的成果，重新编辑出版以飨读者。为此，北京市社会科学界联合会和首都师范大学出版社将这一套《北京社科名家文库》奉献给读者。她以自选集的体例形式，每年推出一批，争取在几年内达到百种以上。《北京社科名家文库》将系统展示当代哲学社会科学名家学者30年来的学思精华，展示他们的学术探索历程和风采。同时，为使这套《北京社科名家文库》更加丰富，编委会决定在首都师范大学出版社已出版的《当代著名学者自选集》中挑选符合体例的图书，编辑成《北京社科名家文库·纪念辑》，这将更完整地反映北京学人在学术风范和学术使命上的历史延续。

我们相信，《北京社科名家文库》将能够成为具有文化传承价值的经典性大型出版工程，成为集中展示首都哲学社会科学重要成果的一个窗口。由于我们水平所限，定有不足之处，希望读者和同仁给予批评指正。

编 委 会

2009年11月

金冲及先生

目录

北京社科名家文库

我的治学经历

我1930年12月出生于上海。1947年考入复旦大学史地系(1949年改为历史系)读书。当年选择读历史，思想上有过斗争，因为那时读历史的人找工作很困难，有个吃饭问题。但自己实在喜欢历史，感到它讲的是古往今来那些最重要的历史事件、最动人的历史场面、最有智慧最有才能的历史人物，有着多么大的吸引力！知道了一些后，又会产生更多的好奇心，希望知道更多。那时年纪小，将来工作的事等到将来再说吧。就这样，读了历史这门专业。

进了大学，最初是用功读书的。但当时的局势使自己无法再平静地读下去。眼看着国家和社会状况一天天坏下去，眼看着国民党当局的倒行逆施和种种暴行，如果国家和民族没有前途，什么个人理想和出路都谈不上。面对这种情况，一个有正义感、有血性的年轻人怎么能不顾这一切而只是埋头读书？于是我就横下一条心，全身心地投入了当时的爱国民主运动，并且在1948年年初加入了地下共产党。当年8月底，又遭到国民党政府特种刑事法庭的传讯和通缉。根据党组织的要求，在外面躲了几个月，不能出去，也无法参加活动。不过利用这些时间读了不少理论书籍，对自己还是很有帮助的。

上海解放后回到学校，我忙于接连不断的政治运动，还先后担任校务委员会常务委员(学生代表)、学生会主席，常常缺课。

即便如此，学校里系统的专业教育对我的影响依然很深很深。我听过周谷城、周予同、谭其骧、胡厚宣、蒋天枢等老师讲的课，还选读过冯雪峰、唐弢、章靳以等老师的课，谭先生八十华诞时，我给先生的贺信中讲到：老师言传身教对学生的潜移默化作用，年轻时也许没有明确地意识到，时间相隔越久，这种感受反而越来越强烈。如果年轻时没有受到过先生和其他老师的熏陶、在心中对怎样才算是做学问树立起一种无形的标尺，不如此就不敢拿出来，恐怕连今天这点微薄的成果也难以取得。这确是我由衷之言。

不能不说到，我在课外还挤出时间读过不少马克思主义的书籍。解放前主要是读生活书店、新知书店、读书生活出版社的书，解放初主要是读新华书店出版的书。那时还年轻，读的又是基本理论和基础知识方面的书，在头脑里深深扎了根，可以说终生受用不浅。我很感慨：许多书籍和它们的作者为人们所熟知，但在它的背后，这些书籍在怎样的历史环境中得到出版，许多出版工作者当年怎样历尽辛劳，策划和组织这些书籍的出版，并把它送到读者手中，却很少为人所知，文化史著作中也很少提到他们，这是不公平的。

1951 年，我从复旦历史系毕业，留在学校里先后担任团委书记、教务部副主任、教学科学部副主任等。最初内心也有过一些矛盾，希望回到自己最喜欢的历史专业去。但转眼想想：革命的胜利得来多么不易，难道能一胜利就各奔前程？那样自己良心上也过不去。所以，从这时起直到 2004 年从中央文献研究室常务副主任的岗位上离休，每天八小时在办公室上班，前后共 53 年。

从个人来说，幸运的是 1952 年复旦党委鼓励有条件的党政干部在系里兼课，那时叫“双肩挑”。这自然是我十分愿意的。正好教育部在院系调整后规定大学历史系都要设置中国近代史课程(那时指的是从鸦片战争到五四运动的历史)，我参加编写教学大纲。由于过去史学界的传统是很少把中国近代史看作学问的，老先生极少专治中国近代史的，这又给了我一个机会：从1953年起给学生讲中国近代史的课，先是给新闻系讲，以后给历史系讲，1960年起又带了5个研究生(当时叫“副博士研究生”)这算是“副业生产”。

讲课的头几年没有写什么研究文章，很幼稚地认为有了范文澜的《中国近代史》和胡绳的《帝国主义与中国政治》，一些基本问题都讲清楚了，还有什么可研究的？当时的史学刊物只有《历史研究》(1954年创刊)和天津的《历史教学》、河南的《新史学月刊》(后两种刊物篇幅都很少)。还有一些杂志和报纸上有不多的史学文章。中国近代史方面，除太平天国史外，发表的研究文章实在很少。这种状况和今天真是大不相同。

我发表的第一篇史学文章是《历史研究》1955年第2期上的《关于中国近代历史分期问题的意见》。写那篇文章，事前并没有想很多，只是因为胡绳同志上一年在《历史研究》创刊号上发表了一篇《中国近代史的分期问题》，影响很大。他主张用阶级斗争的表现作为中国近代史中划分时期的标准。我那时教这门课已经一年多，觉得应该以社会经济的发展和阶级斗争的状况结合起来，作为划分时期的标准。这两者是一致的。春节那天，我在办公室里值班，想起这件事就写了一篇比较长的意见寄给《历史研究》编辑部，当时也没有想到他们会发表，只是像写一封长的读者来信那样，所以用了这个题目。没想到《历史研究》很快就发表了，引起史学界的重视。从这件事我深深感到：编辑部对年轻人的热情扶持，对他日后的成长实在是很重要的。

这一年，我还写过一篇《论1895年到1990年英国和沙俄在中国的矛盾》，发表在复旦大学的学报上。这是我第一篇利用原始资料写成的史学论文，其实只能算成习作或尝试，但我当时是用心写的。

第二年，我又写了一篇《云南护国运动的真正发动者是谁》。它比上一篇有进步：上一篇基本上是叙述性的，这一篇可以初步地说是分析性以至辩论性的。以前，对反对袁世凯称帝的护国运动发动者是谁有许多不同说法，如说是蔡锷、唐继尧、梁启超以及孙中山领导的中华革命党等。这篇论文收集了当时能找到的尽可能多的原始资料，进行分析和比较。结论是：云南护国运动的真正发动者是辛亥革命时期受过革命思想薰陶的新军中下级军官。后来，李根源先生的公子李希泌告诉我：他父亲当年看了这篇文章后颇为称赞。李根源先生在清末做过云南讲武堂总办，护国运动时担任总参议。得到他的肯定，我自然很高兴。《人民日报》也介绍了这篇文章。那几年，我一年只写一篇论文。觉得与其一年写十篇文章都在原地踏步，不如一年用心地写好一篇文章能比原有水平有所长进，力求写一篇文章进一步。看来，在研究工作起步的时候，这样做是有好处的。

在大学里工作有一个很大的好处，除教学相长外，可以共同切磋学问的人多，还可以和不同学科的学者交换意见。其中，同我一起谈论学术问题最多、合作时间最久的是胡绳武同志。他比我年长七岁，我进大学时他是同系四年级学生，还算是同学。我们先是合作写论文，到 1959 年合作出版了我们第一部学术著作《论清末立宪运动》，许多看法都是两人平时在读书后议论出来的。

随着年岁稍长和学术上的积累稍多，就考虑到研究工作应该确定重点方向。这样，奋斗才有目标，精力才能集中，研究工作才能做得更深透一些。不能老是东一枪西一枪什么都弄一下，而什么都如蜻蜓点水、并不深入。这也是“伤其十指，不如断其一指”的意思吧。本来，我们对太平天国、洋务运动、戊戌变法、义和团等都写过文章。

经过反复斟酌和筛选，两人确定把辛亥革命作为共同的重点研究方向。为什么做出这样的选择？第一，辛亥革命在中国近代历史上十分重要，这不需要多说。第二，它当时在近代史研究中恰恰是个薄弱环节，我们作为教学主要参考书的范文澜同志的《中国近代史》只写到义和团为止。第三，复旦所藏这方面的图书报刊资料比较多，自己对它也特别有兴趣。当然，重点并不等于唯一。在大学里教书，其他方面的有关知识也需要不断补充和思考，这对拓宽自己的视野和思路是有益的。

1961 年，我们两人一起到武汉参加辛亥革命五十周年学术讨论。那时和现在大不相同，全国性的学术讨论会极少，复旦不算闭塞，但我们还是第一次参加这种会议。回来后，就决心共同写一部多卷本的《辛亥革命史稿》，力求写得扎实些，在分析上有些突破。1963 年，第一卷已经写完，上海人民出版社已经决定出版，编辑部看过稿子后的具体意见也给了我们。但当时的政治空气越来越紧张。听说夏衍同志准备拍电影《秋瑾》，江青就讲："怎么！现在还要宣传国民党？"我们这部书的主体是讲国民党的前身兴中会和同盟会，这时候拿出去，岂不是自己往枪口上撞？就搁置了下来。没想到这一搁就搁了 18 年。

史学工作者中，我的处境也许比较特殊。前面说史学对我是"副业生产"，其实在大多数时间内几乎只能算是"业余爱好"，主要工作是在晚上八九点钟以后和节假日做的。不过，我还可以说是"科班出身"，不是"票友下海"，这又要感谢母校给我的教育和在大学工作的有利环境。

为什么在这种情况下，除了讲课还能在研究工作中做一点事？我的体会是：要打破两个思想障碍：一个是"等"，总想等条件好了再大干一番；另一个是"怨"，老抱怨受到客观方面的种种限制，放松对自己的要求。等和怨，都是徒劳无益的事情，只会起消极作用，时间就会被白白地耽误掉。唯一的办法只有不等不怨，抓紧每一点自己可能支配的时间，进行学习和研究。只要目标认定了，就下狠心干下去。不管环境如何，工作的进度在必要时可依实际情况调整，但目标一定要完成，不能动摇。

这种处境，对研究工作其实也有很多好处：第一，正因为时间太少（八十年代前我在上班时间内不做专业工作，而且常要加班），对时间就格外珍惜。理发时也总要看书，舍不得浪费这二十来分钟，这给理发师傅带来不便，常受到他们批评，但我一直不改。我的孩子笑我：唐山大地震时，第二天下起暴雨而地震棚还没有盖起来，只能在空地上顶着一块塑料布盖着，我就在底下读汤用彤的《汉魏两晋南北朝佛教史稿》。第二，有限的时间会迫使你尽力提高它的利用率。例如，阅读原始资料时一面读一面就用心想，从资料中发现问题并努力寻求答案。随着资料越看越多，最初的想法或者越来越充实，或者需要修正以至全部推翻。当基本资料看完后，这篇文章该怎么写以至它的逻辑层次在头脑里都已想清楚，可以动笔写了。这就省下不少时间。第三，担负一定的行政工作或社会工作，十分有助于真切地了解现实的社会生活，了解它的全部复杂性，学习做出适当的判断。中国有句老话："事非经过不知难。"一个人如果对现实社会生活都缺乏了解和判断能力，要去研究历史上的社会生活和重大事件，尽管发议论也可以讲得头头是道，实际上仍容易讲出许多脱离实际的书生之见。

1965 年，我被调往文化部，在政策研究室工作。说老实话，在上海工作的人一般不愿意到北京来，在大学工作的人一般不愿到机关来，而且那样离我的专业就更远了。我那时倒没有太多想法，只是服从组织调动，来到了北京。到北京后，和在复旦时不同，晚上和假日的时间大体上能自己支配，我又没有其他业余爱好，就可以多读一点自己想读的书。

没想到，“文化大革命”不久就爆发了。1968年1月，复旦的造反派到北京说找我“外调”，在文化部宿舍门口停了一辆汽车，跳出几个人把我架上车开到火车站，就押回复旦，在学生宿舍关了整整一年，到12月把我押回北京，同时带去一份材料。后来才知道那是解放前学生中一个军统特务(当时已判无期徒刑，在青海劳动改造)凭空捏造说我在1948年被告发是地下党员后就成为特务组织“学运小组”成员。在“文革”中，即便没有材料，造反派还竭力想给你“挖”点材料出来，何况送来了这样一份据说写得活灵活现的材料。这件事又审查了四年，其中有三年，我在湖北咸宁“五七干校”处于被监督的情况下种水稻，不许回北京，没有同家里人见面。五年中，除了写交代和检查外没有写过别的。书也不能看。一看书，军训队就来训你：“怎么？没事了？不考虑考虑问题？”

1972年年底，当时负责国家文物工作的王治秋同志不顾我当时的艰难处境，下调令调我到文物出版社，先后担任副总编辑和总编辑，达10年之久。调令一来，原来挂着的是不是特务的结论才做出来，党的组织生活也恢复了。我以前从来没有从事过文物工作和出版工作，离开那里后也没有再做过这两方面的工作。但我从不感到这10年是浪费，相反觉得很愉快，很有收获。

那时，全国出版文物书籍的出版社只有这一家。能够有系统地策划并整理出版祖国这些珍贵遗产，当然很兴奋，觉得为此投入自己全部心力是值得的。以往，史学工作者一般着重对历史文献的研究，对考古发掘资料不是很熟悉，而许多重要历史问题(特别是古代史中许多问题)常常需要依靠考古资料来解决。我是学历史的，因此在主管

《文物》月刊时，每发表一篇重要的考古发掘简报，总要求约有关专家写一篇或几篇文章，结合历史文献，说明这些考古成果的价值和它能说明历史(或专门史)上哪些问题，同简报配成一组发表。在出版考古发掘报告时，也这样要求。

出于工作需要，自己的知识面有了拓展：不仅有系统地补充了考古、青铜器、陶瓷、古建筑、书画等方面的基本知识，而且用一年业余时间读完了《资治通鉴》和《续资治通鉴》，接着又读二十四史，几年内读了14部(虽然读得很粗)，因为如果对各个时期的历史大背景缺乏了解，就很难做好文物类图书的编辑工作。同时，从经常接触的考古和古代史专家那里，也学到许多知识，同他们建立起广泛的友谊。

这段历史给我一点体会：无论把你放在什么岗位上，即便不是你熟悉的或原来所期望的，只要全力以赴地投入，总会学到一些东西，有不小的收获。如果抱着临时观点或应付了事，结果时间徒然白白浪费掉而又一无所得，那才是很不值得的。

在出版社工作的后期，“四人帮”粉碎了。我又利用晚上和假日时间，和胡绳武同志一起，把已放下多年的《辛亥革命史稿》重新拣起来，修改第一卷，续写第二至第四卷。第一卷在1981年出版，全书在1991年出齐，共140多万字。这件工作只能在业余做，确实很苦。但自己下了狠心，咬紧牙关，走不到爬也得爬到，终于如期完成。这本书论述的范围，起自甲午战争，止于“二次革命”失败，前后共二十年，力求按照历史发展的顺序和阶段性，将政治、经济、思想文化、军事、对外关系融合在一起，描述事态的演变轨迹，而不是把这些方面分割成各自孤立的主题。但全书的主要着眼点是考察这场革命运动发生、发展、胜利和失败的整个过程，而不是写成一部这个时期的中国通史。书中大量引用当时的期刊报纸、当事人的文集和回忆录、有关档案，力求使它成为原创性的研究。后来，获得了第一届郭沫若历史学著作奖。上海辞书出版社现在正准备重印出版。

粉碎“四人帮”后，我本来可以要求回熟悉的专业岗位上来。但想想自己是在最困难的时候被这里调来的，怎么能情况一好就掉头他去，这在道义上说不过去，所以没有提出来，又在那里工作了五年。到1981年夏天，中共中央文献研究室主任李琦同志为准备编写《周恩来传》调我去。因为文化部不肯放，所以先是借调，到1983年初才调成，第二年担任室副主任，1991年担任常务副主任，直到2004年离休。在这个岗位上工作了二十多年。到中央文献研究室后，我虽还担负着不少行政工作和其他任务，但毕竟可以把主要精力放到专业工作上来了。

中央文献研究室的主要任务，一是编辑出版党和国家以及它的主要领导人的文集、文献汇编，二是研究这些领导人的思想和生平。前一方面的工作我也做了一些，做得更多的是后一方面。曾经主编《毛泽东传》建国前部分、《周恩来传》、《刘少奇传》、《朱德传》；共同主编《毛泽东传》建国后部分、《陈云传》、《李富春传》；共同撰写《邓小平传略》。《毛泽东传》和《周恩来传》的建国前部分，分别获得第一届和第三届国家图书奖。个人著作有：《转折年代：中国的1947年》、《五十年变迁》、《二十世纪中国的崛起》、《辛亥革命的前前后后》、《孙中山和辛亥革命》等。

其中，2002年由三联书店出版的《转折年代：中国的1947年》，是我在年过七十岁以后利用公余时间写成的。为什么把1947年称为“转折年代”？因为正是在这一年，统治中国二十年的国民党从优势转变为劣势，由强者变为弱者；反过来，中国共产党却从劣势转变为优势，由弱者变为强者。中华人民共和国的诞生，就是在这个基础上很快到来的。这本书所要回答问题是：为什么会在短短一年内会发生这样巨大的变化，它是怎样一步步走过来的？本书被收入中国出版集团主办的“中国文库”。

到文献研究室工作前，有朋友对我说：当代史没法由当代人来写，因为总会有种种局限性，只能让后人去写。他甚至觉得这是件吃力不讨好的事情，劝我不要做。我的感受，当代人写当代史自然会有它的时代局限性：有些事情多隔些时间也许看得更清楚，后人在论述时更加放得开，以后还会有新的视角和新的材料。但后人也有他们的难处：终究没有在那个时代生活过，研究的依据只能是前人留下的一些资料，而那时的时代氛围、人际关系、民众心理以及影响事态发展的种种复杂因素(特别是大量存在而人们已习以为常的东西)未必都在文字资料上记录下来，后人很容易用他们那时的情况和经验去推想当年的事情，或者把未必准确的个别文字记载当做事情的全体，常有很大的随意性，显得隔膜以至失真。应该说，当代人和后人各有各的作用，各有各的时代局限性，谁也未必能代替谁。至于同时代人，由于各人的经历和认识不同，看法也未必相同。那不要紧，只要力求按照事实写下来，读者完全可以用来比较，得出自己的结论。不可能写出一本谁都同意的历史书来。

我到文献研究室来工作还有一个困难：以往对中共党史只有一些常识，没有作过什么研究。到了50岁才大改行，步入这个新的领域，这确是我的弱点。但并不是到了这个年龄在新挑战面前就只能无所作为了。中央文献研究室有一个极为有利的条件：保存着大量党史资料，特别是主要领导人的原始资料。这太有吸引力了。所以办法只有：不气馁，不取巧，从系统地认真地钻研原始档案着手。多向其他同志请教、脚踏实地、奋起直追。好在党史终究也属于历史科学，具体对象和资料虽有不同，研究方法基本上是一样的：要求尽可能详尽地掌握可靠的历史资料，把它放在当时的社会环境和历史的发展过程中进行考察，理清事情发展的脉络线索，对复杂的问题进行具体分析，实事求是地做出恰当的判断。以往受到的史学训练，对新从事的党史研究工作，确实是很有用的。

1991年内有八个月时间，随胡绳同志住在玉泉山，参加编写《中国共产党的七十年》。这部书要以四十多万字写出党七十年的历史，力求把这个时期的历史理出一个头绪来，做到条理清楚，文字精练，有历史感。期间我又能很多次听到胡乔木同志对党史中许多复杂问题的具体分析，等于得到这两位大师手把手地指点。这段难得的经历，使自己受到很大教益，也进一步领会历史上任何问题都不能脱离当时的宏观全局和历史发展的主线孤立地去考察，那样不但不能对事情有真切和深刻的理解，还容易以偏概全，得出不符合实际的结论来。

在文献研究室工作期间，我曾多次参加中央重要文献的起草工作。这对提高自己的政治水平和了解改革开放以来路线、方针、政策的发展，有很大帮助。至于对1949年以前国民党的历史，我原来比较熟悉并深感：要研究这个时期共产党的历史，不能不同时也了解国民党的历史，有如观察一场棋局，不能只看一方是如何布局和下子的，还必须留心对方怎样布局和下子，否则是看不懂这局棋的。在此期间，我担任过第八届和第九届全国政协文史资料委员会的副主任，在这方面也很有收获。

我是在74岁时从领导岗位上退下来的。这以后，先写过几篇比较长的论文，大多是原来在工作中读了较多原始资料，有所思考，但由于篇幅限制，没能在承担的任务中写进去的东西。从75周岁的第二天开始，动手写一部《二十世纪中国史纲》。这部书约120万字，从中日甲午战争写到2000年。我不会使用电脑打字，只能用笔一个字一个字地写。为什么到了这样的年龄还要做这样一件自讨苦吃的事情？原因之一是：几十年来多次工作岗位和任务的变动，使我的研究范围恰恰包括从清朝末年到改革开放这一百多年，有机会接触到比较多的原始历史资料。而对中国来说，二十世纪是决定我们民族生死存亡的一百年。当这个世纪来临的时候，西方列强的八国联军正占领着中国的首都北京，中国已濒临灭亡的边缘。一百年内，中国经历了三次历史性巨大变化：辛亥革命；中华人民共和国诞生和社会主义基本制度建立；改革开放。到这个世纪结束时，中国的面貌已发生使世界惊讶的变化，正在向社会主义现代化的宏伟目标大步前进。过去我做得多是一个一个专题研究，到老年把它综合起来写成一部纲要性的书，条件是比较有利的。写作时，力求写出二十世纪中国历史的基本脉络线索，又对一些关键性地方多作一点“特写镜头”式的叙述和分析。这部书被列为国家社会科学基金重大委托项目，写了近三年，在2009年9月由社会科学文献出版社出版。印了八万册，看来还是为一些读者所需要的。

多年来同我关系最深的社会团体是中国史学会。因为我最喜爱的工作是史学，对它有一份特殊的感情。我当过中国史学会第二届理事，第三届常务理事，第四、五届副会长，第六届会长，现在是名誉理事。在这里结识了许多不同学科的史学界朋友，建立起很深的友谊。我还担任了中国孙中山研究会的会长。在中国社会科学院近代史研究所，当过十五六年的所学术委员会委员，同他们的关系是特别亲密的。

改革开放以来有一个重要变化，同海外学者建立起比较密切的联系：曾到美国、日本、俄罗斯、法国、澳大利亚、西班牙、加拿大、挪威等国和中国台湾、香港、澳门地区参加各种学术会议，其中不少是关于孙中山和辛亥革命的国际学术讨论会；1998年，曾在日本京都大学担任了半年客座教授；2008年，被俄罗斯科学院全体院士会议选举为外籍院士；在国内也同来访的海外学者有较多的交往。这些活动，开阔了自己的学术视野，注意到许多以前没有想过的问题，增长了知识，是十分有益的。

今年我已经八十周岁，还在北京大学和复旦大学当兼职教授，负责带一些博士研究生。以后，如果健康和精力许可，希望还能在史学领域内做一点力所能及的工作。

金冲及

2012年12月

论传统文化在近代中国的命运*

一

人们常容易有一种错觉，仿佛生活都是从自己开始的。其实无论什么人，当他降临到这个世界上来的时候，在他周围总是早存在着前人遗留的物质生活和精神生活环境。这不能任由他自由选择，即使要加以改变，也必须以它作为出发点。传统就是前人的这种遗存。它是历史的产物。历史是发展的，传统自然也不可能一成不变。但它又有相对的独立性，一旦形成便不会轻易消失。精神生活方面的前人遗存，有些是特殊条件下在较短时间内形成的，对人们留下的印象不深，比较容易改变；而更多的是在长时间内，通常经过多少代人的积累，得到众多人的认可和习惯而形成的，包括价值取向、思维方式、风俗习尚、行为规范等等，不会轻易改变，那就被称作传统文化。

传统文化看起来仿佛无形，却是一种巨大的力量，在

* 原载2011年10月28日在中国社会科学院举办的"首届中美学术高层论坛·传统"上所做的报告。

相当程度上左右着人们的行动。按照它去做，便容易得到周围大多数人的赞许。想要冲破它，违反它，便会遭受许多人的指责，甚至遇到极大的阻力。历史有它的连续性。实行新旧交替，通常需要经历漫长的逐步演变的过程。

要讲中国的传统文化，不能不注意到这个国家有别于其他许多国家的一些重要特点：第一，中国是一个幅员辽阔的东方大国。它的地理环境，北有沙漠，西有崇山峻岭，东临大海。虽自汉唐以来对外有着沟通，但大体说来，它的文化自成系统，是独立发展起来的。外来文化如果不中国化，便很难在这里生根。第二，中国有文字记载的历史，几千年来绵延不绝，从来没有中断过，也没有被外来文化取代过，前后演进的轨迹十分清晰。这是和其他一些文明古国不同的。这种根基深厚、层层积累起来的文化，有自己的鲜明个性，很难改变。第三，中国历史上，统一是主流。人们长期生活在统一国家中，对它有浓烈的认同感和归属感。中国的社会组织一向以家庭为细胞，人们把国看成家的放大，所以有“国家”的称呼。爱国主义，集体主义，在中国传统文化中一直占着突出的地位。第四，中华民族由56个民族组成，又在几千年的经济文化交流和共同利益中形成一个稳固的共同体。中国的传统文化也可以称为“多元一体”。它不仅有着民族的差别，还有地域、流派等差别，但在长期接触中相互影响，相互补充，既有差异又有共同点。儒家文化不能包括所有中国传统文化，但它在长期的中国封建社会中居于主导地位也是事实。

对东西文化的比较，从十九世纪末叶以来一直讨论不止。在很长时间内，由于中国处在落后的地位，人们常把西方文化的优点同东方文化的弱点相比较，来警策和勉励人们前进，这是可以理解的，也是必要的，但未必全面。做这种比较时，在把资本主义时期的西方文化同封建时期的东方文化进行比较以外，是否还应该把中世纪时期的西方文化同封建时期的东方文化做些比较，或者把今天的中国文化同今天的西方文化做些比较呢？如果把这些综合起来考察，结论也许会更全面些。

东方文化（其中影响最大的是中国文化）在几千年绵延发展的进程中确实形成了自己的特点。文化中最重要的，一个是价值取向，一个是思维方式。我们就从这两个方面作一点简单的比较。

在价值取向方面，中国传统文化的主流一直强调集体意识，把集体的地位放在个体之上。如“天下兴亡，匹夫有责”，“先天下之忧而忧，后天下之乐而乐”，“己欲立而立人，己欲达而达人”，“苟利国家生死以，岂因祸福避趋之”等等都是例证。美国学者费正清、赖肖尔、克雷格在《东亚文明：传统与变革》一书中写道：“东亚人在群体生活经验方面要远远丰富于其他各民族。”“个人适应群体，家庭适应社会，与其他民族的所谓社会经验相比较，这些关系间很少出现摩擦，也很少产生孤立感。”“东亚社会存在着一种超乎寻常的黏着力和无与伦比的组织力。这些特征的根源在于隐藏在当地各民族丰富的历史经验背后的深厚的历史传统。”“西方的所谓自由或个人主义观念在东亚的传统中缺少共鸣。”①这确是重要的差异。

在思维方式方面，前辈学者张岱年教授做过这样的概括：“中国传统文化的思维方式，确有自己的特点，这主要表现为两种基本观点，一为总体观点，二为对立统一观点。”②

① ［美］费正清、赖肖尔、克雷格：《东亚文明：传统与变革》，3、8页，天津，天津人民出版社，1992。

② 张岱年：《文化与哲学》，7页，北京，教育科学出版社，1988。

中国传统文化特别看重从总体上去观察和把握事物，认为绝不能把事物的各个部分看作孤立的、互相分割的或机械排列的，而是相互联系、相互制约的整体。从“天人合一”的大原则，到《周易大传》所说“天行健，君子以自强不息”、“地势坤，君子以厚德载物”的民族精神，再到中医、中国绘画、中国建筑等具体学科，都有着同西方文化相异的特色。中国传统文化又认为，在相互联系的整体中总有主导的因素，因而在认识和分析问题时强调要追寻“大本大原”，要做到提纲挈领、纲举目张，不习惯碎片化的烦琐哲学。它的流弊是常易失之笼统，不看重量化分析，这对科学发展是不利的。但也有它的长处。

再说对立统一的观点。中国传统从来就有“一阴一阳之为道”、“阴阳相错而生变化”、“物极必反”、“否极泰来”、“祸兮福所倚，福兮祸所伏”这类思想，认为万事万物不是永恒不变的，这种变化来自事物内部对立面的相互作用。尽管从宏观视野来看，它没有摆脱循环论的框架，但仍表现出不少朴素的辩证思维的因素。

中国传统文化，还有一点决不能忽视：在世界范围内，中国的封建社会可算得高度发达。封建主不但倚仗经济、政治、军事的力量来实现它的统治，并且在思想文化领域内也精心地编织成一套严密的观念网络，渗透在中国传统文化中，牢牢地束缚人们的头脑。它的消极作用，越到后来表现得越明显。

封建社会是以小生产为主体的农业社会为基础的。社会的细胞是家庭。作为小生产者的农民本来十分分散，缺少组织性，孙中山把它称为一盘散沙，马克思把它比作一袋马铃薯。在这种落后的情况下，要维系秩序的稳定和生产的运作，只有依靠各个家庭中的“家长制”，这是当时的历史条件所决定的。封建统治者便利用这种自然形成的人际关系加以延伸和扩大，有了“君父”和“子民”的说法，建立起“君为臣纲，父为子纲，夫为妻纲”的严格等级观念和伦理信条，从人们幼年时起就不断加以灌输，仿佛已成为不容置疑的天经地义。以后，随着专制主义的加强，更发展到“君要臣死，臣不得不死”、“天下无不是底父母”这样极端荒谬的地步，强调绝对服从，成为阻碍社会进步的沉重枷锁。

农业社会还有一个特点，就是生产的发展是缓慢渐进的。中国封建社会又发展到很成熟的程度，许多制度已接近凝固。长期以“天朝大国”自居，更养成一种盲目自满的心理。“天不变，道亦不变”，正是这种社会心态的反映。这一切，形成巨大的惰性。如果不受到异乎寻常的强刺激，不容易使它出现大幅度的变革，历史也难以大步前进。

总之，中国传统文化的内容相当复杂：既包含中华民族在几千年社会生活中自然形成的合理处理人与人之间关系的许多道德原则和行为规范，包含先人们在分析周围事物时表现出来的高度智慧，又有着封建统治者为维护它的统治利益而精心培育的思想毒素。这两者并不是清楚地截然分开的，往往是你中有我，我中有你地糅合在一起。这就使怎样正确认识和对待它显得十分不易。简单地肯定一切和否定一切都是不对的。

二

中国进入近代，是以 1840 年的鸦片战争为开端的。它使中国丧失作为独立国家的完整主权，领土被割，开始走上半殖民地半封建社会的道路。中国人遇到的对手是以往十分陌生而此时已远比中国发达的西方列强。这是前所未有的大变化。但人们对它并不能立刻有深刻的认识，还以为那只是一时的挫折。第二次鸦片战争中，英法联军占领中国首都北京，火烧圆明园，这该是很大的刺激了。但西方国家随后帮助清朝政府把太平天国镇压下去，又使封建士大夫们仿佛得到了足够的补偿，兴高采烈地高唱起“同治中兴”来。洋务运动更使许多人产生虚幻的安全感，觉得这样就可以实现“自强”和“求富”。人们继续麻木不仁地在原来习惯的路子上生活下去。

事实本来早就可以提醒人们认识到中国不仅在许多方面已大大落后于西方国家，就是中国的传统文化也有着严重的缺失。但由于人们对世界的巨变依然很少了解和认识，所以很长时间内在思想文化领域内并没有产生巨大的变动，依然认为自古圣贤相传的那些大道是不可移易的。

曾国藩很懂得那些东西对巩固封建统治的极端重要性。他写了一篇《江宁府学记》说：“先王之制礼也，人人纳于轨范之中。”“孟子言：无礼无学，贼民斯兴。今兵革已息，学校新立，更相与讲明此义，上以佐圣朝匡直之教，下以辟异端而迪吉士。”①就是说：为了重新稳定已被打乱的封建统治秩序，光靠杀戮是远远不够的；还要把传统文化中的封建礼教抬出来，实行所谓“隆礼”，使“人人纳于轨范之中”，才能够从根本上“辟异端”、“销乱萌”。

这以后的30年间，表面上歌舞升平，骨子里却在向下沉沦，传统文化依然照旧地延续着，了无生气。一些早期的改良主义者，如王韬、马建忠、郑观应等，提出了一些发展资本主义的主张，但在强大的旧思想面前显得如此软弱，总要小心翼翼地声明一下：“虽然，此皆器也，而非道也，不得谓治国平天下之本也。夫孔之道，人道也，人类不尽，其道不变，三纲五伦，生人之初已具，能尽乎人之分所当

---

① 曾国藩：《曾文正公八种》，120、121页，上海，新文化书社，1934。

为，乃可无憾。圣贤之学，需自此基。”①否则就会在社会中受到太大的压力。事实上，他们在思想界的影响实在还很小。

当时的知识分子一般还是那种旧式的封建士大夫。他们孜孜攻读的还是那些古老的“圣贤之书”，以为这才是“大道”之所在，也是他们赖以进身的唯一途径。梁启超回忆早年生活时说：“日治帖括，虽心不慊之，然不知天地间于帖括外更有所谓学也，辄理头钻研。”②以后思想十分激进的章太炎，甲午战前还不是在杭州诂经精舍的隋傅樾埋头钻研古文统学，并不过问多少时事。从水师学堂毕业又留学英国的严复回国后慨叹：“当年误习旁行书(注：指英文书)，举世相视如髦蛮。”③那时知识界的状况，于此可见一斑。

中日甲午战争的失败和《马关条约》的签订，使全中国为之震动。一个极为严峻的问题放在无数爱国者的面前：中国是不是要灭亡了？严复在1895年喊出了“救亡”的口号。1902年留学日本的鲁迅在诗句中悲愤地写道：“灵台无计逃神矢，风雨如磐阁故园，寄意寒星荃不察，我以我血荐轩辕。”④在灭亡的威胁面前，人们对以往的种种、包括思想文化在内，不能不重新考虑了。用梁启超的话来说：“吾国四千余年大梦之唤醒，实自甲午战败割台湾偿二百兆以后始也。”⑤

于是，思想顿时发生巨变。许多先进的中国人不再把传统文化看作万古不变的信条，转而向西方国家寻找救国的真理。年轻的邹容在

---

① 王韬：《国文录外编》，12页，北京，中华书局，1959。

② 梁启超：《三十自述》，《饮冰室文集类编》上，壬寅本，2页。

③ 严复、王栻：《严复集》第2卷，361页，北京，中华书局，1986。

④ 鲁迅：《鲁迅全集》第7卷，135页，北京，人民文学出版社，1936。

⑤ 梁启超：《戊戌改变记》，《戊戌变法》第1册，249页，上海，上海人民出版社，1957。

《革命军》中写道："吾幸夫吾同胞之得与今世界列强遇也，吾幸夫吾同胞之得卢梭《民约论》、孟得斯鸠《万法精理》、弥勒约翰《自由之理》、《法国革命史》、《美国独立檄文》等书译而读之也，是非吾同胞之大事也夫！是非吾同胞之大幸也夫！"①这把当时许多人对原来还很陌生的西方近代文化五体投地、顶礼膜拜的崇敬心情，淋漓尽致地写出来了。

同思想的这种巨变相应，不管是激进的革命派还是温和的立宪派，这时都特别着重宣扬"变"的理论。严复直截了当地写道："建言年之：天不变，地不变，道亦不变。此观化不审、似是实非之言也。""四千年之物，九万里中原，所以至于斯极者，其教化学术非也。"②

为了抵御社会普遍产生的改革愿望，清朝洋务派大臣张之洞写了一本《劝学篇》，提倡"中学为体，西学为用"。他也讲"保国"，也讲"知变"，但首先要"务本"，那就是"三纲为中国神圣相传之至教、礼教之原本、人禽之大防。"③他把"忠君"和"爱国"说成一回事。这本书由清政府谕旨后发给各省督抚、学政，"俾得广为刊布，实为劝导，以重名教而杜卮言"，它在社会上引起广泛的注意，但和以前不同，听从他的人已经不多了。

即便在这时，传统文化并不是单纯作为社会进步的消极对立面存在，它包含的积极因素同样起着作用。戊戌维新运动中，康有为写了一本《孔子改制考》，"托古改制"。他为什么要这样做？梁启超解释道："欲救中国，不可不因中国人之历史习惯而利导之；又以为中国

① 周永林：《邹容文集》，40页，重庆，重庆地方史资料组，1982。

② 严复、王栻：《严复集》第1册，50、53页，北京，中华书局，1986。

③ 张之洞：《劝学篇》，2页，上海，上海书店出版社，2002。

人公德缺乏，团体散涣，将不可以立于大地。欲从而统一之，非择一举国人所同戴而诚服者，则不足以结合其感情，而光大其本性，于是乎以孔教复原为第一著手。”①1906年，已成为革命派的章太炎出狱后到达日本，在留日学生欢迎大会上的讲演中，提出两条最要紧的事，其一就是“用国粹激动种姓，增进爱国的热肠。”②同盟会在民族主义宣传中，中华民族祖先在这块古老国土上艰苦开拓的光荣业绩，许多抗击外来压迫的民族英雄的崇高气节，中国古代灿烂文明的优秀成果，时时处处激励着当时为民族独立而奋斗的志士仁人们。在民权主义宣传中，《孟子》中“民为贵”的思想，黄宗羲《明夷待访录》等的大量印行，也起了积极作用。孙中山提倡的民生主义，同《礼运》篇中“大同”理想的关系，向来为大家所注意。可见，历史是割不断的，当时的革命运动不管表现得怎样激烈，它同人们头脑里根深蒂固的传统文化之间，仍表现出既创新又传承的关系。极端深重的民族危机，又促使越来越多的人意识到中华民族的命运与共，更强化了传统文化中那种“天下兴亡，匹夫有责”的整体观念，康有为提出“群为体，变为用”。严复在宣扬“物竞天择，适者生存”时，强调只有“合群”，才能生存。革命派更是激励人们不惜做出最大的自我牺牲，奋起革命，才能拯救国家民族于危亡之中。这是中国文化中的优秀传统在近代中国社会生活中的重要表现。

辛亥革命是20世纪第一次历史性巨大变化。它一举结束了统治中国几千年的君主专制制度，建立起共和政体。人们欢欣鼓舞，对前途充满了希望。但民国成立后，政权又落到了北洋军阀首领袁世凯手

① 梁启超：《南海康先生传》，《饮冰室文集类稿》下，壬寅本，394页。

② 章太炎：《章太炎政论选集》上册，272页，北京，中华书局，1977。

中。中国重新陷入黑暗的深渊。为了恢复帝制，袁世凯再次大力提倡尊孔读经。他发布《尊孔祀孔令》，亲率百官到文庙行三跪九叩的祀孔大礼。由一些遗老遗少组成的孔教会，还要求在宪法中规定孔教为国教，一时闹得乌烟瘴气。

这是为什么？曾经积极参加辛亥革命活动的陈独秀认为：辛亥革命忙于反对清政府的政治行动，缺少一场对旧思想、旧文化、旧礼教的彻底批判，许多国民的头脑仍被专制和愚昧所牢牢束缚着，缺乏科学和民主的觉悟。这是共和制度不能真正得到巩固的根源。陈独秀把它称为"吾人最后之觉悟。"

针对当时那股尊孔读经的逆流，陈独秀主编的《新青年》进行了有力的反击。它从发表易白沙的《孔子平议》起，接连刊载一系列富有战斗性的论文，如李大钊的《孔子与宪法》，陈独秀的《宪法与孔教》《孔子之道与现代生活》，吴虞的《家族主义的专制主义之根据论》《儒家主张阶级制度之害》等，集中火力，对以儒家为代表的封建礼教、特别是三纲五常等学说，发动了猛烈的抨击。鲁迅在《狂人日记》中写下了一段名言："我翻开历史一查，这历史没有年代，歪歪斜斜的每页上都写着'仁义道德'几个字。我横竖睡不着，仔细看了半夜，才从字缝里看出字来，满本都写着两个字，是'吃人'。"①

这次对封建主义旧思想、旧文化、旧礼教的大讨伐，声势浩大，威力猛烈，所到之处，势如破竹。尽管有些文章在批判旧文化时有片面的、绝对化的缺陷，缺乏具体分析，从肯定一切走向否定一切，但这种强刺激确实帮助许多人从长期麻木不仁的沉睡状况下猛然惊醒过来，起了巨大的思想解放作用，清扫了地基，为人们接受马克思主义

① 鲁迅：《鲁迅全集》第1卷，12页，北京，人民文学出版社，1936。

思想做了重要准备。至于对西方近代文明的顶礼膜拜，在思想界的主流中，时间维持得并不长。由于第一次世界大战带来的巨大灾难和战后西欧社会矛盾的尖锐暴露，由于西方列强在巴黎和会上显现的强权政治冷酷面目，使中国先进分子感到极大失望，对他们失去了原有的吸引力。越来越多的人趋向于接受科学社会主义的思想。以后虽然还有人提出过“全盘西化”的主张，但应者寥寥，无法在中国思想界产生重大影响。

回过头来，再谈同中国传统文化有关的问题。五四运动后，封建主义旧思想、旧文化、旧礼教再也无法恢复以往曾经有过的那种支配一切的地位，但也并非就此销声匿迹。比较突出的是，1934 年蒋介石在对中央革命根据地进行第五次“围剿”时，通令全国推行新生活运动，继袁世凯之后再次掀起尊孔读经的高潮。他在演讲中说：“要成功任何大小事业，都必须依据礼义廉耻的精神”，其中“第一要紧的就是‘礼’”。他又说：“新生活运动最后的目的，就是要使全国国民的生活行动能够整齐划一。这整齐划一四个字的内容是什么呢？亦就是现在普通一般人所说的军事化。”[①]事情很清楚：蒋介石推行新生活运动，主要不是一种文化现象，不是对中国传统文化发起一次再探讨，而是一种政治现象，是借人们比较熟悉的中国传统“礼义廉耻”一类语言，来重整受到人民革命浪潮猛烈冲击的社会旧秩序。蒋介石特别崇拜“曾文正公”。读他关于新生活运动的那些讲话，不由得使人联想起曾国藩的《江宁府学记》，他们的目的无非都在维护和加强原有的统治秩序。这个新生活运动受到鲁迅等强烈批判，在思想文化领域内并没

---

① 《“总统”蒋公思想言论总集》卷 12，88、140 页，台北，中国国民党中央委员会党史委员会，1984。

有产生很大影响。

中国共产党领导人民革命是以马克思主义为指导来进行的，同时十分强调必须实行马克思主义的中国化，必须从中国的实际国情出发，运用中国人喜闻乐见的民族形式。在革命过程中，无论早先的革命根据地还是后来的解放区，都先后掀起声势浩大的土地改革运动，消灭半封建的土地制度，实行耕者有其田。这是中华民族前所未有的社会大变革。没有这场从根本上下手的社会大变革，中国的现代化是谈不上的，进一步清除封建主义旧思想、旧文化、旧礼教更无从谈起。

在社会大变革的实践中，人们对中国传统文化有了比较清醒而全面的认识：既不能肯定一切，也不能否定一切，而要具体分析，做到取其精华，弃其糟粕。1940 年，毛泽东在《新民主主义论》中写道："中国的长期封建社会中，创造了灿烂的古代文化。清理古代文化的发展过程，剔除其封建性的糟粕，吸收其民主性的精神，是发展民族新文化、提高民族自信心的必要条件；但是决不能无批判地兼收并蓄。必须将古代封建统治阶级的一切腐朽的东西和古代优秀的人民文化即多少带有民主性和革命性的东西区别开来。中国现时的新政治新经济是从古代的旧政治旧经济发展而来的，中国现时的新文化也是从古代的旧文化发展而来，因此，我们必须尊重自己的历史，决不能割断历史。但是尊重自己的历史，是给历史以一定的科学的地位，是尊重历史的辩证法的发展，而不是颂古非今，不是赞扬任何封建的毒素。对于人民群众和青年学生，主要地不是要引导他们向后看，而是要引导他们向前看。"①这就把应该怎样正确对待中国传统文化的问题

① 《毛泽东选集》第 2 卷，707、708 页，北京，人民出版社，1991。

在原则上说得很清楚了。

新中国的成立，最终结束了半殖民地半封建的旧中国，开创了中国历史的新纪元。人民政协《共同纲领》中规定："中华人民共和国的文化教育为新民主主义的，即民族的、科学的、大众的文化教育。人民教育的文化教育工作，应以提高人民文化水平、培养国家建设人才、肃清封建的、买办的、法西斯主义的思想发展为人民服务的思想为主要任务。"在封建制度下，妇女遭受的压迫特别深重。《共同纲领》在总纲中专门规定一条："中华人民共和国废除束缚妇女的封建制度。妇女在政治的、经济的、文化教育的、社会的生活各方面，均有与男子平等的权力。实行男女婚姻自由。"①

但并不是说：如何对待中国传统文化的问题已是一劳永逸地得到解决了。传统文化是在几千年的漫长岁月中形成的。哪些是精华，哪些是糟粕并不容易分辨清楚。社会中的习惯力量是一个不容忽视的因素。在实践中还会遇到许多以不同形式出现的新情况和新问题。传统文化中的优良部分，有时会被看作旧思想旧文化旧风俗旧习惯而被抛弃或淡忘，不能在社会生活中发挥应有的积极作用。封建主义旧思想旧习惯的残余，有时依然会有意无意地在社会生活中起作用，造成有害的后果。因此，如何正确对待中国传统文化的问题，无论在理论研究或实际工作中，都是长期的必须不断深入的重要课题。

三

历史是人们以往实践的记录，也可以说是集体的经验。作了这样一番粗略的回顾以后，我们可以从中得出几点启示：

---

① 《建国以来重要文献选编》第1册，3、10、11页，北京，中央文献出版社，1992。

第一，历史是一个生生不息的连续性发展过程。在这个过程中充满着急剧或渐进的变革。这个变革不可能是平白地从空地上创建，只能是在原有基础上推陈出新。当旧的传统已不能解决实际生活中提出的新问题，甚至阻碍历史前进时，人们就会对这种旧传统不满甚至产生强烈的反感。在这种情况下，变革是必然要发生的。但每一次变革只能从原地出发向前跨进一步，有时是一小步，有时是一大步。不管这一步跨得是大是小，旧传统中那些已经过时的不合理的因素迟早将被扬弃，这就叫弃其糟粕；而传统事物中那些合理的或没有完全过时的因素，仍应该细心地保存下来，或经过改造而被赋予新的内容，这就叫取其精华。变革的方式，有时和缓，有时激烈，视情况而定。这个过程将不断向前推进，永无止境。

第二，传统都是历史地形成的，它的社会价值也会随历史条件的改变而发生变化。对它的正面和负面的社会效应，需要以分析的态度来对待。当然，在实际进程中，人们很难在任何时候都处理得恰如其分。一般说来，当新事物刚刚产生或传入的时候，旧传统在各方面仍占着绝对的优势，社会上往往习惯地对它持肯定一切的态度，抱着旧有的一套不改。在这种情况下，新的社会力量大声疾呼对旧传统发起猛烈的冲击是完全必要的。没有这种冲击，变革便不能实现，历史便不能前进。在猛烈冲击时，人们对旧事物的愤怒不断增高，特别当受到严重阻碍时甚至会发展到狂热的程度，产生偏激的否定一切的倾向，这也是可以理解的。但归根到底，肯定一切和否定一切这两种极端的态度，通常都带有片面性和盲目性，并不符合客观实际，最后只能是一时的现象。历史依然只会沿着事物本身性质规定的推陈出新的道路，在曲曲折折中前进。

第三，在变革过程中，承传哪些，创新哪些，特别是要它能在广大群众范围内发生作用，不是任何个人所能随心所欲决定的。变革的重点，通常总是那个时代人们最关切的问题，又是当时能为较多人接受的东西。这里有两个因素起着制约作用：一、客观环境的变迁及其程度，包括某些偶发事件可能发生，决定着人们的变化及其程度；二、取决于大多数人主观上能够认识、适应和接受的实际程度，这种认识的变化有时快，有时慢，是逐步深化的。这就使变革总是表现出过渡性和阶段性，呈现出波浪式推进的面貌。

第四，不仅在整个近代历史进程中，对传统文化有一个承传和创新的关系，就是在它的各个阶段中也莫不如此。拿中国近代历史的前期来说：戊戌维新对洋务运动，有承传，有创新；辛亥革命对戊戌维新，有承传，有创新；五四前的初期新文化运动，是以对辛亥革命的反思为开端，可以说是对辛亥革命的补课，中间有承传、有创新；马克思主义的传播又是对初期新文化运动的承传和创新。有时，看起来对立的事物之间也常常是你中有我，我中有你。整个运动过程，有时使人感到仿佛突如其来，其实只要细细考察，依然一环同一环相扣，是有规律可以寻找的。

第五，走向现代化是一个漫长甚至是曲折的过程。既不能故步自封、停滞不进；又不能拔苗助长，一步到位。通常是积小变以成大变。一旦条件成熟，便出现巨大的飞跃。这种飞跃并不是割断历史，仍是历史自身演进的一种形式，而且随后又会出现一段较长时间的渐进过程。但不管它如何千变万化，历史变革的潮流永远是无法遏止的。

辛亥革命的历史地位*

辛亥革命是20世纪中国发生的第一次历史性巨大变化。它在很多重要方面改变了中国，成为一个新的起点，替中国以后的进步打开了闸门。这场革命过后只有七年多，中国便发生了五四运动，又过两年多便产生了中国共产党，这当然不是偶然的。

巨变从何而来

有着几亿人口和几千年文明史的中国，要发生一场历史性巨大变化，当然不是一件容易的事情。

晚清以前，中国虽不能说停滞不前，但变化十分缓慢。这并不奇怪。农业社会生产的发展本来就是缓慢渐进的。中国的封建社会，从世界范围内比较，发展到十分成熟的地步，很多方面已接近凝固。长期以“天朝大国”自居，更养成一种盲目自满的心理。“天不变，道亦不变”，正是这种社会心态的反映。传统是无形的却常能支配人们思想和

* 原载《人民日报》，2011年9月7日。

行动的沉重惰力。如果没有受到异常强烈的刺激，历史性的巨大变化是不会出现的。

但中国的外部世界这时已发生太大的变化。18世纪和19世纪之交，英国工业革命和法国大革命后的西方国家把中国远远地抛在后面。1840年的鸦片战争，使中国开始丧失作为独立国家的完整主权，也破坏了国家的领土完整，走上半殖民地半封建社会的道路。到19世纪和20世纪之交，局势越来越危急了。中日甲午战争的失败和丧权辱国的马关条约的签订，是巨大的转折。它深深刺痛了中国人的心。亲身经历这场事变的革命前辈吴玉章回忆道："我还记得甲午战败的消息传到我家乡的时候，我和我的二哥(吴永锟)曾经痛哭不止。""这真是空前未有的亡国条约！它使全中国都为之震动。从前我国还只是被西方大国打败过，现在竟被东方的小国打败了。而且失败得那样惨，条约又订得那样苛，这是多么大的耻辱啊！"紧接着，西方列强纷纷在中国划分势力范围，八国联军又武装占领中国首都北京达一年之久。居民门口要分别悬挂占领军的国旗。这一连串冷酷的事实把一个异常尖锐的问题摆在中国人面前：中国是不是要灭亡了？它像可怕的噩梦那样，沉重地压在每个爱国者的心头。孙中山在1894年冬兴中会成立时的宣言中，沉痛地写道："蚕食鲸吞，已效尤于接踵；瓜分豆剖，实堪虑于目前。有心人不禁大声疾呼，亟拯斯民于水火，切扶大厦之将倾"，像这样强烈地指出中国面对的严重民族危机，在以前还不曾有过。他响亮地提出"振兴中华"的口号。这个口号，深深地打动了几代中国人的心，前赴后继，为实现中华民族的伟大复兴而奋斗。

在如此深重的民族危机面前，当时统治中国的清朝政府抱着怎样的态度？同八国联军签订辛丑条约后，清朝政府变本加厉地对外屈服，向外国大举借债，竭力保护外国人在中国的特殊权益，严厉镇压民众的爱国行动。正如陈天华一语道破的那样："列位，你道现在的朝廷，仍是满洲的吗？多久是洋人的了。""难道说这洋人的朝廷，也不该违拒么？"那时，国家的权力都控制在清朝政府手中，不把它推倒，一切根本变革都无从谈起。为什么辛亥革命把推翻清朝政府作为自己的直接目标？这并不奇怪。既然清朝政府已把自己同外国侵略者紧紧地拴在一起，成为它们统治中国的工具，民众也就自然地把反抗外国侵略者、振兴中华的要求同反对清朝统治者紧紧地联结在一起了。

不仅如此，清政府对民众经济上的榨取也大大加重。马关条约和辛丑条约规定的对外赔款共达白银六亿八千万两（还没有包括利息在内），而清政府每年的财政收入只有八千万两左右，国家财政已完全破产。而到宣统三年，财政收入猛增到三亿两，在当时农业社会的历史条件下，这自然不是生产发展的产物，只是对民众加紧敲骨吸髓的盘剥的结果。贪官污吏又乘此巧立名目，层层加码。原本已极端贫穷、挣扎在生死线上的老百姓更加活不下去了。

反动统治势力总是把权力看得比什么都重要。越当他们统治地位不稳、日益孤立的时候，更对周围一切人都不放心，要把权力紧紧地攥在自己手里。1908 年 8 月，它在"预备立宪"的旗号下，颁布一个《钦定宪法大纲》。这个被一些人起劲地鼓吹为"〇八宪章"的《钦定宪法大纲》究竟是怎么一回事？谈一下很可以开人眼界。它一开始就规定："大清皇帝统治大清帝国，万世一系，永永尊戴。"一切颁行法律、召集开闭解散议院、设官制禄、统率海陆军、宣战媾和、订立条约、宣布戒严、司法等等大权，全在君主一人手中。特别是用人、军事、外交等权，议院不得干预。宪政编查馆、资政院在会奏这个宪法大纲时明白地说："宪法者，所以巩固君权、兼保护臣民者也。"国内一部分人希望清朝能自己进行重大改革，实行立宪，而等来的却是宣统三年的"皇族内阁"，13 个大臣中满人占 8 个，皇族又占了 5 个。连原来十分温和的立宪派发动的早开国会的请愿运动，也在清朝政府的高压下失败。人们真是无法再对它抱什么希望了。尽管现在还有人说：如果实行了君主立宪制，现在的中国会更幸福。如果睁眼看看事实，真觉得同这种论调进行认真的讨论实在是多余的。

孙中山在 1904 年就讲了："满清政府可以比作一座即将倒塌的房屋，整个结构已从根本上彻底地腐朽了，难道有人只要用几根小柱子斜撑住外墙就能够使那座房屋免于倾倒吗?"

革命从来不会无缘无故地发生。要千百万人不惜抛头颅、洒热血、做出巨大自我牺牲来拼命，更不是哪个人或者少数人的鼓吹就会发生的。它有着深刻的社会原因。

到辛亥革命前夜，民众对清政府的不满和愤怒已发展到十分普遍的地步。1911 年 5 月，长沙税务司伟克非给总税务司安格联的信中写道："毫无疑问，大多数老百姓是希望换个政府的。不能说他们是革命党，但是他们对于推翻清朝的尝试是衷心赞成的。""我看在不久的将来，一场革命是免不了的。"他讲得不错：辛亥革命到这时是不可避免的。

它在哪些方面改变了中国?

辛亥革命为什么是 20 世纪中国第一次历史性巨大变化？它在哪些重要方面改变了中国？它在中国历史上处于什么地位？我想至少有以下几点：

第一，辛亥革命"开创了完全意义上的近代民族民主革命"，这是党的十五大提出而似乎被人们注意得不够的重要论断。它在中华民族几千年历史进程中提出了一个新的奋斗目标，这个意义非同小可。

当世界格局已经发生剧烈变动的新的历史条件下，中国的出路在哪里？这以前中国人做过多种尝试：由清朝统治者中一部分人推行的洋务运动，甲午战争的失败已经证明它的破产；希望由无权的光绪皇帝来实行的戊戌变法，虽然有着不可忽视的思想启蒙作用，在封建顽固势力迅速反扑下也破灭了；下层民众自发的义和团运动，沉重地打击了外国侵略者，但同样没有能给中国指出新的出路。

孙中山不愧为20世纪的三个“站在时代前列的伟大人物”之一。面对近代中国千头万绪的社会矛盾，他提纲挈领地提出三个基本问题：民族独立、民主政治、民生幸福（也就是他所说的民族、民权、民生三大主义），并且要用革命的手段来实现。这些主张，在中国历史上还不曾有人提出过，深深地影响了不止一代的中国人。辛亥革命时期其他思想家和政治家，在某些问题上可能比他说得更深刻，但要作为一个时代的代表，没有人能同他相比。

当然，作为先行者，孙中山还存在严重的弱点：他提出了这些目标，却没有能真正找到实现这些目标的具体道路，对这些目标的理解和后人也不尽相同，更没有实现社会主义和共产主义的长远目标。但不管怎样，在中国人面前提出民族独立、民主政治、民生幸福三大奋斗目标，主张用革命的手段去实现它，并且成为人们相当广泛的共识，在历史上是迈出了很大的一步。一代又一代的中国人坚持为实现这些目标而不懈奋斗。正是在这个意义上，直到今天，绝大多数中国人依然把自己看作孙中山开创的事业的继承者。

第二，它推翻了统治中国几千年的君主专制制度，建立起共和政体。这是辛亥革命最大的历史功绩，是了不起的事情。

对这个历史性巨大变化的意义，人们往往缺乏足够的认识。最早的中国同盟会会员之一的林伯渠在1941年曾很有感慨地写道：“对于许多未经过帝王之治的青年，辛亥革命的政治意义是常被过低估计的，这并不足怪，因为他们没有看到推翻几千年因袭下来的专制政体是多么不易的一件事”。

中国在君主专制制度统治下已经几千年了。它不仅依靠经济、政权、军事的支配和统治，而且形成一整套严密的意识形态牢牢地束缚着人们的头脑。人们从幼年时起，头脑里就被灌输着“三纲五常”那一套根深蒂固的封建伦理观念，把它看成万古不变的天经地义。“天地君亲师”的牌位到处供奉着。君主还用神秘的色彩装点起来，被称为“天子”，仿佛代表天意站在封建等级制度的顶巅。古代中国是封建制度和封建伦理异常发达的国家，旧统治秩序经过长时期经营已编织成一个严密的网络。而皇帝便站在这个网络的顶端，独揽一切大权，成为整个旧统治秩序赖以稳定的重心。

封建社会末期，虽然出现一些对君主专制制度质疑的异端思想，但“国不可一日无君”的观念有着根深蒂固的影响，人们设想不出还可以用什么政治制度来代替它。到了近代，在辛亥革命以前，中国各种进步的社会政治运动不管如何激烈，都没有触动这个问题。太平天国的洪秀全做了天王，其实还是皇帝。戊戌维新运动，想依靠的是光绪这个“好皇帝”来推行变法。义和团运动，旗帜上写的还是“扶清灭洋”。中国同盟会纲领上的“创立民国”是一个前所未有的全新观念，最初有如石破天惊之论，从此深入人心。

还要注意到：那时，共和政体在世界范围内还为数很少，西方大国中实行了共和政体的只有美、法两国，亚洲连一个共和国也没有。处在这种状况下，孙中山在中国国盟会成立前夜的一次演讲中断然决然地指出："世界立宪，亦必以流血得之，方能称为真立宪。同一流血，何不为直截了当之共和，而为此不完不备之立宪乎？"这是何等的气概！

辛亥革命不仅推翻了极端专制、腐败、媚外的清朝政府，扫除了中国历史前进的这个严重障碍，而且一举结束了统治中国几千年的君主专制制度，建立起共和政体。中国封建社会有个头，就是皇帝。一旦把这个头砍掉了，整个旧秩序就全乱了套。尽管以后从袁世凯到蒋介石一个又一个政权轮流登场，旧势力却再也建立不起一个统一的比较稳定的统治秩序来。这为旧社会的崩溃和革命的最终胜利创造了重要条件。

有一种说法，认为辛亥革命的结果带来的只是军阀割据和混战那种更加混乱的局面，并没有带来进步。这是一种肤浅的看法，没有把事件放在长时段的历史大背景下来考察。军阀的割据和混战，在一段时间内可以张牙舞爪，胡作非为，给人民带来极大的痛苦。但靠这样一种落后于时代、极端不得人心的赤裸裸的野蛮军事统治，注定是不能维持长久的。而且，它反映出中国旧社会势力的统治已经分崩离析，连表面上统一的和比较稳定的统治也难以维持，从而为以后中国人民革命的胜利提供了方便。有如产前的阵痛，这正是历史大转折前夜常出现的过渡现象。

第三，结束君主专制制度，在思想领域内也引起十分深刻的变化。它的主要表现有两点：民主精神高涨，思想得到很大解放。

先说前一点：民主意识的前提是民众对自己在国家中的地位认识有正确的认识。在君主专制制度下，只有皇帝是至高无上的，他的话便是"金口玉言"，国家大事只能由他作决断，称作"乾纲独断"。老百姓被称为"子民"，根本没有参与国家决策的权利。戊戌维新运动时的公车上书算得是轰动一时的大事，但上书的只是一小批已有举人功名的士大夫，由于都察院拒绝代奏没有能送达朝廷，并且在上书中处处把“忠君”和“爱国”看成一回事。现在叫“民国”了，孙中山指出《临时约法》中规定要写上一条：“中华民国主权属于国民全体”，他还把政府官员称作“人民之公仆”。尽管许多事在实际上依然如故，但是民众的心理有了巨大变化，觉得自己是国家的主人了，有权对国家的事情发表自己的意见。于是，社会舆论空前活跃，报纸刊物上对国事纷纷发表种种议论，各种政治团体和社会团体像雨后春笋般成立，推动并组织起许多群众性的活动。如果没有这种变化，如果没有形成这样的新的社会氛围和民众心态，七年多后五四运动的发生是很难想象的。

再讲后面那一点：思想的解放。辛亥革命使中国人在思想上得到一次大解放。皇帝在以前该算是至尊极高、神圣不可侵犯的了，如今都可以被打倒。那么，还有什么陈腐的过时的东西不可以怀疑、不可以打破？这是一种无形的力量，促使人们去想以前不敢想的问题，发表以前不敢说的主张。陈独秀在《新青年》上写了一篇《偶像破坏论》说：“其实君主也是一种偶像，他本身并没有什么神奇出众的作用，全靠众人迷信他，尊崇他，才能够号令全国，称做元首，一旦亡了国，像此时清朝皇帝溥仪、俄罗斯皇帝尼古拉斯二世，比寻常人还要可怜。这等亡国的君主，好像一座泥塑木雕的偶像抛在粪缸里，看他到底有什么神奇出众的地方呢?”这里可以清楚地看到辛亥革命这场历史性巨变在人们头脑里激起的巨大反响。思想的闸门一经打开，思想解放的洪流就不可阻挡。人们便大胆地继续向前探索了。

历史的局限和启示

辛亥革命毕竟是 20 世纪中国发生的第一次历史性巨大变化，它跨出了一大步。但这一步仍是有限的，还没有能从根本上改变中国：中国的半殖民地半封建社会性质没有改变，中国人民的悲惨境遇也没有结束。

为什么辛亥革命这样全国规模的革命运动依然不能解决这些根本问题？这是当时中国新旧社会势力的力量对比所决定的，也是中国还不成熟的社会条件所决定的。

帝国主义和封建势力在中国的统治，盘根错节，根深蒂固，推翻它，消灭它，绝不是一两次革命运动的冲击所能完成，而需要经过持久的多次冲击。更重要的，在中国不成熟的社会条件下，当时的革命党人确实也存在严重的弱点：

第一，那时的革命党人，充满着对祖国的热爱，有着革命的决心，却提不出一个彻底的明确的反帝反封建的革命纲领。他们中许多人并不认识帝国主义的真面目，甚至天真地认为他们既然以西方为学习榜样，一定能得到西方国家的援助，并且总害怕革命的猛烈发展会招致帝国主义列强的干涉，所以在革命起来后小心翼翼地避免触动列强在中国的既得利益。他们对封建主义也没有多少认识，大多数人把清朝政府看作唯一的敌人，不但看不到旧社会制度的基础是地主阶级土地所有制，而且把一切赞成或被迫同意推翻清朝统治者的汉族地主官僚看作自己人，不惜向他们做出重大让步。因此，当清朝的统治一旦被推倒，建立了民国，许多人便以为革命已经成功，失去继续前进的方向和动力，妥协心理上升为主流，导致革命半途而废。

第二，辛亥革命在一定程度上依靠并发动了群众，不仅在会党和新军中做了许多工作，并且开展了有力的革命宣传，举行了多次武装起义，在社会上博得相当广泛的同情。这是武昌起义后能够很快得到多数省响应的重要原因。可是，依靠并发动群众的严重不足，尤其是没有深入到社会底层去，同占中国人口绝大多数的劳动人民相脱离，又是导致它不能把革命进行到底的重要原因。帝国主义和封建势力在中国的统治那样根深蒂固，要推倒他们，离开广大民众的充分发动是办不到的。当时的革命党人恰恰做不到这一点，特别是没有一场农村的大变动，不可能吸引广大农民对革命的积极参与。这样，他们在强大的帝国主义和封建势力面前只能深感自己缺乏实力而处于孤立无援的境地，从而走向妥协。

第三，领导这场革命的中国同盟会是一个松散的组织，成员复杂，当革命开始取得胜利时，革命阵营内部便呈现出一派分崩离析的混乱局面：内部意见分歧，不少人转眼间成为享有权势的新贵而心满意足，开始争权夺利。吴玉章回忆道："在南京临时政府中，不仅原来的官僚政客毫无生气，并且有些革命党人也在他们的影响下，开始蜕化，逐渐地丧失革命意志，而一味追求个人的官职和利禄去了。"没有一个坚强有力的革命政党作为团结群众的核心，也无法使革命进行到底。

一句话，缺乏一个能够提出明确的科学的革命纲领、能够发动并依靠全国最大多数民众、由有共同理想和严格纪律的先进分子组成的革命政党的领导。这是辛亥革命留下的发人深思的沉重教训，而这又是当时中国不成熟的社会条件所决定的。

路总得一步一步走。跨出了第一步，就可能有第二步和第三步。中国共产党领导人中的年长者，如朱德、董必武、林伯渠、吴玉章等早年都参加过中国同盟会，投身辛亥革命，这在当时是最进步的思想和行动。比他们年轻一点的毛泽东在武昌起义爆发后也支持辛亥革命，曾投身湖南新军。他们正是在辛亥革命的洗礼中受到了深刻的教育，用新的眼光来看待中国的问题，提高了思想境界；又从它遭受的沉重挫折中接受教训，思考它的不足，开始新的探索。辛亥革命的成功和失败从正反两个方面教育了中国的先进分子。十年后成立的中国共产党，一开始就显示出中国以往任何政党不曾有过的全新特点：有着科学的理论——马克思主义为指导来观察和分析中国的问题，提出明确的反帝反封建纲领；能够到社会底层去，坚决发动并依靠占中国人口绝大多数的劳动民众共同奋斗；组成一个有共同理想和严格纪律的先进分子组成的革命政党，成为凝聚群众的核心力量。四卷《毛选》的最后一篇文章中写道："中国产生了共产党，这是开天辟地的大事变。"有了共产党，中国的面目就为之一新，尽管在90年的前进旅程中还会遇到种种困难和曲折，但它始终坚持立党的根本，不断开拓前进，取得革命、建设、改革的光辉成就，在中华民族伟大复兴的道路上大步前进。

这就是历史：后人总是以前人已经达到的位置作为出发点，再继续前进，又大大超越前人。但前人的历史功绩不容遗忘，应当永远铭记，因为没有昨天，也就不会有今天和明天。

清朝统治集团的最后十年*

怎样看待清朝统治集团的最后十年，本来不是难以判断的问题。因为清政府在1911年如此迅速地土崩瓦解、遭到国人抛弃这个事实，已比任何雄辩更清楚地做出了回答。

但近年来这个问题却又被讨论得很热闹。有一种看法认为：如果让清朝政府继续存在下去，稳步地、有秩序地进行改革，中国的现代化将会来得更快些，受到的损害也会更小些；革命只会对社会造成破坏，辛亥革命不仅不必要，而且带来军阀割据下的动荡和混乱，把事情搞糟了。这种看法最初来自海外，后来国内也有回响，不少人以为这很有些新意。

一百年前的那场争论

其实，这不是新问题。人们有时很健忘。早在20世纪初的辛亥革命前后，对这个问题就有过激烈的争论。争论的一方是孙中山为代表的革命派，另一方是康有为、梁启

---

* 原载《近代史研究》，2011年第6期。

超为代表的立宪派。前面所说的基本论点当时就以稍有不同的形式提出来了。

当辛亥革命还处在准备阶段时，梁启超以《新民丛报》为主要阵地，发表一系列文章，认为革命不但将杀人流血，还会导致内乱和列强干涉，使中国灭亡，出路只有通过请愿立宪，期待清朝政府自行改革，先实行开明专制，然后“由开明专制以移于立宪”，才是“拾级而升，又不致助长此冲突”。① 革命派则指出：无数事实已证明，不能指望这个政府会进行任何根本改革，那样想无异“与虎谋皮”；只有下决心把它推翻，中国才有希望。《民报》上有篇文章写道：“革命不免于杀人流血固矣，然不革命则杀人流血之祸可以免乎？革命之时，杀人流血于双方之争斗见之。若夫不革命之杀人流血，则一方鼓刀而屠，一方觳觫而就死耳。为国而死，则吝惜之；为野蛮异族政府所蹂躏而死，则忍受之，何死之不择也。”②孙中山讲得很干脆：“世界立宪，亦必以流血得之，方能称为真立宪。同一流血，何不为直截了当之共和，而为不完不备之立宪乎？”③

这场争论的结果怎么样？当时留学日本的林伯渠后来回忆道：“《民报》(同盟会之机关报，仅出 24 期)寿命虽短，但却迅即传播国内，取《新民丛报》的地位而代之。民主共和的思想，以排山倒海之

① 饮冰：《申论种族革命与政治革命之得失》，《新民丛报》第 76 号，1906 年 2 月，60 页。

② 精卫：《驳革命可以生内乱说》，《民报》第 9 号，1906 年 11 月 15 日，46 页。

③ 孙中山：《在东京中国留学生欢迎大会的演说》(1905 年 8 月 13 日)，《孙中山全集》第 1 卷，283 页，北京，中华书局，1981。

势，终于压倒了君主立宪论。”[①]当时在内地求学的高一涵也回忆说：“我在先总喜欢读梁启超主办的《新民丛报》和《中国魂》之类的刊物的，看到《民报》后，才认识到国家不强是‘政府恶劣’，而不是‘国民恶劣’，应该建立共和，不应该坚持专制，种族革命与政治革命必须同时进行，种族革命绝不会妨害政治革命。由此可见，《民报》对宣传革命思想，是有显著成绩的。”[②]这些说法很有代表性。

辛亥革命后这场争论又起来过。武昌起义后不久，身处海外的康有为接连发表《救亡论》《共和政体论》等文章，宣称：“中国必不亡，而言革命则中国因之而亡”，“中国乎积四千年君主之俗，欲一旦全废之，甚非策也”。[③] 第二年，他又发表《中华救国论》写道：“嗟乎！号为共和，而实共争共乱；号为自由，而实自死自亡；号为爱国，而实卖国灭国。”“夫中国之旧法，虽有专制之实，而立一统之制，其所得者亦甚多也，盖非前朝能为之，实中国数千年政俗所流传也，经累朝之因革损益，去弊除患，仅用得之。”“其所缺者，物质文明，民权平等耳。虽未能盛治，然能保人民之生命财产，则先得立国之本原，而为今暴民政治所不及矣。”[④]总之，不要发生革命，保持君主政体，中国必不亡，那比实行共和政体的“暴民政治”要好得多。7 年后，他参加张勋复辟活动，要把溥仪重新扶上帝位。但清室复辟太不得人心，

---

① 林伯渠：《关于辛亥革命》，《林伯渠文集》，280～281 页，北京，华艺出版社，1996。

② 高一涵：《辛亥革命前夕安徽青年学生思想转变的概说》，《辛亥革命回忆录》第 4 集，434 页，北京，中华书局，1963。

③ 汤志钧编：《康有为政论集》下册，658、691 页，北京，中华书局，1981。以后他把这些文章编了一个集子，书名叫《不幸而言中，不听则国亡》，表示他早有先见之明。

④ 同上书，703、707 页。

结果只有12天就失败了。这是实践的又一次检验。事实表明，中国的绝大多数人对这个曾经煊赫一时的清朝政府已不再有丝毫的眷恋之情。

这不能怪人们无情。最初，许多人确曾把希望寄托在清朝政府身上，期待它能进行真正的改革，救亡图存。如果可以做到，这自然是一条代价更小的道路。可是，事实是冷酷的：这个政府已经腐烂到极点。人们在经历了一次又一次的努力和失望后，再也无法对它抱任何期待了。而国家的一切权力又都集中在它的手里，不推翻它，中国是没有希望的。当时的爱国者为了对这个异常尖锐的问题做出抉择，经历过多少激烈的思想斗争！从孙中山、黄兴到其他革命派人物，最初何尝不曾想通过温和的改革来拯救中国。但是，这些善良的愿望都被无情的事实碰得粉碎，而迫在眉睫的危机又不容许人们从容地继续坐视下去。这才驱使他们下定狠心，义无反顾地走上革命的道路。

从这个简单的回顾中可以看出，前面所说那种看法的大意，一百年前的立宪派早就用来作为反对革命的论据了，只是不少人在事实教训下放弃了。一百年后的今天，有些人不过是在不同历史条件下以不同的形式旧话重提罢了。

清朝统治集团的状况

但问题既然又提出来了，不妨重新考察一下清朝统治集团最后十年的实际情况，看看它有没有可能稳步地有秩序地进行改革，实现中国的现代化。这里说的“最后十年”是约数，是指1901年《辛丑条约》签订到1911年辛亥革命爆发那十来年的历史。

清朝实行的是高度中央集权的体制。戊戌变法失败后，它的最高权力完全握在慈禧太后一人之手。她本来打算废掉光绪的帝位，由于内外阻力而没有实现，但事实上光绪早已形同木偶，在政治上不能起什么作用。时任翰林院侍读学士的恽毓鼎在《崇陵传信录》中写道："两宫之垂帘也，帝中坐，后蔽以纱幕，孝贞(引注：即慈安太后)、孝钦(引注：即慈禧太后)左右对面坐。孝贞既崩，孝钦独坐于后。至戊戌训政，则太后与上并坐，若二君焉。臣工奏对，上嘿不发言。有时太后肘上使言，不过一二语止矣。迁上于南海瀛台，三面皆水。隆冬冰坚结，传闻上常携小阉踏冰出，为门者所阻，于是有传匠凿冰之举。上尝至一太监屋，几有书，取视之，《三国演义》也，阅数行，掷去，长叹曰：'朕并不如汉献帝也。'"①慈禧太后是个只醉心个人权力的人，这时已年老多病，又经过甲午战争、八国联军进攻的打击，待辛丑订约后，更多考虑的是如何平稳地度过余生。胡思敬在《国闻备乘》中描述她："年且耄矣，屡更忧患，后事遥遥不可知，因推权政府不肯任劳怨。"②正当国难深重之际，最高统治者况且如此，又能指望整个政府有多大作为？

清朝最高统治者的主要辅佐机构是军机处(称为枢府)，曾任直隶总督的陈夔龙写道："国朝官制，军机处为最要，始设置于雍正朝，历五世至咸丰。尔时，天子当阳，乾纲独断，任是差者，不过秉承意旨，撰拟诏谕，靖共夙夜，即为尽职。""厥后两宫垂帘，亲贤夹辅，一国三公，事权不无下移，各有声援，党祸遂因之而起。""枢府得其人则治，不得其人则乱。此中机括，间不容发。"③但大事依然只能由

---

① 史晓风整理：《恽毓鼎澄斋日记》(2)，附录，784页，杭州，浙江古籍出版社，2004。

② 胡思敬：《国闻备乘》，11页，上海，上海书店出版社，1997。

③ 陈夔龙：《梦蕉亭杂记》第1卷，59～61页，上海，上海书店出版社，1983。

最高统治者独断，决不容许大权旁落。

1901年军机处成员进行了大换班，这对清朝统治集团的最后十年影响至大。1900年八国联军攻入北京前，军机大臣共七人，首席军机大臣是礼亲王世铎。礼亲王是“世袭罔替”的清初八王之一，世铎行辈高，但其人昏庸无能，易于驱使，故1884年甲申易枢时，慈禧为了罢斥恭亲王奕䜣，才拿他出来摆摆样子。1900年8月慈禧和光绪逃往西安时，他没有随行，不久就退出军机处。军机大臣刚毅、启秀、赵舒翘、载漪四人是八国联军要求惩办的对象，稍后，或死或免职。余下只有荣禄、王文韶两人，到西安后又补了鹿传霖和瞿鸿禨，都是荣禄保举的，而由荣禄任首席军机大臣。

荣禄在当时清朝大臣中是比较能干的，深得慈禧信任。“但荣禄自辛丑回銮之后，体弱多病，时常请假，后因久病，竟不能入值，屡次奏请开缺，而那拉氏(引注：即慈禧)不许。”①过了两年多就病死了。慈禧特下懿旨，称他“翊赞纶扉，适在时事艰难之日，尽心经画，献纳周详，有为中外所不及知者。朝廷倚畀之殷，相须綦切。”“追念前荣，曷胜怆恸。”②言辞之间对荣禄的政治评价甚高。

接替荣禄担任首席军机大臣的是庆亲王奕劻。奕劻的贪渎纳贿是出了名的。他接任后的第二年，御史蒋式瑆就上奏：“奕劻自任军机，门庭如市，细大不捐。其父子起居饮食，车马衣服，异常挥霍。”1906年其子载振为农工商部尚书，命往奉天、吉林查办事件。次年三月，诏改奉天、吉林、黑龙江为东三省，以徐世昌为总督，唐绍仪为奉天巡抚，朱家宝为吉林巡抚，段芝贵为黑龙江巡抚。因芝贵资浅(道

---

① 刘厚生：《张謇传记》，127页，上海，龙门联合书局，1958。

② 杜春和等编：《荣禄存札》，附录，421页，济南，齐鲁书社，1986。

员），忽膺不次之擢，舆论由是大哗。御史赵启霖具疏纠参，称载振至东三省查事，还过天津，芝贵以一万二千金购歌妓杨翠喜献之。这就是轰动一时的所谓“杨翠喜案”。1907年盛宣怀写给奕劻的一封信说：“忝值千岁寿旦，谨备日金币二万圆，属令陶道(引注：指陶湘)面呈，伏乞赏收。”奕劻回信说：“杨柳风前，忽好音之惠我。荷蒙厚赐，崇饰贱辰，百拜承嘉，五中增感。”①这两封现存盛宣怀档案中的原件信函，是奕劻贪渎的铁证。袁世凯手面更大。他刚升任直隶总督、北洋大臣不久，得知奕劻有入军机的消息，就派杨士琦送去十万两一张的银票，随后，“月有月规，节有节规，年有年规。遇有庆王及福晋的生日，唱戏请客，及一切赏用，甚至庆王的儿子成婚，格格出嫁，孙子弥月周岁，所需开支，都由世凯预先布置，不费王府一钱。”②从此，遇有重要事件和人事任免，奕劻便都同袁世凯商议。由于得到奕劻的全力支持，袁世凯的实力和对中枢决策的影响日益增强。深得袁信任的张国淦回忆说：“庆亲王奕劻自继荣禄而为军机领袖，直隶总督袁世凯深与结纳，为其谋主。于是北洋遥制朝政，其权力之伟更远过于李鸿章。”③盛宣怀在北京的密探也透露说：“至于领袖(引注：指奕劻)者，本属无可无不可，一听命于北洋而已。”④陈夔龙对中枢这种状况感叹道：“迨文忠(引注：指荣禄)病逝，继任非贤，争权纳贿，伐异党同，不及十年，大盗(引注：指袁世凯)窃国，阳借

① 《齐东野语》，1907年4月21日、24日，《辛亥革命前后——盛宣怀档案资料选辑之一》，42、44页，上海，上海人民出版社，1979。

② 刘厚生：《张謇传记》，128页，上海，龙门联合书局，1958。

③ 张国淦：《北洋军阀的起源》，杜春和等编：《北洋军阀史料选辑》上册，53、54页，北京，中国社会科学出版社，1981。

④ 《齐东野语》，1906年9月2日，《辛亥革命前后——盛宣怀档案资料选辑之一》，26页，上海，上海人民出版社，1979。

共和之名，暗窥神器。”①可见奕劻主枢实为清末政坛状况进一步恶化的关键。

但最初奕劻和袁世凯在权力控制上还有两个重要对手，内是瞿鸿禨，外是岑春煊。瞿是荣禄死时在任的三位军机大臣之一，也是当时重要谕旨的主要拟稿人，还兼第一任外务部尚书。岑因庚子年慈禧等仓皇逃往西安时率马队一路护送，照料周到，深得慈禧信任，后由山西巡抚而任两广总督。近人徐一士在《一士谭荟》中写道：“光绪末时，庆王奕劻长枢机，为朝臣领袖，袁世凯督畿辅，为疆吏领袖，并承后(引注：指慈禧)殊眷，势倾全国。而内则军机大臣瞿鸿禨，外则两广总督岑春煊独深不直之，显树异帜。”“后知春煊与奕劻水火，欲调解之，因问以到京后曾否往谒奕劻。对曰：‘未尝。’后曰：‘尔等同受倚任，为朝廷办事，宜和衷共济，何不往谒一谈？’曰：‘彼处例索门包，臣无钱备此。纵有钱，亦不能作如此用也。’后乱以他语而罢。春煊屡为后言奕劻贪劣诸状，蕲早斧逐，以澄清政地。后虽不能从，意盖不能无动。”②这种说法大体反映出当时朝局的实情。

1906 年 11 月 6 日，清廷在宣布改革官制的同时，对军机处进行了调整。军机大臣荣庆在这天日记中写道：“奉懿旨，庆邸、瞿相留军机，世相(引注：世续)、林中丞绍年入军机，鹿、徐、铁及庆开军机，专办部务。”③退出军机的四人，除鹿传霖年老体衰外，徐世昌、铁良、荣庆都与奕劻、袁世凯关系密切。补入军机的世续是没有多少作为的亲贵，林绍年却是瞿鸿禨推举的。这是一个不小的动作。

① 陈夔龙：《梦蕉亭杂记》第 1 卷，61 页，上海，上海书店出版社，1983。

② 徐一士：《一士谭荟》，荣孟源、章伯锋主编：《近代稗海》第 2 辑，444、445 页，成都，四川人民出版社，1985。

③ 谢兴尧整理：《荣庆日记》，108 页，西安，西北大学出版社，1986。

庆、袁与瞿、岑之间业已势同水火，政争势在必然。对奕劻的贪渎和袁世凯的跋扈，几乎尽人皆知，慈禧也有所闻。据载，她曾与瞿鸿禨谈起朝事，有“庆王声名外间甚坏，汝在军机处，宜多负责任之语”。① 瞿退朝后无意间同妻子谈及，结果辗转传言，为记者所知，在英国《泰晤士报》刊载。稍后慈禧宴请各国公使夫人时，英国公使夫人依据报上消息，问慈禧“是否有奕劻退出军机之事”。慈禧不悦，后以“暗通报馆，授意言官，阴结外援，分布党与”的罪名将瞿鸿禨开缺回籍。为了对付岑春煊，袁世凯更使出卑劣的手段。对此，岑在《乐斋漫笔》中写道：“知东朝(引注：指慈禧)平生最恶康、梁师弟，(袁)乃阴使人求余小照，与康梁所摄合印一帧，若共立相语然者，所立地则上海《时报》馆前也。既成，密呈于孝钦，指为暗通党人图乱之证。深宫不审其诈，既见摄影俨然，信之不疑，惊愕至于泪下，亟诺所以处置者。”②岑春煊后来也被免职。这两件事都发生在1907年夏秋之间两个多月的时间内，朝局出现很大逆转，被称为“丁未政潮”。

瞿鸿禨罢职后，军机处缺少得力汉员，慈禧只得令鹿传霖解除吏部尚书职务，重入军机；同时，令醇王载沣在军机大臣上学习行走。鹿传霖年迈衰老，难膺繁巨，军机处已经没有主持得力的人。9月，慈禧太后乃命张之洞、袁世凯同入军机，而此前不久军机大臣林绍年被外放河南巡抚，枢垣再次调整。调张、袁入军机，其实也有疑忌袁世凯权力日增的隐衷。“袁在军机，所有一切政务都是禀承谕旨，没有单独发表的事件，只外交部重要政策可以主持。”③而把资深望重而

① 刘禺生：《世载堂杂忆》，92页，北京，中华书局，1960。

② 何平、李露点注：《岑春煊文集》，511页，桂林，广西人民出版社，1998。

③ 张国淦：《北洋述闻》，22、23页，上海，上海书店出版社，1998。

又年老力衰的张之洞同时内调，位列袁世凯之前，也有对袁加以牵制的意思。但张之洞远不足以牵制袁世凯。辜鸿铭在《张文襄幕府纪闻》中写道："丁未年，张文襄与袁项城由封疆外任同入军机，项城见驻京德国公使曰：'张中堂是讲学问的，我是不讲学问，我是讲办事的。'其幕僚将此语转述于余，以为项城得意之谈。"①

首席军机大臣历来都由满族亲贵担任。慈禧这时虽对奕劻已有不满，但环顾满朝亲贵，不是老弱昏庸，就是纨袴恶少，实在提不出可以替代的合适人选。据岑春煊回忆，他在丁未年初赴京时曾对慈禧直言："近年亲贵弄权，贿赂公行，以致中外效尤，纪纲扫地，皆由庆亲王奕劻贪庸误国，引用非人，若不力图刷新政治，重整纪纲，臣恐人心离散之日，虽欲勉强维持，亦将挽回无术矣。""太后言：懿亲中，多年少不更事。尚有何人，能胜此任，汝可保奏。余对：此乃皇太后、皇上特简之员，臣何敢妄保。"②慈禧说的多少也是实话。在她看来，首席军机大臣只能从"懿亲"中来考虑，其他人都不能让她放心，无奈这些"懿亲"大抵"少不更事"，要找一个"能胜此任"的竟无法办到。结果，只能仍由奕劻继续担任首席军机大臣。已在军机大臣上学习行走的醇亲王载沣(就是后来的监国摄政王)，"少不更事"，实在难当大任。据载，动议筹备立宪中官制改革这件大事时，慈禧曾问及醇邸，"邸即碰头奏称：'奴才实在年幼无知，不敢妄陈。'慈圣即长叹曰：'如何汝亦可如此？汝即不知，可问大众。'言外仿佛再如此无用，亲贵竟无人，所以长叹也。邸但惶恐碰首，所以后来即未

① 冯天瑜标点：《辜鸿铭文集》，23页，长沙，岳麓书社，1985。

② 何平、李露点注：《岑春煊文集》，507、509页，桂林，广西人民出版社，1998。

预议。”①懿亲中奕劻贪渎，载沣难当重任，慈禧已别无选择，清朝的国运只得走向尽头。

第二年，也就是1908年，光绪和慈禧在两天内相继死去。光绪死在慈禧的前一天，此事后来成为疑案。进入21世纪，有关部门研究人员以先进精密仪器对光绪遗发和地宫环境进行检测和研究，发现光绪头发中的含砷量为正常状况的几千倍，属砒霜中毒死亡无疑。“总之，慈禧唯恐自己先死，光绪复出掌权，尽翻旧案，故临终前令亲信下手毒死光绪。从检测结果与史料记载来看，这应是事实的真相。”②

由于光绪并没有实际权力，他的死除了对康、梁等保皇派是个沉重打击外，对当时的政局没有产生多少直接的影响。慈禧的死，影响就大多了。“在西太后时代，能得到太后欢心就等于得到了远大前程。要想讨西太后的欢心，首先必须随时摸得着太后的心意，方能做到投其所好。”③在辛酉政变后的40多年中，清朝政府至高无上的权力一直由慈禧一手独揽。她毕竟富有统治经验和权力，是比较能驾驭内部各派势力的人。她一死，在清朝内部没有一个人能填补这个空白，能够拿大主意，代替她原有的作用。这就使本已日趋绝境的清朝政府全乱了套，更失去控制局势的能力。

慈禧和光绪死后，3岁的溥仪继皇帝位，年号宣统。光绪的皇后那拉氏（也是慈禧的侄女）被奉为隆裕太后。“隆裕初无他志，唯得时行乐而已。”④溥仪的父亲载沣（也是慈禧的外甥、光绪的弟弟）当了摄

① 《齐东野语》，1906年11月22日，《辛亥革命前后——盛宣怀档案资料选辑之一》，29页，上海，上海人民出版社，1979。

② 参见戴逸：《光绪之死》，《涓水集》，447页，北京，北京出版社，2009。

③ 溥仪：《我的前半生》，17页，北京，群众出版社，1964。

④ 胡思敬：《国闻备乘》，78页，上海，上海书店出版社，1997。

政王。光绪死的当天载沣在日记中写道："面承（慈禧）懿旨：现在时势多艰，嗣皇帝尚在冲龄，正宜专心典学，著摄政王载沣为监国，所有军国政事，悉秉予之训示裁度施行。"第二天，慈禧自知病笃，才又说："现予病势危笃，恐将不起，嗣后军国政事均由摄政王裁定，遇有重大事件有必须请皇太后懿旨者，由摄政王随时面请施行。"①

过了一个多月，清廷将袁世凯以"回籍养疴"为名，放归河南。罢斥袁世凯，不只是载沣要为他的哥哥光绪报仇，更重要的是清室贵族对汉族大臣权力日重感到恐惧。袁世凯离京时，"南皮（引注：即张之洞）来送行，太息曰：'行将及我'，亦自危其势之孤也。不一载而南皮亦薨于位矣，盖亲贵用事不可挽回也。"②尽管如此，袁世凯经营多年，旧部满布各处，他的潜势力依然存在。

这时，清室各少年亲贵争出揽权，统治集团不仅越来越自我孤立，内部更闹得乌烟瘴气。其中最重要的是两股势力。一股是载沣和他的兄弟要抓军权。溥仪说："我父亲并非是个完全没有主意的人。他的主意便是为了维持皇族的统治，首先把兵权抓过来。这是他那次出使德国从德国皇室学到的一条：军队一定要放在皇室手里，皇族子弟要当军官。他做得更彻底，不但抓到皇室手里，而且还必须抓在自己家里。在我即位后不多天，他就派自己的兄弟载涛做专司训练禁卫军大臣，建立皇家军队。袁世凯开缺后，他代替皇帝为大元帅，统率全国军队，派兄弟载洵为筹办海军大臣，另一个兄弟载涛管军谘处（等于参谋总部的机构），后来我这两位叔叔就成了正式的海军部大臣

① 溥仪：《我的前半生》，17、21页，北京，群众出版社，1964。

② 张一麐：《古红梅阁笔记》，48页，上海，上海书店出版社，1998。

和军谘府大臣。”[①]另一股势力是镇国公载泽。“隆裕妹为载泽妻（引注：也是慈禧的侄女），尝往来宫中通外廷消息，故载泽虽与载洵兄弟不合而气焰益张，恃内援也。”他出任度支部尚书，掌握了财政大权，事实上依靠的是盛宣怀。盛宣怀帮助李鸿章办洋务数十年，电报、轮船、矿利、银行等都由他掌握。袁世凯接任北洋大臣后，尽夺盛宣怀控制的电报局、铁路局、招商局等，盛只得卸差回里。载泽任度支部尚书后，“度支部办预算表，梁士诒与唐绍仪把持邮政，皆粤党也。泽公谋欲去之，莫能窥其底蕴。宣怀乘机进贿，遂起用为邮传部尚书。”[②]以后，盛宣怀推行铁路国有政策，也得到载泽的有力支持。此外，还有肃亲王善耆担任民政部尚书，控制了警察大权。

这些少年亲贵尽管出任要职，大权在握，却都是一群不谙世事的纨袴子弟，朝政越来越糟。恽毓鼎在《崇陵传信录》中写道：“二十年前，嘉定徐侍郎致祥尝语毓鼎曰：‘王室其遂微矣。’毓鼎请其故，侍郎曰：‘吾立朝近四十年，识近属亲贵殆遍，异日御区宇握大权者，皆出其中，察其四识，无一足当军国之重者。吾是以知皇灵之不永也。’其言至是而信。”[③]

清朝统治集团确已呈现出日薄西山、气息奄奄的末日景象，难以挽救了。

至于满朝文武以至封疆大吏，除袁世凯、张之洞、岑春煊等少数人外，已看不到多少能有所作为的人。陈寅恪在《寒柳堂纪梦未定稿（补）》中感叹地写道：“同光时代士大夫之清流，大抵为少年科举，不

① 溥仪：《我的前半生》，26页，北京，群众出版社，1964。

② 胡思敬：《国闻备乘》，16页，上海，上海书店出版社，1997。

③ 史晓风整理：《恽毓鼎澄斋日记》(2)，791页，杭州，浙江古籍出版社，2004。

谙地方实际及国际形势，务为高论。由今观之，其不当不实之处颇多。”“清流士大夫，虽较清廉，然殊无才实。浊流之士大夫略具才实，然甚贪污。其中固有例外，但以此原则衡清季数十年人事世变，虽不中亦不远也。”①恽毓鼎在日记中写道：“今日时务，无论大官小官无一得行其志者，可胜浩叹。”“奏疏所陈，半系纸上文章，未见悉符实事。且一篇之中，枝叶过于精华，徒费目力，获益殊鲜。”②

对已经腐烂到如此程度，只在苟延残喘的清朝统治集团，还指望它能轰轰烈烈做出一番大事业，稳步地、有秩序地推进改革，使中国的现代化来得更好些，不说是痴人说梦，至少也是缘木求鱼。在这方面洋洋洒洒地去做许多文章，恐怕也只能是“纸上文章，未见悉符实事”，或者“务为高论，由今观之，其不当不实之处颇多”。

深重的民族危机和社会危机

历史从来是复杂而多面的。为了做出正确的判断，需要有整体性的眼光，恰当地分析它的各个侧面在全局中所占的地位，抓住主线，分清主次。不能脱离全局而孤立地抽取某些片断，加以放大，仿佛这就是事情的主体或全部，据以得出重大的历史结论。用这种研究方法，可以举出若干论据和事实，猛一看也振振有词，其实很难说是严肃的科学态度。

要评论清朝统治集团最后十年的所作所为，不能不先看看中华民族在这十年间面对的最突出、最紧迫、最令人焦灼万分的矛盾是什

① 陈寅恪：《寒柳堂集》，219页，上海，三联书店，2001。

② 史晓风整理：《恽毓鼎澄斋日记》(1)，88、164页，杭州，浙江古籍古版社，2004。

么，那就是极端深重的民族危机和社会危机。这不是通常的平静的时刻。祖国在危急中。中国会不会亡，成为压在人们心头最沉重的问题。再没有其他任何问题能够同它相比了。再看看清朝统治集团在这样严重的危机面前采取了怎样的态度，就不难得出恰当的结论。

中日甲午战争和反对八国联军战争的失败，《马关条约》和《辛丑条约》的相继签订，使鸦片战争以来一直存在的严重民族危机陡然大幅度升级。西方列强在条约中从中国攫取骇人听闻的巨大权益，使中国人蒙受刻骨铭心的耻辱。这些事实为大家所熟知，本文就不多说了。

事情并没有到此为止。当八国联军进攻中国时，野心勃勃的沙皇俄国还单独调集步兵、骑兵 17.7 万人，分 6 路入侵中国东北，强行占领境内主要城市和主要交通线。《辛丑条约》签订后，他们仍不从东北撤兵。俄国的《新时报》甚至公然将中国东北称为"黄俄罗斯"。1902 年，两国签订《东三省交收条约》，规定俄军在 18 个月内分三期撤完。但到 1903 年，沙俄不仅不撤一兵，反而增派军队，并且向中国提出 7 项无理要求，其中包括：俄清两国之外，无开掘东三省矿山权；俄国得以其国之兵，保护东清铁路；东三省置于俄国监督之下，不许他国干预；俄国设商务衙门于奉天，派其国兵保护之；东三省练军归俄国将校训练。① 这实际上是要把占领东北合法化。俄国的无理要求直接激发留日学生和国内民众掀起"拒俄运动"。湖南留日学生陈天华当年秋天在《警世钟》小册子中写道："自从俄国复占了东三省之后，瓜分的话日甚一日，人人都说中国灭种的日子到了。"他进一步写道："你但问俄国占东三省的事真不真，不要问瓜分的事真不真。俄国占东三

① 《俄国之要求条件》，《湖北学生界》第 4 期，"国闻"，103 页，1903。

省的事倘若不虚，这瓜分的事一定是实了。你看德国占领胶州海口，俄国、英国、法国，也就照德国的样儿，各占了一个海口。于今俄国占了东三省，请问中国有几块与东三省一样宽的地方，将来分的时候，恐怕还不够分哩！于今还来问真问假，真真不知事务了。”“须知事到今日，断不能再讲预备救中国了，只有死死苦战，才能救得中国。”①这是多么痛切的语言！

由于日本和沙俄争夺东亚的霸权，两国在中国的东北爆发了战争。战争爆发后不久，时任外务部尚书的那桐奉旨看了由大内交出的1896年9月28日互换的《中俄密约》(由李鸿章赴俄，和沙俄外交大臣巴甫洛夫、财政大臣维特谈判后签订，由奕劻、翁同龢、张荫桓在北京和沙俄驻华公使喀西尼互换)，内容是：“一，为日本国如损东方和平之局，侵占俄土、中国、朝鲜，清俄联和各出水陆军援助；二，如开战，不得一国先议和局；三，俄海军可驶入中国海口；四，修吉黑铁路；五，铁路平时可运俄兵；六，此约以十五年为限。”②在沙俄强占旅大又武装占领东北以后，这个密约已经失效。清廷听取袁世凯的意见，宣布对日俄战争守局外中立。上谕说：“现在日俄两国失和用兵，朝廷轸念彼此均属友邦，应按局外中立之例办理，著各省将军督抚通饬所属文武，并晓谕军民人等，一体钦遵，以笃邦交而维大局，毋得疏误。”③日俄两国在中国的土地上激战，东北人民遭受深重的苦难。恽毓鼎在日记中写道：“自两国战后，居民田庐荡尽，无家可归，

---

① 刘晴波、彭国兴编校：《陈天华集》，77、78页，长沙，湖南人民出版社，1982；《中国近代史资料丛刊·辛亥革命》第2册，117页，上海，上海人民出版社，1957。

② 《那桐日记》上册，506，507页，北京，新华出版社，2006。

③ 朱寿朋编：《光绪朝东华录》第5册，总5145页，北京，中华书局，1958。

麇集于省城，朔风冻雪，荡析离居，言之可惨。”[①]清政府竟宣告局外中立。这不能不使国人感到痛心和蒙受奇耻大辱。

与此同时，英国军队从1903年冬天起武装进攻西藏，1904年8月占领拉萨，由于西藏人民的顽强抵抗，英军在一个多月后被迫撤出。陶湘给盛宣怀的密报中写道：“西藏事统归英人，情形较日本之处高丽尤甚。有大臣已将约章寄到，大致谓：‘此约章系奉英皇训条办理，不能更改一字，在西藏无论巨细均英主持，无论何国均不得在藏设电杆、造铁路、开矿、驻兵’等语。中国竟无一字提及。末了却云：‘此约交中国驻藏大臣翻译遵行’。政府亦无可如何。”[②]这又给中国人很大的刺激。

日本打败沙皇俄国后，排除了同它争夺朝鲜的对手，于1910年正式并吞朝鲜。中朝是唇齿相依的邻邦。朝鲜的亡国，给处在异常敏感状态下的中国人极大的震动，感到等待着自己的可能是同样的悲惨命运。英国《泰晤士报》记者莫理循在第二年1月的一封信里写道：“每一个离别三载之后又回到这个国家的人，对公众对日情绪的变化都会有着触目惊心之感。这段期间里，自从朝鲜被并吞以后，人们对日本的感情发生了明显的变化。”[③]

西方列强的势力更进一步深入中国内地。这时，他们的一个重要

① 史晓风整理：《恽毓鼎澄斋日记》(1)，284页，杭州，浙江古籍出版社，2004。

② 《陶湘致盛宣怀“录闻四纸”》，1904年9月4日至11月28日，《辛亥革命前后——盛宣怀档案资料选辑之一》，11、12页，上海，上海人民出版社，1979。

③ [澳]骆惠敏编：《清末民初政情内幕——〈泰晤士报〉驻北京记者袁世凯政治顾问乔·厄·莫理循书信集》(以下简称《莫理循书信集》)上卷，682页，北京，知识出版社，1986。

特点是：把扩大投资放在比商品倾销和原料掠夺更重要的地位，特别是通过建筑铁路、开掘矿藏、经营航运等手段来控制中国的经济命脉。如果说，1901 年以前，帝国主义列强虽然在中国划分了势力范围，攫取了各种投资的特权，但一时还来不及直接从事大规模的投资活动；那么，到 1903 年以后，它们就以空前的规模来实现这种投资的特权，来消化、巩固和扩大前一阶段获得的侵略成果了。其中，铁路投资无论规模之大、获利之丰，都是投资其他企业无法相比的，于是，各国便趋之若鹜。胡思敬写道："是时，西人习知铁道利益，倾资极力包揽，凡京津、津榆、淞沪、津张、沪宁数大支路悉归掌握。"①

铁路投资对列强的回报，确实十分优厚。莫理循在 1904 年给姬乐尔的信中写道："我们听说伦敦将于今年发行第一期债券，我们诚恳希望它能胜利完成。这条铁路的资产状况极好，抵押可靠，应该是世界上赢利最多的铁路之一。"不仅如此，铁路修筑权又带来沿线的开矿权和政治特权，它的重要性毫不亚于前者，引起列强间的激烈争夺，而中国本身对此如何反应历来不在他们顾及的范围之内。莫理循在 1905 年 1 月给日人亀井陆良的信中写道："我认为你应该用信件和电报警告贵国人民注意有关德国在山东活动的新闻。俄国如同德国把它的铁路伸入山东那样，把俄国的铁路伸入满洲以后，就坚持要清廷在任命总督或巡抚时，必须事先将人选姓名通告它。后来清廷任命了一位满族的盛京将军，俄国就因为事先没有同它商量，强迫清廷撤回任命。现在德国正迫使中国将其所拟任命的山东巡抚的人选通知它，这样就干涉了这个省的内政。鉴于德国实际上垄断了这个省的铁路和

① 胡思敬：《国闻备乘》，41 页，上海，上海书店出版社，1997。

采矿这一事实，而这个省的地理位置对日本又有极大的价值，你理应尽你所能使贵国人民了解到制止德国在山东的活动何等必要，否则你们在那里将会碰到德国的留难，就像你们在满洲受到俄国的留难一样。”①这就把西方列强将他们控制的铁路沿线地区视为自己领土的面目刻画得淋漓尽致了。

本来，兴修铁路对中国的近代化是很重要的，对推动社会进步也有重要作用，似乎应当受到中国人的欢迎。但由于兴修铁路是中国处于半殖民地的境遇下、国家的主权不能掌握在自己手里、列强的侵略野心无限膨胀并且经常背信弃义的情况下进行的，所以它便成为当时爱国者们格外忧心忡忡的焦点。我们可以看看 20 世纪的留日学生刊物中两段很有代表性的话。《江苏》写道：“呜呼，铁路之于人国，犹筋脉之于人身也。是故一县失其权则一县死，一省失其权则一省死，况全国南北(粤汉铁道)、东西(蜀汉铁道)交通之大关键乎?”②《浙江潮》写道：“经济上之竞争，其祸乃更毒于政治上。何以故？譬之是犹人也，朝割其一手，夕割其一足，其人必痛，而其警醒也易，而其反抗之力大，而其人犹可以复生也。若举全身之精血而吸之，其犹茫然皇然莫知所由，未几乃病瘵以死矣，此言其术也。若夫于政治上，则未有经济之权既占，而政治上之权乃犹能以人者也。盖其资本所在之地，即其政治能力所到之地，征之于近代，历历有明征也。”③

这种认识，比起 19 世纪末年，显然要深刻痛切得多了。以后四川保路运动成为辛亥首义的导火线，并不是偶然的。

---

① 《莫理循书信集》，325、357 页，北京，知识出版社，1986。

② 《南方之三大铁道》，《江苏》第 7 期，“论事”，147 页，1903。

③ 飞生：《俄罗斯之东亚新政策》，《浙江潮》第 1 期，“大势”，1 页，1903。

随着内地通商口岸的相继开辟，在短短几年内，许多以前还很少见到外国人的地方，这时也有外国轮船闯入，出现许多高视阔步、把中国人看作劣等民族的“洋人”。他们俨然以主子的姿态君临到中国的国土上来。而他们的势力每插到一个地方，都激起这些地方人民的愤怒和不满。

面对如此深重的民族危机，谁能够实行真正的改革，奋起救亡图存，谁就能得到民众的支持以至拥护，否则，就要被人们所唾弃。而当时的清朝统治集团处在怎样的状况下呢？

《辛丑条约》磋商过程中，慈禧最关注的是“惩办祸首”那一条，生怕列强要逼迫她归政光绪。传闻，“外人于北京所提条款，原有黜废太后，请皇帝亲政一条，持之甚力。李鸿章再三磋商，始允删去。”①列强对这一条放过后，她便放下心来。1901 年 2 月 4 日，清廷在联军提出议和大纲并经奕劻、李鸿章草签后，下“自责之诏”，说要“量中华之物力，结与国之欢心”，并说：“今兹议约，不侵我主权，不割我土地，念列邦之见谅，疾愚暴之无知。事后追思，惭愤交集。”②第二年 1 月，清朝政府从西安回到北京，从开封到正定这一段路坐了火车。进宫那天，“当西太后乘舆经过使馆人员站立的阳台时，她在轿中欠起身，以非常和蔼的态度向他们回礼”。当接待各国使节时，“召见从头到尾是在格外多礼、格外庄严和给予外国代表以前所未有的更大敬意的情形下进行的；这件事之所以特别值得注意，乃是因为这是西太后第一次在召见中公开露面”，而不是在纱幕后面。接着，她在

① 王照：《方家园杂咏纪事》，荣孟源、章伯锋主编：《近代稗海》第 1 辑，15、16 页，成都，四川人民出版社，1985。

② 国家档案局明清档案部编：《义和团档案史料》下册，945、946 页，北京，中华书局，1959。

接待和问候外国使节夫人时，“表示出极大的同情，并且一边和她们说话，一边流泪”。① 这些，看起来是戏剧性的枝节小事，却很有象征性，显示出清朝政府同帝国主义列强之间政治关系的新的变化。

这以后，清朝政府一再传谕保护外人权益，竭力镇压民众爱国运动，聘请外国人担任财政、军事等顾问，连地方大吏的任命也要看外人的脸色行事。胡思敬的《国闻备乘》中专列“外务部媚夷”一条，写道：“堂司官坐拥厚糈，专恃媚夷为固位计，狡者作伥，钝者作媒，其能知外部为中国朝廷所设者，盖无几人。安徽争铜官山矿，部臣告皖抚曰：‘皖南北矿甚丰，此区区者何必与较？’”②

恽毓鼎在1906年的日记中写道：“我国外交诸公，平日畏洋人如虎，其敢声罪致讨、争国体而平民心乎？前途概可想见矣。呜乎！（书至此，泪涔涔而下矣。）”③1909年在上海出版的《民呼日报》写道：“自外部设立以后，吾国国权丧失于若辈之手者不知凡几。意旨所存，凡一般官吏无不以媚外为政策。”④留日学生千余人1911年2月在日本东京集会，决定组织国民会，发表声明说：“目前，政府官员大多愚昧昏庸，不堪言状。彼等既慑于列强之威，又对列强茫然无所知，显然直如惊呆之孤儿，为人推向陷我国家于深渊之境地尚无察觉。时代要求雄才大略者，然彼等却一味苟且偷安，放弃主权，只知屈从。”⑤

既然清朝政府将自己同帝国主义侵略者紧紧联结在一起，那么，

---

① 马士：《中华帝国对外关系史》第3卷，388页，上海，三联书店，1957。

② 胡思敬：《国闻备乘》，40页，上海，上海书店出版社，1997。

③ 史晓风整理：《恽毓鼎澄斋日记》(1)，299页，杭州，浙江古籍出版社，2004。

④ 《最近时局观(续)》，《民呼日报》，1909年6月10日，1页。

⑤ ［澳］骆惠敏编：《莫理循书信集》上卷，725页，北京，知识出版社，1986。

毫不奇怪，民众自然也就将反对帝国主义同反对清朝政府紧紧联结在一起。这是完全符合逻辑的结论。

陈天华在《猛回头》中写道："列位，你道现在的朝廷，仍是满洲的吗？多久是洋人的了。列位！若还不信，请看近来朝廷所做的事，那一件不是奉洋人的号令？我们分明是拒洋人，他不说我们与洋人做对，反说与现在的朝廷做对，要把我们当做谋反叛逆的杀了。列位，我们尚不把这个道理想清，事事依这朝廷的，恐怕口虽说不甘做洋人的百姓，多久做了尚不知信。朝廷固然是不可违阻，难道说这洋人的朝廷，也不该违阻吗？"①这本小册子流传极广，"洋人的朝廷"这个说法也就深入人心，遭人痛恨和唾弃。

再说严重的社会危机。

到了晚清，中国的社会矛盾本已极端尖锐。甲午战败，赔款2.3亿两白银，那时清廷的年财政收入长期在8000万两白银左右，这赔款相当于3年的全部财政收入，使整个财政经济状况陷于大破产的境地。《辛丑条约》又要赔款4.5亿两白银，这就完全无法应付了。饮鸩止渴的办法只有两条：一条是大规模举借外债，这更大大加深了对外国列强的依赖和屈从；另一条是对民众加紧敲骨吸髓的盘剥，这就使国内本已异常尖锐的社会危机更大大激化了。

前面讲到清朝的年财政收入一直在8000万两白银左右，到1911年猛增到3亿两白银。在中国这样的农业社会，财政收入如此大幅度的增加自然不是生产发展的结果，只能是对百姓盘剥的加紧。在财政极端拮据的情况下，增加的捐税还成为筹措新政费用的主要手段。贪官污吏乘机巧立名目、层层加码，老百姓就更活不下去了。《国闻备

① 刘晴波、彭国兴编校：《陈天华集》，36页，长沙，湖南人民出版社，1982。

乘》中写道："无政事则财用不足，不节流而急急开源，适便于小人行私，上下皆受其害。予观近时筹款之法，灼然共见者盖有数端：一曰百货统捐，创自江西；一曰烟酒增税，一曰酌提州县盈余，一曰八省膏捐，皆创自北洋；一曰铜元余利，创自广东；一曰漕粮折价，一曰推广捐例，皆创自部臣；一曰房捐，一曰米捐，一曰亩捐，一曰投效，一曰彩票，一曰盐斤加价，一曰整顿契牙各税，皆东南各督抚私自筹画。取民之法愈巧，侵蚀之术愈工。三年之间，户部再火(引注：指户部衙门两次发生火灾)，天意盖可知矣！"①

到1910年，清朝财政状况已支撑不住，出现全国性的财政金融大混乱。清政府除举借外债和横征暴敛外，又采取新的措施滥铸铜元和滥发纸币，用恶性通货膨胀的办法对民众进行无休止的掠夺。铸造铜元是1902年冬袁世凯在直隶开始实行的。由于它在铸造过程中可掺亚铅，币值不断下跌，出现一泻千里之势。下层劳动民众收入低微，持有的一般多是铜元。铜元价值暴跌，遭受灾难最大的还是他们。滥发纸币的结果，还造成政府财政信用破产，在城市中出现银号、钱庄大批倒闭的风潮，引起巨大恐慌。这些都是以往中国社会经济生活中从来不曾见到过的。

在这种情况下，下层民众中的自发反抗斗争愈演愈烈。其中最突出的，一个是抗捐斗争，一个是抢米风潮，前者如山东莱阳抗捐斗争，后者如湖南长沙抢米风潮，都是震动全国的。

连看来温和的梁启超也在《国风报》上写道："中国亡征万千，而其病已中于膏肓，且其祸已迫于眉睫者，则国民生计之困穷是已。盖就国家一方面论之，万事皆有可补救，而独至举国资本涸竭，驯至演

① 胡思敬：《国闻备乘》，44页，上海，上海书店出版社，1997。

成国家破产之惨剧，则无复可补救。”“就个人一方面论之，万事皆可忍受，而独至饥寒迫于肌肤，死期在旦夕，则无复可忍受。所谓铤而走险，急何能择，虽有良善，未有不穷而思滥者也。呜呼，今日中国之现象当之矣。”“愁惨之气，充满国中。呜呼，凡百险状，盖未有过此者。”①

1911 年 5 月 2 日，长沙关税务司伟克非致总税务司安格联的一封信，对局势作了这样的概括：“毫无疑问，大多数老百姓是希望换个政府的，不能就说他们是革命党，但是他们对于推翻清朝的尝试是衷心赞成的。”4 天后，他又写了封信说：“我看在不久的将来，一场革命是免不了的，现在已经公开鼓吹革命，并且获得普遍的同情，而政府并没有采取任何预防措施，却尽在瞎闹。”②

在严重的民族危机和社会危机中，人们对清政府的愤怒已达于极点，“一场革命是免不了的”，这是当时中国社会生活中最突出的事实。奇怪的是，有些著作或文章对这些事实仿佛都置于视野之外，或看得无足轻重，而将笔墨尽花在清朝政府某些改革措施上（当然有些措施的积极作用也是可以如实加以肯定的），并且把它极度放大，似乎如果不发生革命，对中国的现代化反倒更好些。那就离历史事实太远了。

清朝政府的预备立宪和其他

清朝统治集团的最后十年，面对覆亡的威胁，表示要进行改革，

① 沧江：《论中国国民生计之危机》，《国风报》第 1 年第 11 期，5、6 页。

② 《中国海关与辛亥革命》（《帝国主义与中国海关》第 13 辑），87、88 页，北京，中华书局，1964。

也做过一些事。最近被谈得很多、捧得很高的是它宣布预备立宪。

清朝政府在进入20世纪后表示要进行改革，是从1901年1月29日在西安下诏变法开始的。上谕中说："世有万古不易之常经，无一成不变之治法。穷通变久，见于《大易》，损益可知，著于《论语》。盖不易者三纲五常，昭然如日星之照世；而可变者令甲令乙，不妨如琴瑟之改弦。"①话虽说得笼统，但什么可变，什么不可变交代得很明白；具体的"令甲令乙"是可以变的，"三纲五常"的"常经"是"万古不易"的。

推行新政的统汇机关是1901年4月21日设立的督办政务处。清廷上谕中说明自下诏变法后，各处陆续条陈已复不少，"此举事体重大，条件繁多，奏牍纷繁，务在体察时势，抉择精当，分别可行不可行，并考察其行之力不力，非有统汇之区，不足以专责而挈纲领。"②派奕劻、李鸿章、荣禄、崑冈、王文韶、鹿传霖为督办政务大臣(一个月后又增加瞿鸿禨，以后成员多有变动)，刘坤一、张之洞"著遥为参预"。新政措施多由督办政务处集议，然后奏请朝廷决定。大权仍在朝廷掌握之中。

"立宪"的口号是戊戌维新期间康有为、梁启超等提出来的。康有为代内阁学士阔普通武起草过《请定立宪开国会折》。政变发生后，康梁逃亡海外，继续鼓吹君主立宪，被称为立宪派。但他们认为目前民智未开，只能从事预备，至少要10年到15年，也许得20年才能实行。

---

① 朱寿朋编：《光绪朝东华录》第4册，总4601页，北京，中华书局，1958。

② 同上书，总4655页。

日俄战争发生，日胜俄败，国内许多人把它看成君主立宪政体战胜君主专制政体。革命浪潮高涨，更使清朝政府惶恐不安，力求寻找新的出路，“永绝乱萌”。1904 年，驻法公使孙宝琦上书督办政务处，要求“乘机变法”，“以督办政务处为上议院，都察院为下议院”。1905 年夏，湖南巡抚端方晋京陛见，慈禧问他：“新政已皆举行，当无复有未办者。”对曰：“尚未立宪。”孝钦素闻立宪为民主义，遽变色曰：“立宪如何?”曰：“立宪则皇上可世袭罔替。”孝钦哂曰：“吾今乃闻天子亦有世袭罔替之日。”[①]端方固然是闹了大笑话，但慈禧没有发怒，因为端方的本意是说立宪可使清朝的统治长治久安，这一点打动了慈禧的心。这年 7 月，清朝发布上谕，简派载泽、戴鸿慈、徐世昌、端方、绍英“分赴东西洋各国考求一切政治，以期择善而从”。徐世昌日记 9 月 17 日记载：“入直。召对后偕泽公五人请训。勖以‘朝廷甚重此事，出去要认真考察，将来好采取有用。’”[②]不料，临行时忽遭保定高等学堂学生吴樾行刺，出洋考察被迫暂缓启程。

同年 12 月，清廷在调整成员后，仍派载泽、端方等率员分两路出国考察。主要的一路由载泽率领，考察重点是英、日两国，都是实行君主立宪制的国家。他们在日本考察了近 1 个月，上奏说：“大抵日本立国之方，公议共之臣民，执柄操之君上，民无不通之隐，君有独尊之权。”考察英国的结果是：“一事之兴，必经众人之讨论，无虑耳目之不周。一事之行，并由君主之决成，无虑事权之不一。”[③]关注

---

① 魏元旷：《坚冰志》，《中国近代史资料丛刊·戊戌变法》第 4 册，313 页，上海，上海人民出版社，1957。

② 徐世昌：《韬养斋日记》(整理本)第 11 册，国家清史编纂委员会藏。

③ 国家档案局明清档案部编：《清末筹备立宪档案史料》上册，6、11 页，北京，中华书局，1979。

的焦点始终在“政柄操之君主”、“无虑事权之不一”这一点上，放开的只是可“经众人之讨论”，你们谈谈是可以的，但决定权仍属君主一人。1906年7月间，他们先后归国，上折奏请清政府改行立宪政体。

但当时清朝统治集团内部的看法仍不一致，不少人仍心存疑虑，甚至公开持反对态度。于是，载泽又单独上密折，力请宣布立宪。他说：“君主立宪大意在于尊崇国体，巩固君权，并无损之可言。”接着，他列举日本宪法中规定的君主统治大权17条，“以此言之，国之内政外交、军备财政、赏罚黜陟，生杀予夺，以及操纵议会，君主皆有权以统治之。论其君权之完全之严密，而无有丝毫之下移，盖有过于中国者矣。”他还安慰慈禧，近日宣布立宪不过是表明宗旨，要为立宪做准备，可以“维系圣治人心”。“至于实行之期，原可宽立年限。”①

载泽是慈禧的侄女婿，素得慈禧信任。这个密折打动了慈禧的心。9月1日，清廷以奉太后懿旨的形式颁布上谕称：“时处今日，惟有及时详晰甄核，仿行宪政，大权统于朝廷，庶政公诸舆论，以立国家万年有道之基。但目前规制未备，民智未开，若操切从事，徒饰空文，何以对国民而昭大信。故廓清积弊，明定责成，必从官制入手，亟应先将官职分别议定，次第更张。”“俟数年后规模粗具，查看情形，参考各国成法，妥议立宪实行期限，再行宣布天下。视进退之迟速，定期限之远近。”②这里最重要的三点：一是“大权统于朝廷”；二是“必从官制入手”；三是“视进退之迟速，定期限之远近”。这些要点是与载泽的密奏相吻合的。

---

① 载泽：《奏请宣布立宪密折》，《中国近代史资料丛刊·辛亥革命》第4册，27～30页，上海，上海人民出版社，1957。

② 朱寿朋编：《光绪朝东华录》第5册，总5563、5564页，北京，中国书局，1958。

接着便设立编纂官制馆，以孙宝琦、杨士琦为提调，他们都是袁世凯的人。草拟的官制改革方案由提调汇呈另有盘算的袁世凯核定。其中最重要的内容是：内阁设总理大臣一人，左右副大臣二人，各部尚书均为内阁政务大臣参知政事，作为行政总机关，而将军机处撤销。为什么袁世凯对“预备立宪”表现出如此大的热心？张謇的亲信刘厚生一针见血地指出：“他想借改革官制的机会，把军机处裁撤，按照立宪国的责任内阁制由首相组织内阁。再拥护庆王做国务总理大臣，自己做副总理大臣。至于各部的大臣则由首相推荐，称为中央政府。等中央政府成立之后，再议改革各省官制。如此，则一切用人之权，都操在庆王之手。说穿了，就是在世凯之手。”①盛宣怀派在北京的密探陶湘也向他报告：“至于领袖者(引注：指奕劻)，本属无可无不可，一切听命于北洋(引注：指袁世凯)而已。”②

袁世凯这次做得过于操切和露骨了。方案传出后，朝论大哗，部院弹章蜂起，也引起慈禧的疑忌和不快。胡思敬在《大盗窃国记》中写道：“官制草案上，诏孙家鼐、瞿鸿禨为总核。召见袁世凯，尽以参折示之。世凯言：‘筑室道谋，安能成事？请严惩一二人以息众嚣。’孝钦大怒，曰：‘汝兵柄在手，何不执言者而尽诛之？’世凯股栗，不敢对。次日即请训出京，尽辞兼差。知天威犹在，人口难防，蓄势待时，不敢遽发。”③

11 月 6 日清廷颁布上谕，称奉太后懿旨：“前经降旨宣示为立宪

① 刘厚生：《张謇传记》，135 页，上海，龙门联合书局，1958。

② 《陶湘致盛宣怀函》，1903 年 7 月，《辛亥革命前后——盛宣怀档案资料选辑之一》，2 页，上海，上海人民出版社，1979。

③ 胡思敬：《退庐全集·大盗窃国记》，沈云龙主编：《近代中国史料丛刊》(444)，1354～1355 页，台北，文海出版社，1977。

之预备，饬令先行厘订官制。”谕旨强调：“军机处为行政总汇，雍正年间本有内阁分设，取其近接内廷，每日入值承旨，办事较为密速，相承至今，尚无流弊，自毋庸复改。内阁、军机处一切规制，著照旧行。”①同时，宣布将兵部改为陆军部，户部改为度支部，并新增设邮传部等。各部设尚书一人，不分满汉。除外务部外，军机大臣不得兼各部尚书。

作为预备立宪第一步的官制改革，实际上是一次权力再分配，是清朝统治集团内的一场不大不小的风波。权势膨胀过快的袁世凯受到不小的打击：不仅他那套以责任内阁代替军机处的方案完全落空，由于中央集权得到加强，他原有的权力也被大大削弱，如陆军部和度支部的设立夺去了他的不少兵权和财权；邮传部的设立更使他不得不放弃对铁路、航运、电报、邮政的控制。对此，陶湘给盛宣怀的密报写道：“本初(引注：指袁世凯)向来大权独揽，所发莫不中的。今‘立宪’二字，上既摇动，以为此种好机会，略一布置，即可成功。”“到京后连召四次，有‘若不及早图维，国事不堪设想’之语，退食后，且有‘官可不做，法不可不改。’”“本初此番入都，颇露跋扈痕迹，内廷颇有疑心。迨官改制揭晓，练兵及铁路、电政均设专部，而军机仍旧，大失所望。邮传部既设，即应将督办大臣归并，而本初不肯交出。善化(引注：指瞿鸿禨)嘱长沙(引注：指张百熙)赴天津亲见本初，并先到邸堂(引注：指奕劻)处请示。邸云：‘慰廷本欲辞兼差，我说且至各设专部再议，渠不致不交；汝可告，既设专部，部中应有全权。’”密报又写道：“财政、兵权只陈雨苍汉人(引注：指度支、陆军两部的

① 国家档案局明清档案部编：《清末筹备立宪档案史料》上册，471页，北京，中华书局，1979。

尚书、侍郎中只有陈璧是汉人，任度支部侍郎)，此中大有深意。陆军侍郎本拟士珍(引注：王士珍)，及见明文，乃系荫昌。虽令王署，总使汉族无兵权耳。”①

总之，从预备立宪一开场就可以看到，一方面是力图以准备改革的姿态，来稳定已严重动荡不安的局面；另一方面，在改革大旗幕后充满着统治集团内部激烈的权力争夺战。

1908年8月27日，清朝政府终于公布了一个《钦定宪法大纲》。其实，如同立宪只是“预备”一样，宪法也只是“大纲”，但是，近年来却被一些人渲染为“零八宪章”。那我们就来看看这个《钦定宪法大纲》的内容是什么。它的第一条是：“大清皇帝统治大清帝国，万世一系，永永尊戴。”第二条是“皇上神圣尊严，不可侵犯。”接着，它便规定：一切颁行法律、召集开闭解散议院、设官制禄、统率陆海军、宣战媾和、订立条约、宣布戒严、司法等等大权，全部掌握在君主一人手中。特别是用人、军事、外交等大权，“议院不得干预”，或“由君上亲裁，不付议院议决”。宪政编查馆、资政院在会奏时甚至坦言：“宪法者，所以巩固君权，兼保护臣民者也。”②

显然，这个被有些人盛赞的《钦定宪法大纲》无非是企图把君主专制制度用法律形式确定下来罢了。《民报》上说得很痛快：“其所以悬预备立宪之招牌者，不过欲假此名义增爱新觉罗氏万世一系、皇帝神圣不可侵犯、君权至尊无限之三大条于钦定宪法上，以巩固其万年无

① 《齐东野语》，1906年11月22日，《辛亥革命前后——盛宣怀档案资料选辑之一》，28～31页，上海，上海人民出版社，1979。

② 国家档案局明清档案部编：《清末筹备立宪档案史料》上册，56、58、59页，北京，中华书局，1979。

道之基而已。"[①]同时，它在朝廷内部也要加强集权，以免大权旁落。这必然使清朝统治集团内部原存的矛盾进一步激化起来。

慈禧和光绪不久死去，由摄政王载沣监国，国内局势更加动荡不定，清王朝大崩坏的征兆已经越来越明显地呈现出来。原来政治态度温和、还抱有孤臣孽子之心的国内立宪派确实忧心如焚。他们中不少人兼营工商业。清末新政中有一条"鼓励设厂"，做出一些奖励规定，曾使他们受到鼓舞。其实，清朝财政状况已到了罗掘一空的地步，只是想奖励民间工商业有所发展后可以狠狠从他们身上多榨点钱出来。《时报》一篇文章写道："自商部成立，当事诸公纷纷聚议，不曰开统捐，即曰加关税，不曰劝募绅富慨赠巨金，即曰招徕南洋富商责令报效。""自有商部而我商人乃转增无数剥肤吸髓之痛。天下名实不相符之事，乃至如此。"[②]

时任国史馆总纂的恽毓鼎在上奏中写道："朝廷举行新政已数年矣。朝订一章程，夕立一局所，'立宪'二字徒为私人耗蠹之资。闻度支部预算宣统三年财政，出入相抵。各省共亏七千余万两。历年追加之数，尚数倍于此。臣不知九年预备之案，将取资于何款？搜括及于毫末，挥霍等于泥沙。名目日增，民生日困。祸在眉睫，尽人皆知。若犹贪袭美名，厉行不已，恐功未见而国亦亡矣。"[③]这大概也可以说是"天下名实不相符之事，乃至如此"！

从1909年秋冬间起，国内立宪派焦急万分，先后发起三次请愿

---

① 羲皇正胤：《南洋华侨史略》，《民报》第26号，1910年2月1日，"史传"，23页。

② 《论商部与商业之关系》，《东方杂志》第2卷第2期，1905年3月1日。

③ 史晓风整理：《恽毓鼎澄斋日记》(2)，504页，杭州，浙江古籍出版社，2004。

速开国会运动，要求缩短立宪“九年预备”的年限，力争取得部分参与政权的机会，并用于阻止革命的爆发。运动的规模和声势越来越大，几乎席卷全国，还得到一些督抚的支持。清朝政府最初在口头上还表示嘉勉，在第三次请愿后还宣布“著缩改于宣统五年实行开设议院”，斩钉截铁地说：“应即作为确定年限，一经宣布万不能再议更张。”“此后倘有无知愚氓藉词煽惑，或希图破坏，或逾越范围，均足扰害治安，必即按法惩办，断不使于宪政前途稍有窒碍。”①当部分地区还想发动第四次请愿时，清朝政府便断然镇压，不仅将请愿代表押送回籍，还将为首者发配新疆，交地方官严加管束。

1911 年 5 月 8 日，清廷谕设责任内阁，裁去原有的内阁、军机处及会议政务处。新设责任内阁以奕劻为总理大臣，那桐、徐世昌为内阁协理大臣。13 名国务大臣中，满族占 9 人，而皇族即有 7 人，被称为“皇族内阁”。这种倒行逆施更引起舆论大哗，许多原来维护它的人士也感到寒心，对清朝政府的立宪已没有多少人再抱希望了。

看起来很奇怪。明明清朝政府已到了众叛亲离、极为孤立的境地，为什么又要把本来支持它的不多的力量一一推开？原因在于：专制者的心理同常人很不一样。越是当它感到孤立的时候，它对周围的人越不放心，要更加紧紧地把权力攥在极少数自己信得过的人手里，迫使立宪派和一些汉族高级官员也对它离心离德。这样就更加自我孤立，陷入无法解脱的怪圈中。许多反动势力穷途末路的时候，往往出现众叛亲离的大崩盘现象，这也是一个例子。

自然，并不是说清朝统治集团的最后十年对社会进步有积极意义

① 国家档案局明清档案部编：《清末筹备立宪档案史料》下册，646 页，北京，中华书局，1979。

的事情一点都没有做。当西方资本主义国家对落后国家进行侵略的时候，正如《共产党宣言》所说："它迫使一切民族——如果它们不想灭亡的话——采用资产阶级的生产方式；它迫使它们在自己那里推行所谓文明制度，即变成资产者。一句话，它按照自己的面貌为自己创造出一个世界。"①在列强的威迫下，同时出于维护自身根本利益的需要，清朝统治集团也进行了一些学习西方的改革，其中影响最大的是废科举、兴学堂。原来那套以八股文取士的科举制度，离近代的社会生活实在太远了。应该提倡实学的议论，早在洋务运动兴起时已经出现，有好几十年了。在清朝政府看来，进行这项改革似乎还不至于危及其根本利益。所以，1898 年百日维新中宣布的绝大部分改革措施都被取消，京师大学堂却依旧保留下来。在清末各项新政中，兴办新式学堂取得了比较实在的结果，并且产生了相当深远的影响，推翻清朝政府的掘墓人中，不少就是留学生和从国内新式学堂中出来、接受了新思想的人，这却是清朝政府始料不及的。在筹备立宪过程中，各省相继设立了谘议局，它的成员主要是各地绅商，职责不过是提供一些备政府采纳的"舆论"而已，并没有任何实权，在清朝统治者看来，既可以装点门面，又无损于地方督抚的权力。但在各省谘议局活动开展起来后，对打破官府的专制局面，活跃民主空气，也起了一些启蒙作用。此外，在兴办交通事业、改进司法制度等方面清朝统治集团也都办过一些有积极意义的实事。

但由于整个清朝统治集团，包括各级官员，已经腐败到如此程度，大局已坏，对他们的改革成绩实在不能做过高的估计。恽毓鼎在

① 《共产党宣言》，《马克思恩格斯选集》第 1 卷，255 页，北京，人民出版社，1972。

1906 年 8 月的一封信中写道："新政百出，罗掘俱穷，地方官实不易为。""今之号称能办新政者，大抵括民间膏血，博自己功名。士民未享其利，先被其害。"第二年 4 月，他又在日记中写道："看《明季北略》一函，末造大局已坏，而当道诸臣贿赂公行，益泄沓不事事，燕雀处堂不知大厦之将倾……读竟为之泪下，盖无一字不触余怀也。"①从莫理循的往来书信中也可以看到不少在华外国人的评论。濮兰德在 1910 年元月的信中说："我对满洲人的任何可能的改革都持悲观态度，而且一直如此，况且目前尚无丝毫改革的迹象。"德来格在这年 10 月的信中说："政府的事并不很好，尽管喋喋不休地宣扬进步，比起慈禧太后时代来没有丝毫进步，也没有什么改革，这是我的许多官方朋友公认的事实。'人人为自己和亲属打算'是当今的风气。在北京，一切都像过去那样一团糟。"熙礼尔在同月的来信中说："这个国家在财政压力和公众迫切要求改革的压力下，正面临一场非常严重的危机。在每一项可以设想出来的计划上，把钱像流水一样挥霍，但是，税收却没有相应增加，不知道节约开支，各种弊端并未真正得到纠正。贪污、挪用公款、受贿、卖官鬻爵依然如故，白拿薪俸的闲职人员及候补道台的队伍有增无减，由于这些原因，政府在偿还外债时，当然倍觉困难。人们不会长期忍受下去。"②岑春煊在与慈禧独对时也曾大胆陈言："创行新政，先须筹款，今日加税，明日加厘，小民苦于搜括，怨声载道，倘果真刷新政治，得财用于公家，百姓出钱，尚可原谅一二。现在不惟不能刷新，反较以前更加腐败。从前卖官鬻爵

① 史晓风整理：《恽毓鼎澄斋日记》(1)，320、348 页，杭州，浙江古籍出版社，2004。

② ［澳］骆惠敏编：《莫理循书信集》上卷，650、671、675 页，北京，知识出版社，1986。

尚是小的。现在内而侍郎，外而督抚，皆可用钱买得，丑声四播，政以贿成。此臣所以说改良是假的。”①这样的事例可以说俯拾皆是，尽管今天有人把那时看成仿佛充满光明和希望的年代。当事人的切身感受，同一些后人的想象之间，竟可以有如此大的差距，究竟哪一个更符合客观实际呢？

革命实在是不可避免的。孙中山在1904年写道：“满清政府可以比作一座即将倒塌的房屋，整个结构已从根本上彻底腐朽了，难道有人只要用几根小柱子斜撑住外墙就能够使那座房屋免于倾倒吗？”②孙中山的观察是深刻的，他的看法是中肯的。

清朝统治集团的覆灭

清朝统治集团的覆灭是不可避免的。

四川保路运动、武昌起义及各省响应、袁世凯重新出山，这些具体过程就不多说了，还是说说清朝统治集团当时的状况吧。

作为宣统皇帝的溥仪这样描写武昌起义前夕清朝集团的状况：“以当时的亲贵内阁来说，就分成庆亲王奕劻等人的一伙和公爵载泽等人的一伙。给我父亲(引注：即监国摄政王载沣)出谋划策以及要权力地位的，主要是后面这一伙。无论是哪一伙，都有一群宗室觉罗、八旗世家、汉族大臣、南北谋士；这些人之间又都互有分歧，各有打算。比如载字辈的泽公，一心一意想把堂叔庆王的总揆夺过来，而醇

---

① 何平、李露点注：《岑春煊文集》，508页，南宁，广西人民出版社，1998。

② 孙中山：《支那问题真解》(1904年8月31日)附《中国问题的真解决——向美国人民的呼吁》，《孙中山全集》第1卷，254页，北京，中华书局，1981。

王府的兄弟们首先所瞩目的，则是袁世凯等汉人的军权。就是向英国学海军的兄弟和向德国学陆军的兄弟，所好也各有不同。摄政王处于各伙人勾心斗角之间，一会儿听这边的话，一会儿又信另一边的主意，一会儿对两边全说'好，好'，过一会又全办不了。弄得各伙人都不满意他。"

溥仪又说："如果摄政王支持了载泽，或者摄政王自己采取了和奕劻相对立的态度，奕劻只要称老辞职，躲在家里不出来，摄政王立刻就慌了手脚。所以在泽公和庆公间的争吵，失败的总是载泽。醇王府的人经常可以听见他和摄政王嚷：'老大哥这是为你打算，再不听我老大哥的，老庆就把大清断送啦！'摄政王总是半晌不出声，最后说了一句：'好，好，明儿跟老庆再说……'到第二天，还是老样子：奕劻照他自己的主意去办事，载泽又算白费一次力气。"①这真是王朝末日的一派肃杀气象，哪里谈得上稳步地、有秩序地进行改革。要说让它这样继续下去就可以使中国更快更好地实现现代化，岂不是海外奇谈！

武昌起义是遍及中国的全面危机的产物。局势发展之快速，规模之广泛，声势之猛烈，是惊人的。短短一个多月内，便得到全国将近2/3省份的响应，长江以南各省已全部宣告独立。它是民众长期郁积的对祖国前途焦虑和对清朝政府强烈不满的大爆发。独立各省的清朝督抚绝大多数没有抵抗便纷纷逃匿，有的还当了独立后的都督。清朝统治迅速陷于土崩瓦解之中。

早在武昌起义爆发前的11天，总理大臣庆王便"因老辞职"，载沣则一再慰留。10月12日，也就是起义后第三天，内阁协理大臣那

① 溥仪：《我的前半生》，24、25页，北京，群众出版社，1964。

桐在日记中写道："早进西苑，午初散值。接到各处来电，知武昌新军变乱，踞城戕官，鄂督避往汉口，提督张彪被害(引注：此信不确)。当访菊人(引注：即徐世昌)，电约盛宫保、朗贝勒、荫大臣、寿、谭、邹、胡、曹各堂谈湖北事，酉正归。"①讨论如此大事，奕劻似仍不参加。当天，命陆军大臣荫昌统陆军两镇，海军提督萨镇冰统军舰，往援武汉。但北洋陆军历来"只知有袁宫保，不知有大清朝"，荫昌哪里指挥得动？14日，清廷只得宣布以袁世凯为湖广总督、岑春煊为四川总督，督办剿抚事宜。而此时的袁世凯又怎会为亲贵统治集团去做火中取栗的事？于是，继续称病不出。有一种说法称，20日，"徐世昌奉奕劻之命，自北京微服到彰德晤袁世凯(袁要求开国会，组织责任内阁，宽容武昌事变人员，解除党禁，总揽兵权，宽于兵费)。"②其中最重要的是组织责任内阁和总揽兵权这两条。但徐世昌日记，当天和前后几天仍照例入直，所谓微服抵彰德一说应不确。值得注意的是，徐日记自17日起连续多日记有"夜来客"，"会客至晚，留客饭，又久谈"，"会客至晚，留客饭，又与客谈公事"等，但不提客的姓名，这在他的日记中是反常的。③ 袁世凯知道清廷不会痛快地接受这些条件。他的办法是："暗中指使北洋军将领屯兵不进，不受荫昌的节制调遣，使清政府无可用之兵，最后不得不乖乖地钻进他的圈套来。"④

---

① 北京市档案馆编：《那桐日记》下册，700页，北京，新华出版社，2006。

② 郭廷以：《近代中国史事日志》下册，1410页，北京，中华书局，1987。

③ 徐世昌：《韬养斋日记》(整理本)第14册，769、770、771页，国家清史编纂委员会藏。

④ 陶菊隐：《北洋军阀统治时期史话》第1册，77页，上海，三联书店，1957。

清朝统治集团已经丧尽民心，没有多少人还对它抱有希望。莫理循在10月7日的信中说："我遇到的任何人，不论是中国人还是中国人的外籍同事，都私下告诉我他们希望革命成功。我的一个朋友同刚刚通过北京归国留学生考试的十二位毕业生聚餐，他们是从英国、美国、日本回来的留学生，大家为革命的成功祝酒。"他在27日的信中说："我在这里所遇到的每一个人都赞同革命。甚至比较开明的低级满族官吏也反对他们的政府。"①清廷一筹莫展，不得不在11月1日解散皇族内阁，任命袁世凯为内阁总理大臣。袁13日抵京后，在16日组成内阁。22日，袁世凯向载沣提出要求：停止每日入对；除由内阁国务大臣具奏外，其余各衙门应奏事件均暂停止；所有从前应请旨事件，均咨行内阁接办；凡无须必请上裁事件，均以阁令行之。那桐在第二天日记中记道："今日起不逐日召见内阁总理大臣，实行阁制也。"②此前，内阁依然像军机处那样每日入直。可见袁内阁在性质上和奕劻任内阁总理大臣时显然不同，改变了原有的制度，行政权力已转移到它的手中，隆裕和监国摄政王都被架空。12月6日，徐世昌日记记道："本日奉隆裕太后懿旨允监国摄政王自请退归藩邸，责成内阁总理大臣及国务大臣担任国事。"③溥仪在《我的前半生》中写道："我的弟弟曾听母亲说过，辛亥那年父亲辞了摄政王位，从宫里一回来便对母亲说：'从今天起我可以回家抱孩子了。'母亲被他那副轻松

① 〔澳〕骆惠敏编：《莫理循书信集》上册，762、768页，北京，知识出版社，1986。

② 北京市档案馆编：《那桐日记》下册，703页，北京，新华出版社，2006。

③ 徐世昌：《韬养斋日记》(整理本)第14册，773页。郭廷以《近代中国史事日志》在这一条下加了个注："英使朱尔典助成之。"见郭以廷编著：《近代中国史事日志》下册，1440页，北京，中华书局，1987。

神气气得痛哭了一场。”①这样一系列重大变更在如此短的时间内完成，表明清朝统治集团已瘫痪无力到何等程度，有如一座纸房子被风轻轻一吹就倒塌了。

对袁世凯来说，剩下的事就是逼清室退位，以此换取南方承认他为中华民国临时大总统。溥仪根据恭亲王溥伟的日记等写道，隆裕在皇族亲贵参加的御前会议上叹着气说：“我何尝要共和，都是奕劻跟袁世凯说的，革命党太厉害，咱没枪炮没军饷，打不了这个仗。”她又问载涛：“载涛你管陆军，你知道咱们的兵怎么样？”载涛碰着头说：“奴才练过兵，没打过仗，不知道。”隆裕不作声了，停了一回才说一句：“你们先下去吧。”②一筹莫展的清廷，已完全被袁世凯玩弄于股掌中，只能听任摆布了。

原军机处章京（后改为承宣厅行走）许宝蘅的日记中有许多生动的记录。12月7日：“项城（引注：指袁世凯）入对于养心殿，奉太后谕：‘余一切不能深知，以后专任于尔。’”28日：“本日，皇太后御养心殿，先召见庆王等，旋召见总理大臣及各国务大臣，皇太后谕：‘顷见庆王等，他们都说没有主意，要问你们，我全交与你们办，我自然感激，即使办不好，我亦不怨你们。皇上现在年纪小，将来大了也必不怨你们，都是我的主意。’言至此，痛哭，诸大臣亦哭。”1912年1月2日：“总理（引注：指袁世凯）入对，太后谕：‘我现在已退让到极步，唐绍仪并不能办事。’总理对：‘唐已有电来辞代表。’太后谕：‘现在宫中搜罗得黄金八万两，你可领去用，时势危急若此，你不能只挤对我，奕劻等平时所得的钱也不少，应该拿出来用。’总理对：‘奕劻

① 溥仪：《我的前半生》，22、23页，北京，群众出版社，1964。

② 同上书，43、44页。

出银十五万。’太后谕：‘十五万何济事，你不必顾忌，尽可向他们要。’奏对一钟余方出。”2月2日：“今日国务大臣又入对，商酌优礼皇室条件，闻太后甚为满意，亲贵亦认可。总理已电伍廷芳。”2月12日：“三时到厅，知辞位之谕旨已下。二百六十八年之国祚遂尔旁移，一变中国有史以来未有之局。古语云：‘得之多者，失之亦不难。’岂不信哉！”①许宝蘅当年记录的这些情节，十分生动，读起来令人有身临其境的感觉。

统治中国268年的清王朝覆灭了。这个统治集团已经腐烂得无药可救。当历史走到这一步时，它的覆灭是必然的，谁也挽救不了。

① 许恪儒整理：《许宝蘅日记》第1册，382、386、393、394页，北京，中华书局，2010。

从辛亥革命到五四运动*

历史上常常有一些重大的转折关头。这时，社会内部各种矛盾和冲突异常尖锐，局势瞬息万变。胜利和失败，失望和追求，苦闷和奋起，以快得令人目眩的速度交替出现，留下了发人深省的丰富的历史遗产。

从辛亥革命到五四运动，便处在这样的历史时刻。

近代以来，外国侵略和封建统治给中国带来的灾难实在是太深重了。五四运动前，中国人民用了将近一个世纪的时间，前仆后继，英勇反抗，都没有成功。太平天国革命失败了，义和团运动失败了。辛亥革命一度迸射出耀眼的火花，最后留下的仍然是一片令人难熬的黑暗。

“路漫漫其修远兮，吾将上下而求索”。现实环境迫使人活不下去。于是，怀疑产生了，增长了，发展了。以《新青年》为代表的初期新文化运动，高举“民主”和“科学”的大旗，向长期统治中国的封建传统势力发起猛烈的攻击，使人们在思想上得到一次大的解放。许多人重新观察着，思

---

* 原载《辛亥革命》，第1期。

考着，探索着，寻求新的救国真理。在这个旅程的尽头，终于找到了马克思列宁主义。从此，中国的革命就有了正确的方向。

一

1911年的辛亥革命，是在资产阶级民主主义旗帜下进行的。它是中国人民长期以来对帝国主义及其走狗清朝政府郁积着的愤怒和仇恨的大爆发。这次革命发展得极其迅猛。武昌楚望台的枪声一响，革命的烽火很快燃遍全国，形成燎原之势。统治中国260多年的清朝政府在熊熊烈火中迅速倒塌下去，“中华民国”在一片欣喜若狂的欢呼声中诞生。

新生的共和国，在许多人眼前矗立起一幅虚构的壮丽前景。他们早就梦想着：一旦“以一个新的、开明的、进步的政府来代替旧政府”，“一旦我们革新中国的伟大目标得以完成，不但在我们的美丽的国家将会出现新纪元的曙光，整个人类也将得以共享更为光明的前景。”①他们深信：过去，中国进步的主要障碍就是那个腐败、卖国、拒绝一切改革的清朝政府；现在，这个障碍既然从前进的道路上被扫除掉，一切根本改革当然将次第推行，诸如民主政治的实施、工业交通的建设、国家的富强等等，都指日可待。人们沉醉在兴高采烈的狂欢中。

可是，透过表面上那派热烈景象，冷静地观察一下，不难看到：在它背后却存在着严重的危机。革命还刚开始取得胜利，革命营垒内部便已呈现出一派分崩离析的混乱景象。

领导这次革命的中下层资产阶级，是十分软弱的。他们有革命的

① 孙文：《中国问题的真解决》，《孙中山选集》上卷，63页，北京，人民出版社，1956。

要求，但并没有彻底反对帝国主义和封建主义的决心和勇气。不少人头脑中只有“排满”二字，以为“清室退位，即天下事大定”①。他们对胜利的迅速到来，没有足够的思想准备。黄兴在武昌起义前不到半年还认为：“同盟会无事可为矣，以后再不问党事，惟当尽个人天职，报死者于地下耳”②。武昌起义的成功和民国的迅速成立，对他们来说，实在是喜出望外。廉价的胜利，冲昏了资产阶级革命党人的头脑。新得的权益，更使不少人感到心满意足。为了尽快享尝到手的果实，许多人急于结束这场革命。内部的争权夺利开始了，连军队中也出现了难以收拾的“纷无纪律”的状况。

原来在革命中充当冲击主力的下层群众，这时早被资产阶级革命党人抛弃了。资产阶级革命党人本来是由于下层群众的积极参加而获得推翻清朝政府的实际力量的。抛弃了下层群众，自然也就失去了同帝国主义、封建主义继续相抗衡的力量。于是，在他们取得政权后，处处遇到的仿佛都是难以克服的困难。黄兴在一封信中甚至说：“和议若不成，自度不能下动员令，惟有剖腹以谢天下！”③

革命的精神废弛了，妥协的声浪压倒一切，成为南方政府不和谐的合奏中的基调。而当帝国主义直接出面干预、开始所谓南北和议后，一些革命党人就争先恐后地主张对帝国主义和袁世凯妥协。有的说：“我们此时没有真实的力量，所以对北方政府以及对于各国外交，

① 胡汉民：《胡汉民自传》，61页，台北，传记文学出版社，1969。

② 谭人凤：《石叟牌词叙录》，《近代史资料》1956年第3期，北京，中华书局。

③ 胡汉民：《胡汉民自传》，61页，台北，传记文学出版社，1969。

不得不容忍迁就"①；有的说：只要"改总统制为内阁制，则总统政治上之权力至微，虽有野心者亦不得不就范，无须以各省监制之"②。章太炎甚至主张"无故无新，唯善是与"③，公然与旧官僚、立宪派人合流。革命派在组织上和思想上都陷入一片混乱。

上层资产阶级，同帝国主义、封建势力一向有着密切的联系。他们过去主张立宪，敌视革命，生怕革命会触怒帝国主义，会倾覆整个封建秩序，担心"秩序一破，不可回复"④。只是在革命的风暴迅速卷遍全国、清朝覆亡的命运已经无可挽回的情况下，才被迫承认共和。张謇说道：如果在这种情况下还想保持君主制度，结果将"不能解纷而徒以延祸"⑤。这话说得十分明白：他们承认共和的目的，并不是真正要实行共和制度，恰恰相反，只是要借此来结束革命，阻止革命的深入发展。因此，当帝国主义支持袁世凯出山，清朝政府将大权交给袁世凯时，他们就暗中同袁世凯勾结，穿针引线，以清帝退位、建立民国为条件，从内部施加压力，逼迫南京临时政府将政权交给袁世凯。

孙中山，是比较坚定的资产阶级民主主义者。尽管他对帝国主义也存在着幻想，对袁世凯代表的大地主大买办的本质同样认识不清，

① 张国淦：《孙中山与袁世凯的斗争》，《近代史资料》1955年第4期，北京，中华书局。

② 胡汉民：《胡汉民自传》，64页，台北，传记文学出版社，1969。

③ 章炳麟：《致袁项城商榷官制电二》，《太炎最近文录》，72页，上海，国学书室印记，1915。

④ 《暴动与外国干涉》，见张怡祖编：《新民丛报》第4年第10号，1906。

⑤ 张謇：《辛亥九月致内阁电》，见张怡祖编：《张季子九录·政闻录》，沈云龙主编：《近代中国史料丛刊》续编第97辑，184～186页，台北，文海出版社，1974—1982。

并且因脱离下层群众而缺乏足够的力量；但在当时革命形势的鼓舞下，他曾要求继续把革命推向前进，反对向袁世凯妥协。可是，这种微弱的呼声很快便为巨大的妥协声浪所淹没。孙中山在以后回顾道："不图革命初成，党人即起异议，谓予所主张者理想太高，不适中国之用，众口铄金，一时风靡，同志之士亦悉惑焉。是以予为民国总统时之主张，反不若为革命领袖时之有效而见之施行矣。"①这确是当时的实际情况。

这样，软弱的资产阶级革命党人终于将政权移交给大地主大买办阶级的政治代表袁世凯。轰轰烈烈的一场大革命，只是赶走了皇帝，挂起了一块"中华民国"的招牌。年代久远的、压在人民头上的封建军阀官僚政治机构，除换个名称以外，几乎没有任何变动。半殖民地半封建社会的经济基础，更没有受到丝毫的触动。

革命，以实际上的失败告终。

二

可是，资产阶级民主共和国的迷梦并没有随着革命的失败，立刻在人民心目中破产。

历史的现象常常充满着矛盾：辛亥革命的失败是在表面上的一片胜利中到来的。袁世凯在取得政权后，还需要争取一些时间，来整顿自己的力量，稳定被革命强烈震撼过的旧秩序。因此，他在表面上仍然口口声声要"矢忠共和"，表示要尊重议会的"神圣权利"。这就更使许多资产阶级革命党人沉浸在胜利的狂欢中。

他们继续做着"议会政治"的美梦，认为只要通过选举，取得议会中的多数，就可以按照"法律"的手续，实现他们的全部政治打算。这

① 孙文：《建国方略》，《孙中山选集》上卷，第104页。

方面的主要代表宋教仁极力鼓吹："必使国会占多数之政党组织完全政党内阁"①，从而实行责任内阁制，以保证他们各项政策的次第施行。他天真地认为：这样做后，"不五年间，当有可观。十年以后，则国基奠定，富强可期。东亚天地，永保和平，世界全体亦受利不浅矣"②。因此，他把全部注意力用在扩大政党基础和进行国会竞选上。宋教仁原来在同盟会内并不居于最高地位，这时却青云直上，一跃而成为国民党的代理理事长，总揽了党的大权。他的政治主张在党内也确能风靡一时，取得了压倒一切的优势地位。造成这种现象的根本原因，是当时革命党人信奉和追求的还是资产阶级共和国的理想，除了这种欧美式的代议制度外，他们确实也提不出其他更好的政治方案来。同时，还可以注意到有两个直接起作用的因素：一个是，同盟会会员中很大一部分原是留日的学生，其中最多的又是法政学生，他们学习了一脑子"资产阶级民主政治"的洋教条，迷信这就是可以包治百病的"万灵良药"；另一个，更重要的是，许多同盟会的活动分子这时已当上了议员，他们享受着袁世凯赏与的每年5000元的高额薪金③，一面在议会中高谈阔论，一面沉湎于纸醉金迷的生活中，春风得意，踌躇满志。宋教仁"议会政治"的主张也反映着这一批人的利益和要求，得到他们的全力支持。这就是这种主张能够在同盟会内取得支配地位的秘密所在。在宋教仁的策划和主持下，同盟会和4个小党合并改组为国民党，吸收了大量旧官僚旧政客入党。这不只是同盟会和几

① 宋教仁：《代草国民党之大政见》，《宋渔父》前编，政见，5页，上海民立报馆，1913。

② 宋教仁：《中央行政与地方行政分划之大政见》，《宋渔父》前编，政见，21页，上海民主报馆，1913。

③ 顾敦鍒：《中国议会史》，188页，上海，上海书店，1991。

个小党合并的问题，而是政党性质的改变——放弃了革命，由革命党变为一般议会中的在野党了。它是资产阶级革命派在政治上逐步堕落的产物。

正在这时，资产阶级革命党人的经济地位和实际兴趣也在起着变化。他们中许多人汲汲地利用既得的社会地位，从事私人投资实业的活动。黄兴、宋教仁等人投资于银行、矿业、汽船、纺织等事业。各省的资产阶级革命党人也纷纷效尤。例如在云南，蔡锷、罗佩金、李根源、谢汝翼等都参加了东川矿业有限公司的投资活动。这种狂热的投资场面，并不仅仅限于这些资产阶级的政治活动家们，而是当时整个资产阶级社会的缩影。辛亥革命胜利后，资产阶级渴望得到一个"宁静"的政治环境，来保障他们既得的政治权益，保障他们自由地从事实业的发展。为了达到这一点，他们不惜作出一切让步来求得妥协。黄兴在当时曾一度宣称的"欲专力实业，休养民力"①，正是最好不过地道出了他们的心声。

资产阶级的政治家们为了获得并保持这种"统一"的、"宁静"的发展实业的环境，深怕引起革命的"不安宁状态"；同时，他们也很怕自己在本阶级(即资产阶级)眼目中成为"不安宁状态"的罪人。于是，就积极地支持袁世凯这个独裁头子，尽力鼓吹"南北统一"和"新旧调和"。同盟会重要分子魏宸组(原南京临时政府外交次长)在北京宣称："国事如何紧急，中央应急宜统一"，"各党派不宜争持意见，国且不保，政见何有，政策何有?"②另一个重要分子景耀月(原南京临时政

① 《黄克强先生荣哀录》事略，4页，黄蔡二公事略编辑处，1918。

② 黄远庸：《政界内形记》，见《远生遗著》，卷1，8～9页，北京，商务印书馆，1920。

府教育次长）说："总以国家为前提，不以意见为竞争，方可以救国。"①当时，国家政权已落在袁世凯手中。他们左一声"国家"，右一声"统一"，这种"统一"，只能是统一于袁世凯之手。这种"以国家为前提"，只能是以袁世凯的意旨为前提。

不仅如此，为了表示"和平建设"的诚意，他们还说服内部，解散大批革命军队。黄兴在袁世凯严令南方裁兵时，"当即通令南方各省革命军严加裁汰"。这种态度，在他自请卸除南京留守职务的通告中说得十分清楚："起义光复之人断无拥兵自卫之举。嗣因北方言论猜忌环生，不审内容，每多臆测，以为南方存此机关，势同树敌"，"兴睹此情形，殊非国福，窃恐内讧叠起，外祸丛生"，"不如将留守机关早日取消，可使南北嫌隙尽泯，庶几行政统一，民国基础自趋巩固"②。他们希冀放下武器，以换得袁世凯的谅解和信任。而结果适得其反，换来的只是鼓励和便利袁世凯进一步扑灭南方残留的革命力量。

他们这种迷梦，到 1913 年正式国会召开的前夜，可说是达到了顶峰。那时候，国会选举的结果业已揭晓："众议院中国民党议员占半数以上，参议院中则占十分之七。"③议会中的多数，果然被国民党夺得了。一切似乎都将如愿以偿。宋教仁兴高采烈地说："国会初开，第一件事则为宪法。宪法者，共和政体之保障也。"④在他们看来，资

① 黄远庸：《北京黄花岗纪念会》，《远生遗著》，卷 1，16 页，北京，商务印书馆，1920。

② 黄兴：《致中央及各省通告解职》，《黄留守书牍》，卷下，18 页，上海，上海广益书局，1912。

③ 邹鲁：《少年的回顾》，52 页，上海，龙文出版社，1993。

④ 宋教仁：《国民党欢迎会演说辞》。《宋渔父》后编，演说辞，2 页，上海，民立报馆，1913。

产阶级共和国仿佛已是近在眼前的、可以闻到香味的果子，只要一伸手便可以摘到了。

但是，历史无情地讽刺和嘲弄了他们。沉重的打击，恰恰在国民党人沉醉于欢乐的顶峰时突然到来。袁世凯的刀磨好了。于是，像晴天霹雳一样，发生了宋教仁被刺事件。

原来毫无思想准备的国民党人在突然到来的袭击下，立刻陷于极度的混乱之中。孙中山在血淋淋的事实面前，抛弃了一度产生过的对袁世凯的幻想，匆匆中断了对日本的访问，赶回上海，召开军事会议，力主讨袁。但是另一些资产阶级革命家如黄兴等却竭力反对，主张“稍缓用兵”，“不如以法律解决之为愈。证据确凿，俟国民大会发表后，可组织特别法庭缺席裁判，何患效力不生?”[①]蔡元培、汪精卫等也奔走南北，竭力谋求在妥协的基础上和平解决。至于各省都督和国会议员，由于对既得利益的恋栈，响应孙中山主张的更是寥若晨星。从辛亥革命到此时，时间刚过去一年。但是，金钱和地位对许多资产阶级革命党人来说，是一帖最有力的腐蚀剂。他们失去了原先的革命意志，为了力求保持自己都督、议员、官员的位置，不惜作出一切妥协。孙中山的战斗号召，不仅不能召唤他们参加到战斗的行列中来，反而唤来了一片“孙大炮”的讥讽声。

资产阶级，此刻也暂时抛弃了自己的政党。软弱的中国资产阶级在辛亥革命后曾经有过天真的幻想，以为这是他们发展实业的大好机会。他们生怕对袁世凯的反抗会破坏他们发展实业的这个大好机会，因而，对孙中山的起义普遍抱着反对的态度。当时，有人在报纸上透

① 谭人凤：《石叟牌词叙录》，《近代史资料》1956 年第 4 期，北京，中华书局。

露过他们的这种心情："商界何以反对南方兵事？盖兵事一起，商人之损失无限。此不独中国之商人然也，即外国商人亦甚望贸易之国处于平静之地位，安居乐业，勿复惊扰。且商业凋零，则人民均受其影响，故彼等之反对亦有不得已之苦衷也。"①软弱的中国资产阶级不能产生自己的"狄克推多"，就把希望转向大地主大买办阶级的政治代表袁世凯，祈求在他的庇护下，得以平静地发展自己经营的实业。这种希望最后注定是要落空的。

广大下层群众，在辛亥革命后早已被资产阶级革命党人一脚踢开了。就在国民党员担任都督的南方各省，下层群众同样也不曾得到多少实际利益，有的只是残酷的镇压和日益增长的苛捐杂税。因此，在他们看来，国民党与袁世凯之间的冲突，只是一群官僚政客与另一群官僚政客之间的争权夺利，跟他们并不相干，自然不可能再有多少热情起来给国民党以有力的支持。

一年多前曾经鼓动起全国规模的革命大风暴的资产阶级革命党人，曾几何时，已处于分崩离析和完全孤立的境地，环顾四周，找不到多少支持和援救的力量。

于是，在袁世凯的诸路进军和对南方军人的暗中收买下，南方各省一度进行的独立和抵抗很快就烟消云散。这个失败，严格地讲，并没有经过大规模的战争，而是在国民党内部自行瓦解中崩溃下去的。江苏、安徽、江西、广东的失败，首先都由于内部的叛变。广东第二师师长苏慎初、混成旅旅长张我权武力逐走了都督陈炯明，安徽第一师师长胡万泰也强行胁迫都督柏文蔚下台。湖南和福建原来态度就不坚决，抱着首鼠两端的观望心理，等到前述几省失败后，就自己取消

① 洪越、殷榕：《癸丑战事汇录》时评，15页，上海，上海民友社，1913。

了独立。湖南都督谭延闿在取消独立的通电中，厚颜无耻地说："湖南宣布独立，水到渠成，延闿不任其咎，湖南取消独立，瓜熟蒂落，延闿不居其功。"①国民党的议员们，不再妄想凭着"议会中的多数"来约束袁世凯的行动了，只是一心恋栈自己的地位。他们竭力向袁世凯献媚，甚至由国民党代理理事长吴景濂出面，宣布削除黄兴等人的党籍，表示自己和这个事件无关。② 但是，南方军事行动一结束，袁世凯对他们就不用再讲什么客气了，回过头来，立刻解散国民党，收缴国民党议员证书，解散国会。资产阶级的议会政治，在半殖民地半封建的中国，就这样昙花一现，烟消云散。

这一次起事的失败是必然的。资产阶级革命党人在短短一年多的时间内腐烂得这样快，怎么还能指望由它来领导革命前进呢？他们幻想在中国实行资产阶级民主共和国，但等待着他们的只是失败。这以后，孙中山继续为这个理想而奋斗。可是，这条路越来越窄了。他为了推翻清朝而迁就过袁世凯，后来为了反对北洋军阀而利用过西南军阀，往后又为了抵制西南军阀而培植过陈炯明，最后陈炯明又叛变了。一连串的失败证明：中国的资产阶级已经根本没有能力来领导中国革命。许多人不能不得出一个结论："这样看来，从前的一套革命老办法非改变不可，我们要从头做起。"③

实践是检验真理的唯一标准。资产阶级民主共和国的理想，还在无产阶级对它从理论上进行批判以前，已经由实践对它进行了有力的批判。中国人民付出了痛苦的代价，才从连续不断的失败中取得教

① 《邹永成回忆录》，《近代史资料》1956年第3期，北京，中华书局。

② 谢彬：《增补订正民国政党史》，56页，学术研究总会。

③ 吴玉章：《回忆五四前后我的思想转变》，《吴玉章回忆录》，109、110页，北京，中国青年出版社，1978。

训，逐步认识到资产阶级的政治道路在半殖民地半封建的中国是行不通的。

三

辛亥革命，作为一次全国规模的政治运动，虽然失败了，可是，烈士的鲜血并不是白流的。这次革命对中国人民政治生活带来的巨大影响，是怎么也消除不了的。就在表面上令人难忍的暂时沉寂背后，它所引起的一系列深刻的连锁反应，却在继续向前推进。

首先，辛亥革命促成了民主精神在中国的空前高涨。这次革命，不仅推翻了清朝政府的统治，并且一举结束了支配中国几千年的君主专制制度。历来被看作“天的儿子”、“神的替身”的皇帝，居然被打倒了。“天地君亲师”的神圣牌位，被毫不容情地扫进了历史的垃圾堆。孙中山在制订《临时约法》时，坚持写上：“中华民国之主权属于国民全体”。这一切，不能不在人们的思想上激起巨大而深刻的变化。这种影响只要读一读陈独秀在1918年所写的《偶像破坏论》，就可以强烈地感受到。陈独秀在这篇文章里写道：“君主也是一种偶像，他本身并没有什么神圣出奇的作用，全靠众人迷信他，尊重他，才能够号令全国，称做元首。一旦亡了国，像此时清朝皇帝溥仪、俄罗斯皇帝尼古拉斯二世，比寻常人还要可怜。这等亡国的君主，好像一座泥塑木雕的偶像抛在粪缸里，看他到底有什么神奇出众的地方呢？但是这等偶像，未经破坏以前，却很有些作怪。请看中外史书，这等偶像害人的事还算少么？”①既然君主这尊从来被看得神圣不可侵犯的偶像，一旦被看穿后，可以打倒；那么，人们合乎逻辑地会联想到：其他种种迷信和偶像，不是同样也可以破坏，也可以打倒吗？这是一个巨大

① 陈独秀：《偶像破坏论》，《新青年》5卷2号，1918年8月15日。

的思想解放。辛亥革命的这个历史功绩，应该受到足够的评价。亲身经历过这次革命的林伯渠同志，有过一段十分中肯的议论。他说："对于许多未经过帝王之治的青年，辛亥革命的政治意义是常被过低估计的，这并不足怪，因为他们没有看到推翻几千年因袭下来的专制政体是多么不易的一件事。"①

其次，人们对这次革命曾抱有如此热切的期待，并且付出了如此巨大的代价，最后却仍然以失败告终，并且失败得这么快，这么惨。日本强迫中国接受"二十一条"，袁世凯称帝，张勋复辟，这些活剧一幕接着一幕上演。中国的现状没有得到一点改善。国家的处境反而一天天坏下去，"充塞社会之空气"，依然"无往而非陈腐朽败焉"。② 这一切，迫使许多爱国者的心情无法平静下来，不能不严肃地重新思考国家社会的许多根本问题，寻求新的出路。林伯渠同志在回顾自己当时的思想历程时，这样写道："辛亥革命前觉得只要把帝制推翻便可以天下太平。革命以后，经过多少挫折，自己所追求的民主还是那么遥远，于是慢慢从痛苦的经验中，发现此路不通，终于走上了共产主义的道路。这不仅是一个人的经验，在革命队伍里是不缺少这样的人的。"③

就这样，辛亥革命的胜利和失败，从正反两个方面，为五四运动的兴起，为马克思主义在中国的传播，准备了不可缺少的条件。正是在这个意义上，我们可以说：没有 1911 年的辛亥革命，就不会有 1919 年的五四运动。

---

① 林伯渠：《荏苒三十年》，延安《解放日报》，1941 年 10 月 10 日。

② 陈独秀：《敬告青年》，《青年杂志》1 卷 1 号，1915 年 9 月 15 日。

③ 林伯渠：《荏苒三十年》，延安《解放日报》，1941 年 10 月 10 日。

四

辛亥革命失败后的头几年，那是一个青黄不接、令人特别难熬的日子。革命正处在退潮中，旧的道路已经走不通了，需要寻求新的出路，可是，新的出路是什么？一时又没有立刻找到答案。

在那些日子里，很多人陷于消沉、悲观以至绝望的境地。有的人对现状充满了愤慨，牢骚满腹，使酒骂座，结果却仍然一筹莫展；有的人退入书斋，终日在故纸堆里爬梳，聊以排遣自己的烦闷；有的人竟削发为僧，遁迹山林。“人们的痛苦和失望，真是达于极点，因此有的便走上了自杀的道路”①。

可是，现实生活不容许人们长期消沉下去。革命虽然失败了，原先导致革命发生的那些矛盾却一个也没有消除，相反倒更加激化了。历史不可能长期地踏步不前，半殖民地半封建中国的社会条件更不容许它这样。

由于中国的无产阶级一时还不够成熟，暂时填补资产阶级革命党人留下的空缺、站在当时历史潮流前列的，只能是一批小资产阶级中的急进民主派。

这些小资产阶级急进民主派的政治思想，并没有越出资产阶级的范围，但是，他们的社会地位比较低，对现实的不满更加强烈，并且不像资产阶级有那么多实际利益得失的顾虑，从而有可能在某些方面、特别是在意识形态领域内，将反对封建主义的斗争推进到比较彻底的地步。

这场斗争的帷幕，是由1915年9月陈独秀主办的《青年杂志》(后

---

① 吴玉章：《从甲午战争前后到辛亥革命前后的回忆》，《辛亥革命》，160页，北京，人民出版社，1974。

改名《新青年》）首先揭开的。它以总结辛亥革命失败的教训为出发点，响亮地提出了“民主”和“科学”的口号，向根深蒂固的封建势力发动了猛烈的进攻。

“民主”和“科学”的提出，不是偶然的。它的对立物，就是专制和愚昧。这正是中国几千年封建野蛮统治遗留的恶果。

在辛亥革命的准备时期，资产阶级革命党人虽然从西方搬来一整套资产阶级的社会政治学说，提出了民主革命的纲领，但是，他们当时把重点放在推翻清朝政府、建立共和国体这个目标上，对封建主义的意识形态，特别是以孔子为代表的纲常礼教，并没有进行有力的批判和扫荡。1905 年中国同盟会成立后，在革命宣传中更加突出了“反满”这个口号。章太炎等在《民报》上发表的许多文章，竭力推崇所谓“国粹”，以为只要提倡“国粹”，人们“爱国爱种之心，必定风发泉涌不可遏抑”①。这就更模糊了同封建主义传统意识的界限。这确是辛亥革命中一个薄弱环节。

既然问题在客观上并没有得到解决，专制和愚昧在现实生活中仍然是突出的现象，它自然要一次又一次地重新提出来。辛亥革命失败后，许多人痛切地认为，共和之所以有名无实，原因就在于大多数国民的思想仍然被专制和愚昧牢牢地束缚着，缺乏民主和科学的觉悟，而这一切又同封建主义的纲常名教那一套的影响太大太深有关，从而感到大力破除封建主义旧思想、旧文化、旧礼教的必要。他们在总结辛亥革命失败的教训时，往往把问题的症结归结到这里。

同时，民国以还，北洋军阀为了巩固他们的反动统治，又竭力提倡尊孔读经，掀起一股复古的倒退逆流。袁世凯当国时，通令全国要

---

① 章炳麟：《演说录》，《民报》第 6 期，1906 年 7 月。

“尊崇孔圣”。他的忠实爪牙、安徽都督倪嗣冲在呈文中坦率地说出了袁世凯的心里话。他说：“十岁至十五岁时尝欲未盛，灵性初开，教之善则善，习于恶则恶，听自由平等之演说印入脑筋，故虽杀身破家，趋之若鹜；闻事亲敬长之正论深入心理，亦必守死善道，甘之如饴”，“果能改良以读经为本，以余力习有用之科学，即戡乱之上策，治病之良方也。”①与此相呼应，一群封建余孽也发起组织孔教会、孔道会，发刊《孔教会杂志》，呈请以孔教为国教。袁世凯死后，康有为又电请政府“拜孔尊教”。北洋政府的宪法草案竟公然揭载：“国民教育以孔子之道为修身大本”。社会上下充塞着一派尊孔读经的恶浊空气。这也更激起了人们的愤慨，将批判的矛头集中地指向以孔子为代表的封建礼教。

初期的新文化运动经历了一个发展过程。粗略地说，大体有三个阶段：

在《青年杂志》发刊的头半年，他们的宣传还比较平和，着重在两个方面：一方面，宣扬个人独立自主的人格和权利，声称：“等一人也，各有自主之权，绝无奴隶他人之权利，亦绝无以奴自处之义务。”“解放云者，脱离夫奴隶之羁绊，以完其自主自由之人格之谓也。”②从而反对封建礼教鼓吹的“忠孝节义”这些“奴隶之道德”。另一方面，宣称“奋斗乃人生之职”，“世界一战场，人生一恶斗，一息尚存，决无逃遁苟安之余地”③。鼓舞人们进取奋斗，反对消极悲观和苟且自了的思想。

---

① 《生活日报》1914 年 5 月 17 日。

② 陈独秀：《敬告青年》，《青年杂志》1 卷 1 号，1915 年 9 月 15 日。

③ 陈独秀：《抵抗力》，《青年杂志》1 卷 2 号，1915 年 10 月 15 日。

从1916年2月发表易白沙的《孔子平议》起，《新青年》等刊物上接连刊载了一系列更富有战斗性的论文（如李大钊的《孔子与宪法》，陈独秀的《驳康有为致总统总理书》、《宪法与孔教》、《孔子之道与现代生活》等），集中火力，对以孔子为代表的封建礼教、特别是三纲五常等学说，发动了猛烈的抨击。

1917年，从喊出“文学革命”的口号、提倡白话文开始，《新青年》批判的面更广了：“破坏孔教，破坏礼法，破坏国粹，破坏贞节，破坏旧伦理（忠、孝、节），破坏旧艺术（中国戏），破坏旧宗教（鬼神），破坏旧文学，破坏旧政治（特权人治）。”①钱玄同甚至主张：“欲废孔学，不可不先废汉文。”②

这一次对封建主义旧思想、旧文化、旧礼教的批判，其尖锐彻底的程度、所向无前的声势，是中国历史上前所未有的。陈独秀鲜明地指出：“三纲之根本义，阶级制度是也。所谓名教，所谓礼教，皆以拥护此别尊卑、明贵贱之制度者也。”③“其主张尊孔，势必立君，主张立君，势必复辟，理之自然，无可怪者。”④“吾人果欲于政治上采用共和立宪制，复欲于伦理上保守纲常阶级制，以收新旧调和之效，自家冲撞，此绝对不可能之事。”⑤吴虞更加直截了当地写道：儒家提倡的那种“尊卑贵贱不平等之义”，“其流毒诚不减于洪水猛兽”，并且

---

① 陈独秀：《新青年罪案之答辩书》，《新青年》6卷1号，1919年1月15日。

② 钱玄同：《中国今后之文字问题》，《新青年》4卷4号，1918年4月15日。

③ 陈独秀：《吾人最后之觉悟》，《青年杂志》1卷6号，1916年2月15日。

④ 陈独秀：《复辟与尊孔》，《新青年》3卷6号，1917年8月15日。

⑤ 陈独秀：《吾人最后之觉悟》，《青年杂志》1卷6号，1916年2月15日。

指名痛斥孔子："盗丘之遗祸及万世"①。这在当时的确是石破天惊之论。更值得注意的是，鲁迅在《新青年》上发表的《狂人日记》。这里有他那段用血泪写下的名言："我翻开历史一查，这历史没有年代，歪歪斜斜的每页上都写着'仁义道德'几个字。我横竖睡不着，仔细看了半夜，才从字缝里看出字来，满本都写着两个字是'吃人'。"②它不仅是新文化运动中真正以白话文从事文学创作的第一篇，就其对旧社会、旧文化鞭挞的精辟深刻来说，在当时也是无与伦比的。

这次对封建主义旧文化的大讨伐，声势浩大，威力猛烈，所到之处，势如破竹，帮助了许多人从原来麻木不仁的沉睡状态下惊醒过来。于是，过去被当作神物一样、从来不敢怀疑的问题，现在敢于大胆怀疑了；过去连想也不敢想的事情，现在也敢于去设想了。这就起了巨大的思想解放作用。它清扫了地基，为人们接受马克思列宁主义作了重要的准备。

《新青年》还特别重视唤起"多数国民之自觉"，力求改变过去那种"皆政府党与在野党之所主张抗争，而国民若观对岸之火"的状况，要求"使吾国党派运动进而为国民运动"③。在《新青年》的有力推动和影响下，各地拥护新文化运动的刊物像雨后春笋般纷纷出版。妇女解放、婚姻自由、家庭革命等口号的提出，更使这个运动触及的社会面远比辛亥革命时更为广泛，从而汇成一股不可抗拒的思想洪流。

这些，都正是辛亥革命所缺少或不足的。以《新青年》为代表的初期新文化运动对中国近代历史发展的重大贡献，是永远不可磨灭的。

① 吴虞：《家族主义为专制主义之根据论》，《新青年》2卷6号，1917年2月15日。

② 鲁迅：《狂人日记》，《新青年》4卷5号，1918年5月15日。

③ 陈独秀：《一九一六年》，《青年杂志》1卷5号，1916年1月15日。

但是，也要看到：当时站在运动前列的，毕竟还是一些小资产阶级的急进民主派。这个运动，初期仍然是在资产阶级民主主义的旗帜下进行的。也可以说，它是辛亥革命在思想领域内的继续和深入。陈独秀在《新青年》上曾明白声言："愚固迷信共和，以为政治之极则。政治之有共和，学术之有科学，乃近代文明之二大鸿宝也。"①他猛烈地抨击旧思想、旧文化、旧礼教，正是因为在他看来，只有这样做才能巩固共和制度。他说："我们中国多数国民口里虽然是不反对共和，脑子里实在装满了帝制时代的旧思想。欧美社会国家的文明制度，连影儿也没有。""如今要巩固共和，非先将脑子里所有反对共和的旧思想一一洗刷干净不可。"②因而，尽管它在反对封建主义的专制和愚昧上是勇敢的，但它本身并没有给中国人民指明新的出路。

他们用来反对封建旧文化、旧礼教的思想武器，主要也是资产阶级的以个人为中心的"独立人格"和"平等人权"的学说。他们把个人的权利看得高于一切，甚至公然鼓吹利己主义，写道："社会集多数小己而成者也。小己为社会之一员，社会为小己所群集。故不谋一己之利益，即无由致社会之发达。""国家为达小己之蕲响而设"。"为利小己而创造国家，则有之矣。为利国家而创造小己，未之闻也。"③他们激烈地反对奴隶道德，着眼点也在于它妨碍了个人的独立和自由。陈独秀写道："人间百行，皆以自我为中心，此而丧失，他何足言？奴隶道德者，即丧失此中心，一切操行，悉非义由己起，附属他人以为功过者也。自负为一九一六年之男女青年，其各奋斗以脱离此附属品

① 陈独秀：《时局杂感》，《新青年》3卷4号，1917年6月1日。

② 陈独秀：《旧思想与国体问题》，《新青年》3卷3号，1917年5月1日。

③ 高一涵：《共和国家与青年之自觉》，《青年杂志》1卷2号，1915年10月15日。

之地位，以恢复独立自主之人格！”①自然，在无产阶级还不够成熟的历史条件下，这些小资产阶级急进民主派不可能有别的思想武器，只能以这种“独立人格”和“平等人权”的学说来反对封建的传统意识，反对专制和愚昧，它在这个历史的转折期中仍然起过巨大的进步作用。但是，他们的着眼点终究还是个人的利益，而不是人民的整体利益；他们所追求的也只是个人的解放，而不是全体劳动人民的解放。因而，从根本上说，仍然不可能给灾难深重的中国人民指明真正的出路。

他们对西方资本主义世界也常常不是采取分析的态度，而是什么都不加批判地拜倒。《新青年》上有的文章写道：“既在二十世纪建立民国，便该把法国美国做榜样。”“适用现在世界的一切科学、哲学、文学、政治、道德，就是西洋人发明的。我们该虚心去学他，才是正办。”②第一次世界大战的结果与巴黎和会的准备召开，更使他们中的大多数人欣喜若狂，把它看作是“公理战胜强权”的象征。他们十分起劲于抽象地大谈什么“正义”、“和平”与“人道”。在《新潮》上，有的文章写道：“政治的‘德莫克拉西’者，以法国巴黎为中心”，“经济的‘德莫克拉西’者，当以英国本邦最具有此特色”，“精神的‘德莫克拉西’者，今日当以美国现任大总统威尔逊氏所高唱之人道主义为代表”③。陈独秀为《每周评论》所写的《发刊词》，甚至把威尔逊捧为“现在世界上的第一个好人”。他还鼓吹：东洋各国可以在巴黎和会上联合提出一个“人类平等，一概不得歧视”的意见，说是“此案倘能通过，他种

---

① 陈独秀：《一九一六年》，《青年杂志》1卷5号，1916年1月15日。

② 钱玄同：《随感录》，《新青年》5卷3号，1918年9月15日。

③ 《德莫克拉西之四面谈》，《新潮》1卷5号，1919年5月1日。

欧美各国对亚洲人不平等的待遇和各种不平等的条约，便自然从根消灭了”①。

这是一个过渡。

站在当时潮流前列的急进民主派所代表的小资产阶级，本身就是一个过渡的阶级。它的阶级地位是不稳定的，一部分可能向资产阶级转化，另一部分则可能向无产阶级转化。新文化运动发展演进的历史事实，正是这样。

五

在1918年5月的《新青年》上，李大钊同志写下了这样一段话："中国人今日的现象，全是矛盾的现象，举国人都在矛盾现象中讨生活，当然觉得不安，当然觉得不快。既然不安不快，当然要打破这种矛盾的生活，另外创造一种新生活，以寄顿吾人的心身，安慰吾人的性灵。"②

这种"新生活"是什么？人们正在探索和追求。就在这个时刻，两个具有决定性意义的变化引人注目地发生了。那便是十月革命的爆发和中国工人阶级力量的成熟。

列宁领导的十月社会主义革命，开辟了人类历史的新纪元。它给予中国人民以特别深刻的印象。本来，社会主义在许多人看来，只是一种书本上的学说。《新青年》直到1917年初还这样写过："社会主义，理想甚高，学派亦甚复杂，惟是说之兴，中国似可缓于欧洲，因产业未兴，兼并未行也。"③十月革命却使它成为活生生的现实，从而

---

① 陈独秀：《战后东洋民族之觉悟与要求》，《每周评论》第2号，1918年12月29日。

② 李大钊：《新的与旧的》，《新青年》4卷5号，1918年5月15日。

③ 钱玄同：《通信》，《新青年》2卷5号，1917年1月15日。

给正在苦闷和探索中的中国先进分子树立了一个光辉的榜样，尽管许多人最初还是从旧的资产阶级民族民主革命的观点去理解它，只把它看作是平民的胜利、自由平等的胜利、人道主义的胜利、和平的胜利。在二月革命发生时，陈独秀曾写道："俄罗斯之革命，非徒革俄国皇室之命，乃以革世界君主主义、侵略主义之命也"，"而为民主主义、人道主义之空气所充满也。吾料世界民主国将群起而助之"①。但是，不少先进分子很快就认识到了：列宁领导下的俄国革命是和历史上任何一次革命都不相同的不平常的革命，是一场崭新的以劳工阶级为主体的社会革命。

李大钊在1918年10月发表的《庶民的胜利》、《布尔什维主义的胜利》两文，是中国人民接受十月革命道路的最早反映。他在文中指出：第一次世界大战的结果，"是社会主义的胜利，是布尔什维主义的胜利，是赤旗的胜利，是世界劳工阶级的胜利，是20世纪新潮流的胜利。"②并且庄严地宣布："试看将来的环球，必是赤旗的世界！"③这种响亮的声音，表明中国人民新的觉悟，开始把希望转向社会主义。中国第一批具有初步共产主义思想的知识分子出现了，新文化运动中新的因素产生了，马克思主义在中国的传播开始了。

与此同时，中国工人阶级的力量也正在日趋壮大。第一次世界大战期间，由于资本主义列强忙于战争，使中国的民族工业得到了一个迅速发展的大好机会。纺织、面粉、缫丝、造纸、印刷、火柴和运输

① 陈独秀：《俄罗斯革命与我国民之觉悟》，《新青年》3卷2号，1917年4月15日。

② 李大钊：《庶民的胜利》，《新青年》5卷5号，1918年10月15日。

③ 李大钊：《布尔什维主义的胜利》，《新青年》5卷5号，1918年10月15日。

业都有巨大的进展。中国产业工人的人数迅速增长到200多万人。随着工人阶级力量的壮大和工人所受压迫的加深，工人阶级的斗争也加强了，并且出现了不少政治性的罢工。1915年，“二十一条”的消息传出，上海的搬运工人和日本企业中的职工就宣布罢工。1916年，法人在天津企图强租老西开地区，法租界工人又掀起了大规模的罢工。《新青年》上报道说：“灿烂繁华之法国租界，以我民一怒之故，几化鬼市废墟。”①十月革命后，“世界革命潮流的消息当时在中国报纸上真是日不绝书的，中国工人的文化程度虽然落后，虽然百分之九十是不识字不能直接看报，然而街谈巷议，工人们是听着的。中国工人经济生活那样极人世间少有的痛苦，迎受世界革命潮流，不用说是很自然的；特别是俄国十月无产阶级大革命的胜利，更使得中国工人受到深刻的影响和强烈的鼓励。就在这种情形之下，中国职工运动开始它的黎明期了。”②

一些先进的革命知识分子也从这些新的事实中逐渐认识到：不能只着眼于个人这样或那样的要求，不能只是追求个人的解放。只有社会主义民主，才是同最大多数的工农群众的根本利益一致的民主；只有广大劳动人民都得到解放，才是人类真正的最后解放。李大钊同志在五四前所写的《劳动教育问题》《青年与农村》《唐山煤矿的工人生活》《现代青年活动的方向》等论文，就是中国先进分子这种新的觉悟的表现。

六

正是在这样的历史条件下，五四运动爆发了。

---

① 国内大事记，《老西开事件》，《新青年》2卷4号，1916年12月1日。

② 邓中夏：《中国职工运动简史》，10页，北京，人民出版社，1953。

1919 年 5 月 4 日，这是一个伟大的转折点。这以前和这以后，是一个根本的历史性的转变。五四运动，直接的导因是为了反对帝国主义的巴黎和会，反对北洋政府的卖国政策，捍卫民族的生存。可是，这只是一个“引子”。运动的发展已远远超过了这个范围。巴黎和会做出的使中国听任日本帝国主义宰割的决定，充分暴露了帝国主义以强凌弱的凶恶面目，再一次从反面教育了中国人民。这一课上得实在好！李大钊同志 1919 年 5 月在《每周评论》上尖锐地指出：“这回欧战完了，我们可曾做梦，说什么人道、和平得到了胜利，以后的世界或者不是强盗世界了，或者有点人的世界的彩色了，谁知道这些名辞，都是强盗政府的假招牌。我们且看巴黎和会所议决的事，那一件有一丝一毫的人道、正义、和平、文明的样子！那一件不是拿着弱小民族的自由、权利，作几个大强盗国的牺牲。”①在《国民》《星期评论》等刊物上，也都可以看到有着类似内容的文章。小资产阶级急进民主派原来那么起劲地欢呼过的“公理战胜强权”，像肥皂泡一样彻底破灭了。他们原来津津乐道的那些“人权”、“正义”、“公理”等抽象的空话，同样也经不起现实生活的检验，证明它们根本不能解决中国面临的严峻的实际问题。对帝国主义幻想的破灭，不仅使人们更加感到民族危机的深重，而且也使他们认识了资产阶级民主的虚伪性。再一次痛苦的失望，驱使更多人从资产阶级民主主义的狭隘圈子里解放出来，寻求新的理想。

这时，十月革命的影响和工人运动的兴起，自然对人们产生了空前巨大的吸引力量。北京的《晨报》和上海的《民国日报》都连续刊载

① 李大钊：《秘密世界与强盗世界》，《每周评论》第 22 号，1919 年 5 月 18 日。

《劳农政府治下之俄国》的长文。陈独秀也从小资产阶级急进民主派开始转变到宣传社会主义的方面来。他在 1919 年 4 月 20 日发表的《二十世纪俄罗斯的革命》写道："十八世纪法兰西的政治革命，二十世纪俄罗斯的社会革命，当时的人都对着他们极口痛骂，但是后来的历史家，都要把他们当做人类社会变动和进化的大关键。"①

"空泛的民主主义的噩梦"惊醒了。这对推动中国人民的进一步觉醒，起了十分重大的作用。1920 年，瞿秋白同志在一篇文章中，对五四运动中这个历史性的转变，曾作过如此的描述："当时爱国运动的意义，绝不能望文生义的去解释他。中国民族几十年受剥削，到今日才感受殖民地化的况味。帝国主义压迫的切骨的痛苦，触醒了空泛的民主主义的噩梦。学生运动的引子，山东问题，本来就包括在这里，工业先进国的现代问题是资本主义，在殖民地上就是帝国主义，所以学生运动倏然一变而倾向于社会主义，就是这个问题。"②这段描述是符合当时的历史实际的。

紧接着发生的"六三"事件，标志着中国的无产阶级作为一支独立的政治力量登上历史舞台，跃进成为运动的主力。

以五四运动为起点，马克思列宁主义开始在中国以波澜壮阔的规模广泛传播，形成气势磅礴的思想主流。这才是同一切愚昧和空谈截然对立的科学的世界观。同时，五四运动又加速了革命知识分子与广大劳动人民相结合的步伐。吴玉章同志在回忆中写道："从前我们搞革命虽然也看到过一些群众运动的场面，但是从来没有见到过这种席

---

① 陈独秀：《二十世纪俄罗斯的革命》，《每周评论》第 18 号，1919 年 4 月。

② 瞿秋白：《饿乡纪程》，见《瞿秋白文集》卷 1，北京，人民出版社，1988。

卷全国的雄壮浩大的声势。在群众运动的冲激震荡下，整个中国从沉睡中复苏了，开始焕发出青春的活力，一切反动腐朽的恶势力，都显得那样猥琐渺小，摇摇欲坠。以往搞革命的人，眼睛总是看着上层的军官、政客、议员，以为这些人掌握着权力，千方百计运动这些人来赞助革命。如今在五四群众运动的对比下，上层的社会力量显得何等的微不足道。在人民群众中所蕴藏的力量一旦得到解放，那才真正是惊天动地，无坚不摧的。”“处在十月革命和五四运动的伟大时代，我的思想上不能不发生非常激烈的变化。当时我的感觉是：革命有希望，中国不会亡，要改变过去革命的办法。虽然这时候我对中国革命还不可能立即得出一个系统的完整的新见解，但是通过十月革命和五四运动的教育，必须依靠下层人民，必须走俄国人的道路，这种思想在我头脑中日益强烈、日益明确了。”①

毛泽东同志、周恩来同志等老一辈无产阶级革命家，正是在五四运动中接受了马克思列宁主义这个科学的世界观，积极投入到中国人民的解放事业中去，谋求中国最广大人民群众的根本利益，在实际斗争中逐步成长为中国无产阶级革命的杰出领导人的。

伟大的五四运动为中国共产党的成立从思想上和干部上作了准备。

列宁在1920年曾经生动地描述过十月革命前俄国人寻找革命真理的经过。他写道：“在上一世纪40年代至90年代这大约半个世纪期间，俄国进步的思想界，处在空前野蛮和反动的沙皇制度的压迫之下，曾如饥如渴地寻求正确的革命理论，孜孜不倦地、密切地注视着

---

① 吴玉章：《回忆五四前后我的思想转变》，《吴玉章回忆录》，111、112页，北京，中国青年出版社，1978。

欧美在这方面的每一种‘最新成就’。俄国在半个世纪期间真正经历了闻所未闻的痛苦和牺牲，以空前未有的革命的英雄气概、难以置信的毅力和舍身忘我的精神，从事寻求、学习和实验，它经过失望，经过检验，参照欧洲经验，终于找到了马克思主义这个唯一正确的革命理论。”①

从辛亥革命到五四运动，相隔只有短短的7年多。可是，中国的先进分子在这短短的时间里，已经历了一段失望、怀疑、寻求和学习的漫长旅程。十月革命一声炮响，给我们送来了马克思列宁主义。中国人民怀着极大的热情欢迎它，接受它。这不仅因为十月革命胜利的实践证实了这是唯一正确的道路，也因为中国先进分子在自身长期的摸索、实践中深切地体会到了这一点。

只有社会主义能够救中国。只有把马克思列宁主义的普遍真理同中国革命的具体实践相结合，才能指引中国取得胜利。这便是历史所做的结论。

① 列宁：《共产主义运动中的“左派”幼稚病》，《列宁选集》第4卷，182页，北京，人民出版社，1972。

他们为什么选择了社会主义*

——五四时期先进青年思想变动轨迹的剖析

五四运动在中国近代思想大变动中所占的突出地位，是没有人能够否认的。

那是个充满着急风暴雨的日子。先进的人们高举起“科学”和“民主”的大旗，向阻碍中国社会进步的旧思想、旧观念发动猛烈的进攻，形成一场新旧思潮的大激战。许多在黑暗环境中极度苦闷的青年人，从思想界卷起的这场巨大波澜中，猛然望见了新的曙光。他们反复比较当时所能接触到的种种新思潮，思考中国的现实出路在哪里，并以大无畏的气概向未来探索。

从比较和思考中，人们得出的结论并不相同。批判目标的一致远不意味着选择目标的一致。反对旧思想、旧观念时曾经并肩站立在一起的亲密伙伴，逐渐发生了分化。多数的先进分子经过不同的途径，先后奔集到科学社会主义也就是马克思主义的旗帜下来。这是当时最引人注目的

---

* 原载《党的文献》，1989年第4期。

历史现象。

年轻的瞿秋白，在五四的第二年写道："中国社会思想到如今，已是一个大变动的时候。一般青年都是栖栖皇皇、寝食不安的样子。究竟为什么？无非是社会生活不安的反动。反动初起的时候，群流并进，集中于'旧'思想学术制度，作勇敢的攻击。等到代表'旧'的势力宣告无战争力的时期，'新'派思想之中，因潜伏的矛盾点——历史上学术思想的渊源，地理上文化交流之法则——渐渐发现出来，于是思想的趋向就不像当初那样简单了。""我和诸同志当时也是飘流震荡于这种狂涛骇浪之中。"①张闻天生动地描述过自己当时的思想旅程："我们对于这种不合理的社会，情意上早感到不安，因不安也早产生了改造的决心。不过用什么方法来改造呢？应该改造成什么样呢？这些问题常常横在我胸前面一日不能去的。无抵抗主义呢？反抗主义呢？无政府主义呢？社会主义呢？如江河流水，不绝地引起我的烦闷。但永久不决定是不能生活的。那么，取其长，舍其短，自然不能不走社会主义一条路了。自今日起，我希望能够在实现社会主义的历程中做一个小卒。"②为什么那么多接受了五四运动洗礼、在当时最有觉悟又富有思考能力的青年，进行了反复比较和思考后，做出同样的选择，把科学社会主义确定为自己的理想？这种现象有它的内在逻辑在支配吗？这确是一个令人感兴趣的问题。

---

① 瞿秋白：《饿乡纪程》，《瞿秋白文集》文学编第1卷，29～30页，北京，人民文学出版社，1998。

② 张闻天：《中国底乱源及其解决》，1922年1月，《党的文献》，1989年第3期。

一、资产阶级共和国方案在中国的试验和破产

事物的发展都不会凭空而来，总有它的来龙去脉可以找寻。为了探讨问题，我们不妨简略地回顾一下五四以前中国先进分子经历过的梦想和现实。

当中国历史进入近代以后，处于封闭状态的传统社会再也无法照旧维持下去了。人们带着惊异的目光，看到外部世界竟有那么多中国人闻所未闻的新道理和新事物。甲午战争失败后，民族危机更加深重了。人们如饥似渴地阅读大量西方社会政治方面的书籍。这使他们既感到新鲜，又受到巨大的鼓舞，对他们产生了强烈的吸引力。1903年日本留学生中出版的《江苏》杂志上有一段把他们这种心情写得淋漓尽致的话："横瞰欧美之光明政局，旁探近代之革新历史，注目于其社会，关心于其国事，每有一种葱葱勃勃伟大昌隆之气象，目击焉而心花开，耳触焉而气概扬，不知不觉间激起吾欢欣歌舞羡慕恋爱之一片良感情，跳跃于心头而不能自镇。"①越来越多的人逐渐认定：一定要以西方国家为榜样，才能找到拯救祖国的出路，不惜为此抛头颅、洒热血，进行了前仆后继的英勇斗争。

这个斗争的高峰是1911年的辛亥革命。它以从西方传入的进化论、天赋人权论和民主共和国方案作为思想武器。投身这场革命的人长时间内充满自信，期待着，"一旦我们革新中国的伟大目标得以完成，不但在我们的美丽的国家将会出现新纪元的曙光，整个人类也将

① 汉驹：《新政府之建设》，《江苏》第5期，1903年8月出版。

得以共享更为光明的前景。”[①]这场革命在中国近代起过的伟大历史作用，是用不着多作解释的。

当时许多人对民主的理解，特别着重在西方国家的一些政治组织形式和政治活动程序方面。民国成立后，不单挂出了共和国的招牌，连议会制、多党制、普选等这些西方国家的政治组织形式和活动程序一度也被热热闹闹地搬到了中国来。很多人对这些曾抱有很大的期望。曾在日本留学、相当熟悉西方国家政治制度的宋教仁，在被刺前一个多月，还兴高采烈地发表演说：“世界上的民主国家，政治的权威是集中于国会的。在国会里头，占得大多数议席的党，才是有政治权威的党，所以我们此时要致力于选举运动。”“我们要在国会里头，获得过半数以上的议席，进而在朝，就可以组成一党的责任内阁；退而在野，也可以严密地监督政府，使它有所惮而不敢妄为，应该为的，也使它有所惮而不敢不为。那么，我们的主义和政纲，就可以求其贯彻了。”[②]他所表达的感情无疑是真诚的，听起来也颇为诱人。

奇怪的是，说起来那么动听的东西，甚至在西方国家也许取得过一些成效的政治制度，如果不顾中国国情，一旦硬搬到当时中国社会这块土壤上实行起来，却全然变了样：普选徒具形式；多党制成了拉帮结派，党同伐异；议会里只有一批政客在吵吵嚷嚷；国民党在国会竞选中果然取得了多数，但对国民的实际利益却一无所补。等到袁世凯所代表的旧势力准备好了，猛扑过来，连那点形式上的东西也被掷到九霄云外。种瓜得豆，这真是创业者始料之所不及的。

---

① 孙中山：《中国问题的真解决》，《孙中山全集》第1卷，255页，北京，中华书局，1981。

② 宋教仁：《国民党鄂支部欢迎会演说辞》，《宋教仁集》下册，456页，北京，中华书局，1981。

“无量头颅无量血，可怜购得假共和。”这教训实在太惨痛了！资产阶级共和国方案的试验和破产，也许可以看作20世纪初年这场革命留给中国人的一笔重要精神遗产。

许多人产生了严重的失落感，觉得迷惘、彷徨以致绝望。但是，真正有志气的爱国者不会由此而停止自己前进的脚步。他们在遍布荆棘的崎岖道路上毫不气馁，重新又开始新的探索。很早参加同盟会的林伯渠回顾道：“辛亥革命前觉得只要把帝制推翻便可以天下太平。革命以后，经过多少新的转折，自己所追求的民主还是那么遥远，于是慢慢从痛苦的经验中发现此路不通，终于走上了共产主义的道路。这不仅是一个人的经验，在革命队伍里是不缺少这样的人的。”①这是中国思想界大转变的重要契机。但新的道路并不是轻易就能踏上的。他们在总结这次革命失败的教训时，最初把注意力集中在文化领域内。辛亥革命时担任过安徽都督府秘书长的新文化运动主将陈独秀在《新青年》上写道：“这腐旧思想布满国中，所以我们要诚心巩固共和国体，非得将这班反对共和的伦理、文学等等旧思想，完全洗刷得干干净净不可。否则不但共和政治不能进行，就是这块共和招牌，也是挂不住的。”②他认为，造成中国人民愚昧的根源是封建道德，而封建道德就是奴隶道德。他把伦理的觉悟看作“吾人最后之觉悟”，为了做到这一点，“一切政府的压迫，社会的攻击笑骂，就是断头流血，都不推辞。”③他们这种无所畏惧、勇猛直前的精神是十分可敬的，产生了巨大的思想解放作用，从而为新思潮的传播扫清了道路。但是，文

① 林伯渠：《荏苒三十年》，延安《解放日报》，1941年10月10日。

② 陈独秀：《旧思想与国体问题》，《新青年》第3卷第3号，1917年5月。

③ 陈独秀：《吾人最后之觉悟》，《青年》杂志第1卷第6号，1916年2月15日。

化终究是社会的政治和经济的反映。当时中国社会的现状是那样腐败和黑暗，正如张闻天所说："中国混乱的原因是由于中国社会组织逐渐崩坏，而一时不能产生新的社会组织出来。"①如果不从根本上对这个社会进行改造，单从政治组织形式或文化思想下手，怎么能真正解决问题呢？北京大学学生何孟雄 1919 年 10 月在《时事新报》上谈到他们这种新的认识："社会仍是这样黑暗，现在的青年要彻底明白旧社会的罪恶，立定不屈不挠奋斗的志向，绝不反被旧社会战胜。中国的改造，才有望咧！"②于是，"改造社会"、"建设新社会"的呼声越来越高，逐渐响彻全国。改造社会的问题在思想界被提到如此突出的地位，成为先进青年集中关注的焦点，在中国近代思想史上还是第一次。这是人们对问题向更深层次的挖掘，是当时先进青年中产生的新的觉悟，是中国人在认识上的又一次飞跃。

二、世界范围内的思想大变动对中国的影响

中国当时的社会必须改造，这在先进青年中几乎已成为共识。但是，这个社会应该改造成怎么样，多数人最初却并不清楚。

正在这个时刻，世界范围发生的大变动强烈地吸引了中国先进青年的注意：从 1914 年开始的第一次世界大战延续达四年之久，给欧洲人民带来了浩劫。这场空前残酷的战争，把资本主义世界固有的内在矛盾，以比以往任何时候更加尖锐的形式清楚地暴露出来。劫后的欧洲留下的是满目疮痍，是令人震惊的巨大灾难和混乱，一时仿佛看

---

① 张闻天：《中国的乱源及其解决》，1922 年 1 月，载《党的文献》1989 年第 3 期。

② 何孟雄：《过去的青年》，《何孟雄文集》，2 页，北京，人民出版社，1986。

不到多少光明的前景。这下轮到西方国家许多人也陷入深重的失落感了。

欧战结束后的下一个月，梁启超等动身去西欧游历了一年。他们看到了什么？看到的是普遍的沮丧、彷徨和“世纪末”的失魂落魄情绪。一个美国记者对他说：“西方文明已经破产了。”梁启超归国后在《欧游心影录》中描述他在欧洲亲眼目睹的这幅凄惨景象：“全社会人心都陷入怀疑、沉闷、畏惧之中，好像失了罗针的海船迎着风遇着雾，不知前途怎生是好。”他从中得到一个强烈的印象：“社会革命，恐怕是二十世纪惟一的特色，没有一国能免，不过争早晚罢了。”①梁启超素来以政治态度温和而又富于敏感著称。他的这些言论自然会在国内引起不小的反响。

鼎鼎大名的英国哲学家罗素这时到中国来，到处演讲。他说：“诸君皆知道我相信社会主义的。我以为产业如何发达，若非社会主义行之，必定有不平之事发生，此阶级压制他阶级，苦者益苦，富者益富，弊害丛生。所以必须生产品、器具、土地、利益，皆归之公有，再分配于个人，不为私人所揽有，方为公道。西方社会主义是产业制度的结果，自然而然产生嬗化而来。”②尽管罗素并不是一个真正的社会主义者，尽管他同时又鼓吹“中国若想社会主义实现，不得不提倡资本主义”③，但连他都如此赞扬社会主义，终究也引起更多人对社会主义的注意，使人们感到社会主义比起资本主义来是一种更新、更先进的制度。

---

① 梁启超：《欧游心影录》，《梁启超选集》，719、723页，上海，上海人民出版社，1984。

② 罗素：《社会主义》，《时事新报》副刊《学灯》，1921年2月21日。

③ 同上。

至于有机会亲自到欧洲去看看的中国先进青年，受到的刺激自然更加强烈。周恩来在1920年底到达欧洲。不久他给天津《益世报》所写的第一篇通讯劈头就说："吾人初旅欧土，第一印象感触于吾人眼帘者，即大战后欧洲社会所受巨大之影响，及其显著不安之现状也。影响维何？曰：生产力之缺乏，经济界之恐慌，生活之窘困。凡此种种，均足以使社会上一般人们饥寒失业交困于内外，而复益之以战争中精神文明所得间接之损失，社会之现状遂乃因之以不安。"①这就更坚定了他的这种信念："使欧洲危机终不可免而至于爆裂也，则社会革命潮流东向，吾国又何能免？"②

长时期来，中国的先进分子一直钦羡西方国家的富强，把它看作中国仿效的榜样。他们密切注视着西方世界的动向，狂热地学习和研究西方的种种新学说和新思潮。西方世界发生的任何社会变动和思想变动，时时都会牵动他们的心弦。

本来，早在19世纪末和20世纪初，当西方资本主义还处在比较稳定时期时，中国先进分子中已有一部分人开始敏锐地察觉到它的阴暗面。孙中山1905年在《民报发刊词》中说："欧美强矣，其民实困，观大同盟罢工与无政府党、社会党之日炽，社会革命其将不远。"③章太炎在《代议然否论》中认为西方的议会制度无非仍为少数人所支配。但这些问题那时没有引起更多人的注意。

现在，欧洲国家的社会矛盾以如此尖锐的形式爆发出来，它的缺陷已暴露得如此明显，连许多西方思想家对它的信心也发生动摇，这

---

① 周恩来：《欧战后之欧洲危机》，《益世报》，1921年3月22日。

② 周恩来：《欧战后之欧洲危机》（续篇），《益世报》，1921年3月23日。

③ 孙中山：《〈民报〉发刊词》，《孙中山全集》第1卷，288～289页，北京，中华书局，1981。

不能不使更多的醉心学习西方的中国人感到震惊。西方的社会制度在他们心目中顿时失却原来那种耀眼的光彩。他们自然地得出结论：难道我们还要步着人家的后尘，沿着这条旧路再走一遍吗？为什么不能改弦易辙，采纳世界上更新的学说，创立一种更加合理的社会？何孟雄的一段话，反映了不少中国先进青年的这种认识："欧洲资本主义的发达，工人及中产阶级的沦到不幸的地步，我们中国在产业萌芽的时会，当然要对于欧洲资本主义造出来的罪恶务宜具一种戒心，有了旁的较好的法子，当然采取好的法子。未见得资本主义是必经的阶段，即是资本主义发展了，将来的革命是免不掉的。难道劳动阶级铸定必需受资本主义的痛苦吗?"①

列宁领导的十月社会主义革命，为什么这时能对中国先进青年产生如此强大的吸引力？原因就在它正好给他们苦苦思索的问题指出了一条新的出路。在这以前中国人不是没有接触过马克思主义，但那时对马克思主义的一些介绍并不准确，受到它影响的范围也十分有限。许多人不过把它看作欧洲无数新思潮中的一种偶尔涉及，并没有给以认真的注意。现在，社会主义在苏俄从书本上的学说变为活生生的现实，并且在历经种种饥馑、内战、外国干涉的严重磨难后，依然站稳了脚跟，工人和农民破天荒第一次成了社会的主人。一边是尽管还在艰苦创业却充满蓬勃生机的苏俄，一边是混乱颓败的西欧，两者之间形成鲜明的对照。这自然使正在黑暗中摸索的中国先进分子看到了新的希望和新的依靠力量，倏然转到俄国十月革命道路这方面来。

李大钊在1918年发表的《庶民的胜利》和《布尔什维主义的胜利》

---

① 何孟雄：《发展中国的实业究竟要采用甚么方法》，《何孟雄文集》，62页，北京，人民出版社，1986。

这两篇文章，是中国人民接受十月革命道路的最早表现。五四运动后不久，他又写道："自俄国革命以来，马克思主义几有风靡世界的势子。德、奥、匈诸国的社会革命相继而起，也都是奉马克思主义为正宗。"①并且在这篇文章里比较系统地介绍了马克思的学说。李达写道："马克思的社会主义，已经在俄国完全实现了。"②其他转到这条道路上来的先进分子也越来越多。同盟会最早会员之一的吴玉章回忆道："处在十月革命和五四运动的伟大时代，我的思想上不能不发生非常激烈的变化。当时我的感觉是：革命有希望，中国不会亡，要改变过去革命的办法。虽然这时候我对中国革命还不可能立即得出一个系统的完整的新见解，但是通过十月革命和五四运动的教育，必须依靠下层人民，必须走俄国人的道路，这种思想在我头脑中日益炽烈，日益明确了。"③这里所说的思想经历，也不只是属于他一个人的。

社会主义不是由任何人心血来潮地凭空臆想出来的，而是资本主义社会固有的内在矛盾难以解决的产物。李达在1919年6月这样说："法兰西革命，虽是推倒皇帝的专制，打破贵族的阶级，灭除寺院僧的特权，但所有成功只算政治革命的成功。""结果弄到贫者愈贫(这是劳动者)，富者愈富(这是资本家)，贫富相差愈远。这就是19世纪政治革命后的文明现状。社会上受了这不平等的刺激，自然会生出近世

① 李大钊：《我的马克思主义观》，《李大钊文集》(下)，46～47页，北京，人民出版社，1984。

② 李达：《马克思还原》，《李达文集》第1卷，30页，北京，人民出版社，1980。

③ 吴玉章：《回忆五四前后我的思想转变》，《吴玉章回忆录》，112页，北京，中国青年出版社，1978。

的社会主义来了。”①

当然，历史发展的途径从来不是直线式，而是波浪式的。看一看资本主义社会几百年的历史就会发现：它有过兴旺发达的时期，随后便出现了危机，当渡过危机并经过调整后，又可能会有一个时期的稳定和发展。但即便今天的资本主义世界依然充满着难以解决的矛盾。社会主义社会的历史，比起资本主义来要短促得多。从十月革命算起，至今还不过七十多年。它有过蓬勃发展的时期，也遇到过曲折和困惑，因而需要改革，但它的生命力还只是开始显示出来。如果用历史的眼光来看待这一切，是不足为怪的。

三、对种种打着社会主义旗号的新思潮的比较推求

社会思想变动的进程，不像人们通常所想的那样直接痛快。那时打着社会主义旗号的新思潮名目繁多，不进行认真的比较推求，很难把它们分辨清楚。不少进步青年从资产阶级民主主义走向科学社会主义的过程中，往往曾经历一个中间环节，那就是受到过无政府主义思潮的影响。

刘少奇在回忆五四运动的情况时曾说过：“在起初各派社会主义的思想中，无政府主义是占着优势的。”②毛泽东、周恩来、恽代英、邓中夏、陈延年、罗亦农等这些进步青年中的优秀分子，在探索过程中都不同程度地受到过这种思潮的影响。

为什么会出现这种现象？主要有三个原因：

① 李达：《社会主义的目的》，《李达文集》第1卷，4页，北京，人民出版社，1980。

② 刘少奇：《感想与回忆》，《中国青年》第1卷第2期，1939年5月。

第一，马克思主义在中国，当时还刚刚开始传播。1920 年以前，马克思、恩格斯的基本著作没有任何一种完整的中文全译本，列宁的文章连一篇译成中文的也没有。在这种情况下，要真正多了解一点马克思主义，实在是相当艰难的事情。只有少数到过国外或能直接阅读外文的人，如去过日本的李大钊、李达、李汉俊、陈望道和一些北京大学学生等外，其他许多进步青年虽然开始对马克思主义感兴趣，实际上却所知甚少。未来的美好社会令他们神往，可是这种美好社会究竟是怎样的，用什么方法才能够达到？他们的认识还不是很清晰。

瞿秋白 1920 年去苏俄前曾这样写道："社会主义的讨论，常常引起我们无限的兴味。然而究竟如俄国 19 世纪 40 年代的青年思想似的，模糊影响，隔着纱窗看晓雾，社会主义流派、社会主义意义都是纷乱、不十分清晰的。正如久壅的水闸，一旦开放，旁流杂出，虽是喷沫鸣溅，究不曾自定出流的方向。其时一般的社会思想大半都是如此。"①

邓颖超也说过："五四运动是思想解放运动。一解放，就像大水奔流。那时的思想，受到长期禁锢，像小脚女人把脚裹住，放开以后，不知怎么走路，有倒的，有歪的，也有跌跤的。那时是百家争鸣，各种思潮都有。"②"我们受十月革命的影响，当时也只听说苏联是没有阶级、没有人剥削人的社会。我们很向往这种光明的社会，同情广大劳苦大众，厌恶中国社会的黑暗。我们平常交谈的范围很广，无政府主义、基尔特社会主义都接触到了，但对这些我们都没有明确

---

① 瞿秋白：《饿乡纪程》，《瞿秋白文集》文学编第 1 卷，26 页，北京，人民文学出版社，1998。

② 《五四时期老同志座谈会记录》，《五四运动回忆录》(续)，10 页，北京，中国社会科学出版社，1979。

的认识，也不了解什么是马克思主义。所以，在当时我们还不能称为‘共产主义知识分子’，只能说从那时起我们这些人要求继续学习，吸取新知识。”①在这种情况下，他们虽然向往社会主义社会，但一时对科学社会主义同无政府主义的区别无法分辨得那么清楚，是毫不奇怪的。

第二，中国的无政府主义者从开始时起，一直标榜自己是主张“社会主义”以致“共产主义”的。早期的无政府主义者刘师培、张继1907年发起组织“社会主义讲习会”时，在广告中说：“近岁以来，社会主义盛行于西欧，蔓延于日本，而中国学者则鲜闻其说，虽有志之士渐知民族主义，然仅辨种族之异同，不复计民生之休戚。即使光复之行果可实行，亦恐以暴易暴，不知其非。同人有鉴于此，又慨社会主义之不明，拟搜集东西前哲各学术，参考互验，发挥光大，以饷吾民。”②他们这里所说的“社会主义”，其实是无政府主义。民国成立后，著名无政府主义者师复1914年7月在上海发起组织“无政府共产主义同志社”，发表宣言，“主张灭除资本制度，改造共产社会，且不用政府统治者也。质言之，即求经济上及政治上之绝对自由也。”③他们仍然把自己的主张说成是“共产主义”。

初期中国无政府主义者的宣传，在两个重要问题上确曾起过积极的启蒙作用：一是鼓舞人们奋起反对专制和强权；二是引导人们以更

① 邓颖超：《回忆天津“觉悟社”等情况》，《一大前后》(二)，232～233页，北京，人民出版社，1980。

② 刘师培，张继：《社会主义讲习会广告》，《天义》第3卷，1907年7月10日。

③ 刘师复：《无政府共产主义同志社宣言书》，《师复文存》，53页，广州，革新书局，1927。

多的注意力关注原来常被忽视的社会问题，鼓吹“劳动神圣”，主张财产公有、人人劳动，认为工人、农民才是社会的主人。早期无政府主义刊物如《天义》等上曾片断地刊载过马克思、恩格斯的著作。直到五四运动前后，不少无政府主义者还同马克思主义者合作，而不是像后来那样尖锐对立。因此，它自然容易博得不少进步青年的好感。

第三，无政府主义思潮在进步青年中的一度流行，也同中国近代国情有关，有着适合它的土壤和气候。中国是一个小生产者有如汪洋大海的国家。知识分子由于他们的社会地位和劳动方式，也容易特别看重个人的力量。同现代化大生产相联系的有组织的中国产业工人还不成熟。特定的社会结构总是容易产生相应的社会心态和思维方式。不管是有意识还是无意识，人们往往习惯以小生产者的眼光来看待周围的事物。他们对帝国主义的强权和封建主义的专制充满憎恨，渴望把它们从中国的土地上扫除干净。他们期望社会公正，因而同情社会主义。可是小生产者的狭隘眼光，又使他们难以凝聚成一股巨大的同心同德的集体力量，特别是难以较长时间地保持步调一致的协同动作，而把获得个体的绝对自由看作至高无上的价值取向。当他们被社会上种种强权和不平等现象激怒时，无政府主义那种鼓吹“个人绝对自由”、看起来最激烈最彻底的办法，便特别适合他们的口味。

这三点，可以说是“在起初各派社会主义的思想中，无政府主义是占着优势的”根本原因所在。

但如果真正要排除任何集体和纪律的约束，讲起来固然很痛快，做起来却只能一事无成。在组织上也只能产生一些人数很少、内部极度松散、毫无实际行动的小团体。民国初年出现过的一些无政府主义小团体大体上便是这样，在实际社会生活中没有起什么重要作用。

因此，到五四前后，他们又有了新的形态。在日本新村主义等影响下，当回答“什么叫做无政府共产主义”时，他们提出三个要点：一是组织上“脱离强权的少数的政治统治，另自组织自由的多数人的自由团体”；二是经济上“主张生产机关（如土地、机械等）与所生产之物（如衣、食、房屋）皆归社会全体所共有，各尽所能，各取所需”；三是道德上“是‘劳动与互助’五个大字，因为有劳动才可以生存，要互助才可以进化”。① 这种方案，表面上看起来似乎要可行一些。

于是，五四前后在全国出现了一大批“工读互助团”这类组织。参加这种团体的人，一面劳动，一面读书，把共同劳动所得的收入作为团体共有的财产，个人的生活和学习的费用也由团体开支。这种团体曾经风靡一时，在北京、上海、天津、武汉、南京、长沙、广州、扬州等地乃至国外留学生中都有，陈独秀、李大钊等也曾给以赞助。②

许多先进青年对这种工读互助团体一度抱有过很大的热情。他们经过五四运动的洗礼，刚从旧家庭或个人小天地中冲出来，但四顾茫茫，周围的社会环境又那样黑暗，希望能有一个可以作为依靠的团体力量，并在这个团体中养成互助和劳动的习惯，把它看作改革社会的实际运动的起点。毛泽东在《学生之工作》一文中写道：“今春回湘，再发生这种想象，乃有在岳麓山建设新村的计议，而先从办一实行社会本位教育说的学校入手。此新村以新家庭、新学术及旁的新社会连成一块为根本理想。”“学生认学校如其家庭，认所作田园、林木等如其私物，由学生各个所有私物之联合，为一公共团体。此团体可名之曰：工读同志会。”③恽代英更虔诚地说道：“工读主义，实为救今世

---

① 张闻天：《社会问题》，1919 年 8 月，载《党的文献》1989 年第 3 期。

② 《五四时期的社团》(2)，361～496 页，上海，三联书店，1979。

③ 毛泽东：《学生之工作》，《湖南教育月刊》第 1 卷第 2 号，1919 年 12 月。

社会教育不平等之方法。""有志之人，必使互助，且使预备奋斗之力量。果一般学生毕业后，能仍如今日之爱同类、相扶持，三五年后社会即将发生一种切实能力，此或为救人类根本之法欤？"①"我信只要自己将自由、平等、博爱、劳动的真理，一一实践起来，勉强自己，莫勉强人家，自然人家要感动的，自然社会要改变的。"②他们真诚地把这看作新生活的开始，看作创造新社会的发端。

可是，当中国社会的大环境仍那样黑暗的时候，当周围充满着敌对的旧社会势力的时候，这种被理想化了的小团体怎么可能长期独立存在下去呢？就在团体内部，人们最初对它抱有很高的热情，但过不很久，个人之间的利益冲突和意见分歧便泛滥起来。几乎没有例外，这类小团体维持不了多少日子，就相继夭折了。李大钊很快看出："北京的工读互助团，精神上已不能团结，经济上也不能维持，看着有消灭的样子。"③恽代英更是沉痛地写道："在这种群雄争长的局面之下，生活是日益困难而不安定的。靠自己的力量去创造事业，出尽了穷气力还维持不住。靠人家的力量去改良事业，又是常常因人家兴会与机运而常受变迁的。""所以这些努力，其实绝没有圆满成功的希望。"④人们原来的期待很快就幻灭了。

作这样一番尝试是很有好处的。一种学说如果只在文字上或口头

① 恽代英：《实现生活》，《恽代英文集》上卷，68页，北京，人民出版社，1984。

② 恽代英：《致王光祁》，《恽代英文集》上卷，109页，北京，人民出版社，1984。

③ 李大钊：《都市上工读团的缺点》，《李大钊文集》(下)，212页，北京，人民出版社，1980。

④ 恽代英：《民治运动》，《恽代英文集》上卷，338、339页，北京，人民出版社，1984。

上谈论，而不付诸实践，很难辨别它究竟是真理还是幻想。无政府主义这种思潮有许多高尚而美好的词句装点着，又适合小生产者向往绝对平等和自由的口味，不经过痛苦的实践的检验，是不容易完全摆脱的。但受过这种思潮影响的青年中的多数人，毕竟不是真正对无政府主义有多少系统的了解，更谈不上执着的追求。他们只是一时受到这些看来很新的学说的吸引，对它发生了兴趣，想在实践中去试一试。一旦看到这条路走不通时，也就改变了想法。正如刘仁静所说："其实，在当时他们对基尔特社会主义和无政府主义也没有什么研究，只是从杂志上看了一些有关宣传品，认为有道理，合乎自己的胃口，以后看见别的主张更好，有的也就放弃了自己原先的主张。"①

人们在实际生活中越来越清楚地看到：如果整个社会得不到改造，如果国家和民族得不到解放，个人的问题无法得到根本的解决。而社会、国家和民族的最好出路便是科学的社会主义。这个任务是那样艰巨，它所必须排除的障碍是那样强大，要实现它，关键是要凝聚成万众一心的具有战斗力的核心力量。如果中国人还是像以往那样的一盘散沙，各行其是，中国就没有希望。

许多人终于跨出了有决定意义的一步。

恽代英总结自己痛楚的教训后得出结论："在这样不合理的环境中，想在一局部做成甚么理想事业，是绝对不可能的。要改造须全部改造，须将眼前不良的经济制度，从根本上加一种有效力的攻击。不然，总是没有益处。""群众集合起来的力量，是全世界没有可以对敌的。""我们应研究唯物史观的道理，唤起被经济生活压迫得最利害的

---

① 刘仁静：《北京马克思主义研究会的情况》，《共产主义小组》(上)，321页，北京，中共党史资料出版社，1987。

群众，并唤起最能对他们表同情的人，使他们联合起来，向掠夺阶级战斗。”“群众的联合以反抗掠夺阶级，其实是经济进化中必然发现的事，本用不着我们煽动，亦非任何人所能遏制。”①

到了法国的蔡和森在1920年8月给毛泽东写信说：“我近对各种主义综合审缔，觉社会主义真为改造现世界对症之方，中国也不能外此。社会主义必要之方法：阶级战争——无产阶级专政。”②毛泽东复信完全赞同他的意见，批评那种“用和平的手段，谋全体的幸福”的主张是“理论上说得通，事实上做不到”。并说：“我看俄国式的革命，是无可如奈的山穷水尽诸路皆走不通的一个变计，并不是有更好的方法弃而不采，单要采这个恐怖的方法。”③

受无政府主义思想影响更少的周恩来，在欧洲对当时流行的打着社会主义旗号的种种思潮进行认真比较后，最后下定决心：“我们当信共产主义的原理和阶级革命与无产阶级专政两大原则，而实行的手段则当因时制宜。”④他断言：“我认的主义一定是不变了，并且很坚决地要为他宣传奔走。”⑤

先驱者们的思想经历是值得后人深思的。他们接受马克思主义，这个决心绝不是轻易下定的，更不是一时冲动或趋时行为，而是经过自己的深思熟虑，经过反复的推求比较和实践检验，最后才做出这个

① 恽代英：《为少年中国学会同人进一解》，《恽代英文集》上卷，329、331、332页，北京，人民出版社，1984。

② 《蔡林彬给毛泽东》，《蔡和森文集》，50页，北京，人民出版社，1980。

③ 《毛泽东书信选集》，526页，北京，人民出版社，1983。

④ 周恩来：《当信共产主义的原理》，《周恩来书信选集》，40～41页，北京，中央文献出版社，1988。

⑤ 周恩来：《我认的主义一定是不变了——致李锡锦、郑季清》，《周恩来书信选集》，46页，北京，中央文献出版社，1988。

自己一生中最重要的选择。

四、五四运动是中国历史上一个新时期的开端

在历史上常常可以看到这样的现象：一场急风暴雨式的群众斗争的冲刷，可以使大群大群的人们短时间内在思想上发生剧烈而巨大的变动。这种千百万人的思想大变动，往往在平时多少年都难以达到，也不是通常几个刊物或几次讲话的影响所能比拟的。

1919年5月4日开始的爱国运动，便是这样一场急风暴雨式的群众斗争。在严重民族危机的刺激下，这个运动就像从天降落的狂飙一样，迅猛地席卷全国，从大城市一直扩展到中小城市乃至偏僻乡镇。千百万人从平时的宁静生活或狭小的圈子中猛然惊醒过来，热血沸腾地走上街头或公共集会，为救亡图存而奔走呼号。“沉默的大多数”不再沉默了！原来处在被统治状态下的民众直接行动起来，干预政治，并且带有如此广泛的群众性，这在中国历史上还是第一回。吴玉章描述他自身的感受：“从前我们搞革命虽然也看到过一些群众运动的局面，但是从来没有见到过这种席卷全国的雄壮浩大的声势。在群众运动的冲激震荡下，整个中国从沉睡中复苏了，开始焕发出青春的活力。”①这种情景是何等动人！

这场以挽救祖国危亡为目标的伟大群众斗争，带来了千百万人思想的大解放，起了巨大的启蒙作用。在斗争的高潮中，人们处在异常激动和兴奋的状态。斗争中新旧社会势力生死搏斗的场面，更把一系列尖锐的问题摆到人们面前，迫使他们严肃地寻求答案。当运动从奔

① 吴玉章：《回忆五四前后我的思想转变》，《吴玉章回忆录》，111页，北京，中国青年出版社，1978。

腾澎湃的大潮中逐渐平伏下来时，一部分人回到自己原来习惯的生活轨道上去，而一些先进分子却转向更深层次的探索，并且同一些志同道合的伙伴聚集在一起，结成新的团体。马克思主义终于成为它的主流。

科学和民主，这是五四运动前夜的初期新文化运动中早已提出的响亮口号。它在中国近代思想发展旅程中产生了巨大的进步作用，把人们的觉悟大大推进了一步。接受了马克思主义的先进分子正是在这面大旗下继续奋进，并且赋予它们以新的更加完整的内容。

他们反复地思考：怎样才是真正的民主，怎样才是真正的科学？中国民众的大多数是工人和农民，如果不到他们中间去，不充分考虑他们的利益和关心的问题，而把他们置于自己的视野之外，只停留在少数学者和知识青年的狭小圈子里活动，那么，不管议论如何激烈，甚至也可以争得某些成果，仍然只是一部分人甚至少数人的民主，谈不上真正广泛的人民民主。科学，最根本的是要符合实际、符合事物发展的客观规律，也就是实事求是。既不应当为陈腐的、过时的、僵化的旧教条所束缚，也不是单凭善良的愿望或学院式的推理就能解决，必须深深地扎根在中国社会的土壤中，脚踏实地地找到促进中国社会进步的切实办法，这自然比坐而论道要艰苦得多。民主和科学的对立物是专制和愚昧。在旧中国，帝国主义和封建势力的统治是中国社会生产力发展和社会进步的最大障碍，是专制和愚昧的最深刻的根源。如果不找到切实的办法扫除那些阻碍历史前进的反动的社会势力，改造社会，在此基础上逐步使现代化大生产替代以小生产为基础的旧社会结构，而单在上层建筑领域内使力气，科学和民主的问题是不能真正得到解决的。可以说，经过五四以后，人们对科学和民主的认识，比起以前来是更加深刻、更加切合实际了。他们是初期新文化运动的科学和民主精神的继承者和发扬者。自然，由于种种主客观条件的限制，特别是马克思主义者本身的幼稚和实践经验的十分不足，他们对科学和民主的认识也有某些局限和偏颇，这方面的消极影响在日后的历史发展中也表现出来。

还有一些受过五四运动洗礼、仍然坚持科学和民主的信念但没有接受马克思主义的人，他们继续投身过一些民主政治运动，或从事过教育、科学、实业等方面的工作，对中国社会的进步也做出过积极的贡献。可是，他们没有找到解决中国社会问题的根本途径，所以没能成为中国近代进步思想的主流，也没能在推动中国近代历史前进中发挥主导作用。

应当承认，当五四运动爆发时，相信马克思主义的人还很少，卷入这个运动的人的思想状况相当复杂，因而很难说它一开始便是在无产阶级领导下进行的。但有如前面所说，五四在中国近代思想大变动中是一个具有决定意义的转折点。这以前，初期新文化运动的发动，科学和民主口号的提出，马克思主义的最初传播等等，只是它的酝酿和前奏。从这个历史时刻起，才开始真正有千百万群众的大发动。人们不仅对祖国的命运充满着忧患意识，积极地关心和参与国事，并且勇敢地向未来探索。他们的思考和摸索一刻也没有停息，一年内出版的刊物达四百种，第二年在全国便有了数目可观的接受马克思主义的先进青年，并且由五四运动的主将陈独秀等发起成立中国共产党。这是一个前后相续而难以分割的完整的运动过程。在这个意义上，把五四运动称为中国民主革命新时期的开端，是合理的，也是符合实际的。

开天辟地的大事变*

“中国产生了共产党，这是开天辟地的大事变。”《毛泽东选集》最后一篇文章中这句分量很重的话，令人印象深刻。

为什么 90 年前的中国会发生这样一件“开天辟地的大事变”？这篇文章中还有一段值得注意的论述：“马克思列宁主义来到中国之所以发生这样大的作用，是因为中国的社会条件有了这种需要，是因为同中国人民革命的实践发生了联系，是因为被中国人民所掌握了。任何思想，如果不和客观的实际的事物相联系，如果没有客观存在的需要，如果不为人民群众所掌握，即使是最好的东西，即使是马克思列宁主义，也是不起作用的。”①

毛泽东在这里做出的回答，第一句话便是“因为中国的社会条件有了这种需要”。内因是变化的根据，外因是变化的条件，外因通过内因而起作用。如果没有中国社会内部

---

* 原载《求是杂志》，2011 年第 11 期。

① 《毛泽东选集》，第 2 版，第 4 卷，1515 页，北京，人民出版社，1991。

客观存在的需要，如果不能为中国先进分子所接受和掌握，即便“十月革命一声炮响，给我们送来了马克思列宁主义”，也不能产生任何实际作用，也就不会有中国共产党的诞生。曾有人把马克思列宁主义在中国的传播说成是“舶来品”，把中国共产党的成立说成是“早产儿”。其实，只要简单地考察一下当时中国的实际情况，就不难明白这种说法是毫无根据的，是很可笑的。

一、中国共产党产生的内在根据

中华民族曾经创造了灿烂的古代文明，到近代却陷入了深重的苦难当中。中国的命运不再掌握在中国人自己的手里，而是任人摆布和宰割。趾高气扬的洋人像主子一样来到中国，为所欲为。这一切，无不深深地刺痛着每一个爱国者的心。1894 年中日甲午战争和 1900 年八国联军侵华战争，更是把中国推向濒临灭亡的边缘。

为了挽救垂危的民族，中国人作过种种尝试：洋务运动、戊戌维新、义和团运动，等等。虽然有着各自的作用，却都不能从根本上解决中国的问题，这才有了孙中山领导的辛亥革命。辛亥革命结束了统治中国两千多年的封建君主专制制度，是一次比较完全意义上的资产阶级民主革命，是 20 世纪中国第一次历史性巨大变化。然而，由于历史的局限，辛亥革命无法完成反帝反封建的任务，没能改变中国的社会性质和人民的悲惨境遇。

为什么辛亥革命这样全国规模的革命运动依然不能从根本上解决中国的问题？教训至少有三条：第一，那时的革命党人提不出一个彻底的反帝反封建的革命纲领。他们中的许多人没有认清帝国主义的真面目，害怕革命的猛烈发展会招致帝国主义列强的干涉。他们对封建势力也缺乏认识，大多数人把清朝统治者当做惟一的敌人。因此，当清朝政府一旦被推倒，建立了“中华民国”，许多人便错误地认为革命已经成功，失去了继续前进的目标和动力。第二，他们没有发动并依靠占中国人口绝大多数的下层劳动民众，特别是没有领导组织农村的大变动，造成革命的根基相当单薄。因此，在强大的帝国主义和封建势力面前，革命力量就显得势孤力弱，容易走向妥协。第三，领导这场革命的中国同盟会内部组织比较松散，成员复杂，当革命开始胜利时，内部便分崩离析，无法形成一个能把革命继续推向前进的坚强领导核心。

一句话，缺乏一个能够提出明确的科学的革命纲领、能够发动并依靠全国最大多数民众、由共同理想和严格纪律的先进分子组成的革命政党的领导，是辛亥革命留给我们的最重要、最根本的教训，而这又是由当时中国尚不成熟的社会条件所决定的。

辛亥革命后出现的是北洋军阀的黑暗统治。国家的情况一天天不可遏止地坏下去，一场革命性的变化正在酝酿着。陈独秀创办的《新青年》，总结辛亥革命的教训，认为共和制度之所以不能得到巩固，根本原因在于缺少一场对旧革命、旧文化、旧礼教的彻底批判，大多数国民的头脑仍被专制和愚昧牢牢地钳制着。因此，必须大力提倡民主和科学，拥护“德先生”(Democracy)和“赛先生”(Science)。早期新文化运动的思想武器，仍然是以个人为中心的“独立人格”和“个性解放”。但残酷的社会现实教育人们：如果盘根错节的旧势力不清除，如果社会还那么恶浊，对绝大多数人来说，又能得到什么“独立”和“解放”？现实促使人们继续努力向前探索，历史呼唤新的、先进的社会力量和政治力量来引领中国前进。

第一次世界大战期间，中国的民族工业有了很大发展，社会结构发生变化，工人阶级的处境得到更多人的关注，社会问题日益凸显出来。这样，“改造社会”、“建设新社会”的呼声越来越高，成为先进青年共同关注的焦点。1917 年在遥远的北方，俄国爆发的十月社会主义革命把社会主义由理想变为现实，为近代以来饱受压迫和屈辱的中国人民展现出一个新天地，进而产生了强大的吸引力。1919 年的五四运动是一场伟大的思想启蒙运动，它有力地促进了马克思主义在中国的传播及其与中国工人运动的结合，从此，马克思列宁主义在中国先进分子中开始占据主流地位，为中国共产党的产生作了思想上和干部上的准备。由此，五四运动成为划时代的标志，成为中国新民主主义革命的伟大开端。

二、“开天辟地”并非夸张之词

中国共产党的产生是“开天辟地的大事变”，是符合历史潮流发展的新事物，最为重要的标志就是中国共产党从诞生之日起，就有着中国以往任何政党不曾有过的鲜明特点。

第一，中国共产党旗帜鲜明地以科学的理论——马克思主义作为党的指导思想，自觉地用马克思主义来观察和分析中国的问题。应该说，接受了马克思主义，才有了中国共产党。在建党的酝酿时期，分别由李大钊、陈独秀主持，先后在北京和上海成立了马克思学说研究会和马克思主义研究会。1920 年，作为党早期组织成员之一的陈望道把《共产党宣言》译成中文出版，这是马克思主义基本著作的第一个中文全译本。同年 11 月，上海的党组织起草了《中国共产党宣言》，阐明了中国共产主义者关于实现共产主义新社会的理想。中国共产党成立后，最重要的任务就是要用刚学到的马克思主义科学理论来观察和分析中国的实际问题。1922 年 1 月，中国社会主义青年团机关刊物《先驱》在《发刊词》中这样写道：“本刊的第一任务是努力研究中国的客观的实际情形，而求得一最合宜的实际的解决中国问题的方案。”同年7月，党的二大通过的《关于“民主的联合战线”的议决案》便明确提出：“中国名为共和，实际上仍在封建式的军阀势力统治之下，对外则为国际资本帝国主义势力所支配的半独立国家。”“我们共产党应该出来联合全国革新党派，组织民主的联合战线，以扫清封建军阀推翻帝国主义的压迫，建设真正民主政治的独立国家为职志。”

那时候，中国沦为半殖民地半封建社会已经80多年了，但中国人长期对这一基本国情缺乏正确的判断，对革命的目标也缺乏科学的认识。中国共产党成立不久便破天荒地第一次明确提出反帝反封建的民主革命纲领(虽然最初还没有提到反对封建土地制度)，实际上阐明了党的最高纲领和最低纲领的关系。这使在黑暗中摸索的中国人对当时的国情有了基本的了解，有了明确的共同奋斗的目标，并且开始懂得要分两步走。相隔近一个世纪后回头再看，我们不得不赞叹这种全新的认识是何等睿智，其影响是何等深远！

第二，走向社会底层，坚决发动并依靠占中国人口绝大多数的劳动民众，成为中国共产党的事业不断前进的力量源泉。1922年，刚成立不久的中国共产党便在《中共中央第一次对于时局的主张》中明确宣布：“中国共产党是无产阶级的前锋军，为无产阶级奋斗、为无产阶级革命的党。”党的一大通过的《中国共产党第一个决议》，用了一半以上的篇幅谈怎样到工人中去做工作，指出：本党的基本任务是成立产业工会，党应在工作中灌输阶级斗争的精神，工人学校是组织产业工会过程中的一个阶段，学校的基本方针是提高工人的觉悟。许多接受了马克思主义的知识分子党员，纷纷脱下长衫，到工厂里去创办工人夜校和工人俱乐部。党的一大结束后十来天就成立了中国劳动组合书记部，并在各地成立分部。1922年，中国劳动组合书记部发起在广州召开全国第一次劳动大会，讨论加强全国工人团结等问题，并确认党在工人运动中的领导地位。在此前后，以香港海员罢工为起点，党相继发动和领导了安源路矿工人罢工、开滦煤矿工人罢工和京汉铁路工人大罢工等具有重大影响的斗争。党在集中力量领导工人运动的同时，也开始发动和领导农民运动。1921 年，中国第一个农民协会在浙江萧山县衙前村成立，随后广东海陆丰、湖南衡山岳北地区也相继成立了农会，开展反抗地主压迫的斗争。

中国共产党领导中国革命取得胜利，走的是“农村包围城市、武装夺取政权”的道路，但中国共产党不是从农村产生，而是在城市里产生的。中国共产党的领导人，包括毛泽东、周恩来、刘少奇等，都是先在城市里从事工人运动，然后再到农村中去领导农民运动和游击战争的。他们的思想是代表社会先进生产力的工人阶级的思想，有着远大的眼光，产生了很强的组织力。这一条十分重要。没有它，就只能产生旧式的农民战争，而且中国革命也不可能取得胜利。这是为几千年来的中国历史一直到太平天国农民战争的事实所反复证明了的。

第三，把党建设成为一个由有着共同理想和严格纪律的先进分子组成的坚强有力的革命政党，成为领导革命事业的核心力量。革命事业要在极端艰难而复杂的环境中取得胜利，必须有一个能够团结最广大人民共同奋斗的坚强有力的核心力量，否则是难以想象的。中国共产党从一开始就强调党员必须有共同的理想和严格的纪律，并在同当时有很大影响的无政府主义者的斗争中，让人们看清了无政府主义主张个人绝对自由，会使得工人阶级无法集中为强大的力量，从而有利于资产阶级瓦解工人运动。事实上，我们党的队伍建立不是一帆风顺的，也经历过不断的分化和重新组合。拿出席党的一大的 12 名代表来说，有的始终坚持下来，成为党的领导人，如毛泽东、董必武；有好几位代表英勇牺牲了，如邓恩铭、陈潭秋；有几个代表中途脱离党；还有的成为党的叛徒、革命的敌人，如陈公博、周佛海、张国焘，被先后清除出党。这就像大浪淘沙一样，我们党正是在这样不断洗刷和筛选的过程中变得越来越坚强有力。只有这样的党，才能成为凝聚千百万群众为共同的革命事业奋斗的核心力量，才能在任何艰难困苦的环境中，甚至在遭受严重挫折的状况下，始终摧不垮、打不散，直到夺取最终的胜利。

这三条，的的确确是中国以往任何政党从来不曾有过的全新特点。拿它同辛亥革命留给我们的教训相比，就会更加清楚地认识到中国共产党的成立是近代中国革命历史上的里程碑，把中国共产党的诞生称为“开天辟地的大事变”并没有一丝一毫的夸张。相反，随着时间越久远，它那划时代的意义就表现得越加分明、耀眼。

事实雄辩地证明：凡是符合历史先进潮流的新事物，尽管它起初的力量很小、很弱，尽管它在成长的过程中会遇到种种困难和挫折，会面对这样或那样的问题，不可避免地会走一些弯路，但它的发展壮大终究是任何陈腐的力量都阻挡不住的。在中国共产党诞生的时候，很少有人会意识到这是中国“开天辟地的大事变”。但英勇无畏的中国共产党人以改天换地的豪迈气概，决心要在中国这块古老的土地上创立一个崭新的合理的社会。28 年后，党领导的新民主主义革命取得胜利，随后便开始为建设一个新国家和新社会而奋斗。特别是改革开放 30 多年来，党领导全国各族人民在中国特色社会主义道路上努力实现中华民族伟大复兴，取得了举世瞩目的辉煌成就。

三、继承和发扬党的优良传统

“万事开头难。”中国共产党从成立之日起，就做出了正确选择，形成优良传统。对当年的先驱者们，后人不能不由衷地满怀感激之情。

从贫穷落后、受尽欺凌的旧中国到蒸蒸日上、阔步走向繁荣富强的新中国——在中国共产党的领导下，中国发生了翻天覆地的历史性变化。90 年来，中国共产党团结带领全国各族人民走过了中国革命、建设、改革的光辉历程，在社会主义现代化事业的广阔道路上取得了伟大成就。在这个过程中，我们党尽管遇到过很多困难，经历过种种曲折，也犯过一些严重的错误，但最终总能战胜困难，纠正失误，充满生机活力地不断前进。实践是检验真理的唯一标准。中国共产党 90 年来的实践无可辩驳地证明：只有在中国共产党领导下，走中国特色社会主义道路，国家才能强盛，民族才能振兴，人民才能幸福。

中国共产党 90 年来最根本的经验，就是党在领导中国革命、建设、改革的长期实践中，把马克思主义基本原理同中国具体实际和时代特征相结合，深刻认识和准确把握中国的基本国情，坚定不移地走自己的路。在今天，特别要清醒地认识到我国正处于并将长期处于社会主义初级阶段，这是我们党制定路线方针政策的根本依据。我们必须坚持一切从实际出发，坚持中国特色社会主义道路和中国特色社会主义理论体系，用马克思主义中国化最新成果武装全党、教育人民，不断开拓前进。

中国共产党同最广大人民血肉相连，这是由党的宗旨所决定的，也是党的力量源泉所在。作为执政党，必须保持党同人民的血肉联系，把实现好、维护好、发展好最广大人民的根本利益作为一切工作的出发点和落脚点，要把增进民生幸福放在更加突出的地位，成为处理改革、发展、稳定三者关系的结合点。只有一切为了人民，一切依靠人民，我们才能无往而不胜。

中国的革命也好，建设也好，改革也好，关键都在党。党员的素质和水平至关重要。胡锦涛总书记在党的十七大报告中指出："必须把党的执政能力建设和先进性教育作为主线，坚持党要管党，从严治党。"这是在新的历史条件下对党的建设提出的重要要求。我们必须毫不动摇地坚持党的优良传统，并在今后的实践中使之不断得到丰富和发展；必须始终坚持以改革创新精神加强党的建设，不断提高党的执政能力，保持党的先进性，使党始终成为立党为公、执政为民，求真务实、改革创新，艰苦奋斗、清正廉洁，富有活力、团结和谐的马克思主义政党。

试论孙中山晚年的道路*

孙中山是一个有着强烈自信的人。当他经过深思熟虑，选定了自己的目标以后，总是以最大的决心和献身的精神，不屈不挠地为实现这个目标而奋斗。一时的挫败，周围的流言，都难以动摇和改变他的决心。孙中山又是一个谦虚的人。他尊重事实，有着在实践中不断探索的精神，并不把自己的想法看做不可变更的。如果客观事实一而再地证明他原有的想法确实错了，经过痛苦的反省，他能断然做出使周围的人感到吃惊的新的选择，尽管他内心也许仍存留着某些矛盾的地方。

又自信，又谦虚，这两个看起来相互冲突的不同侧面，浑然一体地统一着，构成了孙中山性格的复杂性。他的主张和决心不是不可改变的，但又不是轻易可以改变的。新的代替旧的需要有一个过程，两者有时很不和谐地同时并存着。孙中山一生中有许多使人感到费解的矛盾而曲折的经历，其原因常在这里。简单的公式，在这种复杂现象面

---

* 原载《历史研究》，1987年第1期。

前是很难做出恰当的解释的。

孙中山晚年的思想变化，也可以作如是观。

一、孙中山为什么要护法

民国成立后的很长时间内，孙中山一直在为维护民主共和国的制度而奋斗。从1915年到1922年将近八个年头里，他以顽强的毅力，先后投入护国运动和护法运动。护国，就是要维护他常说的“共和国体”。护法，就是要维护被他看做“国体之保障”的《临时约法》。

在孙中山这时的心目中，“共和国体”是他“惟一之生命”。1918年3月28日，他给头山满、犬养毅的信中说：“文奔走革命二十余年，迄于辛亥，始得有成。以二十余年来惨澹经营，所得者新建立之共和国体耳。为国体之保障者为约法，而约法之命脉则在国会。”“共和国体若危，文视为惟一之生命，必尽其所能以拥护之。”“何也？为图中国之长治久安，实舍巩固国体外，无他道耳。”①

其实，孙中山对他竭力维护的这部约法是很不满意的。他甚至说过：“在南京所订民国约法，内中只有‘中华民国主权属于国民全体’一条是兄弟所主张的，其余都不是兄弟的意思，兄弟不负这个责任。”②这并不是过甚其词。只要拿他在1906年起草的《革命方略》同1912年的《临时约法》比较一下，就可以看到两者间的明显不同。《革命方略》中规定：在各地起义后，第一件事是建立军政府，经过“军法之治”、“约法之治”再到“宪法之治”。也就是说：首先要把“专制余毒

① 孙中山：《复头山满犬养毅函》，《孙中山全集》第4卷，421～422页，北京，中华书局，1985。

② 孙中山：《在广东省教育会的演说》，《孙中山全集》第5卷，497页，北京，中华书局，1985。

涤除净尽”，并“注意国民建设能力之养成”，然后才能进入“宪政时期”。孙中山以后说：不经过这个过程，即便挂起民国的招牌，“第一为民治不能实现，第二为假民治之名行专制之实，第三则并民治之名而去之也，此所谓事有必至、理有固然者。”他感叹地说：“不幸辛亥革命之役，忽视《革命方略》置而不议，格而不行，于是根本错误，枝节横生，民国遂无所恃以为进行，此真可为太息痛恨者也。”他也不满意《临时约法》中没有规定具体的民权，认为没有经过地方自治训练而举行的国会选举，只能为土豪劣绅求官之捷径，“无怪国事操纵于武人及官僚之手”。①

孙中山对这部《临时约法》既如此不满，为什么还要这样维护它呢？这需要注意到孙中山思想的一个重要特点：十分讲究实际。他对胡汉民说过：“解决社会问题，要用事实做基础，不能专用学理的推理做方法。”②在现实生活中，他必须面对一个事实，那就是：这部《临时约法》是民国元年经临时参议院正式通过的民国根本大法。南北议和时，孙中山曾坚持要袁世凯宣誓遵守约法，矢忠不二，把它作为服从民国的证据，才接受了和议的结果。这就使《临时约法》成了“南北统一之条件，而民国所由构成”，并得到举国上下所公认。以后，孙中山在多年斗争中一直以维护约法为号召。护国运动中，他说过：“今独立诸省通电，皆已揭橥民国约法以为前提，而海内有志后援、研求国是者，亦皆以约法为衡量，文殊庆幸此尊重约法之表示，足证

① 孙中山：《中国革命史》，《孙中山全集》第7卷，66～67页，北京，中华书局，1985。

② 胡汉民：《自传》，《胡汉民先生文集》第2册，16页，台北，中国国民党党史委员会，1978。

义军之举，为出于保卫民国之诚。”①护法运动中，他同样宣告：“共和国之根本在法律，而法律之命脉在国会。中华民国元年《临时约法》为民国最高之法律，在宪法未施行以前，其效力与宪法等。凡为民国之人，皆当遵守，无敢或违者也。”②

既然《临时约法》早被孙中山说成是共和国体的根本，是人人必须遵守的准则，并已在国内得到普遍的承认，那么在他看来，要巩固共和国体就只能从维护《约法》着手，没有别的路可走。用他的话说：“故拥护约法，即所以拥护民国，使国之人对于民国无有异志也。余为民国前途计，一方面甚望有更进步更适宜之宪法以代《临时约法》，一方面则务拥护《临时约法》之尊严，俾国本不因以摇撼。”③

护法，是孙中山经过深思熟虑后所拿定的主意。这个决心不会轻易改变的。尽管环境那么险恶，他自己在多年中对这个决心一直充满着自信，“奋然以一身荷护法之大任而不少挠”。④

二、第一次护法失败后的反思

可是，第一次护法运动的结局，给孙中山的打击也许太残酷了。因为这个打击不是来自别处，恰恰来自孙中山费尽千辛万苦才在广东恢复起来的那个“国会非常会议”。

---

① 孙中山：《讨袁宣言》，《孙中山全集》第3卷，284页，北京，中华书局，1984。

② 孙中山：《通告驻华各国公使书》，《孙中山全集》第4卷，448页，北京，中华书局，1984。

③ 孙中山：《中国革命史》，《孙中山全集》第7卷，70页，北京，中华书局，1984。

④ 同上。

本来，桂系军阀陆荣廷等所以容忍孙中山到广东召集国会非常会议，建立军政府，出任大元帅，只是想让它成为一块招牌，“利用护法之名，可以宣告两广自主，可以专擅军民财政，可以自由开赌及贩卖鸦片。”①两广的实际权利依然牢牢地控制在他们手中。正如有人所说：“军政府有‘政府’而无‘军’，军阀有‘军’而无‘政府’。”②陆荣廷所派的广东代理督军莫荣新甚至说：“孙某之政府，空头之政府也，彼无兵无饷，吾辈但取不理之态度，彼至不能支持之时，自然解散而去。”③这种局面当然难以长期并存下去。

为了结束这种局面，桂系军阀等曾想建立一个由他们控制的护法各省联合会议来代替孙中山的军政府。但这样做有两个问题不好解决：“其一，国会非常会议既产出军政府，将不能复有一对峙之机关由之产生；其二，联合会议若不由国会非常会议通过，自行成立，将贻北人以口实。”④他们又想压迫孙中山自行取消大元帅职务，改组军政府，孙中山却“置之不理”。⑤ 于是，就采取釜底抽薪的做法，拉拢一部分议员在国会非常会议上提出一个《中华民国军政府组织大纲修正案》，改行七总裁合议制，从法律上根本取消孙中山所担任的大元

---

① 邵元冲：《总理护法实录》，《革命文献》第7辑，17页，台北，中国国民党中央委员会，1954。

② 李剑农：《中国近百年政治史》，520页，台北，台湾商务印书馆，1992。

③ 邵元冲：《总理护法实录》，《革命文献》第7辑，19页，台北，中国国民党中央委员会，1954。

④ 莫汝非：《程璧光殉国记》，《革命文献》第49辑，392页，台北，中国国民党中央委员会，1969。

⑤ 刘德泽：《中华革命党外记》，《革命文献》第49辑，135页，台北，中国国民党中央委员会党史史料编纂委员会，1969。

帅职务。出席会议者六十余人，赞成者四十余人。

这个意外的打击对孙中山实在太突然了。第二天，他约请全体国会议员到军政府谈话，忍气吞声地说："军政府视国会为君父，国会之所决议，军府无不服从。"接着，他就倾诉自己难以抑制的愤懑："顾如昨日所提议之改组军政府，为军政府本身的存亡问题，而国会事先绝未征求军政府意见，径行提议而付审查，揆之事理，宁得为平？且以法律而论，约法规定为元首制，今乃欲行多头制。又军政府组织大纲明明规定：本大纲于约法效力完全恢复、国会完全行使职权时废止。无修改之名文，今日何以自解？"他断然说："今日余个人对于改组一事，根本反对。即于改组后有欲以余为总裁者，亦决不就之，惟有洁身引退也。"①在军阀横行的局面下，要跟他们谈什么"法治"，岂不是与虎谋皮？孙中山这次谈话丝毫没有取得效果。1918 年 5 月 4 日，国会非常会议照样通过了这个修正案。

孙中山既然宣告"视国会如君父"，那么，这个虽由桂系军阀暗中策划、却经国会非常会议正式通过的修正案，他又有什么办法拒绝呢？这颗苦果只能由他自己吞下。同一天，他向国会非常会议辞去大元帅职务，并发出《辞大元帅职通电》，沉痛地说："顾吾国之大患，莫大于武人之争雄，南与北如一丘之貉。虽号称护法之省，亦莫肯俯首于法律及民意之下。"②不铲除这些军阀势力，什么"法律及民意"都只能是一句空话。这是孙中山从这次残酷打击中悟到的重要教训，也是他以后思想变化的重要起点。

---

① 孙中山：《对全体国会议员的谈话》，《孙中山全集》第 4 卷，442～443 页，北京，中华书局，1984。

② 孙中山：《辞大元帅职通电》，《孙中山全集》第 4 卷，471 页，北京，中华书局，1984。

纵观孙中山一生，可以反复地看到这样的现象：当他的革命事业遭受一次重大的失败后，他的思想往往有一次重大的进步。失败使他震动，使他失望，但却不能使他灰心。他常常处在长期的沉思中，力图寻找出他的设想未能实现的根本原因所在，并利用失败后稍为空闲的时间，从事新的探索。

孙中山 1918 年 6 月 25 日从广东回到上海后，就闭门著书，很少过问外事。这书是《孙文学说》，提出了“行易知难”的主张。但什么才是可以挽救中国革命的真知？孙中山仍感到惘然。怎样对待当前的时局？他也提不出好的主意来。这使他感到极大的苦闷。他说：“对于时局尚想不出办法，故绝无主张，总由同志多数意见是瞻耳。”①到第二年五月间他批许崇智函时还说：“此后吾人之生存成功，皆靠冒险，能之则生，不能则死。”②把希望寄托在孤注一掷的“冒险”上，想从中创造出奇迹来，这反映了孙中山内心的烦躁和苦闷。

这时列宁所领导的俄国十月社会主义革命已经发生。孙中山对这个革命表示了真诚的同情。他一到上海，就给列宁和苏维埃政府发去贺电：“中国革命党对贵国革命党所进行的艰苦斗争，表示十分钦佩，并愿中俄两党团结，共同奋斗。”③可是，由于道路悬隔，传闻纷纭，他对俄国的实际情况还少有真切的了解，他注意力的焦点一时也没有转到这方面来，所以在他的言论和行动中，还很难看出这件事已立刻

① 孙中山：《批凌钺来函》，《孙中山全集》第 4 卷，508 页，北京，中华书局，1984。

② 孙中山：《批许崇智函》，《孙中山全集》第 5 卷，54 页，北京，中华书局，1984。

③ 孙中山：《致列宁和苏维埃政府电》，《孙中山全集》第 4 卷，500 页，北京，中华书局，1984。

对他产生巨大的影响。

正在这个时候，五四爱国运动的风暴突然以磅礴的气势席卷全国，给了苦闷中的孙中山以极大的兴奋。

我们看到的孙中山对五四运动的最早反应，是五四后的第八天，他嘱人代答陈汉明的信中说："此次外交急迫，北政府媚外丧权，甘心卖国，凡我国民，同深愤慨。幸北京各学校诸君奋起于先，沪上复得诸君共为后盾，大声疾呼，足挽垂死之人心而使之觉醒。中山先生同属国民一分子，对诸君爱国热忱，极表同情，当尽能力之所及以为诸君后盾。日来亦屡以此意提撕同人，一致进行。尚望诸君乘此时机，坚持不懈，再接再厉，唤醒国魂。民族存亡，在此一举，幸诸君勉力图之。"①他不仅充分肯定这个运动的意义是"民族存亡，在此一举"，并且开始表示：不再是只靠他一个人，也要靠爱国学生"诸君"一起来"唤醒国魂"。这是他思想上一个值得注意的变动。

我们看到的孙中山本人对五四运动所作的第一次评论，是在他六月十八日复蔡冰若的信中。他说："试观此数月来全国学生之奋起，何莫非新思想鼓荡陶镕之功？故文以为灌输学识，表示吾党根本之主张于全国，使国民有普遍之觉悟，异日时机既熟，一致奋起，除旧布新，此即吾党主义之大成功也。"②他从"此数月来全国学生之奋起"中，看到了"使国民有普遍之觉悟"的现实可能性，相信"异日时机既熟，一致奋起"，就可以取得"吾党主义之大成功"。这就大大鼓起了他继续前进的信心和勇气。

---

① 孙中山：《复陈汉明函》，《孙中山全集》第5卷，54页，北京，中华书局，1984。

② 孙中山：《复蔡冰若函》，《孙中山全集》第5卷，66页，中华书局，1984。

为什么五四运动会带给孙中山那么大的影响？根本原因是它同孙中山思想发展的内在逻辑正相合拍，又给了他新的启示。

第一，五四运动是中国历史上规模空前的群众性的爱国运动。它充分显示出在国民中蕴藏着何等巨大的力量。

以前，孙中山对旧中国军阀政客的横行早已愤慨到了极点。但是，足以推倒这些旧势力的力量在哪里？他一直没有找到。第一次护法时，他曾把希望寄托在口头上赞成护法的西南军阀身上，最后的结果却是令人痛心的“南与北如一丘之貉”。回上海后，他开始感到应该把希望直接寄托在国民身上。他在1919年4月1日写道：“今日欲维持民国，须于地方上开通民智，振起民气，使知民国乃以人民为主人，使各地之人皆知尽主人之义务，则国事乃有可为也。予现时一切时事皆不问，只从事于著书，以开民智。”①但在很长时间内，在孙中山眼中，国民仍只是处在消极状态中，有待他著书去唤醒。至于能不能很快唤醒，对他依然是一个未知数。因此，他仍陷于难以摆脱的苦闷中。

五四运动的爆发，使孙中山眼前的世界顿时改观。原来仿佛沉睡着的国民的力量，一下子奇迹般地从地平线下涌现出来，成为谁也无法小看的力量。它迫使北洋政府不得不拒绝在巴黎和约上签字，并罢撤了亲日派曹汝霖、陆宗舆、章宗祥三人的职务。多年来仿佛可望不可即的期待，一旦成为现实，这怎能不使孙中山感到惊喜交集呢？6月间，群众运动的重心转到上海。6月16日，全国学生联合会在上海

① 孙中山：《批赵泰纪函》，《孙中山全集》第5卷，40页，北京，中华书局，1984。

成立。“是日，孙中山先生被邀请未到，改于次日在环球学生会讲演。”①讲演会后，听讲的陕西学生代表屈武到他的私宅去拜见他。孙中山很高兴地同屈武谈了一小时左右，他说：“中国的希望，就寄托在你们这般青年人的身上。”②8月7日，他在一封信中写道：“迩者世界潮流群趋向于民治，今日时事维艰，然最后之成败，自以民意之向背为断。吾人苟能务其远大，悬的以趋，黾勉不懈，总不患无水到渠成之日耳。”③

一种新的希望朦胧地在孙中山眼前升起。他的精神状态变得乐观而开朗得多了。

第二，五四爱国运动是以反对巴黎和约为起点的。它强烈地抗议日本帝国主义企图攘夺我国山东权益的强盗行径，表现出一种前所未有的反对帝国主义的彻底的不妥协精神。这自然又给有着强烈爱国心的孙中山以巨大的鼓舞。

第一次护法运动失败时，孙中山已开始看到反动的军阀势力是中国极大的祸害。这就是他所说的“吾国之大患，莫大于武人之争雄。”在孙中山对中国问题的认识上，这是前进了一大步。但对站在军阀势力背后的更大祸害——帝国主义，他仍看得不那么清楚。他辞去大元帅职务离开广东后，去了日本，还想从日本得到援助。结果，希望又落了空。用他的话说：“现日本当局仍决心助段(祺瑞)，遽欲其改变

---

① 许德珩：《五四运动六十周年》，《五四运动回忆录》(续)，60页，北京，中国社会科学出版社，1979。

② 屈武：《激流中的浪花》，《五四运动回忆录》下册，865页，北京，中国社会科学出版社，1979。

③ 孙中山：《复刘湘函》.《孙中山全集》第5卷，92页，北京，中华书局，1984。

方针，事恐大难。”“一切计划，未能实行。”①这种失望固然使孙中山感到痛苦，可是，他还只是失望而已，并没有对日本帝国主义的侵略政策进行正面的抨击。五四运动后不久，他思想上发生了巨大变化。这次运动中全国人民对日本帝国主义表现出那么大的愤慨，强烈地感染着孙中山，使他对日本帝国主义的态度变得强硬起来。6月24日，日本《朝日新闻》记者问他：“中国人何以恨日本之深?”孙中山先告诉他：“予向为主张中日亲善之最力者。”接着就猛烈抨击日本的侵略政策：“乃不图日本武人，逞其帝国主义之野心，忘其维新志士之怀抱，以中国为最少抵抗力之方向，而向之以发展其侵略政策焉。此中国与日本之立国方针，根本上不能相容者也。”他严正地告诉那个日本记者：“日本政府军阀以其所为，求其所欲，而犹望中国人之不生反动，举国一致，以采远交近攻之策，与尔偕亡者，何可得也?”②这是孙中山第一次公开地、尖锐地并从立国方针上抨击日本帝国主义，反映他对中国问题的认识又前进了一步。

这两个变化虽还处在萌发的阶段，但对孙中山思想以后的发展有着不可忽视的深刻影响。

当然，一个人的思想变化不会那么简单。像孙中山这样一个有着确定的政治观念和强烈自信的人，树立一个新的观念更不是容易的事情。对前面所说的两个变化，哪一方面都不能做出过高的估计。对日本侵华政策的抨击，自然反映出他思想上的一个重大进步；而对其他帝国主义国家，特别是英国和美国，他仍抱有很大的幻想，期望得到

① 孙中山：《致陈炯明函》，《孙中山全集》第4卷，486页，北京，中华书局，1984。

② 孙中山：《答日本朝日新闻记者问》，《孙中山全集》第5卷，71、72、74页，北京，中华书局，1984。

他们的援助。显然，这种认识还停留在感性的阶段，不能说他在反对帝国主义这个根本问题上已有了全面而深刻的认识。对国民力量的认识，又是他的一个重大进步。但他所看到的主要是学生的力量，真正构成国民主体的工人和农民仍没有进入他的视野。而学生运动在七月以后又逐渐走向低潮。在孙中山眼中，国民并没有形成一支很有组织的、可以持久作战的力量，难以直接成为他的依靠。因此，下一步该怎么办？孙中山仍在犹豫和徘徊。

1919 年 10 月 10 日，孙中山将中华革命党改组为中国国民党。八天后，他在上海寰球中国学生会上作了题为《救国之急务》的讲演，说出一段十分值得注意的话："吾人欲救民国，所可采者惟有两途：其一，则为维持原状，即恢复合法国会，以维持真正永久之和平也；其二，则重新开始革命事业，以求根本改革也。""救国的方法，就是这两条。请君要把这两条认定清楚，看哪一条可以做得到，就要积极去做。"①

怎样看待孙中山的这段话呢？需要同时看到它的两个方面。一方面，他提出了"重新开始革命事业，以求根本改革"的问题，并且具体解释道："根本解决的办法，怎样去做呢？南北新旧国会，一概不要它，同时把那些腐败官僚、跋扈武人、作恶政客，完完全全扫干净它，免致它再出来捣乱，出来作恶，从新创造一个国民所有的新国家，比现在的共和国家还好得多。"这说明在孙中山思想上正在孕育着一个重大的变动，在考虑"重新开始革命"的问题了，但这个想法还没有成熟，也没有下最后的决心，一时仍无从下手。另一方面，他又把

---

① 孙中山：《在上海寰球中国学生会的演说》，《孙中山全集》第 5 卷，139、148 页，北京，中华书局，1984。

“维持原状”作为一种并列的方案提出来，这还是护法运动以来的老办法。对这种办法，他虽已怀疑，但并没有认定它是走不通的。结果，“看哪一条可以做得到，就要积极去做”。① 这种模棱两可的说法，实行起来必然仍旧是仿佛易于做到的“维持原状”。

心里开始憧憬着要走一条新路，脚步却不自觉地仍沿着一向熟悉的那条老路走下去。这便是孙中山此刻的矛盾心理。从这里，我们也可以找到理解孙中山为什么接着又会投入第二次护法运动的一把钥匙。

三、第二次护法中的矛盾心理和新的思考

内心的矛盾尽管还没有来得及解决，客观形势的发展却又催迫他必须采取新的行动了。

1920 年春天，国内的政治局势出现了新的动荡和变化：在北方，直皖两系军阀已在酝酿大战；在南方，滇桂两系军阀因争夺在粤滇军的领导权，矛盾也越来越尖锐。桂系军阀在广东的统治已出现动摇的迹象。孙中山在离粤返沪时，在南方还留下一支他认为惟一可以依赖的武装力量，那就是陈炯明率领的援闽粤军。它是以广东省长朱庆澜拨交的二十营军队为基础发展起来的。最初，“兵额不过五千，枪支仅三千余杆。”②开到闽南后，已逐步发展到两个军，不下两万人，控

① 孙中山：《在上海寰球中国学生会的演说》，《孙中山全集》第 5 卷，148 页，北京，中华书局，1984。

② 《闽南粤军军实调查记》，《革命文献》第 51 辑，214 页，台北，中国国民党中央委员会党史史料编纂委员会。

制了以漳州为中心的闽南十余个县。[①] 孙中山在离粤北返时，曾去军中见陈炯明，“即以准备回粤戡乱时相勗勉”。[②] 以后，一直对它抱有很大的期望。

桂系军阀在广东统治的动摇和援闽粤军的发展壮大，使孙中山又兴奋起来。他觉得护法似乎出现了转机。孙中山不是说过“看哪一条路可以做得到，就要积极去做”吗？现在这条路仿佛又“可以做得到”了。他自然“就要积极去做”了。1919 年 12 月，他写道：“今日救国急务，宜先平桂贼，统一西南，乃有可为。”[③]这以后，他的精力和注意点越来越多地转移到联络各方，策划回粤讨伐桂系军阀这方面来。

当时陈炯明在闽南却“溺于安乐，颇思苟且”。孙中山“一再电促回粤，陈氏皆不置复”。[④] 奉孙中山之命三度去漳州促陈炯明出师的朱执信，在给孙中山的信中甚至愤愤地说：“竞存（陈炯明）处力量费尽，疲玩如故。此际感情已伤，留亦无益。”[⑤]到 1920 年 7 月，直皖战争爆发。陆荣廷密电广东督军莫荣新：“直系如得胜利，时局庶有转机。我辈夙已联直，尤应乘时利用。”他命令莫荣新向福建进军，并准

---

① 罗翼群：《记孙中山南下护法后十年间粤局之演变》，《广东文史资料》第 25 辑，120～121 页，广州，广东人民出版社，1979。

② 程启槃：《总理护法实录初稿》，《革命文献》第 51 辑，229 页，台北，中国国民党中央委员会党史史料编纂委员会。

③ 孙中山：《批葛庞函》，《孙中山全集》第 5 卷，178 页，北京，中华书局，1984。

④ 李睡仙等：《陈炯明叛国史》，《革命文献》第 51 辑，211 页，台北，中国国民党中央委员会党史史料编纂委员会。

⑤ 吴相湘：《陈炯明造反出身》，《传记文学》第 30 卷第 2 期，29 页，台北，传记文学出版社，1980。

备“讨伐”陈炯明部。① 而皖系的福建督军李厚基却表示愿接济军饷，支持陈炯明部反攻广东。于是，陈炯明不能不下决心举兵回粤。8 月 12 日，援闽粤军在漳州公园誓师出发。他们打起“粤人治粤，桂军回桂”的旗号，宣称“粤军今日系为乡为国而战”，② 士气比较旺盛。尽管粤军在兵力上仍处于劣势，但“驻粤的桂军因为两三年来在粤搜刮，囊中装得太满，所以无丝毫抵抗力”。③ 10 月 26 日，莫荣新退出广州。粤中各地先后为粤军所占领。

广东局势的急转直下，使孙中山无法再做更多的考虑，在 11 月 25 日又启程南下，重新在广东建立政府。

这次南下是不是再打出“护法”的旗号？孙中山的内心是犹豫的。他在南下前的一封信中，诉说了他在第一次护法运动中吃尽的苦头，但一向在护法旗号下的粤军取得的胜利又给他点燃起一线希望，所以他接下去说：“幸粤中尚能勉收余烬，再茁生机；然所存者仅矣。今后倘各鉴前车，同心一致，尚不难收桑榆之效。”他鼓起勇气，要再试一试“护法”这条路是不是还能走通，可是他的信心已不像上次那样足了。他已在考虑：“若犹是不能达到目的，则惟有进而为革命耳。”④

1921 年 1 月 1 日，孙中山在广州军政府发表演说。他说：“此次军府回粤，其责任固在继续护法，但余观察现在大势，护法断断不能解决根本问题。吾人从今日起，不可不拿定方针，开一新纪元，巩固

---

① 李培生主编：《桂系据粤之由来及其经过》，《革命文献》第 51 辑，76 页，台北，中国国民党中央委员会党史史料编纂委员会。

② 同上书，15 页。

③ 李剑农：《中国近百年政治史》，541 页，上海，商务印书馆，1947。

④ 孙中山：《复凌钺函》，《孙中山全集》第 5 卷，397 页，北京，中华书局，1984。

中华民国基础，削平变乱。方针维何？即建设正式政府是也。”①

这是一篇充满着矛盾和混乱的讲话：一会儿说，“此次军府回粤，其责任固在继续护法”；一会儿又说，“护法断断不能解决根本问题”。如果断章取义地加以引用，完全可以从中得出完全相反的两种结论来。语言上的矛盾和混乱，正反映了孙中山思想上的矛盾和混乱，但既然整个运动还打着“护法”的旗号，一切自然仍只能在这个旗号下进行。

军政府成立后，孙中山立刻又投入异常忙碌的实际工作：第一件事，重新召集国会非常会议，通过《中华民国政府组织大纲》，选出孙中山为非常大总统，“建设正式政府”。第二件事，命令粤军等攻入广西，经过三个来月的战斗，实现了两广的统一。第三件事，乘胜出师北伐。孙中山自己也到桂林成立北伐大本营。北伐军进入湖南。第四件事，处理同陈炯明之间日益激化的矛盾。1922 年 4 月间，北伐军移师广东，大本营迁往韶关。孙中山下令免去陈炯明的广东省长、粤军总司令、内务部长等职务。5 月初，北伐军分三路向江西进攻。

尽管实际工作的日程几乎排得满满的，但第二次护法和第一次毕竟已经不同了。是不是应该继续打着“护法”的旗号？这个疑问在孙中山思想深处并没有消除。表面上，一切仍照着原来设计的轨道按部就班地走着；深入一层看，就会发现对中国问题的新认识正在他思想中继续滋长和发展。这正是思想过渡期的重要特征。

第一个变化：对帝国主义的新认识。

五四运动后，孙中山对日本帝国主义侵略中国的野心已有比较清

① 孙中山：《在广州军政府的演说》，《孙中山全集》第 5 卷，450 页，北京，中华书局，1984。

楚的认识。1919年12月，他对马伯援说："吾人对日本无多大希望，只求其不行劫可也。"①离上海南下前，他在国民党本部演讲时甚至说："我们革命失败，全是日本捣鬼。"②而对英、美两国，他仍抱有很大的期待。

这种认识在事实面前逐渐发生了变化。这同当时国内政治局势的变动有很大关系。在第一次护法运动时期以及这以后的很长时间内，控制着北京政府的是以段祺瑞为首的皖系军阀，背后支持它的是日本。直皖战争以后，特别是第一次奉直战争以后，以曹锟、吴佩孚为首的直系军阀控制了北京政府，成为孙中山在国内的主要敌人，而站在它背后的却是英国和美国。在南方，日益露骨地反对孙中山的新军阀陈炯明，也得到英美两国的支持。这不能不激起孙中山越来越大的愤慨。

当孙中山就任非常大总统时，港英当局阻挠群众集会庆祝孙中山就职和捐款支持新政府。广州政府外交部向英国驻粤领事提出了抗议。1921年8月5日，孙中山致书咸马里夫人说："我们打算进军北方，以逐走所有的大督军与亲日派。当然，和往常一样，英国政府正在我们前进的道路上设置种种障碍，以致使我们的一切重大成就化为泡影。"③当孙中山同陈炯明的矛盾日益尖锐时，他甚至同少共国际代表达林说："我最好的朋友陈炯明背叛了，他被吴佩孚收买了，被香

① 马伯援：《我所知道的国民军与国民党合作史》，9页，台北，文海出版社，1985年6月影印版。

② 孙中山：《在上海中国国民党本部会议的演说》，《孙中山全集》第5卷，394页，北京，中华书局，1984。

③ 孙中山：《致咸马里夫人函》，《孙中山全集》第5卷，583页，中华书局，1984。

港的英国人收买了。”①

孙中山既不是亲日派，也不是亲英美派。他所深切地关怀的只是祖国和人民的命运。在事实面前，他的认识在不断发展着。在这时，他还没有达到这样的认识：要拯救中国，首先必须推翻帝国主义在中国的统治；但我们可以感觉到，他离这一步已不远了。

第二个变化：对工人运动的新认识。

过去，孙中山的追随者中也有不少工人，但他对中国的工人运动却没有表现出多少热情。这一方面固然由于独立的工人运动还没有很大地发展起来；另一方面也因为孙中山总认为中国的实业还不发达，在国内应该强调劳资双方的合作。他对工人的不幸生活表示同情，在到广州后颁布的《内政方针》中包括了“保护劳动”、“谋进工人生计”、“提倡工会”等主张②，但他基本的想法，仍希望通过实行民生主义来避免社会革命，而不是鼓励社会革命。

给他很大冲击的是1922年1月至3月的香港海员大罢工。先后参加这个罢工的海员达到二万三千多人，这在中国工人运动史上是空前的。邓中夏将它称为“中国第一次罢工高潮”的“第一怒涛”。为什么这次罢工会受到孙中山的特殊关注呢？第一，“孙中山奔走革命流亡海外时，曾以乡谊关系与海洋轮船上之粤籍海员发生不少关系，以救国为号召，鼓吹海员组织团体，有所谓联义社、群益社等等组织。”“孙中山在南方几次军事行动，得到此等团体为孙中山秘密购买和运

① 达林：《中国回忆录》，111页，北京，中国社会科学出版社，1981。

② 孙中山：《内政方针》，《孙中山全集》第5卷，433页，北京，中华书局，1984。

输军械。”[①]当1921年3月中国海员工会联合总会在香港成立时，得到了孙中山的支持，连它的会名也是孙中山所起的。第二，这次大罢工最初虽由增加工资、改善待遇等经济要求所引起，但很快就把斗争的矛头集中指向外国帝国主义，带有浓厚的民族主义色彩。这自然格外容易引起孙中山的同情。

因此，香港海员大罢工掀起后，孙中山虽在桂林准备北伐，但仍积极给予支持，并要廖仲恺在广州筹款支援。共产国际代表马林在1922年7月给共产国际执委会的报告中也写道：“在今年正月海员罢工期间，国民党与工人之间的联系是多么紧密，这一点对我来说是十分清楚的。整个罢工都由这个政治组织的领袖们所领导，罢工工人参加了党的民族主义的示威游行，全部财政资助都来自国民党。”[②]接着，这年5月1日，许多共产党员参加的第一次全国劳动大会在广州召开，并举行了有数万名广州工人参加的大游行。出席这次大会的达林说：“孙中山掌权的南方，和军阀、外国帝国主义掌握的北方之间，有天壤之别。南方的气氛完全不同。工会、共产党、社会主义青年团的活动都是完全合法的。”[③]这些反过来又对孙中山的思想产生了影响。当马林同孙中山相见时，“与孙讨论了群众运动和在工人阶级中进行宣传的必要性等等”。[④] 可见这个问题在孙中山思想上逐渐占有重要的位置。

---

① 邓中夏：《中国职工运动简史》，《邓中夏文集》，441页，北京，人民出版社，1983。

② 马林：《给共产国际执委会的报告》，《马林在中国的有关资料》，16页，北京，人民出版社，1980。

③ 达林：《中国回忆录》，82页，北京，中国社会科学出版社，1981。

④ 伊罗生：《与斯内夫特谈话记录》，《马林在中国的有关资料》，24页，北京，人民出版社，1984。

第三个变化：对列宁领导下的苏俄的新认识。

前面说到，十月革命发生后，孙中山立刻表示了深切的同情，但对它的了解还很少。1920 年，两个事实改变了这种情况：一是这年初外国干涉军队从西伯利亚撤退，远东共和国在赤塔成立。这就改变了苏俄同中国原来那种隔绝的状态，使孙中山有可能对苏俄的真实情况逐渐有更多的了解。二是这年的 11 月 28 日，也就是孙中山从上海到达广州的那一天，中国收到苏俄的第二次对华宣言。宣言中说："俄罗斯苏维埃联邦共和国政府宣布，以前俄国政府历次同中国订立的一切条约全部无效，放弃以前夺取中国的一切领土和中国境内的俄国租界，并将沙皇政府和俄国资产阶级从中国夺得的一切，都无偿地永久归还中国。"①这对极端憎恨外国帝国主义把不平等条约强加给中国的孙中山，自然有巨大的吸引力，使他对苏俄产生更多的亲近感。

孙中山很早就注意到西方的社会主义运动。他在 1903 年已经说过："所询社会主义，乃弟所极思不能须臾忘者。"②他在醉心学习西方的同时，敏锐地察觉到资本主义社会的阴暗面，憎恶那种一个阶级剥夺另一个阶级而造成的贫富悬殊的现象，力图加以避免。1920 年秋天，共产国际代表维经斯基到上海时，接受陈独秀的建议，会见了正要去广东的孙中山。孙中山已"对这样一个问题深感兴趣：怎样才能把刚刚从广州反革命桂系军阀手中解放出来的中国南方的斗争与远

---

① 《俄罗斯苏维埃联邦社会主义共和国政府对中国政府的宣言》，《五四运动文选》，367 页，上海，三联书店，1979。

② 孙中山：《复某友人函》，《孙中山全集》第 1 卷，228 页，北京，中华书局，1981。

方俄国的斗争结合起来”。[①] 他从上海到达广州那天，发表演说时又说：“俄国革命后，实行社会主义。俄国遂酿成一种良好风气，而此种风气传及欧洲，欧洲各国，竟莫能抵抗。”[②]

1921年10月4日，共产国际代表马林参加中国共产党第一次全国代表大会后在上海会见孙中山的代表张继。国民党邀请马林访问孙中山。12月23日，马林到达桂林。他在中国共产党人张太雷陪同下，同孙中山进行了三次长谈，向孙中山详细介绍了俄国从战时共产主义到新经济政策的转变。这是更能为孙中山所接受的。孙中山在会谈后告诉廖仲恺和汪精卫：“俄国之新经济政策，实与他的实业计划差不多一样，所以非常高兴。”[③]马林会见后的印象是：“国民党的领袖多数都倾向于社会主义。”“他们毕竟对俄国革命、对苏维埃俄国抱有很大的同情。”[④]1922年4月，少共国际代表达林到达广州，又在中国共产党人瞿秋白、张太雷陪同下，同孙中山有过五六次的接触。“孙中山对红军的人数、其组织和政治教育很感兴趣。然后，孙中山询问了列宁的健康情况。”并且明确地“说明他打算与苏俄建立联系”。[⑤]

但孙中山还存在一个明显的顾虑：苏俄离他的广东根据地毕竟太远，而华南和长江流域却是英国帝国主义的势力范围。他对马林表

---

① 维经斯基：《我与孙中山的两次会见》，《维经斯基在中国的有关资料》，109～110页，北京，中国社会科学出版社，1982。

② 孙中山：《在广东省署宴会的演说》，《孙中山全集》第5卷，430页，北京，中华书局，1981。

③ 汪精卫：《在第二次全国代表大会之政治报告》，《政治周报》第5期，1926。

④ 马林：《访问中国南方的革命家》，《马林在中国的有关资料》，214～215页，北京，人民出版社，1984。

⑤ 达林：《中国回忆录》，103页，北京，中国社会科学出版社，1981。

示："待北伐胜利结束，立即提议与苏俄公开建立联盟。他的看法是中俄携手将完成亚洲的解放。但如果建立一个不适时的中俄联盟，只会立即招致列强的干涉。"[1]对达林，他也表示如果北伐军占领汉口，"那时我将正式承认苏俄"。并且解释道："你认为国民党所有党员都赞同苏联？没有的事，甚至在我的政府和议会里都有苏俄的敌人。"况且，"请你不要忘记了，香港就在旁边，如果我现在承认苏俄，英国人将采取行动反对我"。[2]

这三方面的事实表明：就在第二次护法运动期间，孙中山对"护法"已不再有过去那样的热情。同马林会谈后十来天，他在桂林发表的一次演讲中说："法、美共和国皆旧式的，今日惟俄国为新式的。吾人今日当造成一最新式的共和国。"[3]在他思想深处正孕育着重大的变动，酝酿着做出新的抉择，并在不久后导致了联俄、联共、扶助农工三大政策的形成，促成了第一次国共合作的实现。这种思想变化并不是突然到来的，并不是在陈炯明叛变事件发生后才开始产生的，而是经过了长期的反复的探索、比较和思考的结果。陈炯明叛变的事件只是促使他最终地下决心罢了。

四、第二次护法失败后的新选择

当然，这绝不是说陈炯明叛变事件在孙中山思想演变的进程中是一件无足轻重的事情。本来在孙中山眼中，陈炯明似乎与桂系军阀是

---

① 马林：《给共产国际执委会的报告》，《马林在中国的有关资料》，18页，北京，人民出版社，1980。

② 达林：《中国回忆录》，113页，北京，中国社会科学出版社，1981。

③ 孙中山：《在桂林广东同乡会欢迎会的演说》，《孙中山全集》第6卷，56页，北京，中华书局，1985。

根本不同的。陈炯明在1909年加入同盟会，曾多年追随孙中山从事革命活动。[①] 第一次护法运动前夕，又向孙中山表示："革命唯有服从中山先生领导，才是正确的道路。"[②]他所统率的那支援闽粤军，是孙中山苦心孤诣地一手扶植起来的。粤军回师逐走桂系军阀后，孙中山曾在一封信里写道："竞存(陈炯明)此番回粤，实举全身气力，以为党为国。吾人亦不惜全力以为竞兄之助，同德同心，岂复寻常可拟？我望竞兄为民国元年前之克强(黄兴)，为民国二年后之英士(陈其美)，我即以当时信托克强、英士者信托之。"[③]把陈炯明比作黄兴、陈其美，可见他当时对陈信任之深，期望之切。

万万没有想到，陈炯明一旦羽毛丰满，竟掉头反噬，围攻总统府，几置孙中山于死地。第二次护法运动也随之失败。这对孙中山的打击，自然比第一次护法运动的失败更大。他痛心地说："文率同志为民国而奋斗垂三十年，中间出死入生，失败之数不可偻指，顾失败之惨酷未有甚于此役者。盖历次失败虽原因不一，而其究竟则为失败于敌人。此役则敌人已为我屈，所代敌人而兴者，乃为十余年卵翼之陈炯明，且其阴毒凶狠，凡敌人所不忍为者，皆为之而无恤。"[④]这样强烈的刺激，在他心理上掀起的巨大波澜是不难想见的。孙中山在这次南下护法时不是说过吗？"若犹是不能达到目的，则惟有进而为革

---

① 吴相湘：《陈炯明造反出身》，《传记文学》第32卷第2期，26页，台北，传记文学出版社，1980。

② 罗翼群：《记孙中山南下护法后十年间粤局之演变》，《广东文史资料》第25辑，105页，广州，广东人民出版社，1979。

③ 孙中山：《致蒋中正函》，《孙中山全集》第5卷，379页，北京，中华书局，1985。

④ 孙中山：《致海外同志书》，《孙中山全集》第6卷，555页，北京，中华书局，1985。

命耳!”[①]现在，旧的路子已走进死胡同，他不能不下决心做出新的选择了!

还有一个事实也很重要：就在这以前不久，直系军阀打败奉系军阀后也打出“恢复法统”的旗号，赞成恢复旧国会。6月1日，旧国会议员凑足了法定人数，在天津开会，发表宣言，即日行使职权，要求取消南北两政府，另组“合法”政府。第二天，徐世昌被迫辞去北京政府大总统职务，曹锟、吴佩孚立刻领衔联合十省区督军省长，电请黎元洪复职。同直系军阀勾结的陈炯明发动叛乱时，在这方面也做了不少文章。6月9日，陈部潮汕镇守使洪兆麟首先通电称：“适乘北方恢复国会及推举黄陂(黎元洪)复任之动议，举国风从，如响斯应，足见人心厌乱，已非人力所能挽回。现徐已下野，南方总统亦无存在之必要，否则有此赘瘤，实足为南北统一之障碍。”[②]16日，陈部粤军指挥叶举等六十余人在炮轰总统府的同时，发出要求孙中山下野的通电：“粤军回粤，重组护法政府，宣布对徐。孙中山先生又有‘徐氏退位，当同时下野’之宣言。今幸天心厌乱，旧国会已自行召集，徐氏复引咎退位。南北用兵累年，所志无非护法。今目的已达，自无用兵之必要。”“为此合吁请孙中山先生实践与徐同退之宣言，敝屣尊荣，翩然下野。”[③]这一着确实狠毒。它像釜底抽薪那样，使孙中山的“护法”主张，从根本上失去了“合法”的依据。

---

① 孙中山：《复凌钺函》，《孙中山全集》第5卷，397页，北京，中华书局，1985。

② 沈云龙：《有关陈炯明叛孙的资料》，《传记文学》第32卷第4期，78页，台北，传记文学出版社，1978。

③ 同上。

这个时刻终于来到了！经历了那样漫长而曲折的尝试，付出了如此巨大的代价，孙中山思想上原有的矛盾终于获得解决："维持原状"的路是走不通的，"惟有进而为革命耳"。陈炯明叛变后，孙中山困居永丰舰的五十多天又给了他一个充分思考的机会。新的选择终于做出。他请陈友仁转告留在广州的达林："在这些日子里，我对中国革命的命运想了很多，我对从前所信仰的一切几乎都失望了。而现在我深信，中国革命的惟一实际的真诚的朋友是苏俄。""我决定赴上海继续斗争。倘若失败，我则去苏俄。"①他在 8 月 14 日到达上海。"中山抵沪后，态度极冷静，愿结束护法主张。"②态度的冷静，说明他的决心已经下定，不再有什么游移了。

几乎就在这个时候，成立刚一年的中国共产党对待孙中山和国民党的态度也发生了重大的转折。当中国共产党刚成立时，对国共合作的态度并不积极。1921 年中国共产党的第一个决议中"对现有政党的态度"一节曾规定："只维护无产阶级的利益，不同其他党派建立任何关系。"③这说明初生的中国共产党对中国国情的认识还何等幼稚！1922 年初，马林在会见孙中山后，提议中国共产党党员和社会主义青年团团员加入中国国民党。4 月 6 日，陈独秀写信给维经斯基表示反对。理由包括："共产党与国民党革命之宗旨及所据之基础不同"；"国民党未曾发表党纲，在广东以外之各省人民视之，仍是一争权夺

---

① 达林：《中国回忆录》，126 页，北京，中国社会科学出版社，1981。

② 李大钊：《致胡适》，《李大钊文集》(下)，955 页，北京，人民出版社，1984。

③ 《中共中央文件选集》第 1 册，8 页，北京，中共中央党校出版社，1989。

利之政党，共产党倘加入该党，则在社会上信仰全失”等等。① 他对孙中山和国民党的认识也不全符合实际。

这年 6 月 15 日，即陈炯明叛变前一天，中国共产党中央执行委员会第一次发表它对时局的主张，对中国革命有了新的认识：“依中国政治经济的现状，依历史进化的过程，无产阶级在目前最切要的工作，还应该联络民主派共同对封建式的军阀革命，以达到军阀覆灭能够建设民主政治为止。”对国民党也开始做出新的评价：“中国现存的各政党，只有国民党比较是革命的民主派，比较是真的民主派。”并主张：“邀请国民党等革命的民主派及革命的社会主义各团体开一个联席会议，在上列原则的基础上，共同建立一个民主主义的联合战线，向封建式的军阀继续战争。”②7 月 16 日至 23 日，中国共产党召开第二次全国代表大会，第一次制订了明确的反帝反封建的民主革命纲领，并正式通过《关于“民主的联合战线”的议决案》。这次大会的宣言，比第一次时局主张更突出了反对国际帝国主义宰割中国的问题。它明确地写道：“各种事实证明，加给中国人民(无论是资产阶级、工人或农人)最大的痛苦的是资本帝国主义和军阀官僚的封建势力，因此反对那两种势力的民主主义的革命运动是极有意义的：即因民主主义革命成功，便可得到独立和比较的自由。”这种对中国国情的认识比孙中山当时又要明确而彻底得多。宣言断定：“只有无产阶级的革命势力和民主主义的革命势力合同动作，才能使真正民主主义革命格外

① 陈独秀：《致吴廷康的信》，《二大和三大》，36 页，北京，中国社会科学出版社，1985。

② 《中共中央第一次对于时局的主张》，《中共中央文件选集》第 1 集，37、45～46 页，北京，中共中央党校出版社，1989。

迅速成功。”[①]7月18日，共产国际执委会同意马林提出的国共合作等意见。8月12日，回莫斯科向共产国际汇报工作的马林同苏俄特使越飞一起到达北京。8月下旬，根据马林的提议，中共中央在杭州西湖举行特别会议，做出了中共党员以个人身份加入中国国民党的重大决定。这一连串事实，几乎都在孙中山困居永丰舰的六月中至八月这两个多月时间内发生。

孙中山和中国共产党，从不同的角度，经历了不同的探索过程，终于殊途同归地得出了基本相同的结论：面对着帝国主义列强和封建军阀势力这样的对手，为了拯救中国，国共两党应该携起手来并肩奋斗。这样，实现第一次国共合作的大门便打开了。

8月25日，中国共产党人李大钊陪同马林在上海再次会见孙中山。这同孙中山从广州回到上海相隔只有十天。孙中山告诉马林：他现在极其需要同苏俄建立亲密的联系。马林劝告孙中山：不要用单纯的军事方法去夺回广州，要以上海为基地，开展宣传工作。李大钊又同孙中山多次会见，“讨论振兴国民党以振兴中国之问题”，两人“畅谈不倦，几乎忘食”。[②] 孙中山十分兴奋，亲自主盟，介绍李大钊加入中国国民党。李大钊告诉他，自己是共产党员。孙中山回答：“这不打紧，你尽管一面作第三国际党员，一面加入本党帮助我。”[③]宋庆龄后来回忆道：“孙中山特别钦佩和尊敬李大钊，我们总是欢迎他到

① 《中国共产党第二次全国大会宣言》，《中共中央文件选集》第1集，114页，北京，中共中央党校出版社，1989。

② 李大钊：《狱中自述》，《李大钊文集》(下)，890页，北京，人民出版社，1984。

③ 汪精卫：《中国国民党第二次全国代表大会政治报告》，《政治周报》第5期，1926。

我们家来。""孙中山在见到这样的客人后常常说，他认为这些人是他的真正的革命同志。他知道，在斗争中他能依靠他们的明确的思想和无畏的勇气。"①

因为条件业已成熟，各种问题也都已作过反复的充分的思考，孙中山这次到上海，不再像第一次护法运动失败时那样陷入长期的沉思。他的心情很开朗，很快就下定了改组国民党的决心。台湾的国民党史家也这样写道：孙中山这次到上海后，"审察当时国际之局势，本党革命失败之症结，国内青年思想之变动，与民众对于政治改革之要求，八月间苏俄代表越飞亦派员（指马林——引者注）来沪晋谒，商讨中俄新关系，遂下改组本党之决心。"②

孙中山这时完全恢复了他原来的那种自信，果断地大刀阔斧地推进国民党的改组工作。一切都在紧锣密鼓声中进行，局势的发展几乎是急转直下。9月4日，孙中山召集在上海的胡汉民、汪精卫、廖仲恺、张继、于右任、谭延闿、程潜、陈独秀等五十三人讨论国民党改组问题。参加讨论的人员的成分是相当复杂的。但由于孙中山在党内有着巨大的威望，他的决心既已下定，会上似乎没有发生什么争执。国民党总务部部长居正也这样叙述：大家"交换意见，一致赞同"。③6日，孙中山指定包括陈独秀在内的九人为国民党改进起草委员。委员会经过一个半月的会议，起草出中国国民党党纲和总章。11月15

---

① 宋庆龄：《孙中山和他同中国共产党的合作》，《人民日报》，1962年11月12日。

② 《中国国民党十三年改组史料》，《革命文献》第8辑，31页，台北，中国国民党党史史料编纂委员会，1955。

③ 居正：《本党改进大凡》，《革命文献》第8辑，32页，台北，中国国民党党史史料编纂委员会，1955。

日，孙中山召集第二次会议，对党纲和总章进行审议，经修改后通过，并推定胡汉民、汪精卫为中国国民党宣言起草员。参加这次会议的，除原有五十三人外，又增加了林祖涵(伯渠)等六人。12月16日，孙中山召集第三次会议，参加者又增加了陈少白、李烈钧等六人，对宣言进行讨论和修改。

经过这样反复而郑重的研究，孙中山决定在1923年1月1日发表《中国国民党宣言》，1月2日召集中国国民党改进大会，公布《中国国民党党纲》和《中国国民党总章》，开始揭开中国国民党历史上的新的一页。

五、国民党一大前后达到的高峰

本来，孙中山准备全力投入国民党的改组工作。他在一月二日国民党改进大会的演讲中说：过去“大家都不注重党事，只看重政、军两种进行，所以就大遭失败。现在要从党务进行，就是要恢复以前革命党的精神，发挥十几年前吾党先烈的精神。这样做来，成功一定可靠。”他又说：“党的进行，当以宣传为重。宣传的结果，便是要招致许多好人来和本党做事。宣传的效力，大抵比军队还大。”“俄国五六年来，革命成功，也就是宣传得力。他的力量不但及于国内，并且推及国外。”①11日，他把赴福建的廖仲恺召回上海，同各省支部、干部接洽改组事宜。国民党的改组工作正在着手展开。

但历史的发展常常不以个人的主观意志为转移。1月14日，拥护孙中山、讨伐陈炯明的滇桂联军在出师后只有半个月，就胜利地收复

① 孙中山：《在上海中国国民党改进大会的演说》，《孙中山全集》第7卷，6～7页，北京，中华书局，1985。

广州。各方面期望孙中山重返广东。因此，《孙文越飞宣言》发表后只有二十天，他便在2月15日离沪返粤。一回到广东，无数实际工作立刻又摊在孙中山面前：重设陆海军大元帅府；同北江的桂军沈鸿英部和东江的陈炯明残部作战；处理广东内部以及同港英当局之间种种棘手的矛盾。为了打退陈炯明残部的反扑，孙中山曾长期地亲自在东江前线指挥作战，这在他一生历史中是仅有的一次。他在8月间写信给胡汉民等说："文在外专注意于军事，无暇分神于其他。"[①]孙中山当时这样想：只有首先把广东革命根据地巩固下来，国民革命才能有一个可靠的出发点。这是无可厚非的。

当然，就是在异常繁忙的戎马生活中，孙中山一刻也没有忘记改组国民党的工作。这年6月，中国共产党也在广州召开第三次全国代表大会，决定共产党员以个人身份加入国民党，全力促进国民党的改组工作。10月6日苏联代表鲍罗廷到达广州，随即被孙中山聘为中国国民党训练组织员。"鲍罗廷在孙中山的国民党内在决定最重大问题时是有发言权的，他出席所有最重要的会议，准备那些主要的政治文件。孙中山在一些群众性的集会上把鲍罗廷介绍给自己的拥护者时，总是尽力使鲍罗廷在听众心目中享有最大的威望。"[②]他到后，国民党改组工作的步伐大大加快了。10月19日，孙中山委任廖仲恺、汪精卫、李大钊等五人为国民党改组委员。24日，又委任廖仲恺等九人为国民党临时中央执行委员，其中包括共产党员谭平山，负责筹备改组工作。12月9日，孙中山在广州大本营对国民党员发表演说，指

① 孙中山：《致胡汉民等函》，《孙中山全集》第8卷，80页，北京，中华书局，1986。

② 切列潘诺夫：《中国国民革命军的北伐》，32～33页，北京，中国社会科学出版社，1981。

出："吾党此次改组，乃以苏俄为模范，企图根本的革命成功，改用党员协同军队来奋斗。""此次本党改组，想以后用党义战胜，用党员奋斗。"①

"护法"的旗帜，这时已被孙中山抛开。他的这种态度，越到后来就越加明朗。有一次陆海军大本营召开政务特别会议时，有人提到"应继续护法事业"，孙中山便愤然说："现在护法可算终了。护法名义已不宜援用。因数年来吾人护法之结果，曹、吴毁法之徒反假护法之名恢复国会。北京国会恢复之后，议员丑态，贻笑中外，实违反全国民意。今日不当拥护猪仔国会。"②他这次重设大元帅府，没有再做非常大总统，表面上看，仿佛又回到第一次护法时的做法，其实那是两回事：第一次护法时他这样做，是为了把总统的位子留给依《约法》产生的"合法"总统黎元洪。这次却为了抛开"护法"那面旗子，不再召集什么国会非常会议，而要集中力量先从事革命的军事行动来解决问题。他说："今次本总理再回广州，不是再拿护法问题来做工夫。现在的政府为革命政府，为军事时期的政府，对于发展很有希望。"③在这方面，他再也没有什么犹豫了。

到 1924 年 1 月，正式改组国民党的时机已经成熟。20 日至 30 日，在孙中山亲自主持下，召开了中国国民党第一次全国代表大会。这次大会通过的宣言，对民族主义、民权主义、民生主义重新作了解释，把它发展成为新三民主义。大会确定了联俄、联共、扶助农工三

① 孙中山：《党义战胜与党员奋斗》，《孙中山全集》第 8 卷，500～501 页，北京，中华书局，1986。

② 《广州民国日报》，1924 年 1 月 7 日。

③ 《中国国民党全国代表大会会议录》第 2 号，《广东文史资料》第 42 辑，14 页，广州，广东人民出版社，1984。

大革命政策，实现了第一次国共合作。孙中山对大会的宣言作了说明。他说："此次我们通过宣言，就是从新担负革命的责任，就是计划彻底的革命。终要把军阀来推倒，把受压迫的人民完全来解放，这是关于对内的责任。至对外的责任，有要反抗帝国侵略主义，将世界受帝国主义所压迫的人民来联络一致，共同动作，互相扶助，将全世界受压迫的人民都来解放。我们有此宣言，绝不能又蹈从前之覆辙，做到中间又来妥协。以后应当把妥协调和的手段一概打消，并且要知道，妥协是我们做彻底革命的大错。"①

在大会进行过程中，孙中山把反对帝国主义的问题放在十分突出的地位。宣言审查委员会曾将宣言"对外政策"项下的收回租界、收回海关、取消领事裁判权、废除不平等条约等具体内容删去。孙中山得知后十分生气，坚持要恢复这些条文，说："本党此次改组，如果我们还不能把反帝国主义的纲领提出来，中国革命至少还要迟二十年才能成功，可叹！"②他为此在大会上专门作了发言，诚恳而坚决地指出："现在因应帝国主义来谋革命的成功的时代已经成为过去了，现在是拿出鲜明反帝国主义的革命纲领来唤起民众为中国的自由独立而奋斗的时代了。不如此是一个无目的无意义的革命，将永久不会成功。"③这个主张被通过后，孙中山又郑重地说："假如不通过这点，那么大会就毫无意义。"④

---

① 孙中山：《对于国民党宣言旨趣之说明》，《孙中山全集》第9卷，126页，北京，中华书局，1986。

② 黄季陆：《划时代的民国十三年》，《中国国民党第一次全国代表大会史料专辑》，214页，台北，中华民国史料研究中心编印，1984。

③ 同上，212页。

④ 邹鲁：《创办广东大学与读校三民主义》，《中国国民党第一次全国代表大会史料专辑》，257页。

国民党一大前后，孙中山革命思想的发展达到了它的高峰。这是毫无疑问的，是值得大书特书的。因为这方面已有不少研究论文，这篇文章中就不多作论述了。想补充的只有一点，就是国民党一大后，同新的历史条件下更丰富的革命实践相适应，孙中山的革命思想也正在继续发展。主要表现在两个问题上：

第一，反对帝国主义的态度越来越坚决。国民党一大宣言中已经指出："民族解放之斗争，对于多数之民众，其目标皆不外反帝国主义而已。"①一大前后，英、美、法等六国为了"关余"问题竟派军舰到广州示威。以后，英国更公然支持汇丰银行买办陈廉伯为首的商团叛乱，反对孙中山的革命政府。这些使孙中山对帝国主义侵略中国的面目看得更加明白。因此，在《为商团事件对外宣言》中，他旗帜鲜明地写道："今将开始一时期，为努力推翻帝国主义之干涉中国，扫除完成革命之历史的工作之最大障碍。"②

第二，对工人、农民的力量有了越来越清楚而实际的认识。要推翻帝国主义和封建军阀在中国的统治，离开工人、农民这两种最巨大的力量是办不到的。在国民党一大宣言中，我们已可看到这样明确的语言："国民革命之运动，必恃全国农夫、工人之参加，然后可以决胜，盖无可疑者。"③国民党一大后，在国共合作的共同推动下，广东革命根据地的工农运动蓬蓬勃勃地发展起来。这种热气腾腾的群众斗

① 孙中山：《中国国民党第一次全国代表大会宣言》，《孙中山全集》第9卷，115页，北京，中华书局，1986。

② 孙中山：《为商团事件对外宣言》，《孙中山选集》，941页，北京，人民出版社，1981。

③ 孙中山：《中国国民党第一次全国代表大会宣言》，《孙中山全集》第9卷，121页，北京，中华书局，1986。

争高涨的生动场面，是孙中山过去所没有见到过的。这个客观事实不能不在他头脑中产生相应的反响。他在广州市工人代表会上发表演说："工人既是有了团体，要废除中外不平等的条约，便可以做全国人的指导，作国民的先锋，在最前的阵线上去奋斗。"①当广东省第一次农民大会开幕时，他看到许多赤脚破衫的农民到广州开会，高兴地说："这是革命成功的起点。"②当国民党中央农民部创办的农民运动讲习所举行第一届毕业礼时，他发表演说："农民是我们中国人民之中的最大多数，如果农民不参加革命，就是我们革命没有基础。国民党这次改组，要加入农民运动，就是要用农民来做基础。"他在这个讲演中提出了"耕者有其田"的口号，说："我们现在革命，要仿效俄国这种公平办法，也要耕者有其田，才算是彻底的革命；如果耕者没有田地，每年还是要纳田租，那还是不彻底的革命。"③

可见无论对革命的对象还是革命的动力，孙中山晚年的认识都还在发展，而这些同他的革命实践又都是联系在一起的。

不幸的是，孙中山在这以后不久就过早地去世了。他在遗嘱中说："余致力国民革命凡四十年，其目的在求中国之自由平等。积四十年之经验，深知欲达到此目的，必须唤起民众及联合世界上以平等待我之民族，共同奋斗。"④这是他从一生奋斗中总结出来的根本的经

---

① 孙中山：《在广州市工人代表会的演说》，《孙中山选集》，911页，北京，人民出版社，1981。

② 宋庆龄：《为抗议违反孙中山的革命原则和政策的声明》，《宋庆龄选集》，47页，北京，人民出版社，1992。

③ 孙中山：《在农民运动讲习所第一届毕业礼的演说》，556页，《孙中山全集》第10卷，北京，中华书局，1986。

④ 孙中山：《国事遗嘱》，《孙中山全集》第11卷，639页，北京，中华书局，1986。

验教训。

近代以来，中国的民族灾难实在太深重了。为着把祖国从苦难中拯救出来，无数志士仁人苦心焦虑地提出过各种各样的救国方案，进行了前仆后继的英勇搏斗。但是，要透过错综复杂的矛盾认清中国的国情，找到一条符合中国实际情况的救国道路，真是谈何容易。孙中山正是生活在这样一块国土上。为了振兴中华，他一生一直处在不停的探索中。一次又一次的失败，从来没有使他灰心过、退却过。一种又一种的救国方案，他都在实践中一一做过比较。孙中山是个有着顽强意志而又善于思索的人。一切重大的选择，只有他自己方能做出决断，任何人都无法强加于他。可以改变他原有想法的惟有事实，而这往往需要时间和过程。在孙中山生命旅程的最后阶段，他对中国革命的对象、方法和动力都有了新的认识，终于达到他一生思想的最高点。在近代中国那样的历史条件下，一个伟大的爱国主义和革命民主主义战士，最后能那样重视工农群众的力量，重视同共产党的合作，并同它结成联盟，绝不是偶然的。孙中山一生经历的艰难的探索和最终的选择，对现代的中国人，仍然是一笔十分珍贵的精神遗产。

从迅猛兴起到跌入低谷*

——大革命时期湖南农民运动的前前后后

读大革命的历史，很容易注意到一个问题：北伐初期，湖南农民运动在中国共产党领导下开展得如火如荼，全省农民协会会员达到120万人①，农会采取激烈的革命行动，在多数农村取得支配地位，对全国产生巨大影响，但在1927年5月的马日事变和7月的武汉分共后，却迅速低沉下去，农民协会组织几乎全部瓦解。毛泽东和朱德领导的工农革命军先后从湖南转移到井冈山后，把主要发展方向指向赣南、闽西，而不是重返湖南。前后之间形成如此强烈的反差，这是什么原因呢？本文试图从这个角度做一点探讨。

---

* 原载《近代史研究》，2004年第6期。

① 《湖南农民第一次全省代表大会宣传工作决议案》(1926年12月)，载《湖南革命历史文件汇集》甲1，中央档案馆、湖南省档案馆1983年编印，191页。

一、前 夜

事情要从比较远说起。

中国共产党在湖南的早期成员大多是青年知识分子，其中师范生占有不小比重，如毛泽东、蔡和森、郭亮、夏曦、蒋先云、夏明翰、黄克诚、粟裕、萧克、黄春圃(江华)、张际春、张平化等。这是因为师范生一般家境比较贫寒而又有较高的文化水平，容易接受新的思想。那时候，第一师范在长沙，第二师范在常德，第三师范在衡阳，这 3 个地方便成为党组织在湘中、湘西、湘南的活动中心。

湖南的党组织成立后，除发展党员、在各地建立党支部外，最初的活动集中在两个方面：一个是宣传马克思主义，如组织马克思主义研究会，创办自修大学，出版《新时代》月刊，通过文化书社和各地分社发行《共产党宣言》《新青年》《劳动界》等书刊；另一个是从事工人运动，建立劳动组合书记部湖南分部，通过办工人夜校等，推动成立工会，发动罢工。到 1923 年年初，在湖南已有工会 20 多个，并成立全省工团联合会，有组织的工人达到四五万人，工作很有成效。但“湖南本在产业不发达之区。全省矿业，均多系土法开采；商办之工厂，几无一所”。[①] 工人大多是手工业工人和苦力，生活艰难而缺乏保障。倒是江西萍乡的安源煤矿是当时中国较大的矿业，日产煤 2000 吨左右，供大冶铁矿和汉阳铁厂之用，因此修有铁路通往湖南株洲与粤汉铁路相接，政治、经济上同湖南的关系反比江西更为密切，在湖南工人运动中产生了极大影响。

① 《团湖南区委关于湖南社会经济情况的报告》(1924 年 3 月)，载《湖南革命历史文件汇集》甲 2，中央档案馆、湖南省档案馆 1983 年编印，147 页。

湖南是重要的农业省份，向有“湖广熟，天下足”之称。但在地主剥削下，失去土地的农民生活极为贫困。拿地租租额来说，长沙“最高十分之七，普通十分之五”；湘潭“佃农所得占收获十分之三，田主所得占十分之七”；湘乡的封建剥削更严重。① 由于一家一户生产的分散状况和受多年传统的束缚，农民一般仍是忍气吞声，默默挣扎。

湖南党组织的注意力很长时间内集中在城市里，工人工作做得比较多，农村工作做得很少。直到北伐战争开始前一年，社会主义青年团湖南区委的一个报告中谈到“农村工作问题”时仍写道：“此项没多讨论，因为农民运动太没有做，有些意见或议案，都不能实行，明白的说：无人去执行。”②这虽是青年团的报告，但党组织在这方面的状况也大体上可想而知。

党史研究者常常谈到衡山农民成立的岳北农工会。事情是这样的：1923年春天，原在湘南常宁水口山铅锌矿做工、刚参加过当地大罢工的共产党员刘东轩、谢怀德等回到家乡衡山。“农友均是因连年水、旱、兵三灾猛进，而地主官府及劣绅与衡山皇族贵族等，均尽力压迫自耕农，而佃农及顾(雇)工均是一样的挨饥挨饿。再又加上水口山之工友多半是此地农人，如此这个农人团体遂由农友们自己发动了。”③8月间，谭延闿奉孙中山之命，从广东举兵入湘讨伐那时正控制着湖南的军阀赵恒惕。9月间，衡山农民乘谭赵作战，赵恒惕部退

---

① 《湖南农民第一次全省代表大会地租问题决议案》(1926年12月)，载《湖南革命历史文件汇集》甲1，154页。

② 《团湖南区委兼长沙地委对于第三次全国代表大会的意见》(1925年1月16日)，载《湖南革命历史文件汇集》甲3，中央档案馆、湖南省档案馆1984年编印，15页。

③ 《晓云致中夏的信》(1923年10月5日)，《湖南革命历史文件汇集》甲2，106～107页。

出衡山的机会，成立岳北农工会，推举刘东轩、谢怀德为正副委员长。它的名称叫农工会，表示同水口山工人相联的意思。岳北农工会成立后，主张改良农民生活，“阻禁米谷出口以平谷价”①。入会的有6000多家，因为实行一家一人入册，总人数当在4万人以上。但湖南的党团组织并没有对它实行有力的领导。据赶去指挥的青年团湖南区委委员长戴晓云在一封信中说：“自刘冬生兄回衡山着手农民运动后，湘区S(指青年团——引者注)校连接冬生数次信，催湘区派人赴衡助理一切。湘C、S(指党、团——引者注)两校共商数次，因无相当人可派，而有的人，他又不肯就道，如是弟遂受湘区C、S两区校之命来此地矣。此地遂吾乡，地主多数认吾的很多，弟在此只能暗中指挥而已矣。”②衡山是赵恒惕的家乡。11月中旬，重新占领衡山的赵部派军队一营捣毁岳北农工会，枪杀农民4人，捕去70多人。“初起的农民，当然受不了这样的打击，于是农民的反抗运动又暂行停止。”③这件事引起人们的注意。陈独秀在不久出版的《向导》上写了一篇《广东农民与湖南农民》，从中得出结论说：“因此，我们应该彻底觉悟：一切工人运动、农民运动、学生运动，都不能离开政治运动，因为政治上的自由是一切运动所必需的。”④但岳北农工会毕竟是在特殊条件下产生的，只存在两个月左右，实际活动并不多，同省内其他地区也没

① 独秀：《广东农民与湖南农民》，《向导周报》第48期，1923年12月12日。

② 《晓云致中夏的信》(1923年10月5日)，《湖南革命历史文件汇集》甲2，106页。

③ 《湖南全省第一次工农代表大会日刊》，52页，长沙，湖南人民出版社，1979。

④ 独秀：《广东农民与湖南农民》，《向导周报》第48期，1923年12月12日。

有多少联系。

随着大革命的发展和对国情认识的加深，中国共产党对农民运动逐渐重视起来。一年多后召开的中共四大强调了农民运动的重要性。这次大会通过《对于农民运动之议决案》，指出不解决农民问题，希望中国革命成功是不可能的。据当时担任中共湘区执行委员会委员长的李维汉说："在党的四大以前，湘区党委已开始进行农民运动，主要是通过乡村教师以及号召学生和工人利用寒暑假和年假回乡的机会向农民做宣传和组织工作。对在乡当小学教员的党、团员，更要求他们用办夜校的方法，接近农民，发现积极分子，组织秘密农会。"①1925年春，毛泽东从上海回到湖南湘潭韶山家乡养病，在附近农民中组织雪耻会，宣传"打倒洋财东"、打倒军阀的道理，推动在韶山、银田寺一带组织乡农民协会。"到10月间，所成立之乡协达二十余处，人数达千余"②，开始做一些阻禁运粮外出、实行平粜，增加雇农工资、减租等斗争。但毛泽东不久便离开家乡，这些斗争没有持续发展下去。同年11月，出身机匠的汪先宗根据党的指示，利用在附近农民家中织布的机会联络群众，在湘潭东一区株洲建立农民协会，会员达5000多人，开展平粜斗争。当月，汪先宗被当地土豪勾结赵恒惕部杀害。湘潭的农民运动又被迫转入秘密状况。再看长沙："长沙农民运动，始于民国十四年，当时很秘密。十五年一月，有大贤、嵩山等六镇乡组织农协。去年(指1926年——引者注)三月成立长沙县农民协会，恰是唐军(指一度进占长沙的唐生智部——引者注)退衡时，所

① 李维汉：《回忆与研究》(上)，60页，北京，中共党史资料出版社，1986。

② 《湖南全省第一次工农代表大会日刊》，172页，长沙，湖南人民出版社，1979。

以招牌只挂一天，便取消了。”①中共湖南区委扩大会议通过《关于农民运动决议案》后，党在农村中的工作有了些加强。“据1926年4月统计，全省有农协组织的已达二十八个县”②，这些农协组织大抵都处在秘密状态，没有开展很多活动。

这便是1926年7月北伐战争开始前湖南农民运动的基本情况。可以看出，中国共产党在湖南农民运动中虽已做了一些工作，工作有了进展，但时间毕竟不长，活动比较零碎，基础依然相当薄弱。

二、高　潮

湖南农民运动的迅猛发展，是在北伐军大举进入湖南后。

北伐军前进时，高唱“打倒列强，除军阀”的歌曲。军队中的政治工作人员很多是共产党员、青年团员和国民党进步人士。国民党的湖南省党部和各县党部是在共产党湖南区委帮助下重新建立和发展起来的。国民党湖南省党部的工人、农民、青年、妇女部长在这年年底前都由共产党员担任。在他们的积极推动下，特别是由于有了比较好的政治环境，农民协会取得公开活动的地位，各处农民便踊跃奋起投身支援北伐战争的活动。1927年1月出版的《中国农民问题》上记载：“北伐军入湘而后，平江、浏阳诸役，皆得农民为向导与协助，使我军不至陷于逆敌伏军及地雷之险。平江之役，农民引导我军，从间道抄平江北门，敌军几疑我军从天而降，敌将陆法因势穷自杀，农民因此而牺牲者亦数十人。凡我军所到，农民必担茶担水，以相慰劳，跋

① 《县农协代表大会开幕盛况》，《湖南民报》1927年4月2日，第7版。

② 李维汉：《回忆与研究》（上），69页，北京，中共党史资料出版社，1986。

涉险阻，以为向导。”“故此次我军长驱而北，不两月已克武汉，进兵豫赣，扑灭吴佩孚军阀，得助于农民群众者，实为至多。”[①]湖南农民运动出现了一个以往从未有过的蓬蓬勃勃的新局面。

《向导》刊载的一篇长沙通信，把湖南农民这时支援北伐战争的活动，归纳为5个方面：(1)供给：北伐军所经地方，农民即均能供给饮料，或少数之食粮，代为煮饭等事；(2)向导、侦探：此种工作，沿萍株路、浏阳、平江、长沙、湘潭、宁乡、衡山、南县、华容等处都有；(3)运输：农民自动受军队雇请运输者之外，有组织的替军队运输之事亦有；(4)扰乱敌人后方：湘潭、平江、南县、浏阳、沿株萍一带等处皆有；(5)参加战斗。

为什么农民会如此踊跃地支持北伐战争？这篇通信分析了4个原因：“A. 党人宣传的效果，农民都知道北伐军是拥护工农利益的，要援助北伐军胜利，农民然后才能得到利益。B. 对北兵叶军(指赵恒惕旧部叶开鑫的军队——引者注)之仇视，两方军纪比较，使农民仇视更深。C. 受农民协会的指挥(有最少数是自动的)。D. 在九、十月中农民之愿意参加战争，则为欲得到枪支，因此时农民武装的要求已经起来了。”[②]这4条原因分析得都是对的。还有一点似乎也应该提到，就是北伐军对军阀部队迅速地取得摧枯拉朽式的胜利，并对农民的活动采取热情鼓励和支持的态度，也为农民这样做壮了胆，减除了许多顾虑。

这时，各县的农民协会得到比较快的发展，但在农村中还没有发

---

① 人民出版社编：《第一次国内革命战争时期的农民运动》，15～16页，北京，工人出版社，1953。

② 湘农：《湖南的农民》，《向导周报》第181期，1927年1月7日。

生大的冲突。毛泽东在不久后的一篇通信中写道："此时期农会会员人数总计不过三四十万，能直接指挥群众也不过百余万，在农村中还没有甚么争斗，因此各界对他也没有甚么批评。因农会会员能做向导做侦探做挑夫，军官们还有说几句好话的。"①北伐军前敌总指挥唐生智就说过："我们这次革命的成功，完全是工农群众的力量，并不是兵士的力量。我们在北伐的时候，在衡阳，在醴陵，在粤汉路，都得着农工群众的帮助，才得狠〔很〕顺利的杀却敌人。"②

农民协会纷纷成立，使原本十分分散的农民有了组织，从这年10月起，湖南农民运动便进入一个新阶段。

农民运动的进一步发展，经历了一个过程。前面所引《向导》11月30日那篇长沙通信已经开始注意到"现在农民的倾向"："农民已觉得他们参战有功，需要报酬了，就是没有参战的各县，也觉得党人的宣传应该兑现了。"③他们在经济上的要求主要是减租、减息，解决荒月食粮问题，减捐税，减押金及不得无故退佃等；在政治上的要求主要是改造团防局，反抗都团，希望有一个好的政府。这些要求还很低，有些地方只提出其中的一两种。但再过一个多月，毛泽东在1927年1月4日至2月5日到湘潭、湘乡、衡山、醴陵、长沙5个农民运动高涨的县去进行32天调查时，发现这些地区的形势已有了很大变化。

农民组织起来后，局势发展速度之快、规模之大，远远超出人们

① 毛泽东：《湖南农民运动考察报告》，《向导周报》第191期，1927年3月12日。

② 《唐总指挥在长沙对农工之重要讲话》，《民国日报》(汉口)，1927年2月19日，第2张第1页。

③ 湘农：《湖南的农民》，《向导周报》第181期，1927年1月7日。

的预料。毛泽东在2月18日所写的长沙通信中对这种新局面做了有声有色的描述："十月至今年一月为第二时期，即革命时期。农会会员激增到二百万，能直接指挥的群众增加到一千万(农民入农会大多数每家只上一个人的名字)，故会员二百万，群众有一千万，在湖南农民全数中，差不多组织了一半。""农民既已有了广大的组织，便开始行动起来，于是在去年十月至今年一月四个月中造成一个空前的农村大革命。""他们主要攻击目标为土豪劣绅不法地主，旁及农村各种宗法思想制度；城里的贪官污吏；乡村的恶劣习惯。这个攻击形势，简直是急风暴雨，顺之者存，违之者灭，结果把几千年封建地主特权，打得个落花流水。他们的体面威风扫地以尽。绅士权力既倒，农会便成了唯一的权力机关，真正办到了一切权力归农会。"①

这是一场广泛而深刻的社会变动。它大抵是农民主动起来争取自身权益时发生的，带有相当大的自发性。在运动发展中也出现一些过激的行动。据李维汉回忆说："在这场农村革命的大风暴中，不可避免地出现一些'左'的偏差，诸如擅自捕人游乡，随意罚款打人，以至就地处决，驱逐出境，强迫剪发，砸佛像和祖宗牌位……。这些做法容易失去社会同情。""此外，还冲击了少数北伐军官家属，引起同湖南农村有联系的湘籍军官的不满。这些虽是运动的支流，但不利于巩固和扩大农村联合战线，最大限度地孤立打击敌人。"②

为什么湖南农民运动会这样迅猛地发展起来，在相当大的范围内采取如此激烈的行动，人们又应该怎样看待它？这自然有深刻的社会

---

① 毛泽东：《湖南农民运动考察报告》，《向导周报》第191期，1927年3月12日。

② 李维汉：《回忆与研究》(上)，97页，北京，中共党史资料出版社，1986。

原因，绝不是谁要它怎么样就能够成为怎么样的。

中共湖南区委在一篇公开发表的宣言中写道："从前的乡村，是土豪劣绅的乡村。土豪劣绅是乡村中的剥削者，他们必须拿得乡村政权来维持其剥削的利益。他们把团防局拿在手中做镇压农民的武装，同时和贪官污吏军阀政府勾结，共同压迫农民。所以被剥削的农民群众听受怎样严酷的剥削，也不敢反抗。国民革命的目标，是要推倒剥削农民的军阀，同时也要推倒乡村中与军阀伙通压榨农民的土豪劣绅，将来要使乡村中确实建设民主主义的自治制度。""由土豪劣绅专政的乡村到民主政治的乡村，其中必然有一个过渡的时期，这一个时期是革命的时期。"它写道，过去数月间是湖南乡村中农民革命的时期，革命的波涛涌起万丈。"尤其是湘江流域的中部各县，农民于政治上打击土豪劣绅的事做得不少的。农民所取的手段，有些看起来好像太简单，太粗野，其实是革命手段，是在任何革命时期所免不了的现象。"①

当时《湖南民报》有一篇论说，在叙述湖南农民运动发展的状况和原因后，得出这样的结论："农民已经取得自由，若要不发生纠纷，除非剥夺其自由，任他永远压在地狱。""不仅离世已远的辫子先生，就是新人物甚至也懂得革命理论的，一到事实摆在面前，不觉触动了潜伏的封建思想，说'这怕不好吗'。土豪劣绅屠杀农民，一次至十数十百人，他们熟视无睹，一闻农民逮捕个把绅士，拿起短棍梭标游行，就伸着舌头，'危险咧'。农民反抗事件与所受压迫事件，虽不过

① 李维汉：《回忆与研究》(上)，97页，北京，中共党史资料出版社，1986。

几分之几，而已震惊殊俗了。”①

我们可以再看一看，就是武汉政府一些国民党要人当时也有类似的说法。唐生智说：“目前的阶级争斗，与其说是劳资冲突，无宁说是压迫者与被压迫者的冲突。几千年的历史，农民都伏在统治者之下，忍气吞声。现在革命的呼声，将他们唤起了。他们从被治的地位，渐渐要爬起来了。以历史上的因果及物理上的通性，冲突自然是有的。在这个情状之下，各界应该平心静气的承认封建的遗迹快要消灭了，民主制度的社会必须建立了。”②孙科说得更激烈：“现在一般的民众，以至党内的同志，却都有不少是怀疑农民运动的人。他们摭给一两件农民运动初期的病态的幼稚举动，便想[把]本党的农民运动根本抹煞。”“如果那个人是根本不赞成革命，那我们便不必和他再讲了。但设使他也是赞成革命的，那便一定要明白，革命以〔之〕所以发生，并不是因滩〔为〕任何个人的意思，乃是因为当时的民生实在受着重大的压迫。中国现在的农民，一方面既受土豪劣绅残酷的剥削，一方面又受军阀和帝国主义双重的压迫。他们终岁勤苦，不特不能得着丰衣足食，简直是要过一种非人的劣陋的生活。他们一遇饥荒还常常要卖儿鬻女，所谓新文化、新教育，他们都完全没有享受的机会。爽快说句，中国的农民实在都有革命的要求，这是我们万万不能抹煞的事实。那末我们在今日唤起农民去参加革命，还有什么可疑惑之

① 觉斋：《农民运动与国民革命》，《湖南民报》1927 年 3 月 15 日，第 2 版。

② 《湖南人民欢迎唐总指挥大会纪盛》，《民国日报》（汉口）1927 年 2 月 11 日，第 1 张第 2 页。

点呢？”①

可以说，这场革命大风暴是湖南农民长期以来受尽地主豪绅欺凌压迫而无处诉说中郁积起来的全部仇恨和愤怒，在特定历史条件下的一次大爆发，真是所谓“压迫愈深，反动愈大，蓄之既久，其发必速”②。如果没有农民长久蓄积的强烈仇恨和反抗要求，没有这种深层背景，任何人或任何政党都不可能在农村中掀起一场革命大风暴来。运动中的某些偏差自然无庸讳言，那是在这场革命风暴短时期内以席卷一切之势迅猛展开中出现的，而且相当程度上是农民处在极端兴奋状态下的自发行动。

在谈了这个根本方面以后，还要注意到事情的另一个方面。湖南农民遭受深重的封建压迫，是多少年来一直存在的事实，并不是在这一年内矛盾突然激化了。为什么他们在此时会在很短时间内掀起如此规模的革命大风暴？这又离不开一个重要的外在条件，那就是当时国共合作下的北伐军迅速北上，以摧枯拉朽之势击溃北洋军阀吴佩孚支持的叶开鑫部湘军、克复长沙、控制湖南全境这个大形势。前面所说“特定历史条件”，就是指这一点而言。

那时北伐军和湖南的国民党党部、省政府仍高举着国民革命的旗帜，公开表示支持农民运动。北伐军“长驱直入，湖南境内除汨罗江一战之外，可谓所向无敌”③。1926 年 8 月 30 日，也就是北伐军占领

① 孙科：《国民革命中之农民运动》(续)，《湖南民报》1927 年 3 月 15 日，第 3 版。

② 《民众的大联合》(三)，《毛泽东早期文稿》，394 页，长沙，湖南人民出版社，1990。

③ 《钟伯毅先生访问记录》，119 页，台北，中央研究院近代史研究所，1992。

长沙后一个多月，国民党湖南省党部执行委员会根据第二次全省代表大会的精神，通告各县农运特派员，遵照1924年中国国民党中央执行委员会颁布的农民协会章程迅速组织新农会，以击破各地土豪劣绅利用宗族观念组织的假农会。9月15日，湖南省政府建设厅因为不少县农会仍在豪绅把持下，颁布了整顿旧农会的4项办法，包括：凡依据国民党一大宣言及政纲组织的农民协会，一律保护提倡；旧农会概行取消；没有组织农民协会的各县，由国民党省党部农民部商同省农民协会督同特派员前往组织；各级旧农会应将所有房屋财产，分别移交各级农民协会。① 这些具体措施由省政府出面推行，对湖南各地农民运动的大发展直接产生了巨大的推进作用。

农民中的大多数人，由于传统的束缚，往往十分看重行动的合法性。一旦见到有北伐军和党部、政府的公开支持，他们的顾忌就少了，胆子就大了，敢于放手地成立自己的组织，行动起来。1926年9月下旬，全省各县农民协会已纷纷成立或筹备成立。到这年11月，全省75个县中建立了县农民协会的有36个，已有县农民协会筹备处的18个。② 湖南农民运动之所以会从10月起由"组织时期"进入"革命时期"，就是在这个背景下发生的。还要注意到，县农民协会会员在这时发展到10万人以上的有湘乡、湘阴、浏阳、湘潭4县，在5万人以上的有衡阳、长沙、安化、醴陵、宁乡、郴县6县，这些正是北伐军由南向北挺进所经过的区域。而农协会员最少的是芷江县，只有

① 湖南省志编纂委员会编：《湖南省志》第1卷，515页，长沙，湖南人民出版社，1959。

② 湘农：《湖南的农民》，《向导周报》第181期，1927年1月6日。

274人，那是在北伐军主力没有经过的湘西地区。① 从这里也可以清楚地看出，湖南农民运动的迅猛兴起同北伐军北上之间的密切关系。

中国共产党在湖南农民运动的兴起中一直站在前列。这里必须注意到国民党湖南省党部在这个时期同共产党的特殊关系，甚至可以说是在共产党的帮助下成立起来的。中共湖南区在1926年10月召开的第六次代表大会决议中写道："湖南先有C.P.(即中国共产党——引者注)，后有国民党，国民党是由C.P.做起来的。"到北伐军克复长沙后，共产党才"渐次退到在野党的地位，把国民党重要的工作交给(国民党)左派"。② 唐生智也回忆道："当时，湖南是先有共产党，后有国民党组织。1924年春国共合作以前，湖南不但没有国民党的公开组织，暗中活动也很少。国共两党合作以后，在湖南的共产党员参加了国民党组织。夏曦、郭亮等都是国民党湖南省党部的负责人，我和他们会见过。"③前面所说决定湖南各县要迅速组织新农会这个关键性措施的国民党湖南第二次全省代表大会共有代表78人，加上在长沙有表决权的执行委员共90人。中共湖南区委给中央的报告中写道："此90人中，我们的同志占43人，与我们接近而可称为左派者约13人，中立而可受我们或左派之全部或一部分影响者约23人，右派约

① 《中共湖南区委通告——发展党在农民中的组织计划》(1927年2月16日)，《湖南革命历史文件汇集》甲5，中央档案馆、湖南省档案馆1984年编印，55～57页。

② 《中国共产党湖南区第六次代表大会关于湖南区C.P.与K.M.T.关系的决议案》，载《中央政治通讯》第11期，1921年11月14日。

③ 唐生智：《关于北伐前后几件事的回忆》，中国人民政治协商会议湖南省委员会文史资料研究委员会编：《湖南文史资料选辑》(修订合编本)第3集第6辑，106页，长沙，湖南人民出版社，1982。

13 人(其中反动者不过 6 人，其余还称是莫明其妙者)。”[①]到 1927 年 1 月，由国民党湖南省党部派到各县直接从事推动农运的工作人员 203 人，其中共产党员 182 人，国民党员 21 人。“工作同志，幼稚则为普通毛病，贪污或不听指挥则为极少数矣。”[②]

事情很清楚，中国共产党湖南党组织在发动农民运动的实际工作中确实起着主导作用。但也要看到，它当时存在两个严重弱点：

第一，党员人数太少，在波澜壮阔的湖南农民运动中难以实行强有力的领导，更不可能完全左右局势的发展。1926 年 10 月中共湘区第六次代表大会时，“农运有工作者六十五县，其中四十五[县]是我们有把握的，会员约三十万至四十万；同志不甚多，大概不出七百人”。[③] 这年 11 月份的统计，共产党员在农民协会会员中所占比重超过 1%的，只有湘乡、湘阴、浏阳三县(比重最大的湘乡占 1.39%)；其他如长沙只占 0.685%，平江只占 0.074%，常德只占 0.069%。这些还是比重较高的，有 7 个县在 0.01%以下。中共湖南区委在 1926 年 2 月的一个内部通告中写道：“我们的农民同志据一月份统计，仅一千七百余人，湖南现在有组织的农民群众已二百万，在农协旗帜下起来了的已千万县〔余〕人，这样的比较，一千人中还只有同志一人，又怎样去领导呢?”[④]何况，那样少的党员大多还是刚入党不久，政治

① 《中共湖南区委给中央的报告》，《中央政治通讯》第 7 期，1926 年 10 月 3 日。

② 《湘区一月份农民运动报告》(1927 年 2 月)，《湖南革命历史文件汇集》甲 5，62 页。

③ 《中共湖南区委书记报告》，《中央政治通讯》第 10 期，1926 年 11 月 3 日。

④ 《中共湖南区委通告——发展党在农民中的组织计划》(1927 年 2 月 16 日)，载《湖南革命历史文件汇集》甲 5，55～57 页。

上比较幼稚的新党员。党员的活动大多停留在县一级，一般还不曾深入到乡和村里同当地群众打成一片。

第二，共产党当时从事的农运工作，一般都用国民党的旗号进行。这种做法很早就是如此。1924年中共湖南区委的报告中已经讲道："一切社会运动，如劳动运动、农人运动、妇女运动、学生运动、平民教育运动……概统一于国民党之下。"①北伐军进入湖南后，共产党推动各项民众运动，更是多用国民党的名义进行。中共湖南区委在一个报告中说："有些地方同志还未能注意公开本校(指共产党——引者注)之主张，仅建立国民党的信仰。"②中共湖南区第六次代表大会的决议中也指出："我们所有的主张都经过国民党，在民众中没有独立的主张，因此民众分不清C.P.与国民党，我们在民众中还没有能够建立独立的信仰来。"③"民众分不清C.P.与国民党"，是一个十分值得重视的现象。尽管农民运动的实际工作主要由共产党员在那里做，但大多数农民不见得都了解这一点，而以为他们获得的自由是国民党给予的。一旦国民党宣布反共，群众便很难弄清是怎么一回事。马日事变后出现的严重思想混乱，同这种现象有直接关系。

中国共产党在湖南农民运动中存在的这两个根本性的弱点，加上只注重民众运动，不注重掌握军队和政权，又缺乏应对突然事变到来的精神准备，当客观形势发生急遽逆转时，便导致十分严重的后果。

---

① 《湘区报告》(1924年5月)，《湖南革命历史文件汇集》甲1，9页。

② 《湖南十月份民校运动报告》，《中央政治通讯》第12期，1926年11月。

③ 《中国共产党湖南区第六次代表大会关于湖南区C.P.与K.M.T.关系的决议案》，《中央政治通讯》第11期，1926年11月14日。

三、逆　转

在考察湖南农民运动蓬勃兴起的状况后，不能不再看一看同它站在对立地位的湖南军阀势力和地主武装的状况。这样才能全盘地了解双方力量对比的实际情况，否则也很难理解以后局势的逆转是怎样发生的。

湖南是军阀势力和地主武装有着盘根错节基础的地区。这种状况，远比中国南方许多省更为突出。它由来已久。当晚清咸丰年间镇压太平天国时，曾国藩、左宗棠等带领一大批封建士大夫和湘军，势力遍布全国，不可一世。进入民国时期后，湖南又是北洋军阀同南方势力反复拉锯较量的必争之地，连年混战不已，该省军队不断扩编，此伏彼起，兵多枪多。还有地主豪绅控制的团防局武装，从县到乡，遍及全省，密如蛛网，成为他们统治乡村的强力支柱。

北伐军前敌总指挥唐生智所部，原是长期统治湖南的军阀赵恒惕部的第四师，在赵部中兵力最强，驻防衡阳，“名义上是一个师，实有人枪在五万以上”①；参加北伐后改编为国民革命第八军，下辖 3 个师和 1 个教导师。北伐军进入湖北，唐部首先渡过长江占领汉口和汉阳，控制了汉阳兵工厂，取得大批军械，部队迅速扩充。这年冬天，前敌总指挥部撤销，成立第四集团军，由唐生智担任总司令，原第八军扩编为 3 个军。唐部军官大多同湖南地主有着千丝万缕的联系。“在当时种种闲谈和议论中，有些人毫不掩饰地流露出对农民运动的仇恨，说：‘这太无法无天了！’有的拍桌大骂共产党‘革命革到老

① 唐生智：《关于北伐前后几件事的回忆》，《湖南文史资料选辑》（修订合编本）第 3 集第 6 辑，102 页。

子头上来了！’……有人公开恐吓说：‘继续这样搞下去，上面也不理，我们底下就只有造反了！’”至于各地团防局的武装和潜势力大多仍保存着，正在伺机而动。①

这种状况在最初一段时间内，还是一股被暂时掩盖着的潜在逆流。当北伐军迅速控制湖南全境时，北洋军阀军队全面溃退，热烈的革命空气笼罩全省。各地农民协会如火如荼地普遍建立起来。刚刚归附广州革命政府、兵权在握，又兼任湖南省政府主席的唐生智，出于种种考虑，一度对农民运动表示积极支持。当时担任中共湘区书记的李维汉回忆道：“唐生智在大革命时期，从北伐战争开始到一九二六年十二月湖南全省工人代表大会和农民代表大会召开为止，他在政治上是中左态度，因此，他的属下何键所部三十五军留守部队在这段时间里对工农运动采取了中立的态度。”②甚至到1927年2月15日，唐生智回到湖南召集各界人士开联席会议，还在会上说：“革命政府要站在民众前面，为民众谋利益。譬如农民协会组织完全的地方，禁止赌博，禁吃鸦片，肃清匪盗，夜不闭户，道不拾遗，可以说已经实行乡村自治了。又如农民罚到土豪劣绅的款子，用来修路，并且只要饭吃，不要工钱，又可以说农民自己在那里解决经济问题。我们现在来讨论乡村自治，可算已经迟了。所以我们以后应该要全站在他们面前，领导他们的工作，代表他们的要求。”“解决农民问题，对于农民

---

① 魏镇：《马日事变亲历记》，载中国人民政治协商会议湖南省委员会文史资料研究委员会编：《湖南文史资料选辑》(修订合编本)第2集第5辑，2～3页，长沙，湖南人民出版社，1981。

② 李维汉：《回忆与研究》(上)，138～139页，北京，中共党史资料出版社，1986。

中百分之七十的贫农利益，尤须着眼顾到。”①虽然他谈的只限于“乡村自治”的范围，但总是表示了对农民协会的明确支持。在这种压力下，各地地主豪绅和他们控制的团防局势力在一段时间仿佛销声匿迹，气焰被压了下去。

但这只是一时的现象。随着湖南农民运动的迅猛发展，农村中不同社会势力的冲突便日益尖锐起来。军队最初一段时间还没有公开介入。明显地表现出来的是，地主豪绅和团防局势力的反扑已日见猖獗。

翻开当时的《湖南民报》，此类记载几乎连篇累牍。这里只能举几个例子。1926 年 11 月 3 日报载：“衡山农运近来进展虽速，但反动派亦极力向农协进攻。本县著名劣绅刘岳峻（焱生）等，对于农运嫉视尤甚，造谣诬陷，不遗余力。”“近见农民协会巩固，不因其破坏阴谋而停止，乃复假冒名义，另组农民协会，以为反革命之根据地，并于邻近已经正式组织之乡农民协会极力破坏。”②第二天报载，湘潭马公堰市的乡农协、国民党区党部及各团体举行庆祝北伐胜利大会，该地团防局“率队来市，冲入会场，扯毁农旗，撕毁标语，大呼打倒农民协会，铲除革命党。民情愤极，群起反对。该团兵竟敢用刺刀乱击，实弹乱射，打伤民众甚多。”③这还是前期的情况。1927 年 1 月 28 日，该报发表湖南省农民协会的调查报告说：“当此农民组织兴起的时期，一切反动势力，如土豪劣绅贪官污吏，凭借势力，互相勾结，加租退佃，闭借闭粜，横摊苛索，凡有农民协会组织的地方，即有他们摧残

---

① 《唐生智发表政治方针》，《盛京时报》1927 年 3 月 2 日，第 2 版。

② 《衡山农民请求严办劣绅刘岳峻》，《湖南民报》，1926 年 11 月 3 日，第 8 版。

③ 《湘潭团兵打伤平民》，《湖南民报》，1926 年 11 月 4 日，第 8 版。

诬陷甚至殴打屠杀的事件发生，都是使农民的生活不安定，农民的组织不易起来，还要引起社会上许多误会，指摘农民要求过高。”①他们还利用家族宗法关系，煽动群众，破坏农民运动，而以湘西、湘南等聚族而居的地区为更甚。这种冲突已越来越趋激烈。

3 月 12 日，该报发表的文章中做了一个概括的叙述：“过去一年奋斗经过，打败了许多魔王，但决不能说已到平安境地，环境的恶浊或者更甚于前。”②在城市中，农民运动中某些过火行为被过分渲染，而地主豪绅对农民运动的残酷镇压以至血腥屠杀行为却很少被人提起，一时在不少人中造成一种片面的只有农民运动过火的错觉。3 月 16 日，该报发表中共湖南区的一篇宣言，沉痛地指出当时农村冲突的严重性：“现在的农村，有的是政权仍然拿在土豪劣绅手里。这样的乡村，农民如果没有觉悟没有组织，就仍然安静无事，受着压榨而不反抗。农民如果觉悟了有组织了，便和土豪劣绅成为势均力敌的对抗形势，不过土豪劣绅镇压农民革命的手段是很严酷的，屠杀农民的惨剧是不可胜数的(最近宜章农民，因团防卖赌敛钱，自动抗拒，土豪劣绅利用机会，嗾使团防大肆仇杀，杀死农民十余人，生死无踪者数人，重伤者数人。从前各县惨案，我们不必重述了)。有的乡村是农民打倒了土豪劣绅，用强力镇压土豪劣绅，而土豪劣绅则还秘密活动，只想以最后的反攻恢复他们的权势。”③只要深入到乡村底层去观察，不难发现，农村土豪劣绅正在重新集结力量，他们的全面反扑正

① 湖南省农民协会：《农村争斗调查记》(一)，载《湖南民报》，1927 年 1 月 28 日，第 6 版。

② 觉斋：《去年今日》，《湖南民报》，1927 年 3 月 12 日，第 2 版。

③ 《中国共产党湖南区对湖南农民运动宣言(续)》，《湖南民报》，1927 年 3 月 16 日，第 7 版。

在逐步走向一触即发的地步。

局势急转直下的变化，是从这年5月发生的马日事变开始。事变看起来好像突然到来，其实只是前一阶段早就逐步酝酿成熟的危机终于大爆发。

它之所以在此时爆发，有一个全国范围的大的政治背景。大家知道，蒋介石在4月12日发动了反共政变，同月18日在南京另立国民政府，宁汉分裂。在"清党"的口号下，上海、南京、杭州、广州、重庆各地强行解散工会和农会，昔日的盟友突然翻过脸来，成为凶残的刽子手。南中国上空顿时阴云密布，笼罩着白色恐怖。而成为马日事变直接导火线的，是5月中旬在鄂东南发生的夏斗寅部叛变造成的混乱局势。这时，武汉政府的军队，包括唐生智、张发奎部主力已北上河南，同南下的奉军作战，武汉驻军很少。5月13日，原归附北伐军的鄂军夏斗寅部独立第十三师突然通电反共，从沙市坐船到嘉鱼登陆，从19日起向武汉猛扑，武汉与长沙间交通中断。一时谣言在湖南四起，如"武汉的国民政府倒台"、"各军政治人员皆被枪决"、"(广东)李福林的军队到了衡州，夏斗寅与三十五军即日到长沙"等，人心动荡不安。这一切，给了湖南的土豪劣绅和反共势力以巨大的兴奋和鼓舞。而中共中央重要领导人谭平山正在马日事变前一天(5月20日)就任武汉国民政府农政部长，举行隆重的就职典礼。湖南党组织及民众团体仍忙于向河南第二次北伐的军队提供粮食和人员招募，不知大难将临，对局势逆转没有必要的应对准备，再加上"乡村的农民没有完全接收乡村的武装及政权"①，农民自卫队一般只以梭标为武器。

① 《湖南请愿代表团关于长沙事变经过情形第一次报告纲要》，载中国革命博物馆、湖南省博物馆编：《马日事变资料》，2～4页，北京，人民出版社，1983。

长沙工人纠察队在叶开鑫部湘军溃退时曾缴得3000多支枪，北伐军进长沙后，这些枪支被缴去，“只剩下两百零四支破烂枪，放在东长街工团联合会”①，这种力量对比和几乎没有戒备的状态，为反动势力发动马日事变提供了便利条件。

马日事变的直接发动者是当时驻在长沙的独立第三十三团团长许克祥和第三十五军教导团团长王东原、后方留守处主任陶柳等，而幕后策划者是第三十五军军长何键。中共湖南省委也指出：“马日事变表面上系许克祥所发动，实际上完全为何键所主持。”②何键是一个野心勃勃而又有着强烈反共思想的军官。1926年冬，他就曾对人说：“国民革命在军事上节节胜利，政治上却处处失败。”③当时担任夏斗寅师副师长的万耀煌描述何键的为人：“心机最深，办法最多”，虽是唐生智的部下，但“他的阴谋奸诈远在唐之上”。④ 何键自已叙述马日事变的经过说：“时本司令任三十五军军长，驻汉口，已奉令为北伐援师，出河南。湘人惶惶，来求拯救者不知若干人。哀此孑遗，遂密定铲共大计，以迅雷手段，先发制胜，密约驻省八军师长张国威克日发动。张犹豫，将所部开鄂，计不得行。讵此消息传出，共党即欲解决三十五军驻湘后方。余参谋湘三见事危近，乃与许团长克祥、王教导队长东原、陶营长柳，约定为断然处置，推许主持其事。许、王遂

① 屈绍琪等：《关于马日事变的片断回忆》，《湖南文史资料选辑》(修订合编本)第2集第5辑，29页，长沙，湖南人民出版社，1981。

② 《中共湖南省委目前工作计划》(1927年7月)，《湖南革命历史文件汇集》甲5，104页。

③ 魏镇：《马日事变亲历记》，《湖南文史资料选辑》(修订合编本)第2集第5辑，1页，长沙，湖南人民出版社，1981。

④ 《万耀煌先生访问记录》，169～170页，台北，中央研究院近代史研究所，1993。

于五月二十一日黎明，集合驻省军队，一面搜捕共首，一面解散共匪凭借之工农自卫军武装，即今所称之马日运动也。"撇开"共匪"之类污蔑之词，抛开"共党即欲解决三十五军驻湘后方"这类子虚乌有的话，何键倒说得很明白：是他早已"密定铲共大计，以迅雷手段，先发制胜"。①

马日事变的具体经过在这里无须多讲。简单地说，5 月 21 日晚，也就是夏斗寅部向武汉发动攻击的第三天，许克祥等根据事前的商议和部署，率兵 1000 多人分头突然袭击省市党部、省工会、省农会等，缴去工人纠察队等的枪支，惨杀共产党员和工农民众、青年学生等 460 多人。城内枪声大作，直至次日拂晓。共产党负责人因事出意外，并无戒备，除遭捕杀者外，被迫出走。党组织和工会、农民协会顿时陷于瘫痪半瘫痪状态。一夜之间，风云变色。23 日，许克祥等宣布成立中国国民党湖南省救党委员会。这就是马日事变。

马日事变发生后，湖南各地立刻笼罩在一片白色恐怖下。军警的大规模搜捕和屠杀活动，从城市扩展到乡村。地主豪绅和团防局乘机活跃起来，大肆反攻倒算，到处充满腥风血雨。沈雁冰在当时一篇文章中写道："所有各县消息全是土豪劣绅捣毁党部、残杀民众的消息。""最近土豪劣绅的猖獗，完全是一种有组织有计划的反攻。他们的目的是再建土豪劣绅的政权。"②以当时农民协会会员最多的湘乡来说，许克祥原驻湘西时"与过境烟商交往甚密，从中分润不少，后许

---

① 《何键谈马日事变》，《马日事变资料》，189 页，北京，人民出版社，1983。

② 雁冰：《肃清各县的土豪劣绅》，《民国日报》(汉口)1927 年 6 月 18 日，第 1 张第 1 页。

即以此在湘乡购置田产百余亩”[①]。马日事变后不到一个星期，许克祥派营长罗鑫(湘乡人)率部向湘乡推进。武器粗劣的农民自卫队奋起迎战，很快被击溃，伤亡不少。罗鑫部随即进入湘乡县城。“当许克祥的部队开到湘乡以后，地主阶级越发嚣张起来。他们纷纷组织武装与组织起来的农民对抗，各地大打小打的消息时有所闻。许克祥也派兵协助他们收缴农民的武器。”湘乡中里团防局长杨道南，“以办团防起家，马变后更杀人无数。据他自己说，平生杀了一千三百人”[②]。湖南其他各县的情况也大体如此。

湘南马日事变的发生，有如晴天霹雳那样，使设立在武汉的中共中央受到极大震动。这是一个再清楚不过的信号，说明国共全面分裂已逼在眉睫，一场生死搏斗已难以避免。对中国共产党来说，必须不再抱任何幻想，唯一的出路只有放开手脚地发动贫苦农民，努力满足他们对土地的要求，并尽可能争取军队，积聚更多的力量，应对这场生死搏斗。

但是，按照共产国际的决策，弥漫在以陈独秀为首的中共中央领导层中的却是一味以退让求团结的错误思想。马日事变发生的第4天，5月25日，中央政治局讨论后认为：“湖南工农运动所引起的纠纷，会形成全部政局上很严重的问题。纠纷之起因，一方面是由于蒋介石叛变后资产阶级地主阶级(湘籍军官在内)的势力及宣传，动摇了国民党领袖的工农政策，一方面是由于贫农幼稚行动，如均分土地、

---

① 魏镇：《马日事变亲历记》，《湖南文史资料选辑》(修订合编本)第2集第5辑，11页，长沙，湖南人民出版社，1981。

② 宁纯宦、季良佐：《马日事变后湘乡屠杀情况》，《湖南文史资料选辑》(修订合编本)第3集第7辑，246～247、249页，长沙，湖南人民出版社，1962。

均分财产、对于土豪劣绅之逮捕罚款以及关于宗教道德革命等，引起了小资产阶级、小地主尤其是军人之剧烈反对。”面对马日事变引起的如此严重的政治问题应该采取怎样的态度？对政变发动者，中共中央似乎束手无策，没有实行任何有力反击；而对农民运动，他们只说了两句话：“乡村中农运问题，一切非本党政策规定的幼稚行动，立须依本党的领导力量，切实矫正。已没收之军人产业一概发还(其曾愿捐助者得不在此例)。”①

共产党员主持的武汉国民政府机关报——汉口《民国日报》的社论也以同样的口气写道：“工人农民的头脑，自然比较我们简单。俗语说得好：‘初生犊儿不怕虎’。他们只听了本党(指国民党——引者注)‘打倒土豪劣绅’的口号，便当真的实行起来；他们并没顾及到环境，也或许没有顾及前线上武装同志的社会关系，遂不问张三李四，便打上前去，使武装同志有后顾之忧。这的确是我们工农运动的一种幼稚举动，一种错误。本党既然以领导民众自认，当然要设法纠正，以巩固工农及小资产阶级联合战线的一个小小的障碍。”②

中共中央并不是完全没有看到局势的危险性，但他们认为在目前条件下“冒立即同敌人发生武装冲突之险”是不可取的，并且对主持武汉国民政府的汪精卫等所谓“左派领导人”依然充满幻想，认为他们代表着革命的小资产阶级，生怕采取激进的措施会把他们吓走，力图以退让的办法，同汪精卫等建立更密切的关系，联合他们同武汉国民政府管辖范围内的军阀反动势力做斗争。他们在局势已处在生死关头的

① 《对于湖南工农运动的态度》，载中央档案馆编：《中共中央文件选集》第3册，136页，北京，中共中央党校出版社，1989。

② 语罕：《当前的难关》，《民国日报》(汉口)1927年5月31日，第1张第1页。

危急时刻，不是义无反顾地带领尽可能多的贫苦农民起来武装反抗，而仍不断地指责农民“幼稚举动”的“错误”，以为这样便可以使局势缓和下来。事实很快就证明，这完全是不切实际的幻想，步步退让只能使分裂更快地到来，一味采取这种态度就无异于坐以待毙。

马日事变，成为湖南农民运动从蓬勃兴起到迅速低落的转折点。

四、低　谷

局势的逆转发展得很快。7 月 15 日，以汪精卫为首的武汉国民政府公开宣布“分共”，第一次国共合作全面破裂。中国共产党在灭亡的威胁面前，终于实行了坚决的转变。8 月 1 日，根据中共中央的决定，周恩来等领导南昌起义，向国民党反动派打响了第一枪。8 月 3 日，通过《关于湘鄂粤赣四省农民秋收暴动大纲》。8 月 7 日，中共中央举行紧急会议，清算大革命后期的右倾机会主义错误，确定土地革命和武装反抗国民党反动派的总方针。

这是一个转折点，是由大革命失败到土地革命战争兴起的历史性转变。

新的总方针确定后，重要的问题是对形势怎样做出正确的估量。大革命失败后，事实无情地表明：中国革命已进入低潮，反共力量大大超过共产党所领导的革命力量，中国共产党正面临被敌人瓦解和消灭的危险。中共中央勇敢而顽强地领导全党坚持战斗，这样做是正确的，但他们对革命已进入低潮这个事实严重认识不足，对形势仍做出过于乐观的估计。8 月 21 日，中央常委通过的决议案中说：“据一般客观形势看来，资产阶级军阀的反动，其胜利是极不巩固的，而革命之重新高涨，不但在最近期内是可能的，而且是不可免的。”“工农之革命的群众运动，虽然受着失败，然而还[没]有大破坏，还没有因为受了镇压简直不能够重新高涨。”①

对湖南的局势，中国共产党同样做了过分乐观的估计。7 月间，中共湖南省委的工作计划中写道：“在全国范围中，民众的革命潮流仍在高涨，新旧的反动统治不仅不能稳定，且日在分裂崩溃。在湖南也是一样，工农学生群众在这样横暴的压迫之下，其革命的情绪只有奋发而不会低落的。同时唐生智的内部已自兹分化(最显著是唐、何冲突)，此时湖南的党部如果有最大的中心秉着适当的策略去奋斗，在不久的将来，胜利便会回到我们。”②8 月 19 日，湖南省委给中央的报告中说：“湖南的秋收暴动决定以长沙暴动为起点，湘南、湘西等亦同时暴动，坚决地夺取整个的湖南，实行土地革命，建立工农兵苏维埃的政权”。“长沙暴动以工农为主力。”③8 月 29 日，中共中央常委通过的决议案说：“目前两湖的社会经济政治情形，纯是一个暴动的局面。本党当前唯一重要责任，就是坚决的实行土地革命，领导两湖的工农群众实行暴动，推翻武汉政府与唐生智的政权，建立真正的平民革命政权，如此才能保障革命猛烈的继续进展。”④9 月 8 日，湖南省委书记彭公达、行动委员会书记易礼容正式下达命令：“湖南省委决议令各地赶紧动员，限于阳历本月十六日会师长沙，夺取省城，建

---

① 《中国共产党的政治任务与策略的决议案》，《中共中央文件选集》第 3 册，332～333 页，北京，中共中央党校出版社，1989。

② 《中共湖南省委目前工作计划》(1927 年 7 月)，《湖南革命历史文件汇集》甲 5，105 页。

③ 《中共湖南省委给中央的报告》(1927 年 8 月 19 日)，《湖南革命历史文件汇集》甲 5，113 页。

④ 《两湖暴动决议案》，《中共中央文件选集》第 3 册，363 页，北京，中共中央党校出版社，1989。

设中国革命委员会湖南分会，令到即各遵照实行。”①

实际情况同他们对形势的估计距离实在太远，根据这种估计做出的工作部署自然难以实现。我们可以对此时的双方力量再做一些具体比较。

前面说过，湖南的军阀势力和地主武装有着根深蒂固的基础，两者紧密地联结在一起。这时，已公开反共的唐生智部大多退回湖南，反唐军事势力(包括谭延闿、程潜等部湘军)也追踪入湘。奉中共中央之命赴湘的林育南在9月22日的报告中坦率地讲道：“长沙暴动事非常困难，敌人的武装军队比我们的徒手多得多，我们只有枪十枝，炸弹很少。”“而敌人方面之镇压、戒备与向我们进攻则是雷厉风行，积极动作，萍、醴、浏、平方面叠传不利消息。”②中共中央特派来湘全权代表中央指挥省委执行原定暴动计划的任弼时在27日的报告中说：“长沙城内据省委报告有敌军九千余人，约六千五百余枝枪，且军队布置非常严密，四郊农民又未发动。”“此时长沙的暴动必大遭失败，因此，我与马也尔商量结果是：长沙暂时不举行暴动。”③10月4日，任弼时给中共中央的第二份报告中更详细地报告：“全省唐的势力尚有三万五千六百九十人，枪枝二万三千八百枝左右。”“反唐倾向的军队约一万六千九百人，枪枝一万三千左右。”两者合计超过6万人，并且大多是该省军阀的军队。这两股势力虽然相互冲突，但在反共、镇压农民运动上是一致的。任弼时在这份报告中做了一个对比：我们的军事力量，在长沙城内只有盒子炮20支，手枪6支，炸弹都不能用；

① 《中共湖南省委关于夺取长沙的命令》(1927年9月8日)，《湖南革命历史文件汇集》甲5，128页。

② 《育南报告》，《中央政治通讯》第12期，1927年10月27日。

③ 《弼时报告》，《中央政治通讯》第12期，1927年10月27日。

湘东还有余贲民、苏先俊、王新亚、余洒阳〔度〕部 2900 人，枪支 1570 左右(注：这就是以后由毛泽东率领上井冈山的秋收起义部队)；湘南的唐提雄部土匪部队不能做依靠。① 双方力量对比之悬殊不言自明。

湖南的地主武装团防局，虽然在湖南农民运动迅猛兴起时很多一时陷于停顿，但有如中共湖南区委所说："封建政治犹如一整个的塔"，"即就湖南的情形看，'塔顶'诚哉其崩倒了，而下层的基础——贪官污吏，土豪劣绅还没有根本掘去。"②局势一变后，团防局势力几乎立刻恢复起来，作为地头蛇，会同军队残酷镇压农民运动，起着一般军阀部队难以完全替代的作用。任弼时给中央的报告中说："马日事变后，各级农协均无形消灭。党亦未去进行秘密农协工作，土豪劣绅的势力均渐次恢复，各地团防局均为土豪劣绅把持。所有前在农协工作农民，除一部分外，已被土劣送解省城县署枪决囚禁外，余均逃了不能回籍，妻离子散，居住被封者极多，情形非常凄惨。"③湖南省委书记彭公达在一份报告中讲到长沙近郊农民"因图解决九峰的团防失败，农民争斗的勇气几乎消灭"，这一来，"长沙暴动的力量去了五分之三"。④ 难怪有人得出这样的结论："唐在湖南的势力是建立在土劣的广大的挨户团身上。"⑤

---

① 《弼时报告》(二)，《中央政治通讯》第 12 期，1927 年 10 月 27 日。

② 《中共湖南区委关于二七惨案四周年纪念宣言》(1927 年 2 月 13 日)，《湖南革命历史文件汇集》甲 5，36 页。

③ 《弼时报告》(二)，《中央政治通讯》第 12 期，1927 年 10 月 27 日。

④ 《彭公达关于湖南秋暴经过的报告》，《中央政治通讯》第 12 期，1927 年 10 月 27 日。

⑤ 《伍桐口头报告：湖南现状及长沙暴动组织经过》(1927 年 12 月 28 日)，《湖南革命历史文件汇集》甲 5，452 页。

农民作为小生产者，平时一向分散而缺乏组织，一般没有受过军事训练，很难单靠自己建立起有较强战斗力的武装来。马日事变后，湖南驻军、政府和各地团防局对农民运动实行最残酷的镇压，省城没有一天不杀人，各县也是如此，并且采取种种极端残暴的手段。屠杀的标准是："各级党部、各级工农团体及执委的人及曾做或现在仍做革命工作的，皆罪在不赦，格杀勿论。"[①]被杀的人当在万数以上。在这种高压状态下，农民协会纷纷自行解体。农民分化为三种态度：革命的，畏缩的，反水的，其中畏缩的人所占比重很大。"多数的自耕农畏缩犹移，不敢挣扎。""农民没有枪枝，不敢动作，已成为一种普遍的现象。"[②]"中农有衣有食，在这白色恐怖下，自然要安居乐业，所谓'各人自扫门前雪，不管他人瓦上霜'。"[③]任弼时给中央的报告中讲到秋收起义部队向长沙进攻时的情形："据明翰同志说，这次我军所到之地农民并未起来，远不及北伐军到时农民的踊跃。大多数农民甚恐慌不敢行动，恐怕军队失败大祸临来的心理充满了农民的脑筋。"[④]他在另一份报告中说："省委少数同志怀疑到土地革命说：'农民是否真要土地还是问题。'其实农民何尝不要土地，只不过因为土劣的势力过高，农协又已消灭，农民过于畏惧而已。就是在这次暴动中，农民不敢起来，这个原因也有极大关系，惟恐失败后又遭土劣

① 《中共湖南省委宣传部宣传大纲第二号》(1927 年 11 月)，《湖南革命历史文件汇集》甲 5，338 页。

② 《中共湖南省委通告第十一号》(1927 年 11 月 19 日)，《湖南革命历史文件汇集》甲 5，324～325 页。

③ 《中共湖南省委宣传部讨论大纲第二号》(1927 年 12 月 3 日)，《湖南革命历史文件汇集》甲 5，418 页。

④ 《弼时报告》，《中央政治通讯》第 12 期，1927 年 10 月 27 日。

残杀。”①

再看中共湖南党组织此时的状况。中国共产党在湖南的组织成立得比较早，做了许多工作，取得不少成绩。但那时的中国共产党毕竟是一个年轻的、相当幼稚的党。大革命初期，党是在和平的状态下发展起来的，不少是建立在私人感情的结合上，没有经历过严峻的斗争考验，缺乏政治经验。当马日事变突然发生后，党组织的弱点便充分暴露出来了。

中共湖南党的领导人和领导机构，在国共合作的条件下处于公开半公开的状态，事变后便很难开展活动。7 月 17 日，中共湖南省委书记易礼容在给中央的信中说：“长沙反动共[空]气日益紧张，公安局自周安汉任事以来，月必捉人数起，虽然有一些似与我们无关系，实在无法清查。又传唐(生智)近颁布通缉之十一人，令许各地就近便宜处决，我简直不能外出，似此何能指挥工作。”②

党在乡村中的工作尚不深入。中共湖南省委 7 月的工作计划写道：“党的组织在湖南确有相当的基础，但亦有不少的弱点。如在乡村中没有深入群众(乡农乡会)，如除少数厂和工会学校外，支部和党、团不起作用，因此党的政策不能达到群众。又如许多群众斗争，多半只是少数领袖的个人活动，而不是党的有组织的领导，一旦反动势力一来，领袖不能存在，群众也就随[之]溃散(如许多地方的农协)。”③

① 《弼时报告》(二)，《中央政治通讯》第 12 期，1927 年 10 月 27 日。

② 《云给润兄并转中兄的信》(1927 年 7 月 17 日)，《湖南革命历史文件汇集》甲 5，89 页。

③ 《中共湖南省委目前工作计划》(1927 年 7 月)，《湖南革命历史文件汇集》甲 5，111 页。

更严重的是许多地方的党组织被打散了，久久不能恢复。事变前全省党员达2万以上，占全国党员的三分之一，事变后不过5000人左右，只有原来的四分之一。其实，连这些数字也未必可靠。中共湖南省委在9月5日向中央所写的组织报告中说："现在要做一个较详细的湖南组织报告，简直不可能，因为省委会不能接到各地详细报告，不悉各地情形"，"所以这个报告，只是就现在负责人所知道的概括而且浑混白说一说"。"湖南的党经过五月事变的打击，差不多完全瓦解了，其所以致此之原因约为：一、无积极的争斗政策领导党员及群众与敌人战斗，致全失政治的出路；二、省委会及一部分地方指导机关不能担负它应担负的责任，事变一来，不但完全失了指挥力，并且不顾全党的生死，负责人首先各自逃走了，有许多还是未闻风而先自溃；三、训练工作太差，负责同志多半是书生，没有战斗经验，一般同志亦多不能战斗，因之省委失指挥力而后各地多不能独立发挥其战斗力，而同志更多表现僵死的状态；四、党只有纵的系统而无横的联系，各地党部相互隔阂着各自为战，不通声息；五、只有机械的纪律，缺乏政治的纪律。"①党内这种混乱现象，存在了很长一段时间才有所改变。而党内那些出于强烈的复仇心理，不顾力量对比实情的盲动行为，又使好不容易保存下来的那点力量招致更大的损失。

可以清楚地看出，在马日事变和武汉政府"七·一五"反共以后，湖南农村局势变化得很大很快。在双方力量如此悬殊的情况下，中国共产党领导的湖南革命运动（包括湖南农民运动在内）已迅速跌入低潮。一些人甚至断言：中国共产党的前途已十分黯淡，再也站不起

---

① 《湖南组织报告（五月—八月）》（1927年9月5日），《湖南革命历史文件汇集》甲5，125～126页。

来了。

面对如此严峻的生死考验，年轻的中国共产党并没有对自己的信念发生动摇。他们认真总结失败的教训，继续带领党员和群众，迎着狂风恶浪坚持战斗。正如毛泽东在十多年后所说："中国共产党和中国人民并没有被吓倒，被征服，被杀绝。他们从地下爬起来，揩干净身上的血迹，掩埋好同伴的尸首，他们又继续战斗了。"[①]这是十分可贵的。当然，在如此险恶的环境下如何战斗、如何重新站住脚跟并能走向胜利，是一个异常艰难的课题，没有现成的经验，也不可能那样顺利，只有到实践中去独立地进行探索。

中共中央八七紧急会议结束后，毛泽东作为中央特派员到湖南去改组中共湖南省委并领导秋收起义。8月18日，在湖南长沙举行的省委会议上，根据毛泽东的意见，决定缩小范围，将原来计划的湖南全省暴动改变为先在以长沙为中心的湘中7个县发动，并成立以毛泽东为书记的前敌委员会。湖南秋收起义的主力包括两个部分：一部分是没有赶上参加南昌起义的原国民革命军第四集团军第二方面军总指挥部警卫团，另一部分是平江、浏阳等地的农军和安源煤矿的工人武装，两者共约5000人。起义在9月9日爆发，最初目标仍是夺取湖南省会长沙。起义军一度占领醴陵、浏阳县城和一些集镇，但由于国民党军队的力量远比起义军强大，各路起义军先后遭受严重挫折。中共六大代表丁继盛在大会上讲到没有受过军事训练的工农武装攻占浏阳时的经过："进攻了浏阳城，占住了一晚。因为我们没有放哨，敌人来了我们还不知道，因此被敌军包围了，打的打死了，捉的捉了，

① 《论联合政府》，《毛泽东选集》第3卷，1036页，北京，人民出版社，1991。

走了的也不知多少。”[①]在这种情况下，如果要继续坚持攻取国民党当局重兵驻守的长沙的计划，势必导致全盘失败。毛泽东清醒地看到了这一点。9 月 19 日，前敌委员会在浏阳县文家市举行会议，经过激烈辩论，否定了一部分人坚持进攻长沙的主张，决定迅速脱离险境，进入国民党控制力量比较薄弱的江西省，沿罗霄山脉南移，在山区寻求立足地，以保存革命力量，再图发展。终于建立起井冈山革命根据地。这是中国共产党领导的革命史中的重要转折点。

在这以后很多年内，湖南一直处于国民党军事势力的严密控制下，难以再出现像大革命时期那样全省规模的农民运动高潮。但是，在国民党统治力量相对薄弱的边界地区，仍然相继爆发中国共产党领导的武装起义，并先后建立起湘鄂赣、湘鄂西、湘赣等革命根据地。

五、结　语

湖南农民运动的迅猛掀起高潮，是大革命时期的突出事件；湖南农民运动在马日事变后很快跌入低谷，也是大革命时期很引人注目的现象。它的起和伏，都是整个大革命历史的组成部分，决不能离开这个大背景，孤立地对它进行考察。大革命失败的原因至少包括：帝国主义和封建势力在中国的统治根深蒂固，决不是一两次革命浪潮的冲击就能把它打垮；中国共产党又是一个成立只有 6 年，在政治上缺乏经验的幼年的党，在共产国际指导下犯了右倾的错误等等。本文不准备也不可能全盘地探讨这些问题，只能着重就湖南农民运动的兴起和跌落过程探讨那些发人深思的东西。

---

① 《湖南代表丁继盛在中共六大上的发言记录》(1928 年 6 月 25 日)，中央档案馆藏档。

其中一个重要问题是军事运动和民众运动的关系。毛泽东在11年后的一次讲演中说："在北伐过程中，忽视了军队的争取，片面地着重于民众运动，其结果，国民党一旦反动，一切民众运动都塌台了。"①也就是说，中国共产党那时还不懂得武装斗争在中国的极端重要性，不去认真地准备战争和组织军队，不去注重军事的战略和战术的研究，结果吃了大亏。

毛泽东的话是对北伐战争时期的全局情况来说的。这在湖南表现得更为突出。北伐初期，在湖南曾出现热气腾腾的农村大革命的局面。但是，共产党那时"片面地着重于民众运动"，军队和政权都不在他们手中。在当时中国的社会条件下，军队和政权处于支配地位。离开它，只靠民众运动在关键时刻是不能左右局势的。

湖南的民众运动确曾搞得轰轰烈烈。我们可以举一个例子：马日事变前不到1个月，在长沙为了声讨蒋介石发动的"四·一二"政变，湖南省农民协会、总工会、省党部、学联会、教联会、女联会、商协会等在4月26日举行反对国际帝国主义及讨伐蒋介石的大示威，参加集会的达到20万人，"群众之多，无有过于此次者"。主席朱剑凡宣布："今天大会是打倒帝国主义，尤其是打倒帝国主义的新工具蒋介石。"接着讲话的熊亨瀚也言辞激烈地说："我们要打倒帝国主义，必先瞄准敌人，打倒蒋介石。不把蒋介石除掉，革命则难成功。其蒋介石在湘余孽，尤应肃清。如反对共产党者，反对农工运动者，均是蒋之余孽，要将他们打倒。"湖南省政府代主席张翼鹏等十多人也相继

① 《战争和战略问题》，《毛泽东选集》第2卷，544页，北京，人民出版社，1991。

讲话。会后举行游行。[①] 这次大会的声势不能说不大，从表面上看，仿佛很可使人乐观。可是，无情的事实证明，片面地着重于民众运动，不管搞得怎样轰轰烈烈，如果没有军事力量的支持，都是不可靠的。不到1个月后，许克祥等突然发动武装政变，到处大肆搜捕和屠杀，只有梭标和少数破烂枪支而又没有经过严格军事训练的工人农民立刻无法抵抗，许多民众团体迅速瓦解。轰轰烈烈的民众运动很快跌入低谷。

毛泽东是比较早认识到这个问题的。他在八七紧急会议上就尖锐地指出："从前我们骂中山专做军事运动，我们则恰恰相反，不做军事运动专做民众运动。蒋唐都是拿着枪杆子起家的，我们独不管。"他着重强调："以后要非常注意军事，须知政权是由枪杆子中取得的。"[②]这是对中国革命有着极其重要意义的论断。他比其他人高明的地方在于，经过痛苦的事实教育，能够迅速看清问题的实质，做出合乎实际的新的理论概括，用来改正自己原有的思想，指导今后的行动。

八七会议后不久召开的湖南省委会议，着重讨论了两个问题：一是暴动问题，二是土地问题。毛泽东对这两个问题都发表了意见。对暴动问题，他主张："要发动暴动，单靠农民的力量是不行的，必须有一军事的帮助。有一两团兵力，这个就可起来，否则终归于失败。""暴动的发展是要夺取政权。要夺取政权，没有兵力的护卫战去夺取，这是自欺的话。我们党从前的错误，就是忽略了军事。现在应以百分

① 《长沙反蒋示威大运动》，《盛京时报》(1927年5月15日)，第2版。

② 《毛泽东关于共产国际代表报告的发言》，载中共中央党史资料征集委员会、中央档案馆编：《八七会议》，58页，北京，中共党史资料出版社，1986。

之六十的精力注意军事运动，实行在枪杆上夺取政权，建设政权。”对土地问题，他认为：“单只没收大地主的土地，不能满足农民的要求和需要。要能全部抓着农民，必须没收地主的土地交给农民。”①两天后，毛泽东又给中央写信提出：“我们不应再打国民党的旗子了。我们应高高打出共产党的旗子，以与蒋、唐、冯、阎等军阀所打的国民党旗子相对。国民党的旗帜已成军阀旗子，只有共产党旗子才是人民的旗子。”②他的这些意见，切中要害，是对大革命失败留下的痛苦教训的重要总结。

以后土地革命时期各革命根据地的形成，从另一个角度证实了这个道理。拿井冈山革命根据地来说，它之所以能存在和发展，既同当地存在着大革命时期受过革命浪潮影响的农民武装有重要关系，也不能忽视另一个因素，那就是湖南秋收起义队伍中有着第二方面军总指挥部警卫团这样一支正式武装，以后又有朱德率领的有着较强战斗力的南昌起义军余部上山。毛泽东在《中国的红色政权为什么能够存在》这篇文章中说道：“若只有地方性质的赤卫队而没有正式的红军，则只能对付挨户团，而不能对付正式的白色军队。所以虽有很好的工农群众，若没有相当力量的正式武装，便决然不能造成割据局面，更不能造成长期的和日益发展的割据局面。所以‘工农武装割据’的思想，是共产党和割据地方的工农群众必须充分具备的一个重要的思想。”③如果说毛泽东在八七会议和湖南省委会议时的主张还只是基于反思做

① 《彭公达关于湖南秋暴经过的报告》，《中央政治通讯》第12期，1927年10月27日。

② 《湖南致中央函》(1927年8月20日)，《湖南革命历史文件汇集》甲5，115页。

③ 《毛泽东选集》第1卷，50页，北京，人民出版社，1991。

出的判断，那么，这时所说的已是经过实践检验所证明了的真理。

至于毛泽东和朱德领导的工农革命军转移到井冈山后，为什么把主要发展方向指向赣南、闽西(其中重点又在江西)，而不是重返湖南？这也是由双方力量对比的实际状况决定的。当工农红军还处在敌强我弱的态势时，决不能在湖南去同实力比自己强大得多的国民党军队以及同它密切结合在一起的地主武装硬拼，只能先转移到国民党统治势力相对薄弱的边界农村地区立住脚跟，再求得发展。那时候，南方数省中要算广东、湖南的国民党军事力量最强，而江西、福建、浙江三省的国民党兵力虚弱。在这三个省中，江西的国民党兵力比其他两省强，但比起湖南来就差得多，而且主要是朱培德部的云南军队，同江西本省的地主武装没有很深关系，自然就便于工农红军和革命根据地的存在和发展。这也是从实践中得出的结论。

“农村包围城市，武装夺取政权”这条导致中国民主革命取得胜利的道路，便是以此为起点，在实践的探索中一步一步形成的。

对党的六大的历史考察*

一次名垂青史的会议，通常都发生在历史的重要转折时刻，而且往往是经历了长时间争论的结果。1928 年 6 月召开的中国共产党第六次全国代表大会便是这样。它有巨大的历史功绩，也有明显的不足之处。怎样来看待这一切呢？如果不对它的复杂背景和会前经历过的长期争论进行历史的考察，要做出恰当的评价是很困难的。

一、“左”倾盲动主义的狂热

中国共产党六大的召开，离大革命失败还不满一年。在这短促的日子里，中国革命走过了一段充满惊涛骇浪的路程。党在城市和农村中的阵地几乎遭到摧毁性的打击，全国党员从近六万人减少到一万多人。面对着反动逆流的高涨，中国共产党人没有畏惧，没有退缩。他们重新整集队伍，拿起武器，开始了新的战斗。可是，在摸索和奋斗中，一种新的危险倾向又抬头了，那便是“左”倾盲动主义。

* 原载《党的文献》，1988 年第 1 期。

1927 年 11 月召开的中共中央临时政治局扩大会议上，这种错误在全党取得了支配的地位。

十一月会议对中国革命性质、形势估计和现时斗争任务的规定都是“左”的。对这个错误，共产国际代表罗米那兹自然要负严重的责任。把中国革命的性质和速度都用一句话来概括，称作“无间断的革命”，这个发明权是属于他的。但问题不能简单地只归结到这一点，因为这种“左”的思想和情绪当时同样也普遍存在于中国共产党人中。他们并不单单出自盲从，也经历过自己的严肃思考。

我们可以读一读当时中共中央主要负责人瞿秋白所写的《中国革命是什么样的革命》。他先提出问题：“革命是低落了吗?”然后回答道：“革命潮流的低落或消沉，在现时的中国必须有三个条件：一、反革命的统治能相当解决中国社会关系中的严重问题(如土地问题、劳资问题等)；二、反革命的统治能够逐渐稳定；三、革命的群众溃散而消沉。如今事实上中国绝对没有这些条件。”他又提出问题：“中国革命只是民权主义的吗?”然后回答道：“中国革命要推翻豪绅地主阶级便不能不同时推翻资产阶级。”因此就不能不超越资产阶级的民权主义的范畴。“所以中国当前的革命，显然是由解决民权主义任务急转直下到社会主义革命。”①在回答这些问题时，瞿秋白显然是经过深思熟虑的，并且充满着自信。

我们再读一读中共中央在同月内接连发出的第十五号和第十六号《中央通告》。这两个通告督责各地工农民众尽可能实行武装暴动；并且声言，如果认为不可“轻举妄动”、想多“保存着”党的组织，“那就

① 瞿秋白：《中国革命是什么样的革命》，《布尔塞维克》第 1 卷第 5 期，1927 年 11 月 16 日。

又是机会主义毒发作，势必至于阻碍群众暴动的发展”。[1] 他们在这样指责时，同样也充满着自信。

失误究竟发生在什么地方呢？这同他们当时面对的问题的复杂性有关。

不错，在大革命失败后，中国民族资产阶级确曾一度因动摇而退出革命，分化到反革命方面。“中国是资产阶级民主革命，可是又要反对资产阶级，这在当时就成为很难理解的问题。”[2]不少人以为现时的中国革命已是“工农革命”，并把它同社会主义革命混为一谈。李立三在广东“曾发表一篇论文，认为现在已走到资产阶级革命与社会主义革命的混合时期”。[3] 可是，革命性质只能由革命任务来决定。反帝反封建这个中国资产阶级民主革命的任务并没有完成，中国革命不可能超越阶段而急转直下地立刻发展成社会主义革命。

同样不错，中国社会内部的根本矛盾确实一个也没有解决，反动势力不可能建立起长期的稳定的统治，人民也不可能放弃斗争。但事情还有另外一面：在大革命失败后，反动势力和它们之间的结合是暂时加强了，而革命势力却遭到严重的削弱。从全国范围来说，革命潮流现时并不处在“一直高涨”之中。

中国共产党毕竟是一个年轻的党。他们在极端困难的条件下把斗争终于坚持了下来，这是了不起的事情。但他们还缺乏处理如此复杂问题的足够经验。对敌人屠杀的愤恨和复仇的渴望，对机会主义错误的强烈憎恶，像一团烈火那样燃烧在许多革命者的胸膛中，使他们产

---

① 《中央通告第十五号》，1927 年 11 月。

② 周恩来：《关于党的六大的研究》，《周恩来选集》上卷，158 页，北京，人民出版社，1980。

③ 李立三在六大政治报告讨论时的发言，1928 年 6 月 23 日。

生一种近乎拼命的急躁的冲动的心理，容易只看到(甚至夸大)事情的一个方面，而忽略事情的另一方面，由一个极端走向另一个极端。"当时，这种'左倾'情绪，在革命者内部乃是普遍现象。"①许多中央领导人也是如此。李立三说过："革命遭受了失败，很多的工人遭受屠杀或失业，大多数的群众因疲倦而要休息，但一部分急进分子是不能忍耐的，而走上群众的前面去了，这就是盲动主义与强迫罢工等的来源。"②他的分析是符合实际情况的。这种盲动主义错误不能只用某一个人的失误来解释，在某种意义上可以说是一种历史现象。

二、探索前进中的徘徊

帮助中国共产党人开始冷静下来重新考虑问题的，不是抽象的学理探讨，而是活生生的事实的教训。

十一月会议后中共中央的主要希望是寄托在广州暴动和两湖暴动上。当时发生的广东地方实力派张(发奎)李(济琛)之间的混战和南京政府西征军入湘后李(宗仁)程(潜)之间的冲突，更使他们十分兴奋，以为这是在湘鄂粤赣四省发动武装暴动取得胜利的大好时机。他们认为："广州暴动是全国工农暴动夺取政权的一个信号。"并且进一步训令："两湖党团应全体动员，加紧准备在新的战争(西征军入湘)中实现总暴动。""特别是湖南，应立刻割据起来，使之变成海陆丰第二，因为那边有很好的环境和我们的军事力量。""总之，现在要以两湖及赣东南的暴动保卫广东的胜利，扩大全国的总局势。"③

---

① 李维汉：《对瞿秋白"左"倾盲动主义的回忆与研究》，《回忆与研究》，231页，北京，中共党史资料出版社，1986。

② 李立三在六大政治报告讨论时的发言，1928年6月23日。

③ 《中央通告第二十三号》，1927年12月14日。

冷酷的现实无情地撕碎了他们美好的期待。广州起义维持三天便失败了。湖南的"灰日暴动"一开始就被镇压下去。湖北根本没有发动起来。中共广东省委书记张太雷和湖南省委书记王一飞先后牺牲了。

这些用烈士的鲜血换来的教训不能不使人感到震惊。人们不禁要问：为什么主观的设想是这样，客观的效果却是那样？失败的原因究竟在哪里？于是，一些比较清醒的声音在中共中央内部开始响起，其中包括在十一月会议上新补为中央政治局常委的周恩来和罗亦农。

他们在这以前对暴动问题都提出过一些比较切合实际的主张。罗亦农这年十月间曾制止在武汉三镇立刻实行暴动的错误计划，认为"目前绝非继续总的暴动时期"[①]，因此遭到过严重的打击。周恩来在南昌起义军失败时得了重病，11 月初才到上海(那时处于秘密状态的中共中央设在上海)。12 月初，他先后在政治局常委会上提出过：浙江工农武装暴动的布置恐怕太乐观了；江苏省委准备明年元旦在大江南北同时发动全省暴动的日期不应如此定，要看预备的程度来定。他尖锐地批评当时青年团内存在的先锋主义倾向说：上海党部近来实在有点军事投机——冒险，为的是怕青年团说是机会主义，被小孩笑话。如青年团不严重注意，青年团将变成冒险主义，走到虚无主义的另一面去。青年团大部分主张试验，认为失败也不要紧，这也是孤注一掷的错误，与"一暴成功"是两个极端。这个危险可以牺牲许多同志，此点要注意。团中央书记任弼时接着说：恩来方才说的是对的，团的同志将暴动看得太容易了，对暴动为何物还不太了解，随便暴动是很危险的。[②]

---

① 《长江局最近政治决议案》，1927 年 10 月 29 日。

② 周恩来、任弼时在中共中央常委会上的发言，1927 年 12 月 6 日。

湖南“灰日暴动”和广州起义相继失败后，中共中央的多数人也开始有了新的认识。当时主持中共中央工作的瞿秋白只有28岁。李维汉对他有一段中肯的评论：“我认为秋白是一个正派人，他没有野心，能平等待人，愿听取不同意见，能团结同志，不搞宗派主义。”①因此，在事实面前，他能够逐步修正自己的错误看法。1928年1月3日，中共中央政治局通过了《广州暴动之意义与教训》《关于湖北党内问题的决议》。前一个文件提到：在反对“剩余的机会主义的遗毒”的同时，也要坚决迅速地扫除“表面上革命的盲动主义”。后一个决议批评了一部分同志不顾实际条件就决定总暴动，“是有玩弄暴动的危险的”。同月十四日，中共中央发出由周恩来起草的给湖北省委的信，指出：“中央认为你们有无政府党与盲动主义的倾向，即是认为一切的斗争都是暴动，无往而不暴动，一切解决于暴动。”要求湖北省委：“赶快停止无政府党、盲动主义的行动，很艰苦的深入到工农群众中去工作，在领导工农群众的日常的斗争中，去发动与创造群众的革命大潮。”②

对实际工作的部署，同广州起义前也有了明显的变化：“停止了两湖年关总暴动，明确对湘、鄂、赣三省的暴动不是从占领中心城市开始，而是先从分区割据做起，同时加强城市工作。”③

应当承认，广州起义失败后中共中央在认识上和行动上确实都比原来前进了一大步。但这些主要还是从战术上而不是从战略上提出问

① 李维汉：《对瞿秋白“左”倾盲动主义的回忆与研究》，《回忆与研究》，237页，北京，中共党史资料出版社，1986。

② 中共中央给湖北省委的信，1928年1月14日。

③ 李维汉：《对瞿秋白“左”倾盲动主义的回忆与研究》，《回忆与研究》，233页，北京，中共党史资料出版社，1986。

题的，对革命潮流高涨这一估计并没有改变，全党的主要注意力仍集中在暴动问题上。区别还只是认为发动暴动必须考虑到主客观条件是否具备，不能不顾一切地蛮干。这自然是远远不够的。

这种认识上的不彻底性，表现在一月中旬的《中央通告》上。这个通告是由罗亦农、瞿秋白先后执笔起草的。它一方面正确地批评道："不问群众情绪的程度如何，不问党的组织力量如何，不问党与群众的关系如何，一味的主张'暴动'，无往不是'暴动'，这实在是一种盲动主义的倾向。"另一方面，又把事情看得很简单，认为："广州暴动的胜利，主要是能发动群众，造成工农兵三大力量之结合；他的失败，主要的也是发动群众之尚不充分。"①仿佛"万事齐备，只欠东风"，只需主观上加强一些努力，问题是不难解决的。这样，仍不能从根本上摆脱"左"倾盲动主义的错误。

到二月间，一场激烈的争论在党内发生了。

引起争论的是江苏省委。那时的江苏省委包括上海在内，在全国党组织中居于举足轻重的地位。他们身处实际工作的第一线，对大革命失败后环境的艰难有着更深切的体会。省委常委在讨论职工运动时，提出了一个尖锐的问题：中国革命潮流到底是高涨还是低落？很多人认为是低落。② 上海各区委书记联席会议上，许多同志也认为革命潮流是低落的。③

这自然使中共中央感到震动。2月12日，中共中央召开政治谈话会，参加的有瞿秋白、周恩来、罗亦农、项英、王若飞、陈乔年、刘

---

① 《中央通告第二十八号》，1928年1月12日。

② 王若飞在政治谈话会上的发言，1928年2月12日。

③ 周恩来在六大政治报告讨论时的发言，1928年6月27日。

峻山、刘伯坚、郑覆他九人。会上发生了激烈的争辩。江苏省委常委王若飞明确地表示："我以为现在革命潮流是低落的。"他说："广州暴动失败后，两阶级争取革命领导权的斗争已取决了胜负，资产阶级已得到了暂时的胜利。以什么事来表现革命潮流的低落呢？在政治上，现在帝国主义大批的撤兵，以为国民党已经能够镇压革命了；在经济上看，武汉反动以来帝国主义的经济已有转变到一天一天恢复的状态，并不是说他的危机完全消灭，但是减少了；在群众方面，现在已比从前消沉了。在农村斗争与城市不同一点，许多农村还在发展，但有许多地方一起来即失败。"他说："如果对革命的估量不清楚，政策一定是不正确的。现在，不能认为全国整个群众的情绪已可以达到暴动夺取政权，从党的力量来说要全国暴动也是不可能的。"江苏省委书记项英的态度比王若飞缓和一些。他一面说："广州暴动是在此转变中敌人必然的反攻的结果，不能说他就是革命潮低落。"另一面又说："如在战略上只向前进是不对的。""我以为现在是转变中的低落。""简单地说革命潮流高涨，我是不同意的。"瞿秋白在会上发了两次言。他最初实事求是地分析了当前的严重困难："我们的斗争的确是很困难。八七会议后我当时想，以为或者可以似洪杨那样发展，但结果不然。现在我们不能不承认我们的力量比敌人弱，需要休息一下，自然不是永久休息。"并且说："我也以为现在整个政策应更郑重的使用党的力量，要使党变成一个群众的党，并要注意培养党的力量，要使党的力量培养到一个地步才能发动，现在党的牺牲是很大的了。"但一谈到革命潮流是不是高涨，他又说："我们可以肯定的说，整个的革命潮是高涨的，农民自发的暴动是很多的。如说是低落，工农一定是很灰心的。""自然说高涨，并不是今天说明天就要暴动的。""我们可以说客观上的革命潮流是高涨的，一省与几省夺取政权的目标仍然是要有的。"

值得注意的是，多次反对盲动的周恩来和罗亦农在谈到这个问题时，都强调革命是高涨的。周恩来也担心讲革命潮流低落是“由失败而发生出来的观念，不但是低落，而且会悲观”。他说：“我以为中国工人中的革命潮流不见得是低落，同时广东暴动对各地工人是有影响的。农村中可以不必说，割据局面还是继续发展。我们不能因为政策及运用政策的方法而怀疑到低落，(这)是不正确的。”罗亦农说：“我以为中国革命是高涨的。恩来说的话，我完全同意。”①

四天后，为了准备六大，又开了一次中央委员谈话会，到会的有瞿秋白、周恩来、张国焘、罗章龙、刘少奇、汪泽楷。会上，刘少奇提出一个很值得注意的看法：“关于革命潮流是高涨还是低落的？依乡村看来是高涨的，依城市的看来是低落的趋势。”“农民的革命是向上涨，只是波浪式的而非潮流的。”周恩来在会上主张：中国革命是不平衡的发展。我认为依目前中国工农很需要革命的情形看，革命的潮流并未低落是高涨的，割据有长时间的可能，我们应有长期的准备。② 他还设想可以“以农民的游击战争包围广州”，来造成“广东割据”。瞿秋白在会上仍强调：“中央常委认为革命潮流一直高涨。”③

粗看起来，中共中央几个主要负责人在这几次会上比以前更加强调革命潮流的“高涨”，似乎认识上又出现重大的反复。但仔细玩味他们的发言，不难发现他们的心情是复杂而矛盾的：一方面，他们的思考正在深入，不仅看到当前局势中的严重困难，并已从更深的层次上开始接触到中国革命的长期性、不平衡性和农村割据的重要性这些根

① 政治谈话会记录，1928 年 2 月 12 日。

② 中央委员谈话会记录，1928 年 2 月 16 日。

③ 张国焘在六大前的政治谈话会上的发言，1928 年 6 月 15 日。

本问题，考虑到党需要有一段休整的时间，需要以更大的力量来争取群众。这种深刻的思想变动，是以后六大取得成功的重要思想基础。另一方面，他们又有一个很大的顾虑：以为说革命低落是广州起义失败后在党内滋长起来的一种灰心沮丧的情绪，对革命的推进将会产生消极的影响；以为在困难的情况下更需要用乐观的估计来鼓舞人们，所以比以往更多地强调起"革命高涨"来。读他们的发言，处处都可以感觉到这种矛盾的心理。

又过三天，中共中央政治局会议进行了讨论。瞿秋白、周恩来、罗亦农等继续强调革命潮流是高涨的，并决定由瞿秋白起草一个通告。罗亦农说："通告中还要包括中国目前的政治现状，并说明中国目前革命潮为什么高涨，说革命潮低落是最可耻的机会主义，说低落就是不要准备暴动的问题。我以为即万安、海陆丰失败，中国革命潮也是高涨的，因为统治阶级无论如何是不能稳定，群众的情绪无论如何是高涨的。"①

瞿秋白起草的这个通告，便是《中央通告第三十六号》。它强调"革命是正在高涨无疑"。并且提出："从一般形势看，现有两个革命中心区域，第一是广东，第二是湘、鄂、赣及豫南，后一区域的布置应暂以湖南为中心，而武汉的暴动应当是这一区域暴动的完成，并当使暴动的武汉变为全国的革命中心。"在附文中说："中国革命既是高涨的，武装暴动夺取政权的总策略不但仍旧是目前的问题，而且夺取一省或几省政权的问题更加紧迫起来。"并且批评道："可是有些同志，例如上海，却说现在这种状况不但是上海革命潮流已低落，就是全国的革命潮流也已经低落了，这应当采取保守策略了。这种论调显然是

① 罗亦农在中共中央政治局会议上的发言，1928年2月19日。

错误的，显然是陷入机会主义的观点。"中共中央在发出通告时特别规定："附文是给各指导机关参考的，亦应尽可能的发到支部去，但正文必须发到支部去。"①可见他们是想用这个通告来统一全党思想的。

但在实际工作的指导上，他们的工作重心已开始移向要求各省形成农村割据的局面。"武汉的暴动应当是这一区域暴动的完成"这句看起来很激烈的话，反过来读可以得到另一种理解，那就是说：武汉的暴动只能是湘、鄂、赣及豫南区域暴动的最后的"完成"，而不能是它最初的"信号"。这同广州起义前的指导思想显然是不同的。这种矛盾而复杂的现象，同样需要和前面的分析联系起来才易理解。

三、共产国际的二月决议和它的反响

广州起义的失败，同样给了共产国际和斯大林以很大的震动。

1927 年 12 月 2 日至 19 日，联共(布)召开第十五次代表大会。共产国际驻中国代表罗米纳兹赶回去参加了这次大会。广州起义爆发的消息传到莫斯科。罗米纳兹在会上发言时兴高采烈地宣称：苏维埃政权在广东的建立，"这证明这个省显然出现了大好的革命形势，现在可以提出夺取政权的问题了。看来我们很快就会成为该省开展大规模革命行动的见证人。"②他在这次发言中还提出：中国社会的特点是亚细亚生产方式，不是封建主义，因此中国的资产阶级构不成一个有实力的政治力量；大革命失败后中国革命是工农革命，这种革命会超过资产阶级民主革命阶段而直接转变到社会主义革命。

---

① 《中央通告第三十六号》和《附文》，1928 年 3 月 6 日。

② 罗米纳兹：《在联共第十五次大会上的发言》，《共产国际与中国资料选辑(1925—1927)》，593 页，北京，人民出版社，1985。

广州起义的失败来得太快了。罗米纳兹刚讲完，起义失败的消息就传到莫斯科。中山大学校长米夫在联共十五大上发言反驳罗米纳兹，批评他把封建制度同亚细亚生产方式对立起来和认为资产阶级已不是一个有实力的政治力量的说法。对中国革命形势的估计，米夫的说法是混乱的。一会儿讲："如果力量的对比仍不利于无产阶级和农民基本群众，那么就会在反动派取得暂时胜利的同时出现中国地主资产阶级的斯托雷平反动统治时期。"一会儿又讲："尽管中国无产阶级屡遭严重打击，中国仍存在着直接革命的形势。"①

争论到这里并没有结束。联共十五大开完后，共产国际执委会接着就准备召开第九次全会，中国问题显然将成为它的重要议程之一。会前不久，罗米纳兹写了《中国革命的新阶段和中国共产党人的任务》，坚持认为："中国革命现阶段的特点是资产阶级民主革命直接转变为社会主义革命。"②米夫写了《中国革命的争论问题》，继续对罗米纳兹进行反驳。这两篇针锋相对的争论文章，以后安排在《布尔什维克》杂志的同一期上发表，因而格外引人注目。

共产国际执行委员会第九次全会是在1928年2月9日至25日召开的。会议最后一天，通过了以苏联和中国共产党代表团斯大林、布哈林、向忠发、李震瀛四人名义提出的《共产国际关于中国问题的议决案》。这个决议以十分明确的语言指出：中国革命现时的阶段是资产阶级民权革命，认为它已生长成了社会主义革命的主张或"不断革命"的主张(共产国际执委会驻中国代表的)是不对的；中国工农广大

① 米夫：《在联共(布)第十五次代表大会上的发言》，《米夫关于中国革命言论》，48页，北京，人民出版社，1986。

② 罗米纳兹：《中国革命的新阶段和中国共产党人的任务》，《国外中国近代史研究》第3辑，30～31页，北京，中国社会科学出版社，1982。

的革命运动之第一个浪潮已经过去，现在还没有全国范围的新的群众革命运动之强有力的高潮，但是许多朕[征]兆都指示工农革命正走向这种新的高潮；现时党的工作之中心是在争取几千百万的工农群众，准备革命之新的浪潮之高潮；必须坚决地反对盲动主义。值得注意的是，它还指出：中国革命运动的发展在各省是不平衡的，在城市与乡村之间也是不平衡的。在苏维埃化的农民区域中，党的主要任务是实行土地革命和组织红军军队。这些农民暴动可以变成全国暴动胜利的出发点。但又以为：这些只能在他们与无产阶级中心之新的革命高潮相结合的条件下才能实现，党的主要任务是在准备城市与乡村相配合相适应的发动，而必须反对对于游击战争的溺爱。①

这是一个十分重要的决议。周恩来在延安整风时曾对它做过很高的评价。他说："一九二八年的国际决议是最好的，六大决议反不如他，因未着重和彻底的反'左'倾盲动。"②

它传到处于秘密状态的中共中央手中时，已到了四月的下旬。四月二十八日，中共中央召开政治局会议进行讨论。参加会议的有瞿秋白、周恩来、李维汉、邓中夏、项英五人(罗亦农在几天前被捕牺牲)。他们立刻感到："国际决议显然(同十一月)扩大会议决议有几点不同。"它在中共中央引起怎样的反响呢？这里有几种不同的情况：一、对中国革命性质问题，认识比较一致了。瞿秋白在会上说："革命性质以为是资产阶级民权革命，中央是没有不同意见的。"二、对农村同城市斗争的关系，在中共中央内部认识上还有不同。周恩来说：

① 《共产国际执行委员会第九次扩大会议关于中国问题的议决案》，1928年2月25日。

② 周恩来：《关于共产国际指示及反立三路线的研究》，1943年9月16～20日。

中国因为农民占了一个重要的因素，所以与俄国的不同。国际仿佛以为乡村与城市要配合好一点，配合问题也是非常重要的。“过去城市的工作的确不好，但在中国形式(势)下很适宜的配合是很困难的，要这样必致引到乡村的等待，这是不好的。”“过去配合不匀的现象在土地革命初期是不免的。过去的事实仍是证明土地革命的深入，而不能证明玩弄斗争。”“我以为现在是加紧配合的工作，但各地自发的斗争，我们还是要领导，这种工作是没有法子停止的。”瞿秋白说：“国际的意见是先配合后发动。中央以前的缺点是过去自然是无意中忽略了城市工作，但我们承认得很早，忽视工运也有其原因。此问题可以等到大会讨论，因为是比较复杂的问题。”三、对革命形势的估计问题，中共中央仍没有解决。周恩来说：“中央的意见是革命潮仍是高涨的，但不是一个最高潮。我以为现在还是这样解释。”其他人大体上也是这种态度。①

两天后，中共中央发出接受共产国际执委会二月议决案的第四十四号通告，对中国革命性质问题，对反对盲动主义问题，都明确表示了态度。但对中国革命形势的估计问题却没有提到，这自然不是出于偶然的疏忽。② 半个月后，瞿秋白曾坦率地说道：“中央对国际决议案是有不同见解的。”“然而中央与国际见解之不同尚未到如何巨大的程度。所以可以不必提出于中国下层党部讨论，而且应当先和国际讨论，再交大会以及全国党部。”③

正因为如此，国际决议在4月下旬到达中国后，虽然实际工作中

---

① 中共中央第十二次政治局会议记录，1928年4月28日。

② 《中央通告第四十四号》，1928年4月30日。

③ 瞿秋白在六大前的政治谈话会上的发言，1928年6月15日。

的“左”倾盲动主义错误已经停止了下来，但认识上的有些问题（特别是对中国革命形势的估计问题）仍保留下来，需要到即将召开的中共六大中去解决。

四、六大的前进与局限

第四十四号通告一发出，中共中央负责人就陆续启程前往莫斯科，去参加准备在那里召开的中国共产党第六次全国代表大会。

六大从6月18日至7月11日，连续进行了二十四天。会上有许多报告和讨论，最重要的是政治报告和讨论，结束时通过了《政治决议案》等决议，选举产生了新的中央委员会。经过比较充分的讨论，大会对中国革命的一系列根本问题取得了比较一致的认识，其中主要是三个问题：

第一，中国革命的性质、任务和前途

现时中国革命的性质是资产阶级民主革命，这在过去早已提出，本来不是一个新问题。到了大革命失败后，“革命的阶段深入到土地革命。因此，革命的转变时期到来。一般人的认识，对于革命转变认识又都缺乏，所以就把土地革命认为社会革命，占领工厂也认为社会革命。这种观念的结果，就产生没收一切土地的口号和其他一切超过革命阶段的观点。”①六大上代表们对这个问题没有发生严重的争论，但认识上仍取得一个重大的进展，弄清了“应以革命任务来决定革命性质，而不是以革命动力来决定革命性质，这个问题还是一个新的问

① 周恩来在六大政治报告讨论时的发言，1928年6月27日。

题”。[①] 还有一点也需要注意：六大在批判罗米纳兹的“不断革命论”时，没有否定中国革命的非资本主义前途，这对以后中国革命的发展是有积极意义的。

第二，对中国革命形势的估计

这是当时争论得最为激烈的问题。六大前夜，“中国代表曾争论到斯大林同志面前。斯大林同志说，现在的形势不是高潮，是低潮。李立三同志则说，现在还是高潮，因为各地还存在工人、农民的斗争。斯大林同志说，在低潮时也有几个浪花。”[②]斯大林还明确地说：“革命高潮是将来的事，而不是眼前的事。”[③]六大政治报告的讨论中，对这个问题继续进行了激烈的争辩，看法仍很分歧。瞿秋白总结时还想从字义上把“高潮”和“高涨”分开。他说：“高涨、低落是表示动状的名词，高潮与停顿是表示静状的名词。”在他看来，“高涨”同“走向高潮”是一个意思，但“同志们既然弄不清楚，就不用这些名词。”[④]有些代表的发言很明确，如王若飞说：“‘八七’以来中央对于现时争斗形势的估量是不正确的”，“现在斗争的形势绝不能说是高涨，只能说是革命是向前进展。”[⑤]周恩来的态度也很明朗，他说：“从敌人一致进攻我们得到胜利，和我们发展的不平衡——以地方言，南部与中部、北部的不同；以阶级言，农民发展与城市沉闷不相配合——来看，当然我们不能说是革命的高潮。”“我们虽然不能说是高潮，的确

① 周恩来：《关于党的六大的研究》，《周恩来选集》上卷，158 页，北京，人民出版社，1980。

② 同上书，175 页。

③ 斯大林同瞿秋白、向忠发、周恩来和其他的中共代表的谈话，1928 年 6 月。

④ 瞿秋白在六大政治报告讨论后的结论，1928 年 6 月 28 日。

⑤ 王若飞在六大政治报告讨论时的发言，1928 年 6 月 25 日。

也说不到高涨，但我们相信革命是前进，是向高涨或高潮方面的前进。”[①]布哈林在总结时也着重谈了这个问题。他说得更直截了当：“不要忘记我们现在是被人打败了。现在还没有什么新的革命高涨。”“现在对于中国党最危险的地方，就是中国党不看见许多失败以后的低落。”[②]最后，大会通过的《政治决议案》明确地写道：“现时的形势，一般说来是没有广泛的群众的革命高潮，中国革命运动发展底速度是不平衡的，亦就是现时形势的特征。”[③]这就使党内长期存在的争论得出了一个明确的符合实际的结论，这是六大取得的重大成果。

第三，中国革命现时的任务和策略

对形势做出恰当的估计，目的是为现时的中国革命规定正确的路线和策略方针。如果认定中国革命潮流是“一直高涨”的，结论自然只能是实行“总暴动”的策略方针。六大在这个问题上也取得巨大的进展。瞿秋白在结论中说：“一切组织政治任务集中于争取群众以准备暴动。”[④]布哈林在结论中说：“从前我们的政策是说明天暴动，而现在我们说明天在全国范围内还不能暴动。我们要开始准备我们的力量。到了我们力量准备好了的时候，到那时候我们再暴动。但这并不是说我们在全国各处都不能有个别的暴动。”[⑤]大会的《政治决议案》明确规定：“现在第一个革命浪潮已经因为历次失败而过去了，而新的浪潮还没有到来，反革命的势力还超过工农，党底总路线是争取群众。”并且提出了“消除极左倾向”的问题，指明“最主要的危险倾向就

---

① 周恩来在六大政治报告讨论时的发言，1928年6月27日。

② 布哈林在六大政治报告讨论后的结论，1928年6月29日。

③ 中共六大《政治决议案》，1928年7月9日。

④ 瞿秋白在六大政治报告讨论后的结论，1928年6月28日。

⑤ 布哈林在六大政治报告讨论后的结论，1928年6月29日。

是盲动主义和命令主义，他们都是使党脱离群众的”。[①] 把党的工作中心从千方百计地组织暴动，转变到从事长期的艰苦的群众工作，以争取群众作为首要任务，把“左”倾作为主要危险来反对。这也可说是党的工作中一次战略重点转移，对六大后整个工作的转变和复兴起着巨大的指导作用。

六大是中国共产党历史上一次有着重大意义的全国代表大会。延安整风时周恩来说过：“总的说来，‘六大’关于革命的性质、动力、前途、形势和策略方针等问题的决定基本上是对的，所以说‘六大’的路线基本上是对的。”[②]由于这些决定是党的全国代表大会的决议，不只是哪一个人的主张，它所产生的影响特别巨大，从而在一系列带根本性的问题上澄清了党内长期存在的错误认识，对统一全党思想、推进中国革命起了积极作用。这是六大的巨大历史功绩。

当然，六大也有它的缺点，主要是：第一，还是把城市工作放在中心地位，没有认识到中国革命的特点是走农村包围城市的道路。第二，继续把民族资产阶级看作革命的敌人，对中间阶级的作用、反动势力内部的矛盾也缺乏正确的估计和政策。这些都产生过消极的影响。

但是，对这些问题也需要采取分析的态度：第一，这些问题都早已存在，并不是六大提出来的，六大只是还没有能加以解决。周恩来说过：“依据当时的实际情况与理论水平，要求‘六大’产生一个以无产阶级为领导、以乡村作中心的思想是不可能的。当时虽然有了农民

---

① 中共六大《政治决议案》，1928年7月9日。

② 周恩来：《关于党的六大的研究》，《周恩来选集》上卷，177～179页，北京，人民出版社，1980。

游击战争，但我们这种经验还不够，还在摸索。""在历史上无论中外都找不到农村包围城市的经验。从我国当时的实际情况来看，正是处在整个农村革命的游击运动非常困难的时期，蒋桂战争还未爆发，想在这种情况下肯定以乡村作中心是不可能的。"他还说道："关于把工作中心放在乡村，共产党代表无产阶级来领导农民游击战争，我认为当时毛泽东同志也还没有这些思想，他也还是认为要以城市工作为中心的。"①这些不取决于任何人的主观愿望，需要在长期的实践中，通过正反两方面经验的反复比较，才能逐步取得解决。第二，六大对这些问题虽未能解决，但认识上比过去还是有所前进的。例如，对红军和农村革命根据地能否存在和发展的问题，六大曾给以确认。毛泽东在1936年曾说道："不答复中国革命根据地和中国红军能否存在和发展的问题，我们就不能前进一步。1928年中国共产党第六次全国代表大会，把这个问题又作了一次答复。中国革命运动，从此就有了正确的理论基础。"②可见六大在这方面的认识是前进了一步，而不是后退。对六大的不足的一面，周恩来这样评论："六大也有毛病，犯了一些错误。但这些错误没有形成路线错误，没有形成宗派主义，虽然一些倾向是有的。这些对以后立三路线、宗派主义的形成是有影响的，但不能负直接责任。"③这个评论是很公允的。

① 周恩来：《关于党的六大的研究》，《周恩来选集》上卷，177～179页，北京，人民出版社，1980。

② 毛泽东：《中国革命战争的战略问题》，《毛泽东选集》第1卷，88页，北京，人民出版社，1991。

③ 周恩来：《关于党的六大的研究》，《周恩来选集》上卷，187页，北京，人民出版社，1980。

五、简单的结语

先驱者的探索是多么艰难！他们处在历史大变动的年代，周围的环境变化得那样快，许多陌生而复杂的问题突然提出来，等着要他们回答。许多问题在刚出现时还不那么清晰，它的发展前景中包含着许多难以捉摸的未知数，留给人思考的时间又不多。在这种情况下，要立刻做出准确的判断和选择，实在并不容易。一些在后人看来似乎十分明白的道理，先驱者却常要在付出巨大代价后才能把它弄清。

大革命失败时，中国共产党诞生才只有六年。六大的一些重要参加者瞿秋白、周恩来、蔡和森、邓中夏、李立三、王若飞等当年都只是三十上下的年轻人，革命的理论准备和实际经验都还有限。他们在革命遭受重大挫败的严峻时刻挺身而出，挑起了这副历史重担，站在时代潮流的前列，将革命向前推进，在极端艰难的环境中进行探索，做出了不可抹煞的巨大贡献。当我们在六十年后的今天回顾这些动人情景时，不能不对这些先驱者们肃然起敬。自然，他们不是没有缺点和不足。恰如其分地分析这些不足，从中引出值得后人深思的教训，是有必要的。但如果把主要注意力放在责备他们为什么没有解决这个或那个问题上，那难道是公平的吗？这些，也都要从历史条件加以说明，使人理解，不可以苛求于前人的。

中国共产党在革命时期三次"左倾"错误的比较研究*

中国共产党在革命时期发生过三次"左倾"错误，这对多少了解中国共产主义运动历史的人几乎已是常识。三次"左倾"错误各有它的主要负责人，又都同共产国际有关。问题是：为什么当一次"左倾"错误刚得到纠正后，接着又会发生另一次"左倾"错误，而且一次比一次更加严重？为什么当这些错误发生时，能够被党内许多人，包括不少领导人所接受和支持？这三次"左倾"错误，有哪些相同的地方，又有哪些不同的特点？这就需要把这几次错误的发展过程贯通起来，从总体上作一些考察和比较。这篇文章，试图在这些方面作一点探讨。

一、大革命失败和第一次"左倾"错误

以盲动主义为特点的第一次"左倾"错误，是在1924至1927年大革命突然遭受惨重失败的历史条件下发生的。这是它同以后两次"左倾"错误有明显区别的地方。

* 原载日本京都大学《东方学报》，1999年3月第71册。

对大革命的失败，许多共产党人缺乏足够的精神准备。这以前，在国共合作的条件下，北伐军从珠江流域很快推进到长江流域；工农运动随着猛烈发展起来。党内对未来充满乐观的情绪。尽管对国民革命阵营内部发生分裂的征兆，人们并不是毫无觉察，但对行将到来的事变的极端残酷性，认识极为不足，更谈不上做好应付突发事变的对策和措施了。

蒋介石、汪精卫的反共政变一发动，便断然采取极端残忍的手段，到处都是严密的搜捕和血腥的屠杀。据中共六大所作的不完全统计，从1927年3月到1928年上半年，在“清党”名义下被杀害的有三十一万多人，其中共产党员二万六千多人。党员人数在短时间内从近六万人迅速减少到一万多人。工会和农民协会被封闭，被解散。许多地方的党组织被打散。党内思想一时异常混乱，许多人不知道下一步该怎么办。

中国革命已进入低潮。中国共产党正面临被瓦解和消灭的危险。

面对如此严峻的局势，党内出现剧烈的分化：一部分人被屠刀所吓倒，动摇了，退却了，甚至背叛了；而中国共产党和它的基本力量在极端困难的条件下，重新整集队伍，开始新的战斗。八一南昌起义，八七紧急会议，湘赣边界秋收起义，为挽救党和革命做出了巨大贡献。但就在这时，另一种危险倾向很快又抬头了，那就是“左倾”盲动主义。它的突出表现有两点：第一，完全不顾实际条件，不注意在恶劣环境中保存革命阵地和收集革命力量，而是到处要求组织暴动，急于夺取重要城市，打开一个大的局面；第二，轻视革命军队的作用，强调主要靠工农自己起来暴动，不要偏重军事力量，否则就是“军事投机”。

当时，中共中央把暴动重点放在大革命时期工农运动有较好基础的湖南、湖北、广东三省，要求在这三个省迅速发动全省规模的暴动，夺取主要城市。根据这个要求，中共中央接连发布一系列的指示。

8月29日，中共中央常委通过的《两湖暴动计划决议案》中写道："目前两湖的社会经济政治情形，纯是一个暴动局面。"他们规定湖南和湖北都从9月10日开始，组织全省范围的暴动：湖南暴动分三大区，暴动成功后迅速调遣大部分力量进攻长沙，长沙也应在9月12、13日暴动，建立政权；湖北暴动分七个区，从鄂南开始，暴动后直攻武汉，武汉这时也必须有一个大的暴动。并且强调："土地革命必须依靠真正的农民的群众力量，军队与土匪不过是农民革命的一种副力。坐待军队与土匪的行动，这也是机会主义的一种形式的表现。这样领导暴动，暴动无疑义的要归于失败。这不是暴动，这是一种军事的冒险，或者军事投机。"①

9月23日，中共中央又要求广东全省应该不等待南昌起义军的到达，"即行发展普遍的暴动"。"如果我们真正把暴动的主力建立在农民群众的身上，而不是靠单纯的工农军的军事行动，则我们枪支虽少，不难扑灭有数倍枪支的敌军(这是两湖的经验)。这里，所需要的是我们指导者和群众的坚决的勇气。我们何可在事先自己怀着一种恐惧的心理?!"对城市来说，尽管"工人大多数没有枪支"，也不要等待，否则就是"太书生了"。"假设在乡村中农民暴动很激烈，城市已经很恐慌，而工人群众的革命情绪又很高涨的时候，我们无论有多少枪支，都应立即暴动，不能等待'得力农军的帮助'，换言之，便是不要

① 中共中央常委：《两湖暴动计划决议案》，1927年8月29日。

等待直接的军事力量，否则便是军事投机。”①

不久，他们又对国民党统治力量最强大的江浙地区提出这样的要求：“江浙的农民与工人也要领导起来暴动，以推翻南京政府为目的，至少是扩大土地革命的潮流于农民群众之中，摇动南京政府的政权。”②

当然，不能笼统地说所有暴动都是错误的。当国民党当局实行大规模的血腥屠杀时，在主客观条件具备的地方，特别是统治势力比较薄弱的农村地区，依靠群众，奋起反抗，实行工农武装割据，而不是束手待毙，无疑是必要的。在中共六大的大会发言中，有的代表说道：“秋收暴动是对的。何故呢？那时工农群众受了绝大的打击，农会、工会都封闭了，工农群众都恨之入骨。”③在湘赣边区有着武装起义的主客观条件，不这样做倒是错误的。但是，到处要求几乎赤手空拳又没有受过严格训练和组织的工农民众，单凭“指导者和群众的坚决勇气”，“无论有多少枪支都应立即举行暴动”，去同训练有素又有较好武器装备、在数量上也占有绝对优势的国民党正规军队作战，去夺取主要城市，以为并“不难扑灭有数倍枪支的敌军”，这完全是脱离实际的空想。其结果，只能使大革命失败后好不容易保存下来的那点力量在众寡悬殊的盲动中再次遭受重大损失，并且使党内和工农民众的革命信心和积极性进一步受到挫伤。

这种看起来近似儿戏的盲动行为，为什么会发生？它在相当程度上反映了当时党内的普遍情绪：第一，那时候，中国共产党刚成立了

① 中共中央致南方局并转广东省委信，1927 年 9 月 23 日。

② 《中央通告第十五号》，1927 年 11 月 1 日。

③ 余茂怀在中共六大上的发言记录，1928 年 6 月 24 日。

六年，是一个年轻的党。许多党员在极端困难的条件下顽强不屈，把斗争坚持了下来，但十分缺乏对付如此复杂局面的经验。对国民党屠杀的愤怒和复仇的渴望，对一部分人动摇背叛的强烈憎恨，使他们产生一种近乎拼命的急躁的冲动的心理，容易只看到(甚至夸大)事情有利的方面，而忽略(乃至无视)事情不利的方面。对情况做出错误的判断。第二，对相隔不久的大革命高潮中那些轰轰烈烈场面的强烈回忆和怀念，使他们中许多人不容易承认已经大大改变了的冷酷现实，从实际出发，做出长期打算，而以为只要凭着满腔热情，不难很快打开一个新的局面，总觉得“现在这种局面持续的时间不会太长”。① 李维汉曾概括地说：“当时，这种‘左倾情绪’，在革命者内部乃是普遍现象。”②中共中央许多领导人也是如此。李立三在六大的发言中说道：“革命遭受了失败，很多的工人遭受屠杀或失业，大多数的群众因疲倦而要休息，但一部分急进分子是不能忍耐的，而走上群众前面去了，这就是盲动主义与强迫罢工等的来源。”③这个分析是符合实际情况的。

接连的挫败没有立刻使中共中央从中得出正确的结论。相反，那些看起来轰轰烈烈的此起彼伏的各地暴动，包括一部分地区由于主客观因素配合得比较适当而取得成功，使他们对整个局势进一步做出错误的判断。本来，八七紧急会议通过的告全党党员书中还这样说：“中央委员会紧急会议现在致书于全体同志的时候，正是很困难危险

① 《管文蔚回忆录》，61 页，北京，人民出版社，1985。

② 李维汉：《对瞿秋白“左”倾盲动主义的回忆与研究》，《回忆与研究》(上)，231 页，北京，中共党史资料出版社，1986。

③ 李立三在中共六大政治报告讨论时的发言记录，1928 年 6 月 23 日。

的时期——伟大的中国革命遇见了极艰巨的折磨。”①8 月 21 日，中央常委通过的决议也仍承认：“如果要达到工农运动方面的胜利，那就必须是民权革命的急剧的前进与高涨。然而实际上现在是资产阶级军阀的反动得着了胜利，这当然是中国革命的极大的严重的失败。”②而相隔没有多久，这些领导人却断言：整个革命形势已在“更加高涨起来”。

10 月下旬，国民党统治集团内部的矛盾发展为武装冲突，特别是南京政府下令讨伐控制着湖北、湖南、安徽等省的唐生智。唐生智部迅速崩溃，两湖局势混乱。这更使中共中央认定：工农民众的革命力量，在反动统治已不能稳定的局面下，客观上已有一触即发的趋势。“中央特委到湖北，命令即刻停止省委工作，隔了一天，特委便发第二号通告，主张即刻暴动。那时特委什么东西都没有看到，究竟群众的情绪怎样，党的主观力量怎样，群众的斗争和组织力量怎样，这些都一无所知，只是在通告上：暴动暴动。”③

10 月 24 日，中共中央的机关刊物《布尔塞维克》创刊。这时，南昌起义军已经失败，两湖暴动也没有取得预期的成果。这期刊物的一篇文章却说：“虽然我们的革命军在潮汕失败了，然而各地的农民暴动并不是衰落下去，而是要增长起来，更加猛烈而普遍起来。”这就是说：革命浪潮还在高涨。那么，怎样看待接连遭受挫败这个事实呢？文章依然充满自信地说：“革命史上，从没有劳动民众的暴动预先便绝对有胜利把握的事。革命的政党绝不能因为暴动也许会失败，而决

① 《中国共产党中央执行委员会告全党党员书》，1927 年 8 月 7 日。

② 《中国共产党的政治任务与策略的议决案》，1927 年 8 月 21 日。

③ 任旭在中共六大上的发言记录，1928 年 6 月 25 日。

定不顾客观情形的要求，停止暴动的进行。如果这一政党竟如此决定，那么，他绝不是共产主义的党，绝不是无产阶级的党，绝不是革命的党。”①当下级党组织和党员干部客观地反映组织暴动时遇到的困难、特别是工人在国民党残酷镇压下还缺乏暴动要求和决心时，就遭到严厉的斥责，认为是对革命的动摇，是机会主义的倾向。

11月7日，中共中央主要负责人瞿秋白在《布尔塞维克》上发表文章，用更强烈的语调写道：“中国社会的大破裂已经开始了。军阀混战和国民党分崩的局面之下，反革命的豪绅资产阶级决不能巩固自己的统治，不能稳定，不能统一；工农贫民的斗争现在急遽的爆发，更加高涨起来；虽然半年来已经受着屡次的挫折，屡次残暴的压迫，但是工农贫民的革命力量始终突飞的进展，现时已在全国爆裂起来。”②这篇文章，显然是在为正要召开的中央十一月会议在党内做舆论准备。

11月9日至10日举行的中共中央临时政治局扩大会议，使这种“左倾”盲动主义的错误发展到高峰，取得在全党的统治地位。

会议通过的《中国现状与党的任务决议案》，一开始就提出要对当前形势和党的策略做出新的判断，写道：“最近的一期，各地工农民众的斗争又重新猛烈的爆发，一般政治状况及各阶级的相互关系经过了很严重的变更。中国共产党的任务，就是要考察现时的新时机而决定适应这种客观时机的策略。”决议在列举中国社会严重危机的种种表现后，得出一个重要的结论：“中国劳动民众革命运动的力量不但还

---

① 毛达：《八一革命之意义与叶贺军队之失败》，《布尔塞维克》第1期，1927年10月24日。

② 瞿秋白：《中国社会的大破裂》，《布尔塞维克》第3期，1927。

有很多很多没有用尽，而且现在刚在重新爆发革命斗争的高潮"，"现时全中国的状况是直接革命的形势"，"中国革命带着长期的性质，但是是无间断的性质"。决议向全党提出创造总暴动局面的任务，说："现在虽还没有到总暴动的时机，而党的任务却正在于努力鼓动各地城乡革命的高潮，创造总暴动的局面。"并且认为：现在的革命斗争，已经必然要超越民权主义的范围而急遽地进展。对以往多次暴动的失败，决议不但没有从中引出必要的教训，相反却指责说："许多次农民暴动之中，指导者犹豫动摇，没有革命的坚决的意志，都是多次失败的主要原因。"①

这个决议是在共产国际代表罗米纳兹指导下起草的，使"左倾"盲动主义的错误指导更加系统化和理论化了。把中国革命的性质和速度概括为"无间断的革命"，也是罗米纳兹的发明。但这种左的思想和情绪，当时在中国共产党内也相当普遍地存在着。

中国共产党的领导人们接受这些主张，并不只是出自对共产国际的盲从，也经过自己的严肃思考，力图从理论上做出分析和说明。十一月会议结束后几天，瞿秋白写了《中国革命是什么样的革命》一文，在《布尔塞维克》第5期上发表。这是一篇很有代表性的文章。瞿秋白一开始先提出问题："革命是低落吗?"接着便回答道："革命潮流的低落与消沉，在现时的中国必须有三个条件：一、反革命的统治能相当解决中国社会关系中的严重问题(如土地问题、劳资问题等)；二、反革命的统治能够迅速稳定；三、革命的群众溃散而消沉。如今现实上中国绝没有这些条件。"以这三个条件来衡量，他得出结论："中国革命是高涨而不是低落。中国革命的高涨而且是无间断的性质——各地

---

① 《中国现状与党的任务决议案》，1927年11月9～10日。

农民暴动的继续爆发以及城市工人中斗争的日益剧烈，显然有汇合而成总暴动的趋势。”①

《布尔塞维克》下一期是“中国共产党中央临时政治局扩大会议特刊”。这期的社论中又写道：“历史的教训指示我们：民众不能等待叶贺来替广东工农革命；不能等待任何军事势力(甚至于某某工农讨逆军、某某农军)来打倒治者阶级。此后的革命，坚决的只有工农自己起来武装暴动，自动手杀戮豪绅工贼反革命派，自动手的没收土地分配土地，摧毁一切旧的社会关系。‘民众反军阀的战争已经开始’，中国共产党最近决定如此的策略，实在是开辟中国革命史的新纪元。”“中国存在所需要的革命，是彻底的土地革命——最彻底的推翻封建制度的民权主义革命，而且是急转直下这种社会主义的革命——马克思所谓无间断性的革命。况且，中国革命经过三次失败而仍旧继续不断的高涨，群众的斗争与暴动普遍全国的爆发，更是中国革命的无间断性之表演。”②

事情确实是复杂的：国民党虽然继续打着“国民革命”旗号，中国社会内部那些异常尖锐的根本问题却一个也没有得到解决，反动势力并没有建立起长期的稳定的统治，人民也不可能放弃斗争，在这种情况下，革命自然必将继续向前发展。如果看不到这一点，就会走到悲观失望的取消主义的道路上去。但事情还有另外一面：大革命失败，国民党已经暂时建立起相对稳定的统治，不少人对它抱有期望，他们的军事力量更占有极大的优势，而革命势力却遭到严重的削弱。从全

① 瞿秋白：《中国革命是什么样的革命》，《布尔塞维克》第1卷第5期，1927年11月21日。

② 《布尔塞维克万岁》，《布尔塞维克》第1卷第6期，1927。

国范围来看，革命潮流正处在低谷，而不是在“一直高涨”之中。这也是无可否认的事实。

王若飞在六大的发言中说：“我们或只片面的看到敌人统治的摇动，或只看到群众有革命的要求，或只看到乡村争斗的发展，或只看到一地方之急进，便认为全国革命潮流是一直高涨，可以即刻暴动，这是错的。”①项英在这次会上也说：“国民党反叛后工人阶级的力量是减弱了。”“我们可以拿工人的话来讲：‘我们现在没有力量。’这表示有些工人一面痛恨国民党，一面又找不着出路。”②

更多的人往往需要经过事实反复多次的教育，才能真正把事情看清楚，才能真正把错误纠正过来。

十一月会议后，中共中央继续紧锣密鼓地部署各地暴动，并且仍把主要希望寄托在广东和两湖的暴动上：“对于广东，中央坚决的训令广东省委须于最短期间变张（发奎）李（济深）的军阀混战为工农夺取政权的战争。对于两湖，中央亦曾训令两湖省委于最短期间布置出一个总暴动的局面。”③12 月 11 日，广东省委根据中共中央的指示，发动广州起义，经过十多小时激战，占领广州市区的绝大部分，成立了苏维埃政府。“苏维埃”这个名词是从苏联搬来的，就是代表会议的意思。这次起义，其实仍是以隐蔽下来的共产党员叶剑英所领导的第四军教导团和警卫团等革命军队为骨干发动起来的，也有工人赤卫队七个联队和市郊一部分农民武装参加。中共中央却把它看成是“广大群众自己的力量举行暴动，有组织的军事势力不过成为一种辅助的力

① 王若飞在中共六大上的发言记录，1928 年 6 月 25 日。

② 项英在中共六大上的发言记录，1928 年 6 月 24 日。

③ 《中央通告第二十三号》，1927 年 12 月 14 日。

量。”并且认为：“中国革命潮流确实是一天一天的高涨，中国革命确实是深入而扩大，不仅没有失败，而且不是停顿。”①

苏南地区的宜兴和无锡在十一月间相继爆发有几千农民参加的武装暴动，宜兴暴动农民并曾一度乘虚占领县城，也使中共中央感到十分兴奋。《布尔塞维克》第四期的社论写道：“江南的农民已经在宜兴、无锡开始伟大的暴动了。宜兴、无锡爆发的农民暴动明显表示：无论豪绅资产阶级政权如何以亚洲式最野蛮的手段镇压中国工农贫民的真革命，但中国的革命运动仍然潜滋暗长的发展着，且将更伟大的爆发出来。”“这次暴动是普遍江南各县的暴动。宜兴的挫折和其他城镇的失败都不能停止暴动，只有更加扩大暴动的范围，由苏常至浙江以及于江北，而且江南正是中国最大的工业区，上海就是中国无产阶级最强有力的营垒。江南乡村农民暴动更将与城市工人暴动联结起来，根本推翻豪绅资产阶级根据地，攫取其政权，建立苏维埃的中国。”②

事情的发展完全不是像他们所期望的那样。广州起义，因为共产国际代表诺伊曼坚持起义只能以城市为中心，必须“进攻进攻再进攻”，而丧失了及早把起义军主力转向农村、避开优势敌人打击的时机，寡不敌众，维持了三天便失败了，遭受巨大损失。湖南的“灰日暴动”一开始就被镇压下去。湖北的暴动根本没有发动起来。苏南是国民党统治的心脏地区，兵力集中，交通便利，暴动一起，国民党军队就赶到了，很快把暴动扑灭。

每次暴动起来，盲动主义的领导人总是一味只从顺利的方面去设想，以为只要暴动起来，第一步就可以如何如何，第二步又可以如何

① 《伟大的广州工农兵暴动》，《布尔塞维克》第1卷第9期，1928。

② 《江南农民大暴动之开始》，《布尔塞维克》第1卷第4期，1927。

如何；而对暴动后会遇到哪些困难，怎样对付敌人残酷的镇压，很少考虑和准备；对有些根本没有条件举行暴动的地方，不但不去组织有秩序的退却，反而也强令他们去举行毫无胜利希望的暴动。项英在六大会上批评道："过去党对于政治分析，只说敌人的弱点与我们的强点。反动势力进攻的形势怎样，我们主观力量怎样，都没有提及。"①

这样，一旦出现原来没有料想到的情况，便不知所措而陷于失败。结果，暴动地区的许多领导人和革命积极分子被杀害，包括中共广东省委书记张太雷和湖南省委书记王一飞等高级干部都先后牺牲；中国共产党在原来群众基础最好的这些地区很不容易地保留下来的一点力量，再次遭到严重摧残；群众情绪也因接连挫败而明显低落。罗章龙在六大谈到湖南的情况："此时中央派一飞到长沙，惟一政策是继续暴动。湖南同志当反革命高压及大多数同志牺牲之后，在中央的无条件暴动政策之下，并不知道暴动的前途是什么，只是人人怀必死之心，服从上级命令，为暴动而暴动罢了。自一飞到长沙后，首先声明他的惟一任务来湖南是以暴动为目的的。只有一点力量，便尽量的运用它发动一个暴动，在长沙、安源及外县尽量的发展。这些单独盲动的结果，尽被敌人各个击破，只是将我们党少数团聚的力量完全毁坏，党的干部及工会的干部直到后来死亡殆尽(只剩了极少数人逃生的)。"②如果继续这样不顾一切地不断暴动下去，党组织和革命的力量可能会全部丧失干净。

惨痛而冷酷的事实不能不使中共中央领导人感到震惊，开始冷静下来重新考虑问题。这是用多少血的代价换来的。当时，人们最迫切

① 项英在中共六大上的发言记录，1928 年 6 月 24 日。

② 罗章龙在中共六大上的发言记录，1928 年 1 月 14 日。

要求回答的问题是：暴动是不是需要具备应有的条件？1928年1月14日，中共中央发出由刚到中央不久的周恩来起草的致湖北省委的信，指出：“中央认为你们有无政府党与盲动主义的倾向，即是认为一切的斗争都是暴动，无往而不暴动，一切解决于暴动。”要求湖北省委“赶快停止无政府党、盲动主义的行动，很艰苦的深入到工农群众中去工作，在领导工农群众的日常斗争中，去发动与创造群众的革命大潮”。[①] 在整个工作部署上，中共中央也作了重大调整，停止原来计划的两湖“年关总暴动”。在实际工作中出现明显的变化。

但是，要彻底纠正一种已经形成系统的错误指导思想，实在不是容易的事情。尽管有了一些变化，中共中央并没有改变中国革命潮流仍在高涨这个根本估计。2月10日，瞿秋白给共产国际的报告中，虽然讲到工农之间、各地域之间革命运动发展的不平衡，但仍认为“革命的潮流显然不是低落的”，“一般民众的出路，是只有武装暴动，夺取政权”。“阶级斗争已经到最剧烈最残酷的形式”。[②] 而党内对这个问题已经存在不同看法。在第一线工作的中共江苏省委负责人王若飞、项英等，根据实际生活中的体会，提出：中国革命潮流是低落的，不能简单地说革命潮流高涨。中共中央一些领导人仍坚持说整个的革命潮流是高涨的。他们有一个很大的顾虑，生怕一说革命潮流低落，会使党内滋长灰心沮丧的情绪，使人心在本已极端困难的情况下更加涣散，对革命的推进产生消极作用。连多次反对过盲动主义的周恩来、罗亦农也是如此。周恩来在中共中央召开的一次谈话会上表

---

① 中共中央给湖北省委的信，1928年1月14日。

② 《瞿秋白文集》政治理论编，第5卷，314～315页，北京，人民出版社，1995。

示：讲革命潮流低落是“由失败而发生出来的观念，不但是低落，而且会悲观”。[①] 他们十分担心这一点。这样，纠正“左倾”盲动主义就很难坚决而彻底。

同年2月，共产国际执行委员会第九次扩大会议通过关于中国问题的决议。这个决议是比较好的，批评了盲动主义和共产国际代表罗米纳兹的错误。决议指出：“目前中国革命所处的时期是资产阶级民主革命时期。”“认为现阶段的中国革命已经转变为社会主义革命的看法是不正确的。同样地，认为现阶段的革命是‘不断革命’的看法(这是共产国际执委会驻中国代表的观点)，也是不正确的。”对中国革命的形势，决议做出明确的论断：“这场革命运动的第一个浪潮已经过去，在许多革命运动的中心地区，这个浪潮止息下去，工人和农民遭到惨败……目前，在全国范围内还没有出现群众革命运动的新高潮。”[②]

对形势的判断是制定党的基本策略路线的依据。共产国际这个决议着重指出：“在目前形势下，一个最大的危险就是工农运动的先锋队由于对当前形势的错误估计，由于对敌人力量估计不足，因而可能脱离群众，过于冒进，分散自己的力量，从而被各个击破。”“要经常地、日复一日地做提高群众阶级觉悟的工作，要领导群众的日常斗争以及组织群众。这一切对于中国共产党来说，目前比过去任何时候都更为必要。”“必须坚决反对工人阶级某些阶层中的盲动主义，反对在城市和农村采取无准备、无组织的行动，反对把起义当作儿戏。”[③]

① 周恩来在政治谈话会上的发言记录，1928年2月12日。

② 《共产国际有关中国革命的文献资料》第1辑，350页，北京，中国社会科学出版社，1981。

③ 同上书，350～352页。

这个决议传到处于秘密状态的中共中央手里，已到了4月下旬。4月28日，中共中央召开政治局会议进行讨论。参加会议的有瞿秋白、周恩来、李维汉、邓中夏、项英五人。两天后，中共中央发出接受共产国际执委会二月决议的第四十四号通告，对中国革命性质和反对盲动主义的问题都明确表示了态度。这样，中国共产党在革命时期的第一次“左倾”错误，在全国范围内基本结束。

二、革命走向复兴和第二次“左倾”错误

中国共产党在革命时期的第二次“左倾”错误，是在1930年夏间发生的。它同第一次“左倾”错误的结束，相隔两年时间。两者有明显的不同：第一次是在大革命遭受严重挫败时带有浓厚拼命色彩的盲目蛮干；第二次却是在国民党各派军事势力间爆发大规模混战、革命运动明显走向复兴时，由于对革命发展的有利形势做出过分夸大的估计而发生的迫不及待的冒险主义。

中国共产党第六次全国代表大会是在1928年6月18日至7月11日在莫斯科举行的。会上许多代表对盲动主义错误提出批评，如王若飞说：“这些都是没有看清当时争斗形势，不顾群众力量，纯主观的办法，自然要迭次遭受失败。”“现在还没有全国范围内的高潮，我们要努力准备新的高潮的到来。”①

在经历了“左倾”盲动主义的狂热和一连串失败带来的迷惘以后，六大的基调是坚定而清醒的。它肯定中国革命现在阶段的性质仍是资产阶级民主革命，明确地指出目前的形势没有群众的革命高潮，要求党的工作根据阶级力量的实际对比有一个坚决的转变。六大的政治决

---

① 王若飞在中共六大上的发言记录，1928年6月25日。

议写道："工农运动底第一浪潮，大都是中国共产党所指导的。这个浪潮已经完结，因为工农受着极严重的失败，他们的革命组织受着极大的摧毁(工会、农民协会、共产党党部)，最好的干部遭受屠杀，工农底先锋遭受很大的损伤。现时的形势，一般说来是没有广泛的群众的革命高潮，中国革命运动发展底速度是不平衡的，亦就是现时形势底特征。"决议提出了必须实现工作方向转变这样一个十分重要的问题："因为革命受了这严重失败的关系，工作底方向必须坚决地从广大范围内直接的武装发动，转变到加紧组织和动员群众的日常工作的方向上来。"并且明确地规定："现在，第一个浪潮已经因为历次失败而过去了，而新的浪潮还没有到来，反革命底势力还超过工农，党底总路线是争取群众。"怎样才能取得争取群众的成效？决议强调指出："最主要的危险倾向就是盲动主义和命令主义，他们都是使党脱离群众的。""现在必须继续反对机会主义的斗争，尤其要反对左倾的弊病。"①共产国际主席布哈林在会上所作长篇报告，也对盲动主义批评道："在失败之后，我们身上现在还有数十百个创伤，现在若仍要暴动，简直是以革命为儿戏，这是绝对不正确的。"②

对六大的历史评价，延安整风时周恩来说过："总的说来，'六大'关于革命的性质、动力、前途、形势和策略方针等问题的决定基本上是对的，所以说'六大'的路线基本上是对的。"③

六大后的两年间，在极端复杂而困难的环境中，中共中央领导各地党组织进行了艰苦而扎实的工作。尽管工作中仍有失误，但总的说

① 中国共产党第六次全国代表大会政治决议案，1928年7月9日。

② 布哈林在中共六大上关于政治报告的讨论结论，《党的生活》第3期。

③ 周恩来：《关于党的六大的研究》，《周恩来选集》上卷，186页，北京，人民出版社，1980。

取得了不少进步，主要表现在两个方面：

第一，整顿几乎被打散了的党组织，恢复并发展党在国民党统治区域内的秘密工作。那时候，在国民党严密搜捕和党的“左倾”盲动下，全国的省委机关没有一个不曾被破坏过。以原来基础较好的湖北来说，在1928年连续遭受三次摧毁性破坏后，全省城市十分之九已没有党的组织，工人党员下降到不足五十人。在这种情况下，中共中央帮助各省一个一个地恢复组织，并且把“深入群众”当做当前组织上的中心口号。全党的作风有明显的改变，注意深入到群众中去，了解他们的切身利益和要求，努力团结更广泛的群众。党在群众中的政治影响和领导斗争的力量，都有了新的进展。城市的工人运动出现复兴的趋势。这些虽还是初步的，却是得来不易的。

第二，工农红军和农村革命根据地的工作取得巨大的发展。六大前后，中国农村的革命游击战争正处在特别艰难的时刻。那时，国民党各派军事势力间的大规模内战还没有爆发，可以集中较多兵力对工农红军进行“清剿”。红军的农村游击战争开始还不久，力量很小，经验不足，失利的消息一个接着一个地传来。经过一年多的努力，加上国民党各派军事势力之间的大规模内战开始，无暇顾及对工农红军“进剿”，红军力量有了很大发展。到1930年年初，红军已有第一军至第十三军共十三个军，六万二千七百多人，两万八千九百多支枪（其中最强大的是朱德、毛泽东领导的红四军，有一万人、七千支枪；其次是彭德怀、滕代远领导的红三军，有九千四百多人、六千五百多支枪），分布在中国南部一百二十七个县。[①] 在国民党统治力量薄弱的几省边界地区，已先后建立起赣南、闽西、湘赣、湘鄂赣、闽浙

① 周恩来：《红军的数目与区域》，1930年3月。

赣、洪湖及湘西、鄂豫皖、左右江等大小十五个农村革命根据地，有几万、几十万农民团结在共产党周围，开展土地革命，没收地主土地，建立自己的武装和政权。

中国革命运动的面貌，经过两年的努力，和六大闭幕时相比已大大不同了，处处呈现出向前发展的态势。

六大对形势的估计，本来遗留下一个问题。它虽然指出“现在第一个革命浪潮已经因为历次失败而过去了，而新的浪潮还没有到来”，但对新的革命浪潮究竟在什么时候可以到来，并没有具体做出回答，而在当时确实也难以回答。六大政治决议案还写道：“新的广大的革命高潮是不可避免的。”“反动的统治在各区域巩固的程度是不平衡的，因此在总的新高潮之下，可以使革命先在一省或几省重要省区之内胜利。目前没有革命高潮的条件之下这种胜利没有可能实现，然而这种前途是可能的。”①因此，新的革命高潮何时到来，就一直萦绕在中共中央许多人的头脑中。在主观上，他们是急切地期望这种新的革命高潮能够早日到来的。革命形势处处呈现向前发展的态势，更增强了他们的这种情绪。这是中国共产党内左的急性病容易重新抬头的重要原因。

不过，在六大后的最初一年左右时间内，中共中央的态度仍是比较冷静的。1928 年 11 月，中央军部给南路军的指示信，在指出反动统治阶级面对的各种基本矛盾一个也无法解决、新的革命高潮终将到来以后，接着就说：“然这也不容许过分估量，因为统治阶级虽不能根本解决革命危机，但它却能和缓这个革命危机，尤其是我们党在目前不能领导成千上万的工农贫民兵士群众于党的政治影响之下，坐使

---

① 中国共产党第六次全国代表大会政治决议案，1928 年 7 月 9 日。

工农贫民兵士自发的斗争成为零碎的失败，而不能使阶级斗争成为更剧烈的形式，更足以推延这个革命高潮的到来。故在目前反革命势力还超过工农斗争力量时，党的总路线是争取群众。武装暴动在全国范围内还不是行动的口号，而是宣传的口号。”①这一类分析，在当时中共中央文件中到处可见。

已经担任政治局常委兼宣传部长的李立三，最初也还能保持冷静的头脑，并不像不久后那样狂热。他在1929年3月发表的文章中写道：“我们分析各种群众的情形，很明显的是广大群众的斗争又已开始复兴的形势，虽然这一复兴的形势是很缓慢的，但的确是很稳着的向前进展。”同时也指出：“如果认为现在群众斗争已经复兴了，将要很快的走向革命高潮，这也是极不正确的观点，同样的有害于我们正确的路线。因为这一无聊的乐观主义要使我们认不清敌人的策略，尤其是使我们认不清革命的主观的弱点。”“所以我们对于这一开始复兴的形势不能作过分的估量，认为革命高潮必然很快的到来。”②直到这年七月初，他在一篇文章里叙述两个月来国民党统治危机加深和革命斗争发展的事实后，仍然比较冷静地写道：“我们不能将这些现象的程度夸大了，我们还不能说很快的便是革命的高潮，但是这种现象却无疑义的是走向革命高潮的形势。”③

但随着形势的变化，党内左的急性病又一步一步地抬头。到1929年年底和1930年年初，这种左的偏向便急转直下地发展起来。当时，

① 中央军部给南路军的指示信，1928年11月13日。

② 立三：《目前政治形势的分析与我们的中心任务》，《布尔塞维克》第2卷第5期，1929。

③ 立三：《反动统治的动摇与革命斗争的开展》，《布尔塞维克》第2卷第7期，1929。

有两个不能忽视的因素：一个来自共产国际，另一个来自国内政治局势的变化。

来自共产国际方面的，主要是两件事，那就是共产国际十次全会大力开展反右倾斗争和共产国际给中共中央写来四封指示信。当时共产国际在各国共产党内有着很高的威信，并且在组织上对中国共产党有着约束作用。因此，这两件事都在中国共产党内引起震动，产生了不小的影响。

共产国际执行委员会第十次全会是1929年7月3日至19日举行的。这次会议着重批判了共产国际原主要领导人布哈林的"右倾"，撤销了他在共产国际中担负的工作。会议政治决议案对布哈林在共产国际六大提出的战后"第三时期"的论断重新作了解释。这样写道："目前是大战后的第三时期，是资本主义一般危机增长起来而帝国主义内外矛盾日加剧烈的时期。此时期的矛盾将要达到帝国主义新的战争，将要达到伟大的阶级冲突，将要达到主要资本主义国家的新的革命浪潮之发展，将要达到殖民地反帝国主义的大革命。"这个论断，后来成为中国共产党内第二次"左倾"错误的重要理论依据。全会决议认为，由于世界资本主义经济危机的发展和苏联第一个五年计划经济建设的成功，"帝国主义对苏联的进攻乃是主要的危险"。共产国际经常把它自己的主张，不加区别地规定为各国共产党一律都要严格执行的任务，而不顾这些国家的不同国情和实际形势。由于这次会议的主题是反右倾，它就提出："加紧反右倾的斗争，在殖民地国家共产党内也是必要的。"①莫洛托夫在会上的演讲中说："反对右派及调和派的斗

① 《国际状况与共产国际的目前任务——一九二九年七月共产国际执行委员会第十次全体会议的政治决议》，《布尔塞维克》第3卷第1期，1930。

争，带着国际的性质。这个斗争的尖锐程度，它的严厉和坚决的程度，大部分可以作为各国共产党发展的一个标准。”他还说：“在这个‘第三时期’和直接革命形势之间并没有隔着一道万里长城。”①

这一来，“反右倾”的口号立刻在中国共产党内上升到突出地位，党内的政治空气顿时一变。左的急躁情绪迅速大幅度上升。《布尔塞维克》为国际这次会议出版了“特号”，并且发表文章说：“第三时期，是帝国主义没落的时期，是全世界革命总爆发的时候。”“帝国主义战争的危险日益迫近，特别是对苏联的进攻的危机更是日益迫近。反对帝国主义战争、保护苏联的口号，日益成为共产主义每日的口号。”②12 月 20 日，中共中央政治局专门通过《中国共产党接受共产国际第十次全体会议决议的决议》，完全同意国际十次全会对大战后第三时期的分析，认为在中国革命复兴的形势下，要更迅速地开展这一全国革命高潮，提出“在现在中国革命的形势之下，在城市在工人中组织同盟罢工、示威运动，发展到政治的总同盟罢工，扩大游击战争，组织地方暴动，尽量的扩大红军，组织兵变，是现在党领导各种革命斗争汇合起来成为推翻国民党军阀政权、建立苏维埃政权之直接斗争的主要策略”，并且表示要坚决开展反右倾斗争。③

1929 年这一年，共产国际给中共中央写来四封信。它的内容都着重在反右倾。其中影响最大的是 10 月 26 日的信。它一开始就危言

---

① 莫洛托夫：《共产国际与新的革命浪潮》，《布尔塞维克》第 3 卷第 1 期，1930。

② 定一：《共产国际第十次全体会议的总结》，《布尔塞维克》第 3 卷第 1 期，1930。

③ 《中国共产党接受共产国际第十次全体会议决议的决议》，1929 年 12 月 20 日。

耸听地说："中国最近的事实，迫着我们在还没有接到你们关于党在现时条件下的行动和路线的消息的时候，就来说一说我们对于中国时局的估计，就来预先指出你们中国共产党底最重要的任务。"信中做出一个严重的结论："中国进到了深刻的全国危机底时期。"从这个总判断出发，他们提出："现在已经可以开始、而且应当开始准备群众去用革命方法推翻地主资产阶级联盟底政权，去建立苏维埃形式的工农专政。同时，要积极地发展和扩大革命形式的阶级斗争(群众的政治罢工、革命的示威运动、游击运动等)。"他们不再要求反对盲动主义，相反地认为："盲动主义的错误在大体上已经纠正过来。你们现在切不要重复这些错误，而应当尽力鼓动并加紧阶级冲突，领导群众底义愤，按照阶级冲突底向前发展而提高要求，把革命斗争推进到日益更高的发展阶段上去。"①1930 年 1 月 11 日，中共中央政治局通过接受国际这封指示信的决议，表示："目前全国情形，正如国际来信所指出，确已进到深刻的全国危机的时期。""现时虽不能预言转变到直接革命形势的速度，即实行武装暴动直接推翻反动统治的形势的速度，但我们必须如国际所指示，在现在就准备群众去实现这一任务，并积极的开展和扩大阶级斗争的革命方式。"②

国内的政治局势，这时也朝着有利于革命的方向发展。南京政府在北伐军占领北平和天津、北洋军阀的统治被推翻后，曾有过一段相对稳定的时期，民族工商业因为国内战争基本停息和交通全面恢复而有所发展，但从 1929 年 3 月蒋桂战争爆发起，重又陷入连年不断的

---

① 《共产国际执委给中共中央关于国民党改组派和中共任务问题的信》，1929 年 10 月 26 日。

② 中共中央：《接受国际一九二九年十月二十六日指示信的决议》，1930 年 1 月 11 日。

各派军事势力的混战之中，许多原来“清剿”工农红军的军队纷纷调往军阀混战的战场，后方空虚，给了各地工农红军以发展的机会。在国民党政府统治下，中国的民族危机更加深重，中国社会内部的矛盾不但一个也没有得到解决，而且更加激化。原来对国民党抱有期待的人们的不满情绪也日益增长起来。1930 年 2 月 9 日，在华北处于举足轻重地位的阎锡山通电要求蒋介石下野。阎锡山、冯玉祥、李宗仁和改组派、西山会议派等联合反蒋的新格局日见明朗，规模空前的中原大战迫在眉睫。国民党统治地区内的状况越来越混乱。

事情就是这样不幸：当 1928 年革命浪潮低落、革命遭到严重挫败的时候，党内虽然一度出现左的错误，在事实的教训下，大家终于清醒过来，纠正了盲动主义的错误。但过了一年多，到国民党各派军事势力混战大规模爆发、革命运动明显走向复兴时，党内许多人又过分兴奋起来，忘乎所以，对革命形势的发展做出脱离实际的过高估计，逐步导致第二次“左倾”错误。

左的急性病一旦重新抬头，很快就不断升温。2 月 27 日，中共中央政治局举行会议，讨论全国的“政治形势与战略策略”。李立三在会上作报告。他说：现在全国大混战又要爆发了，蒋阎战争的范围当然更扩大。他判断道：“在今天，在全国范围内固无直接革命形势，然而它的到来并非很远。因为军阀战争削弱统治力量，加重群众痛苦。这一混战的确有可能爆发一直接革命形势。”因此，他提出：“我们目前总策略路线应针对这一前途，‘变军阀战争为消灭军阀的革命战争’、‘以群众武装暴动消灭军阀战争’不仅为宣传口号，而且变为动员群众的直接口号。因此，策略总方针是：组织群众行动，以消灭军阀战争。”“在某几省的形势之下，组织一省或几省暴动，在今天应有坚决决定，首先就是湖北问题。”[①]在国际指示信影响下，原来比较慎重的周恩来也提出要“组织政治罢工，组织地方暴动，组织兵变，集中红军攻坚”，并且说：“这四大口号是我们目前的中心策略。”[②]当然，也需要注意到：从当时中共中央一些文件来看，他们所考虑的还只是如何“准备全国暴动”，如何“推进直接革命形势更快到来”，还没有做出在全国范围内组织暴动的具体部署。

5月间，酝酿已久的蒋介石同阎锡山、冯玉祥、李宗仁等之间的中原大战爆发。这是一次规模空前的新军阀大战。双方动用的兵力在一百六十万人以上，在陇海铁路、津浦铁路、平汉铁路一带展开反复拉锯的激战，战争持续达四个月之久。当时，周恩来已去苏联向共产国际报告工作，实际上主持中共中央工作的李立三认为革命危机已在全国范围内走向成熟。他在5月15日出版的《布尔塞维克》上发表题为《新的革命高潮前面的诸问题》的长篇文章。这可以说是一篇纲领性的文件，无论在对国内局势的估计上，还是在整个工作的部署上，都出现重大的转折。文章对形势做出这样的论断：“有了农村暴动的广泛的发展，有了工农红军的迅速扩大，有了兵士的动摇与自觉的哗变的事实的增加，有了统治阶级这样严重的危机，的确只要是在产业区域与政治中心爆发了一个伟大的工人争斗，便马上可以形成革命的高潮——直接革命的形势。”“而且在这样客观条件日益成熟之中，在任何一个问题上都有爆发革命高潮的可能……在革命高潮到来的形势之下，群众组织可以飞速的从极小的组织发展到几十万人甚至几百万人的伟大的组织。同样，党的组织也可以在几星期甚至几日以内变成广

① 李立三在中共中央政治局会议上的发言记录，1930年2月17日。

② 周恩来在中共中央政治局会议上的发言记录，1930年2月17日。

泛的群众的党。”①

李立三也知道：中国这么大，国民党统治的巩固程度和革命势力的发展在各个区域是不平衡的。他在文章中说：“当全国范围内已经到了革命高潮的时候，但革命政权或许不能同时在全国范围内取得胜利，而要首先建立一省或几省的革命政权。”可是，接着又写道：“一省与几省政权，必须是紧接着全国革命的胜利，绝不能有什么‘割据’、‘偏安’的局面。所以在准备夺取一省与几省政权的时候，如果只注意在某几省区的狭隘的范围而忽视了全国工作同时加紧的配合，便是绝对错误的观念。”②

怎样来夺取一省与几省的首先胜利呢？李立三仍从城市中心论的观点出发，认为主要得依靠城市产业工人从政治罢工到总同盟罢工再到武装暴动。他写道：“没有中心城市，产业区域，特别铁路海员兵工厂工人群众的罢工高潮，决不能有一省与几省政权的胜利。想‘以乡村来包围城市’，‘单凭红军来夺取中心城市’都只是一种幻想，一种绝对错误的观念。所以准备夺取一省与几省政权的胜利的条件，特别要加紧主要城市尤其是重要产业工人中的工作。所以，组织政治罢工，扩大到总同盟罢工，加紧工人武装的组织与训练，以创造武装暴动的胜利的基础，是准备一省与几省政权夺取的最主要的策略。”但工农红军这时毕竟已成为谁都无法忽视的力量，所以，和第一次“左倾”错误时不同，李立三没有再去批评什么“军事冒险”，而把红军对城市的进攻也看做他的计划中的重要辅助力量，这样写道：“在中国客观

---

① 李立三：《新的革命高潮前面的诸问题》，《布尔塞维克》第3卷第4、5期合刊，1930年5月15日。

② 同上。

经济政治条件之下，单只无产阶级斗争的高潮，而没有农民的暴动，兵士的哗变，红军的有力进攻，各种革命势力的配合，同样是绝对不会有革命的胜利。而且在这四种革命势力中，缺乏任何一种，都是不可能的。”①

值得注意的是，王明在同期《布尔塞维克》上也发表了一篇文章。他的基本观点同李立三没有多少差别。文章写道：“此次军阀战争是中国整个政治经济危机尖锐化的具体反映。”“力争革命首先在武汉及其邻近各省胜利的前途加速实现，即变军阀战争为工农兵武装暴动推翻军阀统治的战争，不仅是武汉及其邻近各省的工农群众的紧迫任务，而是全中国工农群众的迫切任务。夺取武汉毫无疑义地是建立全中国苏维埃政府的开始。它不仅能使武汉及其邻近各省脱离军阀战争的惨祸，而且能变全国军阀混战为全国革命战争。共产党领导全国工农兵群众为加速夺取武汉而斗争，一切工作和斗争都应当向着这个中心任务进行，这毫无疑义是必要的。”②可见他们的思想本来就有很多相通的地方。

6月9日，李立三在中央政治局会议上对他起草的关于目前政治任务决议案的内容作报告。他在报告一开始便说：“现在革命形势上，革命高潮已到了。目前，夺取政权的任务，已到我们前面来。”他说：“现在中国党总的路线是组织暴动。”“在全国革命高潮将要到来之下，有首先在这一省或那一省爆发革命高潮而马上普遍到全国的可能，这是对的，不过这一普遍的发展是很快的，因为在全国任何地方的客观

① 李立三：《新的革命高潮前面的诸问题》，《布尔塞维克》第3卷第4、5期合刊，1930年5月15日。

② 韶玉：《目前军阀战争与党的任务》，《布尔塞维克》第3卷第4、5期合刊，1930年5月15日。

条件都已经成熟，首先爆发的地方，则是统治阶级最弱，而同时是革命斗争更加发展的地方。”“因此，中央在七十号通告上指出来，武汉有这一胜利的可能，不是简单的主观问题，而是要看客观的条件。”他在报告中还尖锐地批评毛泽东所主张的要在长时期内用主要力量去创造农村根据地、发展游击战争、以农村来包围城市、推动全国革命形势发展的思想，说：“在全国军事会议中发现了妨害红军发展的两个障碍，一是苏维埃区域的保守观念，一是红军狭隘的游击战略，最明显的是四军毛泽东，他有他一贯的游击观念，这一路线完全与中央的路线不同。”“这一问题必须要根本解决。游击战争的战术已不适合于现在的形势，现在的红军需要扩大充实，而不是短小精悍的游击队式的组织。”①

6 月 11 日，政治局根据李立三的报告，通过《目前政治任务的决议——新的革命高潮与一省或几省的首先胜利》。这个决议改变了六大规定的“争取群众”这个党的总路线，写道：“在革命急剧的发展、伟大的革命巨潮已经接近的现在，党不只是要注意到夺取广大群众，组织广大群众的斗争，以促进这一革命巨潮更快的爆发，尤其要注意到革命巨潮爆发时，组织全国武装暴动夺取政权的任务。因此，加紧组织群众的政治斗争，加紧宣传武装暴动、夺取政权的必要，注意促进全国革命高潮，注意武装暴动的组织上和技术上的准备，注意布置以武汉为中心的附近省区首先胜利，是目前党的策略总路线。”决议还写道：“中国是帝国主义统治世界的锁链中最薄弱的一环，就是世界革命的火花最容易爆发的地方。所以在现在全世界革命危机都已严重化的时候，中国革命有首先爆发、掀起全世界最后的阶级决战到来的

---

① 李立三在中共中央政治局会议上的报告记录，1930 年 6 月 9 日。

可能。”①

由于这个决议的通过，第二次“左倾”冒险主义错误在中共中央内部取得了统治地位。

接着，中共中央便着手布置武汉暴动、南京暴动和上海总同盟罢工，把它作为全盘计划的重点。7月13日，李立三在临时政治局会议提出：他同江苏省委讨论后认为，南京兵暴是推动全国革命高潮之起点；组织南京兵暴必须与组织上海总同盟罢工同时并进；南京暴动的胜利必须有武汉暴动紧接着爆发，以争取武汉首先胜利，中央苏维埃政府的建立也必须在武汉，全国各省必须注意各重要城市中加紧组织总罢工，各省的工作都须以总罢工为前提。16日，中共中央以政治局主席向忠发的名义致书共产国际主席团，声言：“决定组织南京兵士暴动，同组织上海的总同盟罢工，并力争武汉暴动首先胜利，建立全国苏维埃政权。”②

这个计划听起来轰轰烈烈，其实根本不具备付诸实施的力量和条件，只是主观臆想的产物。拿准备“首先胜利”的武汉来说，那时只有党员一百五十多人③，赤色工人会员也只有近二百人，而国民党政府在武汉附近却驻有重兵。南京也只有很少的士兵倾向革命，并没有举行暴动的力量。即便是上海也只有党员一千多人，赤色工会会员二千一百人。李立三却认为：主观力量的薄弱并不要紧，既然中国的社会危机这样深重，统治集团内部状况这样混乱，群众对现状这样不满，可以不需要主观力量的充分准备，只要登高一呼，便不难收到群山响

① 中共中央：《目前政治的决议——新的革命高潮与一省或几省的首先胜利》，1930年6月11日。

② 向忠发致共产国际主席团的信，1930年7月16日。

③ 中共长江局向中央的报告，1930年9月25日。

应的效果，局势将出现惊人的变化。同年12月间，李立三在共产国际执委主席团召开的会议上检讨时说：“当时领导同志的意见以为革命斗争爆发的时候，在很短期间就可组织很广大的工人群众和革命群众。整个的方针是这样的：就是以为革命斗争是可以任其自然的，只要有客观的革命条件，只要有党的政治影响，主观的薄弱是不重要的。”①第二年，中共中央政治局给李立三的一封信中也写道：“你过去每每论到工人组织与党的发展，总是以五卅、武汉时代为例，证明只要客观形势存在，一号召便可罢工，几万、几十万群众一下子都可以组织起来。其实，这是你对于过去历史认识的错误，五卅上海和香港大罢工、1927年的上海暴动，何尝不是经过极艰苦的工作与组织力量的推动呢？”②李立三期待的，正是以突然一击来引发那种戏剧性奇迹的出现。

7月27日，红军第三军团当国民党各派军事势力内战方殷之际，一度乘虚攻占湖南省会长沙，李立三更加兴高采烈，以为他的主张是正确的，以为出现他所期待的那种惊人剧变的时机到了。这时共产国际致电中共中央，认为中国党的主观力量太弱，还没有夺取工人阶级的大多数，不同意布置武汉暴动、南京暴动和上海总同盟罢工。8月1日，中共中央政治局召开会议，讨论国际来电。李立三首先发言。他说：“昨晚看电后，我感觉到国际的来电，确没有知道中国革命发展的形势。”“切实说起来，国际不仅不了解目前革命发展的形势，并且没有了解中国革命的总趋势。”他强调：“我们如用机械的执行国际

① 《共产国际执委主席团对于立三路线的讨论》，《布尔塞维克》第4卷第3期，1931。

② 中共中央政治局关于李立三声明书的复信，1931年10月12日。

的指示，表面上忠于国际的来电，实际上放松现在革命的紧急关头，便是不忠于革命，不忠于革命就是不忠于国际。”①8月3日，政治局继续举行会议。李立三在长篇发言中进一步谈了全国工作布置和军事战略，并且声言：“我们的战略也必须推动国际无产阶级对帝国主义的决战”，“国际在目前形势，我想必须采取积极进攻路线才有办法，首先是苏联，苏联必须积极准备战争。”②会上决定在发动武汉暴动、南京暴动与上海总同盟罢工的同时，要调集红一、二、三、四、五、六、八等军分路向武汉推进，要求南方局在广州组织暴动，还要求蒙古出兵配合。

8月6日，中共中央成立全国总行动委员会，作为领导武装暴动和总同盟罢工的最高指挥机关，把共产党、青年团和工会的各级领导机关合并为准备武装起义的各级行动委员会，停止了党、团、工会的正常活动，使一切经常工作陷于停顿。李立三在中央行动委员会上作《目前政治形势与党在准备武装暴动中的任务》的报告。他对目前中国革命形势的高涨作了极其夸大的描述，认为中国革命高潮到来之后必然紧接着出现全国武装暴动的形势。他说：“现在只要有一个伟大的力量，他能坚决号召反对军阀战争，能勇敢的做反对军阀战争的领导者与组织者，则无疑问的，广大群众一定会汹涌的起来拥护他。这里，首先是要求我们有真正的起来反对军阀战争的决心，要勇敢、勇敢、再勇敢的前进，一定可以取得全国最广大群众的拥护。”他还是这样的逻辑：只要党自己有决心，“勇敢、勇敢、再勇敢”，群众就一定会“汹涌的起来拥护他”。“如果红军更加逼近武汉，统治阶级更加失

① 李立三在中共中央政治局会议上的发言记录，1930年8月1日。
② 同上，1930年8月3日。

败动摇，这便是武汉暴动的更成熟的条件，无疑的我们可以领导武汉工人暴动起来，而取得完全的胜利。”①

同在8月6日，中央政治局委员项英奉命到达这次计划中的重点地区——武汉，着手改组长江局，成立总行动委员会，准备发动武汉总暴动。他下车伊始，在八月八日给中央的报告中还信心十足地写道：“一般工人都异常兴奋，异口同声说：我们大干一下。”“的确武汉工人在目前对于经济斗争的要求反不如要求大干来得迫切。一般工人都认为现在还谈什么加工价，要干就大干一下。这完全证明中央对于革命形势发展的估量以及指出中国革命的特点是十分正确。”“中央决定目前在武汉坚决的组织武装暴动是万分正确。只有在这一坚决路线之下，才能抓住一切机会，才能获得广大工人及劳苦群众有武装暴动胜利。”②但只过了两天，稍稍接触一点实际情况后，他在报告中的口气就起了变化：“近几日来，此地白色恐怖愈加厉害，每日有杀人的举动，人数一天比一天多。”“最近敌人将川军继续调往武汉，现在驻扎武汉军队共计七团一旅，武装保安队十七队。”“我抵此数日，对于群众更详细情形还未十分知道，因为省委同志对于情形都不十分了解，甚至下层工作更是都是知道不大清楚，这是如何严重问题。我数日来对于此事真是气极!”③8月20日，长江局给中央的报告中说：“武汉最近以来，恐慌状况并未丝毫减少。前几日敌人故意谣传共党于十四、五、六三日夺取武汉，借此宣布特别戒严，下午军警步哨密布街巷要道大搜行人，到八时即不准行人，颁布十六条斩罪。武汉警

① 李立三在中央行动委员会上的报告记录，1930年8月6日。

② 项英、关向应给中共中央的报告，1930年8月8日。

③ 项英向中央的报告，1930年8月10日。

备司令部会议决定'宁可误拿释放，不可使共犯幸逃'。武汉连日在通衢大道杀头示威。"更使他们感到棘手的是："在屡次报告中最大的缺点，就是没有将武汉工人情形详细报告。直到这一次报告，仍然是不能写出。""甚至到斗争来，党的工作还未达到支部与工会下层组织，当然与群众隔膜，一切情形无从知道。这成为目前党最严重最严重的问题，假如不能迅速解决，则武汉工作就不能在最短期内迅速的广大发展起来。"①到九月五日，项英给中共中央的信中便直截了当地说："现在我正式向中央说明此地基础之薄弱，大出乎我们在上海所想象之外。我到此地后，以最坚决的精神来斗争，整个工作还未完全迅速转变过来。"②"大出乎我们在上海所想像之外"这句话，充分说明在上海的中共中央原来对武汉暴动的设想是完全脱离武汉的实际情况的。所谓"武汉暴动"，根本就无法发动起来。李立三等抱着最大希望的武汉的状况尚且如此，其他地方更可想而知。

第二次"左倾"错误在党内统治的时间虽然只有三个多月，但党为此付出了惨重的代价。国民党统治区内，许多地方的党组织因为急于组织暴动而把原来就很有限的力量暴露出来，先后有十一个省委机关遭到破坏，武汉、南京等城市的党组织几乎全部瓦解。长江局给中央的报告中写道：武汉党组织在遭受大破坏后，"汉口、汉阳区的下层组织几乎完全坍台，诚武汉工作的浩劫"。③ 红军在进攻大城市时也遭到很大损失。

这次"左倾"冒险主义的重要特征，依然是脱离客观实际，单凭主

① 长江局关于目前武汉形势与工作状况向中央的报告，1930 年 8 月 20 日。

② 项英给中央的信，1930 年 9 月 5 日。

③ 长江局向中共中央的报告，1930 年 10 月 21 日。

观愿望或想象，急于求成。因此，在推行过程中受到不少了解实际情况的党内干部的抵制，比第一次"左倾"错误时更加明显。中共江苏省委常委何孟雄，在9月1日的一次谈话会上尖锐地批评"立三主义"的三点错误：一、忽视不平衡的发展；二、忽视主观力量；三、忽视阶级力量的对比。毛泽东、朱德率领红一军团，奉命攻打南昌，也在执行过程中根据实际情况改变了原有部署，不打南昌。因此，这次"左倾"错误在实际工作中，特别是在红军和各根据地中，并没有得到全面的贯彻。

李立三的"左倾"冒险主义，也超出共产国际所能允许的范围。7月23日，共产国际执行委员会做出了《关于中国问题的决议》，认为："在分析当前斗争阶段的时候，必须考虑到，我们暂时还不具备全国范围的客观革命形势"，"运动在革命高潮的初期阶段尚有一定弱点，因为这时投入斗争的群众还不能马上占领工业中心，各种斗争力量的一般对比，最初是对工农不利的。""共产党应当懂得，在目前中国的特殊条件下，建立富有战斗力的、政治坚定的红军，乃是一项头等的任务；解决这个任务，才能肯定地保证革命取得重大的进展。"①并要周恩来、瞿秋白回国纠正这次错误。

周恩来、瞿秋白在8月下半月先后回到上海。中共中央政治局连续举行了多次会议。这时"左倾"冒险主义错误使革命受到的重大损失也已显露出来。9月8日，中共中央政治局致电共产国际，表示接受国际的《关于中国问题的决议》和停止武汉暴动、南京暴动、上海总同盟罢工的指示。9月24日至28日，中共中央召开六届三中全会扩大

① 《共产国际有关中国革命的文献资料》第2辑，93～94页，北京，中国社会科学出版社，1982。

会议。周恩来在会上所作《传达国际决议的报告》，指出："今天尚没有全中国客观革命形势，也就是在今天尚不是全国的直接武装暴动的形势。"①会后，李立三离开了原有的领导地位，城市暴动的计划已经取消，中央和地方的行动委员会不再保持，党、团、工会的组织重新恢复。尽管三中全会还有不足之处，但总的说来，作为"立三路线"主要特征的那些错误已在实际工作中得到纠正，问题基本上得到解决，整个工作正逐步转到正常轨道上来。

三、"国际路线"和第三次"左倾"错误

第三次"左倾"错误，几乎紧接着第二次"左倾"错误而来，从1931年1月的六届四中全会开始，一直延续到1935年1月遵义会议前，历时整整四年。它以王明为代表，以教条主义为特征，旗号是"国际路线"。谈到第三次"左倾"错误同第二次"左倾"错误的区别，有两个问题是特别值得注意的：

第一，它是在共产国际的直接指挥下形成的，比前两次更完整地体现了共产国际的主张。

为什么以王明为代表的第三次"左倾"错误要突出地打起"国际路线"的旗号？这里需要先讨论一个问题：李立三为代表的第二次"左倾"错误本来也是在国际十次全会和四次来信的直接影响下形成的，为什么共产国际后来要把它称为反国际的路线？如果只是因为它对中国革命形势做出过高的估计，制定出冒险主义的行动计划，那完全可以作为工作中的错误来纠正，不需要把事情提到如此严重的程度。出现这种状况，问题的真正症结究竟在哪里？

① 周恩来：《关于传达国际决议的报告》，1930年9月24日。

那时候，共产国际的政治路线在相当程度上服从于苏联对外政策的需要。1929年开始的世界经济危机，从西方经济最发达的美国开始，迅速席卷全球，造成空前严重的经济大衰退，持续达四年之久，使资本主义各国内部种种矛盾更加紧张起来，而苏联正需要集中力量进行第一个五年计划的建设，对战争危险感到忧心忡忡。共产国际十次全会决议中关于“帝国主义对苏联的进攻乃是主要的危险”的结论，便是在这种背景下得出来的。他们希望发展各国的革命运动，包括殖民地半殖民地国家的革命运动，以利于牵制帝国主义国家的力量，达到“反对帝国主义战争、保护苏联”的目的。

读读李立三的那些主张，不难发现它恰恰同共产国际的设想背道而驰。他在《新的革命高潮前面的诸问题》中写道：“帝国主义束缚世界的锁链中，中国是最薄弱的一环，就是革命最易爆发的地方。所以世界革命有首先在中国爆发的可能，而且这一爆发以后，必要引起整个世界革命的爆发。”“中国革命只有在与帝国主义作决死争斗、取得全世界无产阶级的强大的援助与共同斗争的条件之下，才能保障最后的胜利。所以更加巩固与世界无产阶级斗争的联系，特别加强世界无产阶级对中国无产阶级的信念，加强他们对中国革命的认识，以取得他们对中国革命的强大的援助与及时的一致的行动，这是准备中国革命胜利的主要的条件，这是中国指导革命的无产阶级政党的任务，而且是国际与各国的无产阶级政党的严重的任务。”“中国革命要在这一最后的搏战中取得胜利，同时世界无产阶级也会在这一最后搏战中取得最后的胜利，完成社会主义的世界。”①他这些话简直是在向共产国

① 李立三：《新的革命高潮前面的诸问题》，《布尔塞维克》第3卷第4、5期合刊，1930年5月15日。

际发号施令了。

中共中央政治局通过的6月11日决议中也写道："在现在全世界革命危机都严重化的时候，中国革命有首先爆发、掀起全世界的大革命、全世界最后的阶级决战到来的可能。""因为中国革命的爆发，可以掀动全世界大革命的客观条件，到了这一残酷战争的逼临，我们不只是可以动员国内几千万以至几万万群众对帝国主义作激烈的斗争，并且可以号召起全世界无产阶级与殖民地的劳苦群众与帝国主义作最后的决战，无疑的，在这一最后决战的当中，可以取得我们的完全胜利。"①

一个是希望中国革命的发展能牵制"帝国主义对苏联的进攻"，另一个却是想以中国革命为起点，把苏联和各国无产阶级卷进到"世界的大革命，全世界最后的阶级决战"中来，这当然是两种根本对立的设想。等到李立三8月1日和3日在政治局会议上公然指责共产国际"没有了解中国革命的总趋势"，说"表面上忠于国际的来电，实际上放松在革命的紧急关头，便是不忠于革命"，并且要求蒙古出兵配合中国革命，"苏联必须积极准备战争"，那就更使共产国际感到不能容忍了。

这年12月，共产国际把李立三召到莫斯科，执委主席团会议讨论"立三路线"问题时，国际重要负责人曼努伊尔斯基在发言中把他心里的这个"根本问题"点破了。他说："现在的问题正不是你们做了个别错误的问题。""我们并不是仅仅批评这些错误。所有这样的错误，都是由于一个根本的错误——这个根本错误是发生于立三从中国革命

① 中共中央：《目前政治任务的决议——新的革命高潮与一省或几省的首先胜利》，1930年6月11日。

发展的前途上对于整个国际状况的估量。”“你们能不能用自己的力量，依靠着苏联，依靠自己的红军冲破这个制度呢？这是根本问题。立三同志，问题不在于我们今天通过一个反对你的决议案，我们要你了解，你们表现了很厉害的地方主义。从此就发生其他的问题，因此说苏联有狭隘的民族成见，说俄国人不了解中国情形，其他一切观点及整个的概念。自然，很可警心的是我们和中国共产党的关系。”①

既然共产国际已经把问题提到“我们和中国共产党的关系”这样“警心”的高度，在它看来，要解决的自然也就不只是这个或那个“个别错误”，而需要根本改变国际“和中国共产党的关系”。他们希望中国共产党的中央能够完全听他们的话，不折不扣地贯彻共产国际的意图，其结果，便是在四中全会上，改组中共中央，使多年在苏联、一向受到共产国际信任的王明等人取得中央领导地位。这是一批缺乏实际工作经验的空谈家，而又目空一切，极端自以为是，不顾中国国情，一味搬用书本教条，机械执行共产国际指示。这就开始了中国共产党内的第三次“左倾”错误。

第二，这次“左倾”错误在全盘工作部署上，和第二次也有明显的不同。第二次“左倾”错误，要在比较短的时间内发动全国的暴动。他们提到“一省或几省的首先胜利”，但认为主要是靠城市产业工人暴动，并且紧接着必须很快得到全国暴动的配合，否则是无法坚持的。他们又担心中国革命的力量不足以实现这个目标，又把希望寄托在“引起整个世界革命的爆发”和要求“苏联必须积极准备战争”上。共产国际既然要求中国共产党“用自己的力量”来夺取胜利，而事实上已越

① 《共产国际执委主席团对于立三路线的讨论》，《布尔塞维克》第4卷第3期，1931。

来越清楚地表明中国革命的主要力量是工农红军和农村革命根据地，他们便更多地想依托这个力量来取得全国的胜利。用王明那本《两条路线底斗争》的小册子里的话说，就是："目前我们还没有直接革命形势，但在全国革命运动新高潮日益生长和不平衡发展的条件下，直接革命形势最近可以首先包括一个或者几个主要的省份。"他所说的这些省份，是指红军和革命根据地有较强力量的湖南、湖北、江西等省。他又夸大这些地区的革命形势，认为："在那些首先成熟了革命形势的地域，我们必须夺取政权，建立起红军和临时中央革命政府，建立起巩固的革命根据地，以便真正实现一省或几省的首先胜利，进而推进与争取全国范围内的胜利。"①

重视工农红军和农村革命根据地本来应该是一件好事。问题在于：这时中共中央的领导权已置于教条主义者手里，随着就把一整套从他们的主观意愿和推理出发，完全脱离中国实际的荒唐做法，强加给工农红军和农村革命根据地，好事便变成了坏事。在这以前，中共中央一直把注意力的重点放在城市工人运动上，虽然多次要求红军配合进攻城市，造成一些损失，但对红军和农村革命根据地的内部事务还没有作太多的干预，因此，毛泽东等有较多的余地，能根据实际情况，采取灵活的做法，独立地进行探索，使革命力量一步一步发展起来。现在，第三次"左倾"错误的领导对红军和农村革命根据地事务处处横加干涉，逐渐发展到控制一切的程度，结果就造成更加严重的损失，几乎把艰难缔造的红军和农村革命根据地全部断送掉。

第三次"左倾"错误统治的时期长达四年。它有一个发展过程，大体上可以分为三个阶段：

---

① 王明：《两条路线底斗争》，1931 年 2 月。

第一个阶段，从 1931 年 1 月的六届四中全会到这年 9 月临时中央成立之前，主要的内容是在"保障国际路线的执行"的旗号下，改组中共中央。

本来，六届三中全会已使第二次"左倾"错误的主要特征在实际工作中得到纠正。但共产国际得知李立三在 8 月 1 日和 3 日两次发言的内容后，又在 10 月致信中共中央，提出李立三制定的是"反马克思主义、反列宁主义的方针"，已经形成一条"同共产国际执行委员会政治路线相对立的路线"。① 王明等从归国的留苏学生那里，比中共中央更早得知来信的内容，立刻写出《两条路线底斗争》那本小册子(以后经过增订，改名为《为中共更加布尔塞维克化而斗争》)，提出一个具有新的形态的"左倾"的政治纲领，猛烈抨击三中全会没有揭露"立三路线"的实质，并且把问题集中到这一点上来："现时的领导同志维它(注：瞿秋白)等，已经没有可能再继续自己的领导"，要求"根本改造党的领导"，"对于政治局成分应有相当的改变"，"以能积极拥护和执行国际路线的斗争干部"来"改造和充实各级领导机关"。他们还在《布尔塞维克》发表多篇文章，要求"党在自身的工作方法上、干部的引进和创造上以及整个的领导上，需要有重大而且迅速的转变"。② "撤去不可改正的立三路线的干部，换上能够了解和执行国际路线的干部"。③ 可见，"根本改造党的领导"、"换上能够了解和执行国际路线的干部"，是他们推行自己那一套错误主张的着手点，而这离开共产

① 《共产国际有关中国革命的文献资料》第 2 辑，103～104 页。

② 沈泽民：《中国革命的当前任务与反对李立三路线》，《布尔塞维克》第 4 卷 1931 年第 1 期。

③ 沈泽民：《三中全会的错误与国际路线》，《布尔塞维克》第 4 卷 1931 年第 1 期。

国际的直接干预是办不到的。

1931年1月10日，中共六届四中全会在上海举行。这次全会是根据特地赶来中国的共产国际东方部副部长米夫的要求召开的。它在历史上没有任何积极意义可言，主要是做了两件事：第一，突出强调所谓“进攻路线”。全会决议案一开始就提出共产国际要求中国党“开展进攻的任务”，并且断言“右倾依然是党内目前主要危险”。全会后的第一号中央通告中提出：“我们必须坚决执行进攻路线。”这就开始了比第二次“左倾”更左的错误。第二，实行对中共中央的改组。全会决议案规定的第一条任务就是“必须取消三中全会所补选的赞助立三同志的中央委员，引进反立三主义的斗争之中拥护国际路线的同志到中央委员会来，并且重新审定政治局的成分，以保障党的正确领导”。[①] 会上，撤销了瞿秋白、李立三、李维汉在政治局中的职务，而把原来不是中央委员的王明补选入政治局。一批归国不久的留苏学生如博古等，分别担任党内重要职务。他们倚仗米夫的直接支持，在中共中央内部很快取得主导地位。

四中全会一结束，立刻向全国各地有系统地派遣中央代表、中央代表机关或新的领导干部，来贯彻他们所谓的“进攻路线”和“反右倾斗争”。二月下旬，以中共中央主要负责人向忠发名义给共产国际执委会报告全会后一个半月来所做的工作时，头三条都是关于这件事的。报告写道：“中央对全国工作的指导，过去是偏重形式上的文件，如通告、指导信等，现在则侧重在活的指导，派人去直接巡视与加强省委及地方工作。”他们派遣中央代表、中央代表机关或新的领导干部

① 《四中全会决议案》，《中共中央文件选集》第7集，13、25页，北京，中共中央党校出版社，1991。

的重点是各革命根据地。向忠发的报告写道：“从中央政治局起，以百分之六十的干部力量去加强与巩固苏区的领导。”①除原已成立的苏区中央局外，又先后在鄂豫皖、湘鄂西两处成立中央分局，派刚从莫斯科归来的张国焘、夏曦前往主持。这些组织措施，使第三次“左倾”错误在各革命根据地比前两次得到更加有力得多的贯彻。

这年3月26日至4月11日，共产国际执行委员会举行第十一次全会。这次大会的基调是更加强调世界范围内的革命高潮在加速发展。曼努伊尔斯基在大会所作报告中认为，这种形势的发展必将为当前的经济危机转变为革命危机创造先决条件。他在报告中说：“中国共产党现阶段正在解决下列三位一体的任务：一、使红军成为一支拥有巩固的根据地的正规军队。二、建立苏维埃政府，在苏区实施反帝革命和土地革命的纲领。三、在非苏区开展工人阶级和农民的经济斗争和政治斗争，并通过斗争把群众组织起来，做军阀部队的工作。”②八月间，中共中央相应地通过了《接受共产国际执委第十一次全会总结的决议》，认为这“三位一体”的任务是“中国党的中心的迫切任务”。同第二次“左倾”错误相比，他们没有再主张在中心城市组织起义，在一个时期内也没有主张集中红军进攻主要的中心城市，但当他们把注意力的重点转向红军和革命根据地后，便在红军建设和作战指导上片面强调“正规”的原则，不停顿地发动进攻；而在国民党统治区开展群众斗争时又急于求成；并在各个方面大力开展“反右倾”斗争。这样，很快就在实际工作中发展成一整套形态更加完备的左的错误政策。

---

① 向忠发给共产国际执委会的报告，1931年2月22日。

② 曼努伊尔斯基：《共产国际有关中国革命的文献资料》第2辑，120页。

对农村革命根据地内部的各项政策，四中全会后的中央也提出一些左的错误主张，其中最重要的是“地主不分田，富农分坏田”。他们在一封指示信中规定：“地主残余即使无显著反动证据，他的家属子弟也必须派他们去做苦力工作，绝对没有权利分得土地。对于富农，在重新平分一切土地时，如果他愿以自己的劳动力来耕种田地，则可以分得一份劳动的土地，但必须给他以坏的土地，而不能与贫农、雇农、中农享有同等权利。”①这就是不给地主以生活出路，不给富农以经济出路，并且会因界限不清而使一部分中农的利益受到损害，以后在革命根据地造成十分有害的后果。

第二个阶段：从 1931 年 9 月博古负总责的临时中央成立，到临时中央迁入中央革命根据地前。这时，第三次“左倾”错误得到比较全面的展开。

当临时中央成立的那一个月，国内政治局势出现了两个重大变化：一个是日本军国主义势力发动九一八事变，武装占领中国的东北地区，激起全国民族民主运动的新高潮，一些中间势力也提出“民主政治”和“一致抗日”的口号，民族矛盾上升到主要的支配一切的地位；另一个是毛泽东、朱德率领的红一方面军粉碎了国民党军队的第三次“围剿”，歼敌三万多人，使赣南和闽西两个根据地联成一片。

新的客观形势，需要中共中央及时决断，相应地做出重大的政策调整和工作部署，积极发展抗日民族统一战线。但是，由博古负总责的临时中央却忽视九一八事变后民族矛盾的上升和中间阶级的抗日民主要求，夸大当时国民党统治的危机和革命力量的发展，继续主张打倒一切，甚至把中间势力看作最危险的敌人。用博古后来的话说：

---

① 中共中央给赣东北特委的指示信，1931 年 2 月 12 日。

“由于客观情况的急剧变化”，这就成了“完全同现实不相适合的倒行逆施”。① 结果，丧失了有利的历史机遇，反而使革命遭受新的不应有的严重挫折。

这些错误主张，最初相当集中地表现在9月20日政治局通过的《由于工农红军冲破第三次“围剿”及革命危机逐渐成熟而产生的党的紧急任务》。这个文件是王明起草的，突出地提出：“目前中国政治形势的中心的中心，是反革命与革命的决死的斗争。”第三次“左倾”错误时期一再高唱的“决战论”便是从这里发源的。它不顾九一八事变后国内局势的变化，用极为夸张的语言来描述革命力量的急速发展，断言国民党统治正在崩溃，认为这一切“织成了全中国成熟着的革命危机的图画，这一图画很明显的画出了争取革命在一省或数省首先胜利的前途”。接着，就随心所欲地提出一系列没有可能实现的“紧急任务”，包括：苏区的党在粉碎第三次“围剿”后必须“集中力量追击敌人退却部队，消灭他的一方面，在政治军事顺利条件之下取得一两个中心的或次要的城市，不要再重复胜利后休息，致使敌人得以从容退却，以致能很快地重整他们的旗鼓，向苏区为新的捣乱”；尽可能地把零碎的分散的苏区打成一片，必须在十月革命节正式成立苏维埃全国临时中央政府；立刻扩大与巩固红军，“各军必须开始城市战、堡垒战的演习”；在非苏区，必须向群众做关于红军的宣传鼓动工作，并同临时中央政府成立纪念日的群众运动联系起来；要把灾民骚动引导走向游击战争；在上海等地提出“罢工、罢操、罢课，反对日本帝国主义”等口号，“但是这些口号绝对不能同‘打倒国民党’、‘拥护苏联’、‘拥护工农兵苏维埃红军’等口号的宣传分裂开来”；尽可能地在某些城市

---

① 博古在中共七大上的发言记录，1945年5月3日。

中(如上海、唐山、天津等)组织某一产业的同盟罢工等等。文件最后写道:“各级党部必定能够在最短的时期之内,百分之百的把这些紧急任务完成起来。”①

这可以算是一个标本,充分表现出那些根本不懂世事的教条主义者一旦掌权,并且自以为站住脚跟后,竟会如此不顾主客观条件,随心所欲地发号施令起来。那时,整个国民党统治区只有几千个党员,全国红军主力也只有几万人,至于武器装备更不能同国民党军队相比,他们却规定出这样的任务,并且要求各级党部必须在“最短的时期之内,百分之百的把这些紧急任务完成起来”。这一切,简直如同梦呓。

三个多月过去了,除苏维埃全国临时中央政府按期成立外,其他任务都没有做到,更谈不上“百分之百”地实现了。1932 年 1 月 9 日,临时中央又做出《关于争取革命在一省或数省首先胜利的决议》。如果说前一个文件还有“最短的时期之内”这样一个不长的期限,那么,这一个文件便是必须马上执行的“决议”,规定的目标也更加具体。决议写道:由于国内阶级力量对比的变动,“过去正确的不占取大城市的策略,现在是不同了;扩大苏区,将零星的苏区联系成整个的苏区,利用目前顺利的政治与军事的条件,占取一二个重要的中心城市,以开始革命在一省数省的首先胜利是放到党的全部工作与苏维埃运动的议事日程上面了。”“必须依照中央最近的军事训令来努力求得将中央区、闽粤赣、赣东北、湘鄂赣、湘赣边各苏区联系成整个一片的苏区,并以占取南昌、抚州、吉安等中心城市,来结合目前分散的苏维

① 《由于工农红军冲破第三次“围剿”及革命危机逐渐成熟而产生的党的紧急任务》,1931 年 9 月 20 日。

埃根据地，开始湘鄂赣各省的首先胜利。”为着实现以上目标，决议着重提出反右倾的任务说：“右倾机会主义仍然是目前革命的危险，这种倾向在现在表现在对于目前革命危机紧张的估计不足；对于红军行动的消极，悲观失望的胡说红军涣散，不愿意利用顺利的形势开展进攻的斗争，以昨天的正确的策略，当作永远不变的教条；对于工会工作的消极，忽视工人的经济斗争，认为工人斗争在经济恐慌之下是不可能的；在反帝运动中作国民党各派及其他各派的俘虏等。应该集中火力来反对右倾。”①

临时中央这些文件，离开客观实际实在太远了。它受到党内各方面的抵制，比第一次和第二次“左倾”错误时更加普遍而强烈。这种抵制不仅来自红军和革命根据地，在国民党统治区内也有不同意见。当时担任中共中央职工部长的刘少奇坦率地反映了不少工人的情绪：“工人群众绝不愿意玩弄罢工，不轻易发动罢工，我们的煽动家多次得到工人这样的回答：‘你们所说的是对的，可是我们暂时还不能照你们说的那样做。’”他还批评说：“我们的组织还不彻底了解企业中的情形，不能提出群众最迫切的要求。”“不会准备斗争。”②这些老实话，却激怒了毫无实际工作经验的临时中央负责人。所有这类批评统统被看做是“机会主义的动摇”。

临时中央的一个负责人康生，3 月 25 日在党内刊物上发表《反对职工运动的机会主义》，针对刘少奇的观点提出：“职工运动，许多机会主义的观点，必须予以无情斗争与彻底的肃清的。”认为它的具体表

① 《中央关于争取革命在一省与数省首先胜利的决议》，1932 年 1 月 9 日。

② 《一九三一年职工运动的总结》，《红旗周报》第 31 期，1932 年 3 月 11 日。

现是：对武装工人、反对帝国主义国民党的工作表现了机会主义的消极；放弃组织在业工人的罢工；放弃组织赤色工会等。并且总结道："这些机会主义的来源，主要的是：对于目前政治上的估量不足，不相信群众的力量，不相信只有无产阶级团结起来、武装起来，才能争取反帝国主义国民党的革命战争彻底胜利！"①

临时中央另一个负责人洛甫，接着又发表《在争取中国革命在一省与数省的首先胜利中中国共产党内机会主义的动摇》。文章以更尖锐的语调提出："拿革命的进攻，去回答帝国主义与国民党以及一切反革命派别对于革命的进攻，这是目前中国革命危机中革命与反革命的决死斗争的过程中的中心特点。然而这种特点，还没有能够为中国共产党内的全党同志所了解。反革命的白色恐怖与反革命的武断宣传，不能不影响到了我们党内一部分最不坚定的同志，使他们对于目前的革命估计不足，对于党所提出的许多中心任务发生机会主义的动摇，对于中国党实是目前最大的危险。"这篇文章几乎对各革命根据地的党组织和中央职工部等部门都提出挑战性的尖锐批评，认为："中央苏区的同志在这里表示出了浓厚的等待主义，等待敌人的进攻，等待新的胜利。他们始终没有能够利用客观上的顺利环境去采取积极进攻的策略。他们把'巩固苏区根据地'当作符咒一样的去念，把消灭'土围子'当作巩固根据地的中心工作，以等待敌人的新的进攻，新的'坚壁清野'，新的'诱敌深入'与新的胜利。这种观点，实际上同样是对于反动统治的过分的估计所产生的。"文章再次指责："中央职工部刘同志对于目前工人运动形势的估计，即犯了右倾机会主义的错误，

① 谢康：《反对职工运动中的机会主义》，《红旗周报》第33期，1932年3月25日。

认为目前工人斗争，是防御的与反攻的。”文章得出结论：“目前的主要危险，是对于国民党统治过分的估计，与对于革命的力量估计不足的右倾机会主义。”“我们的同志还不能了解或不很了解，国民党政府是在迅速地走向崩溃与死亡，苏维埃政府是在迅速地走向巩固与发展。”①

明明是临时中央对于革命力量做出过分的估计而对国民党统治的力量估计不足，却说是别人“对于国民党统治过分的估计与对于革命的力量估计不足”。只容许不停息地去“积极进攻”，绝不容许“等待”恰当的时机，更不容许在双方力量悬殊的条件下实行必要的防御和退却，以便“诱敌深入”，抓住有利时机，在运动中歼灭敌人。谁要是按照真实情况说一点老实话，讲到存在哪些困难，采取一些切合实际的灵活做法，马上会被指责为对革命“不坚定”，是受反革命的白色恐怖和武断宣传的影响，是“悲观、失望、消极、怠工”，从而成为“机会主义的动摇”。

这一路棍子打过来，就是要把党内一切不同意见统统压下去，为第三次“左倾”错误的全面贯彻扫清道路。

第三个阶段，从 1933 年初，临时中央迁入中央革命根据地到 1935 年 1 月遵义会议前。在这个阶段，他们直接控制红军和革命根据地，全面推行左的冒险主义方针，最后导致中央革命根据地的丧失和红军的被迫长征，中国共产党再次濒临大失败的边缘。

原在上海的临时中央是在 1933 年 1 月 17 日决定迁入以赣南和闽西为中心的中央革命根据地的。中国共产党在国民党统治区的工作接

---

① 洛甫：《在争取中国革命在一省与数省的首先胜利中中国共产党内机会主义的动摇》，1932 年 4 月 4 日。

连遭受严重破坏，处境日趋恶劣，临时中央在上海已难继续立足。二三月间，临时中央领导人博古等先后到达中央革命根据地。

博古一到，立刻把中央革命根据地的党、政、军大权全部抓到自己手里，并且更有系统地进行在前一阶段已经开始的“反右倾”斗争。当时中央革命根据地边缘地区一些领导人，根据以往多次粉碎国民党军队“围剿”的成功经验，在双方力量悬殊的条件下，避实就虚，暂时避免同敌人的决战，把力量转移到比较有利的边缘山区开展游击战争。这些，被临时中央看做是“对革命悲观失望的右倾机会主义的逃跑退却路线”。为了排除障碍，临时中央在组织上采取宗派主义的手段，对抱有不同意见的干部进行“残酷斗争”和“无情打击”。

2月16日，也就是他们刚刚到达中央革命根据地的时刻，博古便在工农红军学校第四期毕业生的党团员大会上作报告，猛烈批判闽粤赣省委代书记罗明。他说：“我们现在要问，在目前的政治形势之下，党的策略路线应该是进攻的呢？还是退守的呢？没有问题，在目前我们党的策略，党的总路线应该是进攻的路线。”“但是正在这时候，在我们党内(很可惜的，甚至在党的领导同志内)，有一部分动摇懦弱无气节的小资产阶级的分子，受着阶级敌人的影响，充分地暴露了那种悲观失望、退却逃跑的情绪，以致形成他们自己的机会主义的取消主义的逃跑退却路线，反抗党的进攻路线，妨害党的布尔塞维克的动员群众。这个机会主义的退却路线最明显的代表者，便是从前福建省委的代理书记罗明同志与新泉县委书记杨文仲同志。”他号召：为着动员一切力量，去粉碎敌人的进攻，克服面前的困难，只有一种方法，便是开展在各方面的布尔塞维克的进攻。“这首先要我们粉碎自己队伍中的机会主义分子的动摇，把他们隔绝起来，因为他们妨害我们的进攻。”[①]罗明回忆道：“在福建，反对‘罗明路线’的斗争首先在省级机关展开，然后自上而下，由内到外，全面铺开。他们往往采取对待敌人的办法来对待同志和处理党内斗争，提出了‘用布尔塞维克的铁拳将他们粉碎’、‘无情打击’等等口号。”[②]罗明担任的省委代理书记的职务被撤销。省军区司令员谭震林和省苏维埃政府主席张鼎丞随后也被撤职。这可以说是临时中央进入中央革命根据地后对根据地干部的第一个下马威。

接着，在博古等部署下，3月31日，江西会昌、寻乌、安福三县党的积极分子会议根据洛甫的报告做出决议：“大会认为会、寻、安三县过去在以邓小平同志为首的中心县委的领导之下，执行了纯粹的防御路线。这一路线在敌人大举进攻前面，完全表示悲观失望，对于群众的与党员同志的力量没有丝毫信心，以至一闻敌人进攻苏区的消息，立刻表示张皇失措，退却逃跑，甚至将整个寻乌县完全放弃，交给广东军阀。这一路线显然同党的进攻路线丝毫没有相同的地方。这是在会、寻、安的罗明路线。”[③]4月16日至22日举行的江西党的全省三个月工作总结会议，又对邓小平、毛泽覃、谢唯峻、古柏进行批判，称他们代表着一条“江西的罗明路线（即‘单纯防御路线’）”。[④]邓小平随即被撤销江西省委宣传部长的职务。这场斗争的矛头，直接批

---

① 博古：《拥护党的布尔塞维克的进攻路线》，《斗争》第3期，1933年2月23日。

② 《罗明回忆录》，135页，厦门，福建人民出版社，1991。

③ 《会寻安三县党积极分子会议决议》，《斗争》第8期，1933年2月12日。

④ 罗迈：《为党的路线而斗争》，《斗争》第12期，1933年5月20日。

判的是邓小平等人，实际上是针对毛泽东历来的各项主张的。这以后，又开展了对政府中和军队中的“罗明路线”的批判。对不同意见的压制和打击，造成人心惶惶，使中央革命根据地内的政治空气变得极不正常。

1933年下半年，蒋介石发动了对中央革命根据地的第五次大规模“围剿”，并亲自担任总司令，在经济上实行严密封锁，在军事上采取“堡垒主义”的新策略，步步推进。这次“围剿”的规模和动员的力量比前四次要大得多，直接用于进攻中央革命根据地的兵力就达到五十万人。一场更加激烈的大战开始了。中央革命根据地的军民面对着极为严峻的考验。这时，临时中央已同苏区中央局合并，称为中共中央局。那些“左倾”教条主义者是怎样对待面对的这种严峻局势呢？

在形势估计上，他们依然一味夸大自身的力量，过分估计国民党统治的危机，对情况做出根本不符合客观实际的判断，认为这是一场“阶级决战”，可以导致“实现中国革命一省或数省的首先胜利”。7月24日，中共中央做出《关于帝国主义国民党五次“围剿”与我们党的任务的决议》，写道：“五次‘围剿’是更加剧烈与残酷的阶级决战……五次‘围剿’的粉碎，将使我们有完全的可能实现中国革命一省或数省的首先胜利。”①9月下半月，国民党军队对中央革命根据地的全面进攻已经开始，博古在这时发表文章说：“这是残酷的剧烈的决战。机会主义的惊慌失措者，已经是在手足无措的叫喊……以及用种种夸大词句形容国民党的金钱、军械、军队，而对自己的力量却处处的过低估

① 《中共中央关于帝国主义国民党五次“围剿”与我们党的任务的决议》，《斗争》第21期，1933年。

计，以为敌人方面一切都好，我们什么都没有。”①这年十一二月间，共产国际执行委员会在莫斯科举行第十三次全会。11月30日，王明在会上讲演，更是哗众取宠地大言道：中华苏维埃共和国的领土现在已发展到比任何西方与东方资本主义列强的领土更大些，固定的苏区和游击区的总面积已占中国内部十八省总面积的四分之一，已经完全具备现代国家的一切条件和成分。“中华苏维埃共和国和中国共产党，不仅是现代中国整个政治生活的主要因素，而且是世界政治的决定性因素之一。这是去年世界政治中一个最主要、最新颖的因素。”他再三强调：四中全会后的中央“百分之百地绝对忠于共产国际的列宁主义总路线”，并得出结论：“通过中国苏维埃革命的决定胜利来争取消除远东的战争危机，乃是中国共产党的最近目标，是它的基本的、伟大的任务。”②

在军事上，他们认为，既然这是中国两个政权之间的一场决战，就要强调战争的正规性，摆出堂堂正正之势，“御敌于国门之外”。在中共中央7月24日决议中已经提出“创造一百万铁的红军”、“不让敌人蹂躏一寸苏区”等错误口号。9月间，共产国际派来的军事顾问李德（德国人）从上海来到中央革命根据地。博古不懂军事，就把红军的指挥大权交给李德。李德根本不了解中国国情，完全抛弃红军以往粉碎四次“围剿”时行之有效的成功经验，而把第一次世界大战期间欧洲战场上大规模阵地战的经验硬搬到中央革命根据地来强加推行。他的作风又独断专行，蛮横粗暴，要求红军处处设防，节节防御，推行

① 博古：《献给江西省第二次党代表大会》，《斗争》第27期，1933年。

② 《共产国际有关中国革命的文献资料》第2辑，202、203、212、214页，北京，中国社会科学出版社，1982。

“以碉堡对碉堡”和“短促突击”的错误方针，既不敢举行向敌人后方打去的进攻，也不敢大胆放手地诱敌深入，聚而歼之。结果，在双方兵力和武器装备悬殊的条件下，有如毛泽东所嘲笑的乞丐和海龙王比宝那样，使红军完全陷入被动地位，进行的许多战斗都遭到失败，军力也受到很大损伤。

在对待同盟者的关系上，他们实行的是拒人于千里之外的严重关门主义，继续把那些同国民党统治有矛盾而正在积极活动起来的中间派别看做“最危险的敌人”，加以排斥。当时，曾出现过一次对红军粉碎第五次“围剿”十分有利的机会：曾在上海坚持抗日、此时正奉调南下参加“围剿”的国民党十九路军将领在福建宣布成立政府，主张抗日反蒋，并派代表同红军谈判合作，双方草签了抗日反蒋的初步协定。但博古等依然把十九路军的行动看做是欺骗行为，拒绝在军事上同他们配合。结果，孤立无援的福建人民政府很快失败，蒋介石得以完成对中央革命根据地的四面合围。凯丰却高兴地在党刊上发表文章说：“福建‘人民’政府是没有人民、没有共产党参加的‘人民’政府，有的是一般政客官僚，代表着地主资产阶级的另一部分，想用改良主义的欺骗来阻止群众的斗争，来阻止群众向着苏维埃道路的迈进。”“福建‘人民’政府的破产、苏维埃红军的胜利与二次全苏大会的开幕，完全的证明着苏维埃是中国民众从民族危机与经济浩劫中惟一的革命的出路。”①

1934年1月，中国共产党在中央革命根据地的首府江西瑞金召开六届五中全会。这次会议把第三次“左倾”错误推向又一个高峰。会议

① 凯丰：《二次全苏大会的开幕与福建“人民”政府的破产》，《斗争》第45期，1934年2月2日。

通过的政治决议案写道：“目前的形势，是中国领土内存在着的两个绝对相反的政权，两个绝对相反的世界，正在进行生死存亡的斗争。”“五次‘围剿’的斗争，即是阻止中国走向殖民地道路的斗争，即是争取苏维埃中国完全胜利的斗争。”决议案得出结论：“中国正处在革命与战争的漩涡中，粉碎五次‘围剿’的决战面前，苏维埃道路与殖民地道路之间谁战胜谁的问题，正是尖锐的提了出来。”①这是以中央全会决议的形式再一次把“决战论”肯定了下来，并且进一步提到“苏维埃道路与殖民地道路之间谁战胜谁”的高度。毛泽东几年后感叹地说：“决战论兴，而红军危矣。”

“五中全会以后，这条路线的恶果已经开始可以看出。白区工作在冒险盲动的路线下，已全部损失了。红军、苏区在五次‘围剿’中不断的遭受失败。”②4 月中旬，国民党军队集中优势兵力进攻中央革命根据地的北大门广昌。博古、李德不顾敌强我弱的实际情况，调集红军主力，修筑简陋的工事，坚守广昌，并亲赴前线指挥。经过十八天血战，在对方猛烈炮火的轰击下，顽强抵抗的红军遭受重大伤亡，广昌失守。十月初，国民党军队已推进到中央革命根据地腹地，红军主力被迫实行战略转移。这便是长征的开始。

当“左倾”错误的领导还远在国民党统治区的大城市中、没有直接控制红军和革命根据地时，尽管敌我力量悬殊，红军还能够独立地在实践中进行探索，运用长期积累起来的“打得赢就打，打不赢就走”、“诱敌深入”、“集中优势兵力，选择敌人的弱点，在运动战中有把握地消灭敌人的一部或大部，以各个击破敌人”等切合实际的战略战术，

① 中共五中全会政治决议案，1934 年 1 月 18 日。

② 博古在中共七大上的发言记录，1945 年 5 月 3 日。

接连粉碎了国民党军队的多次“围剿”。到九一八事变后，随着民族矛盾的激化，国内阶级关系发生重大变动，情况本来更加有利于中国共产党和工农红军去团结全国绝大多数人，把中国民族民主革命推向前进。可是，由于当时中共中央领导权落到一些根本不懂得中国国情、却得到共产国际信任的“左倾”教条主义者手中，随心所欲地发号施令，接着又进入中央革命根据地直接把持一切，结果，几乎把中国革命断送干净。

事实是最有说服力的教员。惨痛的失败，帮助了党和红军内绝大多数人从实践中逐渐分清了什么是正确的，什么是错误的。长征途中，1935 年 1 月在贵州遵义召开的政治局扩大会议，终于纠正了第三次“左倾”错误，结束了它在中国共产党内的统治地位，在极端危急的关头挽救了党和红军。中国革命从此揭开了新的一页。

四、产生错误的根本原因

中国共产党在革命时期所犯的三次“左倾”错误，给革命造成严重损失。这些错误是怎么造成的？

那时候，中国共产党在政治上还很幼稚。党的领导人大多是三十岁左右的年轻人，有着满腔革命热情，有着不怕牺牲的献身精神，渴望能够早日改变中国备受帝国主义奴役和封建势力压迫的悲惨命运，渴望能够早日实现改造社会的良好愿望，而对中国国情的复杂性以及由此决定的革命的长期性、艰苦性和不平衡性几乎没有认识，总是急于求成，想干一番轰轰烈烈的大事，使革命在短时间内取得胜利，而不懂得怎样按照事物本身的客观规律办事，结果一次又一次地吃了大亏。

三次“左倾”错误各有自己的特点：第一次错误是在波澜壮阔的大

革命突然遭受惨重失败的情况下发生的，人们对革命为什么失败还没有完全理解，急于改变现状，进行近乎拼命的盲目蛮干。他们不顾主客观条件，只要哪里还留有一点革命力量，就要求在这些地方组织暴动，并且认为必须主要依靠工农民众的暴动，轻视革命军队的力量。第二次“左倾”错误是在革命走向复兴的条件下发生的。这种刚刚走向复兴的趋势，使他们好不容易才稍稍冷静下来的头脑又重新发热起来，以为早就期待着的直接革命形势已经到来。国民党各派军事势力之间空前规模的大战爆发，更使他们看做统治阶级已难再继续统治下去，是夺取全国胜利的极好机会。他们的目光主要仍放在几个大城市上，如武汉、南京、上海，认为这些城市对全国的号召力和影响最大，指望能以突然的行动，一举冲破国民党的高压而取得胜利。由于工农红军这时已形成一支不容忽视的力量，因此也要求红军向这些大城市进攻，但仍处在配合的地位。他们担心单靠这些力量还不足以取得全国胜利，又提出要求“苏联必须积极准备战争”，想以中国革命为起点，掀起全世界的大革命。第三次“左倾”错误是在“国际路线”的旗号下推行的，统治的时间最长。他们具有更加完备的理论形态，认为中国已具有不需要等待世界革命爆发而单独取得胜利的条件。怎样取得胜利呢？这时，城市工人运动的低落和工农红军的发展已成为越来越明显的事实，他们便越来越多地把重点放到红军和革命根据地方面来，认为中国已出现两个政权相对峙的局面，强调要实行红军和苏维埃政权的“正规性”，强调必须推行积极的进攻路线，认为现在已到了决战的时刻，在获得一省或几省首先取得胜利后，可以夺取全国的胜利。这三次“左倾”错误都以失败告终。

为什么这种“左倾”错误会一次又一次地接连发生，尽管在具体形态上有所不同？为什么许多在今天看来十分荒唐可笑的东西，当事人在那时却十分认真地对待，似乎充满着信心？它们之间有哪些前后一贯的相通的地方？

最根本的一点，在于他们的指导思想是主观主义的，缺乏实事求是的态度，并不符合客观存在的实际。要做到实事求是，主观符合客观，本来是一件很不容易的事情。而他们总是单凭热情，从主观愿望出发，或从搬用书本上的个别词句或外国的经验出发，夸夸其谈，自以为是，不尊重客观实际，不去下苦功夫对周围复杂的真实情况进行周密的调查和冷静的分析，这就不能找出解决问题的切实有效的办法。当然，他们每次也都对形势做一番分析，但由于早已有了主观设定的框架，总是把有利的方面无限夸大，把个别事实说成普遍现象，把少数积极分子的思想情绪说成广大群众的要求；而对不利的方面却熟视无睹，或者轻描淡写地一带而过，没有认真加以对待。他们总想走笔直又笔直的道路，希望几步就跨到目的地，缺乏要经过长期而艰苦工作的精神准备。正当他们兴高采烈的时候，原来被忽视而没有认真对待的不利方面跑了出来，便张皇失措，陷入完全被动的局面。这在三次"左倾"错误时几乎如出一辙，并且一再重复地出现。正因为如此，延安整风时把"反对主观主义"放在第一位。只有这样，才能从思想方法的高度从根本上整治以往几次错误的病根。

这种主观和客观相脱离，在中国革命问题上最突出的表现是对中国近代国情这个客观实际没有真切的了解，对中国革命的长期性、复杂性和残酷性几乎没有认识，把它看做是一件很容易的事情。近代中国是一个半殖民地半封建国家。那时候，尽管各种社会矛盾已达到异常尖锐的程度，但并不等于说问题就能轻易地得到解决。这里首先有一个力量对比问题：帝国主义和封建势力的力量是相当强大的，多少年来盘根错节地统治着这个国家，中心城市更处在他们的严密控制下；革命的力量一时还很小，群众觉悟程度和组织程度的提高不是一朝一夕可以做到的；人数众多的处于中间状态的人一时还在观望和徘徊。就是在革命走向复兴和统治阶级内部危机加深时，革命的复兴一时并没有强大到足以推翻整个统治者的程度，统治阶级内部的危机也没有很快达到使它崩溃的地步。再加上中国是一个幅员辽阔的农业大国，城市和农村之间、地区和地区之间在经济上和政治上存在着极大的不平衡性和不统一性。这些都决定着中国革命必须经过一个长期而艰苦的历程，从小到大，逐步积聚力量，以农村包围城市，到条件成熟时取得最后的胜利。这不是谁喜欢怎么做就可以怎么做的，而是中国社会具体条件下的必由之路。就像登山一样：你心中尽可以悬着攀登主峰这个远大目标，脚底下却只能一个台阶一个台阶地向上走，有时甚至还需要依照山势的迂回曲折，起起伏伏地前进，绝不可能一个大步就登上你预期的目标。洛甫在中共七大上中肯地指出：“革命是一件不容易的事情，是复杂与麻烦的事情。不采取郑重的与谨慎的态度是决然不会成功的。”“我们只要马虎一点，成千成万人的血就会因为我们的马虎而白流了。所以郑重与谨慎的态度，也就是对人民负责的态度。”①如果没有这种“如临深渊，如履薄冰”的极端郑重和谨慎的态度，如果不充分考虑客观环境，主观主义地轻率地提出超越实际可能的种种做法，不但无济于事，而且会导致失败，付出沉重的血的代价。

这种主观主义，在第三次“左倾”错误时达到最严重的程度。由于它披着“理论”的外衣，造成的影响就更大更坏。博古在延安整风时做过自我批评。他说：“一九三二年至一九三五年的错误，我是主要负

① 洛甫在中共七大上的发言记录，1945年5月2日。

责的一人。……当时我们完全没有实际经验，在苏联学的是德波林主义的哲学教条，又搬运了一些苏联社会主义建设的教条和西欧党的经验到中国来。过去许多党的决议是照抄国际的。”①在党的七大上，他对教条主义的错误作了进一步的检查，说：“对于马列主义的著作，只觉得其精深博大，把什么问题都解决了。对于苏联革命斗争的经验，由于革命成功的经验证明，亦觉得是传之万世不可或易的真理。就以为只熟读马克思主义的定义和结论，记得联共的策略公式，就会使中国革命成功了。因而产生了背诵马列主义个别结论与辞句，机械搬用死板策略、笼统公式的教条主义的思想方法。”“碰到实际问题，不先想实际情况而是先想马、恩、列、斯在什么地方怎样说过，或者在欧洲或俄国革命史上有过什么相关的情况，用过什么口号策略。并把它们原封不动地搬运到中国来。”②博古的自我批评是诚恳的，是符合实际的。当然，犯“左倾”错误的负责人的情况并不完全相同。如果读一读王明《为中共更加布尔塞维克化而斗争》那本小册子和他在共产国际执委会十次全会上的长篇发言，都能够感觉到那种哗众取宠的自我表现和它背后的勃勃个人野心。而在那些犯过“左倾”错误的负责人中，恰恰只有王明从来没有作过一点自我批评。

对中国革命的认识偏离客观实际，出现几次左的错误，这对还缺乏经验的中国共产党来说，也许是难以完全避免的。他们走的是前人没有走过的路，周围的环境变化得那么快，许多陌生的问题突然提出来等待着立刻回答，中国的事情又那么复杂，任何人都不可能一下子把它完全看清楚，处理得十分恰当和周全。但是，既然主观的认识同

① 《胡乔木回忆延安整风》(上)，《党的文献》，1994 年第 1 期。

② 博古在中共七大上的发言记录，1945 年 5 月 3 日。

客观实际并不相符，人们在实践中总会程度不同地发现这种不符合实际的地方。第一次“左倾”错误后期，江苏省委王若飞、项英等提出过革命已处在低潮的看法。这次错误纠正后，刘少奇在党刊上发表过一段很有见地的话：“我们对于实际情形的观察应该经常采取许多真实的材料，切实到群众中去了解各部分群众的生活与情绪，绝不可单凭某一部群众一时特殊的表示及几个领袖一时气愤与悲观的报告，就认定全部群众的要求和情绪是如此，而规定或转变我们口号。过去我们许多错误的原因，大半是因为对于实际情形的观察和估量不能深切和正确。”①第二次“左倾”错误时，何孟雄曾尖锐地指出：这样做是忽视不平衡的发展，忽视主观力量，忽视阶级力量的对比。第三次“左倾”错误时，就有更多的地区和部门提出不同意见或采取抵制的做法。为什么这些错误没有及时得到纠正，而且延续得这么久？

这里有一个能不能保证党内正常的集体领导和群众路线的问题，也就是党内民主问题。这里说的群众路线，很重要的一点，就是要把全党在实践中获得的正确认识不断集中起来，这样才能补救少数人认识上的局限和偏差。那些“左倾”错误的负责人、特别是第三次“左倾”错误的负责人，却总是自以为是，刚愎自用，在很长时间内认定只有自己的看法才是百分之百正确的，不愿自我批评。不愿意听别人的批评。如果有人提出不同意见，他们不但不听，还要压制和打击，进行过火的斗争，斥为政治上的不坚定、严重的右倾以至机会主义的动摇等等，用严厉的组织措施来保证他们主张的继续贯彻。洛甫在延安整风时谈到过这方面的教训。他说：“组织上是宗派主义，不相信老干部，否定过去一切经验，推翻旧的领导，以意气相投者结合，这必然

---

① 刘少奇：《口号的转变》，《布尔塞维克》第2卷第1期，1928年10月。

会发展到乱打击干部。”[1]在七大上，他又诚恳地做自我批评说：“我们为了贯彻我们的错误路线，却一意孤行，并且还在所谓反对‘右倾机会主义’、反‘狭隘经验主义’等的口号之下，完全错误的打击了党内了解中国实际情况与富有中国革命经验的领导同志，大大的发展了宗派主义，这实在是非常错误的。”[2]自然，这不是他一个人的责任，而且他在这些领导人中是觉悟得比较早的。这类根本违背党内民主和群众路线的做法，使问题不能及时得到纠正，以致使第三次“左倾”错误延续了四年之久。

回顾这段历史时，还不能不看到：中国共产党在民主革命时期的三次“左倾”错误都同共产国际有着密切的关系。第一次“左倾”错误是在共产国际代表罗米纳兹直接指导下发生的，不少文件就是由他起草的。第二次“左倾”错误明显地受到共产国际十次全会和四封来信的影响，当然李立三后来又把它发展了，增加了新的内容，有着自己的责任。第三次“左倾”错误更是完全倚仗共产国际在中国共产党内的巨大威望和组织约束力，才能取得支配地位并持续得那么久。当然，共产国际对中国革命也做过一些起了积极作用的好事，不能一笔抹煞。但从根本上说，要指导一个国家的活动，必须从它的具体国情出发，对它的情况有系统而细致的了解，正确地把握住这个国家各个社会阶层的要求和情绪，才能对不断变动着的形势做出准确的估量，采取恰当的对策。这些，对远处万里之外、对中国国情相当隔膜的共产国际来说，是无法做到的。他们的许多判断和决定，已被事实证明是脱离实际的瞎指挥，却被硬搬到中国来，强制性地加以执行，就不能不把事

---

① 《张闻天选集》，314 页，北京，人民出版社，1985。

② 洛甫在中共七大上的发言记录，1945 年 5 月 2 日。

情弄糟。对中国共产党来说，在不短的一段时间内，几乎无条件地接受共产国际的指挥，不敢轻易加以怀疑，又反映了当时党在政治上的不成熟。毛泽东在1930年写了一篇《调查工作》(60年代公开发表时改名为《反对本本主义》)，尖锐地批评党内有些人开口闭口要“拿本本来”，指出：“不根据实际情况进行讨论和审察，一味盲目执行，这种单纯建立在‘上级’观念上的形式主义的态度是很不对的。”他意味深长地写道：“中国革命斗争的胜利要靠中国同志了解中国情况。”“共产党的正确而不动摇的斗争策略，决不是少数人坐在房子里能够产生的，它是要在群众的斗争过程中才能产生的，这就是说要在实际经验中才能产生。因此，我们需要时时了解社会情况，时时进行实际调查。”①这自然是针对许多人机械执行共产国际指示或者盲目照搬俄国革命经验的状况提出的，表现了独立自主的精神。

必须坚持实事求是，群众路线，独立自主，这是中国共产党人在长期的革命实践中经过艰苦探索而得出的三条基本结论，也可以说是从总结三次“左倾”错误产生原因中得出的三点基本认识。

① 《毛泽东选集》第1卷，111、115页，北京，人民出版社，1991。

论中央红军在贵州

中央红军长征进程中，在贵州境内的四个多月特别重要。当时红军的前途，存在两种可能性：或者成功突出重围；如果处置不当，也有全军覆没的危险。遵义会议成为重要的转折点，红军在贵州闯过了生死关头，从被动转入主动，为长征的最终胜利奠定了基础。

这是充满惊涛骇浪的日子。红军在极端复杂而险恶的环境中，在前进道路上面对众多不确定因素，经过迂回曲折的探索，多次果断地大幅度调整行进方向，终于突破重围，闯出一条新路来。

对这段引起大家异常关注的历史，研究成果已经十分丰富。这些年来，又有不少国共双方的重要史料公布出来。本文不准备以很多篇幅去重复那些极为重要而已谈得很多的事，只想选择其中几个问题试作一些探讨，力图为长征史研究这项已有巨大成就的工程继续提供一砖一瓦。

一、中央红军为什么会进入贵州

中央红军退出原在赣南、闽西的中央革命根据地，是被迫的、不得已的。陈云不久后向共产国际书记处汇报时说："当敌人包围了我们以前的苏区，把我们挤到一小块地区里时，我党为保存红军的有生力量，把主力从过去的苏区撤出。目的是要在中国西部的广阔地区建立新的根据地。"①

当时，中共中央由博古(秦邦宪)负总责。考虑全军主力突围的主要着眼点是"撤出有生力量，使它免遭打击"。这种考虑已经过三四个月的酝酿。至于在西部什么地方能够站得住脚、建立起新的根据地？由于对西部的环境不熟悉、对可能遇到的问题不十分清楚，最初只能有一个大致设想，并不是很明确、很有把握的。1934 年 9 月 17 日，博古向共产国际执行委员会发出绝密电报："〔中共〕中央和革命军事委员会根据我们的总计划，决定从 10 月初集中主要力量在江西南部对广东的力量实施进攻战役，最终目的是向湖南南部和湘桂两省的边境地区撤退。"30 日，共产国际政治书记处政治委员会致电中共中央正式答复："考虑到这样一个情况，即今后只在江西进行防御战是不可能取得对南京军队的决定性胜利的，我们同意你们将主力调往湖南的计划。"②

为了组织并指挥这次突围和西进。中共中央成立了"三人团"，由博古、李德(从共产国际来的军事顾问)、周恩来组成。这个"三人团"的工作状况是怎样的？中央文献研究室编的《周恩来传》中有一句很重要而似乎没有引起研究者注意的话：它"只开过两次会，一次在李德

---

① 陈云：《关于红军长征和遵义会议情况的报告》，《党的文献》，2001 年第 4 期。

② 《联共(布)、共产国际与中国苏维埃运动(1931—1937)》(14)，144、251、256 页，北京，中共党史出版社，2007。

房中，一次在中央局。”[①]这句话引自周恩来1943年11月15日所写的在中共中央政治局会议上的发言提纲手稿。他在提纲中还写道：三人团“主要是军事，且是形式上的”。所以，在档案中找不到“三人团”活动的记录。实际工作中，政治上由博古作主，军事上由李德作主，周恩来督促军事准备计划的实行。

中央红军，除项英、陈毅等率领部分红军和地方武装留在中央革命根据地坚持斗争外，参加突围西征的有第一、三、五、八、九军团，还有由中央机关和直属部队编成的两个纵队。其中，主力是第一军团(军团长林彪、政治委员聂荣臻)、第三军团(军团长彭德怀、政治委员杨尚昆)、第五军团(军团长董振堂、政治委员李卓然)，通常由第一、三军团任前锋，第五军团任后卫。

红军突围从1934年10月10日开始。16日，全军在中央苏区东南角的雩都河以北地区集结完毕。第二天起，以迅速动作渡河西进。由于严格保密，并没有被蒋介石发觉。23日，国民党南路军(粤军)第一军军长余汉谋致电北路军(蒋介石嫡系部队)前敌总指挥陈诚：“共军主力已西窜，赣南方面仅留有少数共军担任掩护。”[②]蒋介石还没有真正弄清楚，在同一天日记里带有疑问地写道：“匪果西窜乎?”到30日才断定：“匪向西窜。”[③]

蒋介石对中央红军的突围方向在此前也有过估计：“其突围窜走，必西与川北之徐(向前)匪，或湘西之萧(克)贺(龙)股匪会合”，“曾提

① 《周恩来传》第1卷，306页，北京，中央文献出版社，2011。

② 蒋纬国：《历史见证人的实录——蒋中正先生传》第2册，139页，台北，青年日报社，1997。

③ 蒋介石日记，现藏美国斯坦福大学胡佛研究所，1934年10月23日、30日。

出‘宁可迫使东窜，不可纵其西窜’之原则，详定封锁计划。”①国民党方面后来有一种说法，认为蒋介石有意让中央红军西进，以便借此进兵并控制西南。这并不符合当时的事实。

因此，国民党军在西、南这两个方向预先设置了四道封锁线。红军对前三道封锁线比较顺利地突破了，但在广西北部的全县和兴安之间的界首等处抢渡湘江时，受到湘军和桂军的夹击，又因“大搬家”的方式，携带大批物资，行动迟缓，遭受严重损失。12月1日，红军主力终于渡过湘江。11日，大队穿过桂北龙胜地区走出广西，来到湖南省西南端的通道县。12日，中共中央在通道召开临时会议，确定从这里迅速西进贵州。

西进贵州，是不是到通道会议时才提出来的？这在研究工作者中有着不同看法：一种认为通道会议改变了战略进军方向，称为“通道转兵”；另一种认为不宜提“通道转兵”。看来，后一种主张比较符合实际情况。

在通道会议上确实发生过争论。但从这时的现实情况来看，先西进贵州已是不能不如此的行动方向了。那时候，受到重大损失的红军渡过湘江后还来不及整理，桂军仍在后面紧紧尾追，薛岳率领国民党中央军整整八个师重兵驻扎在离通道北面不远的芷江、黔阳一带守候。红二、六军团远在湘西北的桑植、永顺、大庸一带(今张家界地区)，同通道之间相隔约300公里之遥。中间这片地区是苗民聚居区，山峦起伏，地势险峻。清朝嘉庆年间，为了镇压苗民，在这里连续作战多年，修建了千余碉堡，并筑有边墙，易守难攻，行军十分艰难。

① 贺国光：《参谋团大事记》上，手稿影印本。326页，北京，军事科学院军事图书馆，1986。

而通道离相邻的黔东南黎平地区不足50公里，那里只有少量战斗力很差的黔军，是国民党军队防线上的薄弱环节。红军在这种情况下，该怎样行动是不难判断的。用陈云的话来说，这叫“避实就虚”。①

其实不到三个月前，由任弼时、萧克、王震率领，从湘赣边区西进的红六军团同样在全县、兴安间渡过湘江后，经广西龙胜地区，在9月16日袭占通道，接着并不是从这里沿湘西直接北上，而是先西进贵州，在22日进入黎平地区，再折而北上，到黔东北同贺龙、关向应率领的红三军(不久改称红二军团)会合。红六军团西进是为中央红军“探路”。这两支红军在最初所走的几乎是同一条路。

再细读红军向通道前进那几天红军总部同各军团、纵队的来往电报更可以清楚地看到红军到达通道前规定的下一步行动方向并不是从通道沿湘西北上，而是要西进贵州，特别是指向黔东南的黎平。12月8日和10日，中央军委主席朱德致各兵团、纵队首长电中都只说“我野战军明九日继续西进”和“我军明十一号继续西进”。11日进入通道当天，他给林彪、聂荣臻的电报中要求红一军团派出侦察部队先行“侦察入黔的道路”。12日晨6时，朱德致电林、聂，指定一军团和三军团分路“入黔”的分界线，“望依此分界线自定前进路线。”这些都是在通道会议前已经作出的部署。同日19时半，通道会议举行后，便由中央军委正式“万万火急”地致电各军团、纵队首长，要求红一军团第一师“相机进占黎平”。13日21时半，朱德又以“万万火急”电致各军团、纵队首长：“我军以迅速脱离桂敌，西进贵州，寻求机动，

① 《陈云文选》第1卷，55页，北京，人民出版社，1995。

以便转入北上之目的”。[①] 把当时这些电报逐日排列下来，确实可以对事实比一些红军将领多年后的追忆看得更准确更清楚。

再从蒋介石的军事部署来观察，他的重点也放在防止红军西进贵州，而不是准备在湘西摆开战场进行决战。在湘江战役前夜的11月17日，蒋介石下达《湘桂黔会剿计划大纲》，首先要求“期于湘水以东地区，将匪扑灭”，但“万一漏网，突窜湘漓水以西”，他的“方针”是“应以不使该匪能长驱入黔、会合川匪及蔓延湘西、与贺萧合股之目的”。红军开始抢渡湘江时，他又在26日致电薛岳：“如匪不能在湘桂边境消灭，则中央追击两纵队应继续跟进，即入黔川腹地，亦所不辞。并预备入黔为要。”[②]当红军突破湘江、重入湘南时，蒋介石9日在日记“预定”事项中，特别提到要注意“贵州地形”。[③] 在12月12日通道会议的同一天，他又重申《会剿计划大纲》：“严密防赣匪入黔”，并要求“湘军(引者注：包括名义上受何键指挥的薛岳部在内)除巩固原防外，以追剿部队之一部，追至(贵州)铜仁，巩固黔军左侧之防线。”[④]

在前方指挥的薛岳也这样判断：“敌军从湖南西北入湘西与贺龙合股，公算不大；徘徊于粤边之连县、桂边贺富地区迟迟不动，南入粤桂，生存不易，因之公算也小。全面观察，企图西行，强渡湘江入

① 《峥嵘岁月》第7集“红军长征在湘南专号”，176、178、181、184、186页，长沙，湖南人民出版社，1987。

② 《蒋中正“总统”·事略稿本》(28)，491页，台北，“国史馆”，2007。

③ 蒋介石日记，1934年12月9日。

④ 《红军转战贵州——旧政权档案史料选编》，78、80、81页，贵阳，贵州人民出版社，1984。

桂转黔，步萧克故伎可能性大。”①

双方的目光，都转向贵州。中央红军从通道西进贵州，在敌对双方的军事领导人看来，都是很自然的事情。

二、几种政治力量的剖析

中央红军进入贵州后的行动灵活多变，有时使人有扑朔迷离的感觉。不能认为这一切全都是事前完整地设计好，随后只是按照这种设计行事。它是多种力量在冲突中相互制约和相互作用的结果。正确的决断只能来自对这种错综复杂的客观现实能及时作出正确的估量，用来指导行动。

恩格斯有过一段深刻的分析：“历史是这样创造的：最终的结果总是从许多单个的意志的相互冲突中产生出来的，而其中每一个意志，又是由于许多特殊的生活条件，才成为它所成为的那样。这样就有无数互相交错的力量，有无数个力的平行四边形，而由此就产生出一个总的结果，即历史事变。这个结果又可以看作一个作为整体的、不自觉地和不自主地起着作用的力量的产物。因为任何一个人的愿望都会受到任何另一个人的妨碍，而最后出现的结果就是谁都没有希望过的事物。”恩格斯把它称为“一个总的合力”。他接着又说明：“然而从这一事实中决不应作出结论说，这些意志等于零。相反地，每个意志都对合力有所贡献，因而是包括在这个合力里面的。”②

红军在贵州的这四个多月内，确实是几种政治力量各自抱有不同

① 李以：《薛岳率军追堵红军的经过》，《围追堵截红军长征亲历记》上册，44页，北京，中国文史出版社，1991。

② 《马克思恩格斯选集》第4卷，478、479页，北京，人民出版社，1972。

的愿望和意志，努力给对方造成妨碍，都在起作用。最后的结果是红军胜利地突出重围，但它的具体发展过程是最初谁都没有预想到的。

所以，考察中央红军在贵州的活动，需要先对中央红军、国民党中央军和西南地方势力这几种力量分别作些分析。如果不清楚当时双方阵营中矛盾冲突错综复杂的大背景，就很难正确地理解红军到贵州后的活动为什么会这样一步一步地发展。

第一，先看看中央红军的状况。

湘江战役中红军受到严重损失，这是明白的事实。军内因此对博古、李德的领导极为不满，强烈要求改组。但有些研究工作者容易由此对红军在湘江战役中的损失作出超过实际的估计：以为这次战役使红军人数一下子从八万六千多人锐减到三万多人，甚至产生一种错觉，似乎中央红军的实力和战斗力在湘江战役中已损折过半。

这是一种误解。要是那样的话，红军进入贵州后能有这样充满活力的表现就不好理解了。

对事实需要作具体分析，才能得出恰如其分的估计。石仲泉根据桂林市委党史研究室提供的资料写道："第一次突围减员 3700 余人，第二次突围减员 9700 余人，第三次突围减员 8600 余人，共减员 2.2 万多人。""这就是说，红军突破第四道封锁线时的实际兵力，不再是出发时的 8 万多，而只有 6.4 万人左右。"①

突破前三道封锁线时不是没有经过激烈的战斗吗？那么，在这段时间内占全军人数四分之一的减员是怎么会发生的？读一读当时在全军后卫第五军团当师长（后任军团参谋长）的陈伯钧的日记就可以想见其大概。

① 石仲泉：《长征行》，34 页，北京，中共党史出版社，2006。

陈伯钧的日记写得比较详细，在过湖南道县以东的潇水前那段日子里看不到这支后卫部队有过激烈战斗的记载，倒是一而再、再而三地可以看到这类事实："这几日，因长途跋涉，致病故者不下十人。""近来落伍人员太多，有真正失去联络的，有借故掉队的，对我之行军计划有莫大障碍。""昨日逃亡现象极为严重。""道路均不良，上高山时，路又滑又陡，污泥太深，掉队的较多。""掉队人员约一百以上，这是历来最艰难的一次行军。"如此等等。① 不难看出，到湘江前这段路上的大量减员，有些是因病或其他客观原因掉队的，有些是新入伍而不愿远离家乡的，大多还不是红军的主力。

当然，并不是说在这过程中没有发生过战斗。红三军团第四师师长洪超，就是在通过第一道封锁线时牺牲的。红三军团政委杨尚昆回忆道："后来才明白，我们突围前，军委虽然通知了粤军指挥部门，由于前沿阵地还没有接到'放路'的命令，因而在过第一道封锁线时造成如此损失，令人叹息不已。"②

湘江的战斗进行得很激烈，红军损失很大，这是不争的事实。当时担任师政治委员的黄克诚写道："界首一战，中央红军遭到的伤亡是空前的。自开始长征以来，中央红军沿途受到敌人的围追堵截，迭遭损失，其中以通过广西境内时的损失为最大，伤亡不下两万人。而界首一战，则是在广西境内作战中损失最重大的一次。"③他说"伤亡不下两万人"，是比较准确的。

对这次巨大损失也需要补充作一点分析。石仲泉在《长征行》中写

① 《陈伯钧日记(1933—1937)》，324、325、328、329页，上海，上海人民出版社，1987。

② 《杨尚昆回忆录》，107页，北京，中央文献出版社，2001。

③ 《黄克诚自述》，126页，北京，人民出版社，1994。

道："尤其是担任殿后任务、掩护大军渡过湘江的红八军团、红九军团和红五军团，付出了惨重的代价。红八军团由长征出发时的 10922 人，在渡过湘江后只剩下 1000 多人；红九军团由 11538 人减为 3000 多人；红五军团第三十四师全部牺牲。"[①]红八军团和红九军团的减员约一万八千人，这两个军团是中央红军中成立不久的新军团：后者成立于 1933 年 10 月下旬；前者成立于 1934 年 9 月下旬，离长征出发只有十多天。陈云说：红军在长征开始前"吸收了三万多志愿者参军"。[②] 聂荣臻说："那时候，教条宗派集团，不注意主力兵团的充实建设，却成立了一些缺乏基础的新部队。"[③]杨尚昆也说："那时也蠢，只想成立新的师，却没有用这些新兵去补充老部队，结果，新成立的师因为缺乏训练和实战经验，战斗力不强，有些在长征开始后的战斗中就溃散了。"[④]第八、第九这两个军团，新兵占的比重很大，思想政治教育和作战训练的时间比较短，在战斗中的损失就特别大。(第九军团在军团长罗炳辉、政治委员何长工指挥下，以后仍多次担负独立作战的艰巨任务，发挥了牵制和迷惑敌军的重要作用。)这以外，红五军团第三十四师战斗力较强，一直作为全军的后卫，因浮桥最后被敌机炸毁而未能渡河，最后都牺牲了。第三军团的第六师有两个团被敌军切断而全部损失。其他部队虽有伤亡，基本队伍依然渡过了湘江。

渡过湘江当天(12 月 1 日 17 时)，朱德在致各军团负责人电中写道："我八军团之一部被敌击散，我六师约一个团(引者注：后来查

① 石仲泉：《长征行》，43 页，北京，中共党史出版社，2006。

② 陈云：《关于红军长征和遵义会议情况的报告》，《党的文献》2001 年第 4 期。

③ 《聂荣臻回忆录》(上)，226 页，北京，战士出版社，1983。

④ 《杨尚昆回忆录》，103 页，北京，中央文献出版社，2001。

明，红三军团第六师的第十七、十八两个团‘被截断于湘江以东，大部牺牲’该师随即缩编为独立团。①)及三十四师被切断，其余部队则已渡过湘江。”②这是当天下午所作的统计，虽还有不完备的地方，但总体上同样印证了前面所说的状况。

可以看出，尽管中央红军在湘江战役中受到很大损失，人员数量更有大幅度减少，但全军主力也就是它的核心部分依然基本保存下来。这是一支有着共同理想信念和严格纪律、有着旺盛的战斗意志和作战经验、能够吃大苦耐大劳的精锐军队。特别是最早渡过湘江的红一军团所受损失较小。中央红军全军建制也没有被打乱。

正确估量中央红军渡过湘江后的实力，十分重要。正因为这样，进入贵州后一旦纠正了原来“左”的错误，有了正确的军事指挥，它立刻变得生龙活虎，表现出很强的战斗力。这又大大超出国民党及其高级将领的估计，是他们没有料到的。滇军将领、第十路总指挥部参谋长孙渡说：最初，“绝大多数人都认为红军只有少数力量，在大军跟踪紧迫、各省军队到处堵截的情况之下，‘实无幸存之理。’”“未几，闻吴奇伟的第一纵队向遵义进犯，遭到红军猛烈的回击，几乎全军覆灭。我觉得红军的威力，并不因长途征战而稍减。”③对红军力量的这种错误估计，成为他们军事部署失误的一个重要原因。

第二，再看国民党当局和蒋介石是如何应对中央红军突围和开始

① 《中国人民解放军组织沿革和各级领导成员名录》(修订版)，90 页，北京，军事科学出版社，1990。

② 中央档案馆编：《红军长征档案史料选编》，46 页，北京，学习出版社，1996。

③ 孙渡：《滇军入黔防堵红军长征亲历记》，《红军长征在贵州史料选辑》，166、467、471 页，贵阳，贵州社会科学丛书，1983。

长征的。

看起来很奇怪：尽管蒋介石 10 月 3 日致电时任行政院长的汪精卫还说“目前生死关头，厥为剿匪问题”，并称已到“剿匪工作浮屠合尖之际”①却在次日下庐山北上，花了近四十天时间，巡视豫、陕、甘、宁、鲁、平、冀、察、绥、晋等省区，直到 11 月 12 日才回到他指挥对中央苏区“围剿”的江西南昌。那时，中央红军已经突破国民党军三道防线，向湘江前进了。

还有一点也值得注意：蒋介石在第五次“围剿”中央苏区时动用大部分主力自北向南推进。北路军总司令是顾祝同，前敌总指挥是陈诚。它的东侧是陈诚直接指挥的第三路军，下辖第三、五、十纵队（即樊崧甫、罗卓英、汤恩伯纵队），在广昌战役后分两路向石城、宁都推进，直指中央苏区首府瑞金；西侧是薛岳指挥的第六路军，下辖第七、八纵队（即吴奇伟、周浑元纵队），分别向兴国和古龙岗推进。当得知中央红军主力从西南方向突围后，“‘追剿’军前敌总指挥委何人担任的问题，最初意是陈诚，而陈却保荐薛岳充任，决定抽出九个师（引者注：当为八个师和一个支队②）的兵力归薛岳率领，陈诚则任预备军总指挥，集中亟待休整的嫡系部队作为机动兵策应各方面的需要。”③薛岳指挥的就是原来从北路西侧向南推进的吴奇伟、周浑元两个纵队。吴奇伟纵队主要是原张发奎部的粤军，还有属于陈诚系的梁

---

① 《蒋中正“总统”档案·事略稿本》（28），202 页，台北，“国史馆”，2007。

② 蒋纬国：《历史见证人的实录——蒋中正先生传》第 2 册，145 页，台北，青年日报社，1997。

③ 晏道刚：《追堵长征红军的部署及其失败》，《围追堵截红军长征亲历记》上册，5 页，北京，中国文史出版社，1991。

华盛师。周浑元纵队主要是赣军，还有鄂军万耀煌师。

为什么蒋介石在中央红军将要突围这样的紧要时刻会花四十多天时间去巡视北方各省？为什么确知红军已从西南方向突围后，只派薛岳率吴、周两个纵队追击，而没有动用原来进攻中央苏区的全部主力？看来，有几个原因：

一是，蒋介石对中央红军的力量一开始就作了错误的过低的估计。

他在10月3日给汪精卫的电报中说："倘三个月内，时局不生枝节，则歼灭赣赤，饶有把握。"①中央红军突围后，他仍认为红军丧失中央革命根据地后已成"流寇"，覆灭已为期不远。11月9日，致电陈济棠："现窜匪离巢，复经重创，自必愈形慌乱，并希饬令加紧蹑追，分头袭击，务期歼匪于汝城、郴州之线，毋使漏网为盼。"②

11月12日，他从北方回到南昌后，立刻召集杨永泰、熊式辉、林蔚、贺国光、晏道刚等心腹谋士商议，"对大家说：'不问共军是南下或西行、北进，只要他们离开江西，就除去我心腹之患。'又说：'红军不论走哪一条路，久困之师经不起长途消耗，只要我们追堵及时，将士用命，政治配合得好，消灭共军的时机已到，大家要好好策划。'""杨永泰以为还要考虑红军尔后渡长江上游入川西的可能性。蒋说：'这是石达开走的死路。他们走死路干什么？如走此路，消灭他们就更容易了。'"他还"认为红军已经流徙千里，四面受创，下山猛虎

① 秦孝仪总编纂：《"总统"蒋公大事长编初稿》卷三，1978年10月卷，105页。

② 《蒋中正"总统"档案·事略稿本》(28)，424页，台北，"国史馆"，2007。

(指红军放弃根据地)，不难就擒”。[1] 12 月 9 日，他在日记中写道：“本日拟庆祝剿匪胜利之意义之文稿。”[2]湘江战役刚结束，蒋介石就准备“庆祝剿匪胜利”，可见在他看来战争已到扫尾阶段。

在这种得意心态下，蒋介石认为对中央红军已稳操胜券，可以更多的力量来考虑如何进一步掌握北方全局，特别是如何把自己的势力伸入西南、加强控制西南地方势力了。这是一直在他心头的夙愿。

二是，红军主力虽已离开中央苏区，仍留下项英、陈毅等率领 1.6 万多兵力在那里继续坚持。红军主力撤走时，石城、古龙岗、兴国、宁都、长汀、瑞金、雩都、会昌、宁化等地仍由红军据守。蒋介石对中央红军在这个地区还有多少兵力心中并不完全清楚。就是国民党军已经占领的地区，划区“清剿”和重新恢复旧社会秩序也不是轻而易举的事情。这都使蒋介石放不下心来。因此，任命顾祝同为驻赣绥靖主任、蒋鼎文为驻闽绥靖主任，率领二十多师兵力，继续致力于摧毁位于江西、福建的中央苏区，来消除他所说的“心腹之患”。为什么最初考虑过由陈诚负责指挥“追剿”军、后来改由薛岳指挥？据国民党军第四军副军长陈芝馨说，原因之一也是“蒋介石考虑到江西方面困难重重，须由陈诚负责”。[3] 蒋在返抵南昌当天就致电陈诚：“吾人当前最急之务，为湘边追击及赣南清剿，必须用其全力先完成此种任务。”[4]把二者并提，可见他对“赣南清剿”的重视程度。

---

① 晏道刚：《追堵长征红军的部署及其失败》，《围追堵截红军长征亲历记》上册，5、7 页，北京，中国文史出版社，1991。

② 蒋介石日记，1934 年 12 月 9 日。

③ 魏鉴贤：《随薛岳所部追堵红军长征的见闻》，《文史资料选辑》第 62 辑，48 页，北京，文史资料出版社，1979。

④ 《蒋中正“总统”档案・事略稿本》(28)，442 页，台北，“国史馆”，2007。

三是，中央红军突围后，进入西南地区。这个地区的地方势力不仅同蒋介石貌合神离，而且彼此猜忌十分深重。蒋介石固然打算乘"追剿"红军的机会将他的中央军开入西南诸省，控制这一地区。但如操之过急，将中央军大量开入，势必引起同地方势力之间的矛盾迅速激化，而时机和条件还不成熟。

因此，蒋介石在这个问题上显得十分小心。当薛岳率部进入湖南时，他在11月12日任命湖南省政府主席何键为"追剿军"总司令，而以薛岳、周浑元分任"追剿军"第二、三路司令，电令："派何键为追剿总司令，所有北路入湘第六路总指挥薛岳所部，及周浑元所部，统归指挥；并率领在湘各部队及团队，追剿西窜股匪，务须歼灭[于]湘、漓水以东地区。"①当薛岳部进入贵州后，贵州省政府主席王家烈的兵力薄弱，不在蒋介石的眼里，他就任命云南省政府主席龙云为第二路军总司令，薛岳为前敌总指挥，吴奇伟、周浑元分任第一、二纵队司令，滇军将领孙渡为第三纵队司令，王家烈为第四纵队司令。他还致电薛岳："望速与滇龙主席切实联系，事事表示敬意，受其指挥为要。"②事实上，何键也好，龙云也好，都无法指挥薛岳的部队，但蒋介石这样做无非是为了减少他们的疑忌。

更值得注意的是：在中央红军突围西进时，薛岳指挥的两个纵队虽然一直尾随红军进入西南地区，但长期内没有同红军作战，所有的仗几乎都由粤军、湘军、桂军去打。在蒋介石的算盘中，如果这些部队同红军打得相互削弱、两败俱伤，那是最合他的心意。所以，薛岳

① 贵州省档案馆编：《红军转战贵州——旧政权档案史料选编》，77页，贵阳，贵州人民出版社，1984。

② 《蒋中正"总统"档案·事略稿本》(29)，190、191页，台北"国史馆"，2007。

率领的吴奇伟、周浑元“两个纵队均在红军的右侧后，相距红军甚远，直至贵州边境，没有与红军接触过。”①“蒋军以大包围形势与红军保持二日行程，停止不前。”②这真是罕见的怪事，却又是可以理解其中奥妙的。

第三，还要看看西南地方势力的状况，它对中央红军进入贵州后发展进程的影响可不是无足轻重的小事。

毛泽东在1928年所写的《中国的红军政权为什么能够存在》中说：“因为有了白色政权间的长期分裂和战争，便给了一种条件，使一小块或若干小块的共产党领导的红色区域，能够在四周白色政权的中间发生和坚持下来。”③

那是六年前说的。到这时，情况虽然有了变化，南京政府在名义上已能号令各省，而它们之间的长期分裂以至冲突事实上依然存在。从西南地区(包括广东在内)来说，还有以胡汉民为旗号的国民党西南执行部和西南政务委员会。无论广东的陈济棠，还是广西的李宗仁、白崇禧，同蒋介石一直互存敌意，冲突有一触即发之势(就在一年多后的1936年6月，两广就同蒋再次爆发战争)。对四川、西康、云南、贵州，南京政府的势力也还来不及深入这些地区，仍保持着半独立状态。这是蒋介石急于改变的。

而这些地方势力的心态也复杂而微妙。他们权衡利害得失的基本点是要保护自己的实力和权益不受损伤，既害怕红军深入他们的腹心

① 魏鉴贤：《随薛岳所部追堵红军长征的见闻》，《文史资料选辑》第62期，50页。

② 汤垚：《红军长征中白崇禧“开放”湘桂边境的内幕》，《红军长征过广西》，446、447页，南宁，广西人民出版社，1986。

③ 《毛泽东选集》第2卷，49页，北京，人民出版社，1991。

地区，并需要有一些表现来应付南京政府，又害怕蒋介石的中央军借口剿共而侵入他们的地盘，取而代之。如果红军要深入他们统治下的腹地，他们也会拼死作战；如果红军只是过境而去，他们就宁可“保境守土”，以“驱逐”为止。

考察这段历史，决不能忽视、更不能离开这一重要背景。

红军主力所以能比较顺利地突破最初几道封锁线，重要原因就是这年10月初同广东的陈济棠达成五项秘密协议，其中包括“必要时可以互相借道，我们有行动事先告诉陈，陈部撤离四十华里”①。因此，红军从中央苏区开始突围时并没有发生激烈战斗。蒋介石对此也有所觉察，在10月20日的日记中写道：“粤陈通匪乎？”30日的日记中又写道：“匪向西窜，电(蒋)伯诚转诫粤陈：纵匪祸国，何以见后世与天下？”②但他也无可奈何。

红军进入湘南后，有西进桂北之势。李宗仁在回忆录中写道：蒋介石“屯兵湘北，任共军西行，然后中央军缓缓南下，迫使共军入桂。……期待我和共军互斗两败俱伤之后，中央军可有借口入占广西，居心极为险恶。”③

当时给李宗仁当高级参谋的刘斐回忆道：“红军的后边有蒋介石的追兵。蒋介石一再打电报要四集团军(引者注：指桂系军队)倾全力堵截红军。他还要湖南何键派兵到桂北协助堵击。我们估计蒋介石的阴谋是要叫广西军和红军两败俱伤，他好顺利地进入广西，‘一箭双雕’。同时，我们估计何键是最滑头的，他表面可以答应协助堵击红

---

① 《何长工回忆录》，327页，北京，解放军出版社，1987。

② 蒋介石日记，1934年10月20日，10月30日。

③ 《李宗仁回忆录》，427页，香港，南粤出版社，1987。

军，到时他会避开。根据以上的估计，我们研究了一个对付红军的总方针，就是想法不让红军进广西内地。如果进了广西内地，蒋介石就一定会跟进。因此，我们宁可让出一条走廊，让红军从北路经过，让红军到湖南和贵州去。我们把这一方针概括为两个字，就是'送客'。"①

白崇禧讲得更坦率。他对桂军供给部参谋长汤垚说："老蒋恨我们比朱毛还更甚，这计划是他最理想的计划。管他呢，有匪有我，无匪无我。我为什么顶着湿锅盖为他造机会？不如留着朱毛，我们还有发展的机会。"②

何键因为红二、六军团在湘西北十分活跃，生怕中央红军同它会合后在湘西建立一个大的根据地，所以，对"追剿"行动比桂军积极，但基本态度同样以"送客"出境为上策。

贵州是西南地方势力中最弱的一支。"黔军部队，号称五个师、三个独立旅，由省主席王家烈兼任二十五军军长。各将领表面上拥护王家烈，实际上各据一方，各自为政，而且互不相容，部队训练，民众组训，基础甚差，更兼员额不足，装备低劣，官兵多食鸦片，战力异常脆弱。"③它的力量远不能同粤、桂、川、滇相比。贵州又正位于西南各省的中心区域，战略地位十分重要。蒋介石前此因为鞭长莫及，一时对王家烈采取扶植态度。但王家烈总怕蒋介石有朝一日终会

---

① 《刘斐谈话记录》，《红军长征过广西》，429、430页，南宁，广西人民出版社，1986。

② 汤垚：《红军长征中白崇禧"开放"湘桂边境的内幕》，《红军长征过广西》，447页，南宁，广西人民出版社，1986。

③ 陈寿恒、蒋荣森等编著：《薛岳将军与国民革命》，186页，台北，中研院近代史研究所，1988。

对他下手，因此又同邻省相联结。其中，贵州和广西交界绵亘数百里。云贵两省盛产烟土，相当数量经广西外销。“广西当时的财政收入，鸦片烟过境税将近占到岁入的一半——这是新桂系集团经济上的命脉。”桂军主力第七军军长廖磊说：“云、贵两省的鸦片烟过境税，是我们一笔最大的财政收入。如果贵州被共产党盘踞了，或者被蒋介石假道灭虢，把王家烈撵走了，我们这笔财源也就断绝了，而且直接受到威胁。”①所以，“王上台后，对南京政府‘唯命是从’，但为了自保和割据的需要，与两广关系打得火热，最初只限于信使往还，后来因购进枪械，发展到与陈济棠、李宗仁成立了‘三省互助同盟’，公然附桂，与蒋对抗。”②

蒋介石与西南地方势力之间这种钩心斗角的复杂矛盾，对中央红军的突围和入黔后的局势发展有着不可忽视的重要影响。

三、从黎平到遵义

通道会议后，中革军委在 1934 年 12 月 13 日正式下达命令西入贵州。红军迅速跨入贵州境内。这里的环境与红军前此经过的环境显然不同。

旧中国对贵州常这样来形容：“天无三日晴，地无三里平，人无三分银。”也就是说：百姓穷困，地势险峻，交通不便，气候无常。聂荣臻回忆道：“我们站在山顶上朝广西贵州交界的地方一看，嗬！一层山接着一层山，像大海里的波涛，无穷无尽，直到天边。我这个出

① 虞世熙：《桂军远追红军萧克部深入贵州的内幕》，《红军黔滇驰骋史料总汇》上册，537、538 页，北京，军事科学出版社，1988。

② 谢本书、冯祖诒主编：《西南军阀史》第 3 卷，302 页，贵阳，贵州人民出版社，1994。

生在四川、又在江西福建打过几年山地战的人，都没有见过这么多山！”[①]那时贵州绝大多数地方没有公路相通，只有逶迤曲折、险峻狭窄的山路，大部队行动十分不便，对国民党中央军那样装备较重的部队来说更是如此。

黔东南要地黎平距通道只有五十公里。“黎平城位于清水江东岸，东西面高山环绕，敌人在这里没有修筑什么工事。十二月十四日下午六时，驻守黎平的王家烈的一个团，听到红军进攻黎平城的消息后，部队早就撤走了。”[②]15 日，红一军团进占黎平。在此期间，12 月 13 日中革军委将红八军团编入红三军团，军委两个纵队合并为军委纵队。

占领黎平，打开了红军向贵州进军的通道。

18 日，中共中央在黎平召开政治局会议。这是红军长征开始后举行的第一次政治局会议，又是一次讨论红军今后战略方向的会议。会上争论激烈。主持会议的周恩来采纳毛泽东的意见。他后来说：“从湘桂黔交界处，毛主席、稼祥、洛甫批评军事路线，一路开会争论。从老山界到黎平，在黎平争论尤其激烈。这时李德主张折入黔东。这也是非常错误的，是要陷入蒋介石的罗网。毛主席主张到川黔边建立川黔根据地。我决定采取毛主席的意见，循二方面军(引者注：指红六军团)原路，进渡乌江北上。李德因争论失败大怒。”“军事指挥与以前也不同，接受毛主席的意见，对前方只指出大方向，使能

① 《聂荣臻回忆录》(上)，229 页，北京，战士出版社，1983。

② 萧锋：《长征过贵州的日日夜夜》，《红军黔滇驰骋风云录》，174 页，北京，军事科学出版社，1987。

机动。”①

会议通过《中央政治局关于战略方针之决定》，《决定》说：“鉴于目前所形成之情况，政治局认为过去在湘西创立新的苏维埃根据地的决定在目前已经是不可能的，并且是不适宜的。”“政治局认为，新的根据地区应该是川黔边区地区，在最初应以遵义为中心之地区，在不利条件下应该转移至遵义西北地区，但政治局认为深入黔西、黔西南及云南地区对我们是不利的。”②

这是一次十分重要的会议，改变了建立新根据地的目标所在，是一个大决策，是红军长征中战略转变的开始。陈云半年多后向共产国际书记处报告时说：黎平会议前，“我们仿佛总是沿着一条用铅笔在纸上画好的路线，朝着一个方向直线前进。这个错误很大。结果，我们无论走到哪里，到处都是遇到敌人追击，因为他们早已从地图上料到我们将出现在哪里，将往哪里前进。于是我们变成了毫无主动权，不能进攻敌人，反而被敌人袭击的对象。”“由于军用地图上的位置常常标错，我们常常走进死路而被迫走回头路。有一个地方，我们打了三天，才走了四公里。”“在黎平，领导人内部发生了争论，结果我们终于纠正了所犯的错误。我们对此前‘靠铅笔指挥’的领导人表示不信任。”“全体红军将士都主张应该突破薄弱环节，朝着敌方较弱而红军可获得新的兵员补充的地方前进。这场争论以决定改变原来的方针而告结束。”“红军已不再是经常不断地被敌人攻击、四处流窜的部队，

① 周恩来：《在延安中央政治局会议上的发言(节录)》，《遵义会议文献》，64页，北京，人民出版社，1985。

② 《中共中央文件选集》第10册，441、442页，北京，中共中央党校出版社，1991。

而变成了一支能战能攻的有生力量。”①

李维汉谈到这个《决定》时也说：“这个决定非常重要。它既使红军避敌重兵，免遭灭顶之灾，又能放开自己的手脚，打运动战，主动消灭敌人。特别是使红一、三军团获得‘解放’可以灵活机动地消灭敌人的有生力量，红五军团也不致担负后卫，老吃苦头。”②

黎平会议使中央红军开始从被动转向主动，为以后的胜利，为遵义会议的召开奠定了基础。

黎平会议后，红军没有停留，沿苗族聚居的清水江南岸西进，三天内接连占领黔东商业重镇镇远和施秉、黄平，这仍是几个月前红六军团刚走过的“原路”。但在这以后所走的路就不同了：红六军团是转向东北，在黔东北角和湘西相邻的仙桃同贺龙率领的红三军(后改红二军团)会师；中央红军却转向西北，经余庆、瓮安在31日直抵乌江南岸，向黔北挺进，因为它的目标不再是想同红二、六军团会合，而是要去创建川黔边区根据地了。

看起来又很奇怪：薛岳率领的吴奇伟、周浑元部八个师这以前一直驻屯在湘西的芷江、黔阳一带按兵不动，当红军转向乌江前进时，才向西开进到镇远、施秉、黄平地区，但接着不是向北追击红军，而是继续向西直奔贵阳。

其实这并不奇怪。蒋介石特别看重的是要乘红军入黔尽快控制贵州省会贵阳。12月31日，多少领会到蒋介石意图的薛岳致电蒋：“本路军今次入黔，责在剿匪，间接亦为中央对西南政治设施之监视者。”

---

① 陈云：《关于红军长征和遵义会议情况的报告》，《党的文献》，2001年第4期。

② 李维汉：《回忆与研究》(上)，351页，北京，中共党史资料出版社，1986。

蒋当即复电："所见甚是，当令筹备。"①正在蒋介石身边的晏道刚自然更明白。他回忆道："当红军于 12 月进入黔边时，蒋在南昌对陈布雷说：'川、黔、滇三省各自为政，共军入黔我们就可以跟进去，比我们专为图黔而用兵还好。川、滇为自救也不能不欢迎我们去，更无从借口阻止我们去，此乃政治上最好的机会。今后只要我们军事、政治、人事、经济调配适宜，必可造成统一局面。'薛岳进占贵阳，正是这一阴谋的具体行动。"②

还有一个在蒋介石心中占有很重分量的因素，那就是对桂系的高度疑忌。红军入黔后，李宗仁、白崇禧就致电追剿总司令何键，提出划分作战境界线，"该线以东，归何总司令所部，以西归黔、粤、桂军。"③很明显，他们的目的是要由桂军来控制贵阳。那时桂军廖磊部两个师已开到黔南的都匀。"这条路线不是红军长征的道路，没有与红军接触。"廖磊部"构筑防御工事，名为'防共'，实则'防蒋'。"④蒋介石十分担心桂军会抢先控制贵州，因此更加急于要赶在桂军到达前能进入贵阳。这已成为他一块很大的心病。当薛岳部开入贵州后，蒋介石稍觉宽慰，在 12 月 29 日的日记中写道："我军既入黔，不患不能制桂。"⑤

---

① 《蒋介石"总统"档案·事略稿本》(28)，684 页，台北，"国史馆"，2007。

② 晏道刚：《追堵长征红军的部署及其失败》，《围追堵截红军长征亲历记》上册，11 页，北京，中国文史出版社，1991。

③ 《国民党追堵红军长征档案史料选编(中央部分)》(上)，304 页，北京，档案出版社，1987。

④ 黄炳钿：《阻击红军北上亲历记》，《红军黔滇驰骋史料总汇》上集，529 页，北京，军事科学出版社，1991。

⑤ 蒋介石日记，1934 年 12 月 29 日。

根据薛岳口述、又经他审定的《薛岳将军与国民革命》一书，也这样描写王家烈同桂系之间的关系："他怕共匪侵占贵阳，他又怕中央军进入贵阳，但是，又无法保住贵阳。因之，不惜饮鸩止渴，转向桂系李白求救，请他们派兵，协守贵阳。野心勃勃的李宗仁，满口答应拔刀相助，即派第七军军长廖磊，率领桂军三师，浩浩荡荡，开向独山前进。"书中接着写道：12 月 30 日，也就是红军前锋红四团到达乌江南岸那一天，薛岳"决向贵阳速进，单枪匹马行入贵阳"。1935 年 1 月 4 日，薛岳到达贵阳。"一月八日，薛将军令九十九师进入贵阳。二纵队吴奇伟部，亦抵贵阳近郊。三纵队周浑元部，到达马场坪、贵定之线。""一月十三日，桂军之廖磊三个师，到达独山，闻悉中央军捷足先登，只得望贵阳而兴叹。当时，如桂军胆敢先入贵阳，真是不堪设想。"①

周浑元部师长万耀煌自述："迨元月三日行军至黄平，薛岳来电报要我军快去贵阳，其时匪已北窜。""白崇禧闻讯，急令桂军周祖晃部星夜向贵阳急进。周部到都匀始知中央军已占贵阳，急电向白报告。白闻讯色变。贵阳在战略政略地位之重要可见一斑。"②

这就不难明白：为了要赶在桂军前抢先赶到贵阳，而且把它看作异常急迫的任务，蒋介石、薛岳一时就顾不上正向乌江前进的中央红军了。

王家烈早就清楚，蒋介石对他是不怀好意的，是准备夺取对贵州的控制权的。一看薛岳部置北上的红军于不顾，直奔贵阳，他也急忙

---

① 陈寿恒、蒋荣森等编者：《薛岳将军与国民革命》，187～190 页，台北，"中央研究院"，1988。

② 《万耀煌先生访问记录》，345 页，台北，中研院近代史研究所，1993。

率部赶回省会贵阳。他回忆道："这次，他的中央军乘追击红军的机会，要进贵州来了，想拒绝他，也不可能。前思后想，心绪非常烦乱。在当前形势下，我只有执行蒋介石的命令，阻击红军，使其早日离开黔境；一面相机同两广联系，保存实力，以图生存。我初步计划是：将黔北(乌江以北)的防务交与侯之担负责；乌江以南的防务由我和[师长]犹国才负责。我本人担任贵州东南路的指挥作战，以便到不得已时向广西靠拢。"①

蒋介石、薛岳、王家烈的关注点都集中在贵阳。贵阳离乌江重要渡口江界河等很远，相距一百多公里。中央红军突破乌江、进占遵义时，以为背后将有薛岳和王家烈部紧紧追来，处于两面夹击的险境中，结果面对的主要对手只有战斗力薄弱的黔北军阀侯之担部，背后并没有追敌，这自然是十分有利的条件。

乌江又名黔江，是贵州的第一大江。它由西南向东北斜贯贵州，把贵州划成南北两部。

1935 年 1 月 1 日，中共中央在乌江南岸瓮安县的猴场附近召开政治局会议。会议由周恩来主持，通过《关于野战军通过乌江以后的行动的决定》。因为那时还不知道薛岳部到达镇远、施秉、黄平后没有紧紧尾追红军、形成南北夹击之势，而是西入贵阳。所以，《决定》写道："立刻准备在川黔边广大地区内转入反攻。主要的是和蒋介石主力部队(如薛岳的第二兵团或其他部队)作战，首先消灭他的一部，来彻底粉碎五次'围剿'，建立川黔边新苏区根据地，首先以遵义为中心

① 王家烈：《黔军阻击中央红军经过》，见《围追堵截红军长征亲历记》上册，181 页，北京，中国文史出版社，1991。

的黔北地区，然后向川南发展，是目前最中心的任务。”①

黔北军阀侯之担时任第二七五军副军长兼教导师师长，自成一股地方武装势力，并不听王家烈指挥。他派副师长侯汉佑为江防司令。侯汉佑说：“侯部虽号称八个团，但多属空架子，每团两三个营不等，总数约一万人左右。武器除有部分汉阳枪外，余为川造、赤造等杂枪，一部分小迫击炮、轻机关枪和掷弹筒。”战斗力十分薄弱，又缺乏作战准备，认为：“乌江素称天险，红军远征，长途跋涉，疲惫之师，必难飞渡。红军或不致冒险来乌江，可能另走其他路线。”②这支军队实在不堪红军一击。

但乌江确是天险。“乌江南岸要下十华里壁陡的石山，才能到达江边，北岸又要上十里地的陡山，才能走上通遵义的大道。乌江正是在黑乌色的峡壁间流过。乌江江面倒不算宽，只有二百五十米左右，可是流速却每秒达一米八，整个乌江像一条乌青色的蛟龙向东北奔腾，无论投下一片什么东西，转眼就冲得无影无踪了。”③

红军抢渡乌江，是在江界河、回龙场、茶山美几个渡口。1月3日，红军首先在江界河分批乘竹筏强渡成功，又搭起浮桥，乘胜猛烈追击，侯部军心动摇，全线溃退。江防司令侯汉佑由电话向坐镇遵义的侯之担请示处置。侯之担认为：自身兵力不足，援军一时无望，若继续抵抗，必遭歼灭。“于是侯不及向王家烈请示，即电话指示侯汉佑转令河防部队撤退。”侯汉佑退回遵义，向侯之担建议“避红军锐

---

① 《中共中央文件选集》第10册，445页，北京，中共中央党校出版社，1985。

② 侯汉佑：《乌江战备和侯之担部的改编》，《围追堵截红军长征亲历记》上册，239页，北京，中国文史出版社，1991。

③ 《聂荣臻回忆录》上册，233页，北京，战士出版社，1983。

锋”。“侯之担早已惊惶失措急图逃命，同意侯汉佑意见，命他率溃退部队后撤。侯之担则率少数卫队乘车退经桐梓、綦江到重庆。”“侯的企图是保全力量，在红军走后，复据黔北各县防地。”①蒋介石却乘此将侯之担扣押，收编了他的部队。这也是他惯用的手段。

红军在渡过乌江后，立即由军委总参谋长刘伯承指挥红二师六团毫不停顿地飞速奔袭遵义。1月6日下午，红军消灭了距遵义20里团溪镇的黔军“九响团”。天正下着大雨。“他们迷信乌江天险的障碍，又认为大雨天更为太平，因此，当他们听到枪声仓惶迎战的时候，早已成了瓮中之鳖了。”②

一部分红军随即改穿缴获的国民党军服并带着俘虏的“九响团”营长冒雨赶到遵义城下，自称是从外围败退下来的侯部，骗开了城门，红军大队随即开入城内。侯之担部三个团弃城而逃。遵义城没有经过多少战斗，便得到解放。红军的行动速度太快了。“第二天云开雨歇，老百姓开门一看，满街都是红军，便纷纷议论起来：‘他们是怎样渡过乌江的呀！’”③这是1月7日。

遵义是贵州第二大城市、黔北首府、黔北各种土产的集散地，交通便利，也是贵州通往四川重庆的必经之地，同四川关系密切。城内商业繁荣，市面繁华，男女中学有五六所，书店就有三家。红军在遵义时，所有商店照常营业，参加红军的有四五千人，都是黔滇籍的贫民和退伍者，熟悉地方情形，对红军有很大帮助。红军在兵员和物资

---

① 李祖明：《侯之担部防守乌江溃败经过》，《围追堵截红军长征亲历记》上册，249、251页，北京，中国文史出版社，1991。

② 王集成：《智取遵义》，《红军黔滇驰骋风云录》，298页，北京，军事科学出版社，1987。

③ 《耿飚回忆录(1909～1949)》，229页，南京，江苏人民出版社，1998。

上都得到不少补充。

红军一拿下遵义，刘伯承、聂荣臻立刻命令耿飚、杨成武率领红四团出发北上，迅速占领娄山关和桐梓。娄山关是黔北娄山山脉的最高峰，川黔公路从这里盘旋通过。杨成武回忆道："遵义到娄山关是六十里，从娄山关到桐梓还有三十里。我们几乎一直都是用跑步的速度行军。""娄山关是遵义通向桐梓的大门，贵州北方的要冲，东西高山耸峙，南北有盘山小道，若是从川南到黔北，占领了娄山关，无险可守的遵义城便成囊中之物了。所以娄山关便成了扼守遵义的兵家必争之地。"①红四团乘半夜突袭，攻下了娄山关，随即占领桐梓，遵义北面的安全得到了保障。

由于薛岳、王家烈部远在贵阳，刘湘部川军一时还没有南下，中央红军得以在遵义休息了十二天，这是长征开始后从来不曾有过的。它实在很重要。陈云写道："这十二天的休息使赤军在湘南之疲劳，完全恢复，精神一振；使以后之战争，不仅战斗力不减，反如生龙活虎。"他还着重指出："当时赤军之所以能休息十二天者，由于南京进剿军薛周两部急急进贵阳城，争夺贵阳地盘，不愿向赤军攻击，深惧牺牲自己实力。然而侯之担、王家烈等小军阀之命运则均至末路矣。"②

蒋介石和西南地方势力之间这场涉及彼此核心利益的尖锐争夺，使他们的注意力一时只能集中在如何控制贵阳，而无力顾及黔北，这就为中央红军顺利地渡过乌江、占领遵义、并在遵义比较平静地休整了十多天提供了便利条件。

---

① 《杨成武回忆录》(上)，104 页，北京，解放军出版社，1987。

② 《陈云文选》第 1 卷，59、60 页，北京，人民出版社，1995。

更重要的是：有了这十二天相对安定的环境，中共中央便能从1月15日至17日在遵义比较从容地召开政治局扩大会议，即遵义会议。这次会议是根据黎平政治局会议的决定召开的，比较系统地批评了博古、李德在军事指挥上的严重错误。根据会议精神写成的《中央关于反对敌人五次"围剿"的总结的决议》指出："我们的战略路线应该是决战防御（攻势防御），集中优势兵力，选择敌人的弱点，在运动战中，有把握的去消灭敌人的一部或大部，以各个击破敌人，以彻底粉碎敌人的'围剿'。"①会议改组了中央领导机构："毛泽东同志选为常委。""取消三人团，仍由最高军事首长朱周为军事指挥者，而恩来同志是党内委托的对于指挥军事上下最后决心的负责者。""以泽东同志为恩来同志的军事指挥上的帮助者。"②

遵义会议解决了当时具有决定意义的军事和组织问题，是中国共产党历史上一个生死攸关的转折点，在极端危急的历史关头，挽救了党，挽救了红军，挽救了中国革命。

对中央红军当前的行动方向，会议也作出新的决定："扩大会一致决定改变黎平会议以黔北为中心来创造苏区根据地的决议，一致决定红军渡过长江在成都之西南或西北建立苏区根据地。这个决定的理由是：由于四川在政治上、军事上（与四方面军的更好的配合，背靠西康一个空无敌人的区域）、经济上都比黔北好。"③

这是对红军在何处建立新根据地的目标所作的又一次重大改变，是到黔北后根据实地观察作出的决断。渡江北上的主张由刘伯承、聂

① 《中共中央文件选集》第10册，454页，北京，中共中央党史出版社，1991。

② 《陈云文选》第1卷，43页，北京，人民出版社，1995。

③ 同上书，36、37页。

荣臻提出，他们都是四川人，对四川的情况比较熟悉。聂荣臻回忆道："伯承同志和我在会上建议，我们打过长江去，到川西北去建立根据地，因为四川条件比贵州要好得多。从我到贵州看到的情况，这里人烟稀少，少数民族又多，我们原来在贵州又毫无工作基础，要想在这里建立根据地实在是太困难了。而到四川，一来有四方面军的川陕根据地可以接应我们，二来四川是西南首富，人烟稠密，只要我们能站稳脚跟，就可以大有作为，三来四川对外交通不便，当地军阀又长期有排外思想，蒋介石想往四川大量调兵不容易。会议接受了我们的建议。"①

当黎平会议时，中央红军初到贵州，对贵州的情况很少了解，但下一步的行动方向在当时必须立即作出决断，因此提出建立以遵义为中心的川黔根据地，而不到湘西北同红二、六军团会合，这是大胆而重要的决定。现在到了黔北并且停留了十多天，有了实地观察，"看到的情况"是这里地势险峻，经济贫瘠，米粮缺乏，人烟稀少，民族关系复杂，汉苗纠纷很多，党的工作基础薄弱，军事行动又缺乏比较宽裕的回旋余地，要在黔北建立强大而巩固的根据地"实在是太困难了"，这样，便根据实际情况，果断地对原来的决定做出改变。

国民党方面的军事部署这时也有重大调整。蒋介石牢牢控制贵阳后，在 1 月 13 日致电薛岳："近日匪情如何，甚念。遵义应即须规复，稍缓恐更难图。一俟遵义克复后，即可判断匪情之趋向，乃可确定整个计划。"接着，他也把目光转向川南，在第二天致电刘湘："匪必进占泸州、叙府，务望从速筹备，先派得力军队巩固该处城防，预作一个月以上守城之计。"这时，叙府在与刘湘不和的刘文辉手中，蒋

① 《聂荣臻回忆录》(上)，242 页，北京，战士出版社，1983。

在电文中又叮嘱道："万一无兵可派，与其为匪占领，不如与兄(引者注：指刘文辉，当为叔)自动修好。刘文辉责成其固防叙府，以泸、叙非固守不可也。"①

于是，薛岳率领的"追剿军"和王家烈的黔军迅速向黔北开来，川军、湘军、滇军也密集地进入这个地区。川军为防止红军渡江北上，进入四川腹地，决心以主力开往川南。湘军主力在1月中旬从湘西开入川黔边区，防止中央红军进入湘西北，同红二、六军团会合。第十五师师长王东原在2月26日日记中写道："奉令责成本师仍驻酉(阳)、秀(山)，防堵萧、贺两匪西窜与朱、毛会合，分头派队赴乌江与酉水侦察中。"②云南的"龙(云)主席即以训练精悍、战力较强之第二旅安恩溥部，第五旅鲁道源部，第七旅龚顺璧部，推进三省交界之威信、镇雄一带构筑工事，严密戒备。"③龙云这样做的目的，是将红军阻挡在云南境外，避免红军进入云南。国民党几路军队集中在这个地区的总兵力已约40万人，而中央红军只有3.7万多人。这种异常紧迫的局势也要求中央红军不能不迅速作出新的决断。

1月19日，中央红军撤离遵义，开始北上，准备北渡长江。20日，中革军委发出《关于渡江的作战计划》，提出："我野战军目前基本方针，由黔北地域经过川南渡江后转入新的地域，协同四方面军，由四川西北方面实行总的反攻。"

但新的严峻局面又放在红军面前，从这里渡江作战的计划仍难以

---

① 《蒋中正"总统"档案·事略稿本》(29)，77、84页，台北，"国史馆"，2007。

② 《何键·王东原日记》，200页，北京，中国文史出版社，1993。

③ 陈寿恒、蒋荣森等编著：《薛岳将军与国民革命》，192页，台北，"中央研究院"，1988。

实现。中央红军的行动，便转入四渡赤水、西进云南的新阶段。

四、四渡赤水，西进云南

遵义会议后，中央红军的行动立刻以新的面貌呈现在人们面前，和此前有很大的不同。它的主要特征是：坚持从实际出发，灵活机动，避实就虚，不再是被动挨打，也不是墨守固定的计划，盲目硬干，而是从实际出发，力争掌握战争行动的主动权。

很能表现出这种变化的是：中共中央和中革军委 2 月 16 日发布的《告全体红色指战员书》中所说："为了有把握地求得胜利，我们必须寻求有利的时机与地区去消灭敌人，在不利的条件下，我们应该拒绝那种冒险的没有胜利把握的战斗。因此红军必须经常的转移作战地区，有时向东，有时向西，有时走大路，有时走小路，有时走老路，有时走新路，而唯一的目的是为了在有利条件下，求得作战的胜利。"①这段话，集中反映了红军作战指挥在遵义会议后发生的巨大变化，可以说是中央红军在这个阶段行动的扼要概括。

当然，在战争中要做到从实际出发、要做到正确地判断什么是"有利的时机与地区"十分不易。战争是敌对双方的殊死较量，充满着未知数和变数。中央红军又是刚突破国民党军队的重围，来到陌生的地区，情报渠道十分有限，要正确判断周围的客观局势更加不易。因此，在初期不可避免地遇到许多困难，甚至遭受一些挫折。

红军离开遵义后，主力先北上经过桐梓、松坎再转而向西，在 24 日和 26 日先后攻占土城、赤水。土城、赤水虽仍属贵州境内，却是向西突出的一角，北、西、南三侧都属四川。由此北渡长江有两条

① 《红军长征档案史料选编》，97 页，北京，学习出版社，1996。

路：东面是从重庆对面渡江，那里是刘湘的根据地，守军兵力雄厚，显然不宜在此渡江，红军也没有打算这样行动；红军的计划偏向西行，在泸州、纳溪上游地区渡过长江。朱德十多年前曾任靖国军旅长，在泸州驻防两年。刘伯承在国共分裂后，曾在泸州、顺义领导过武装起义。两人在当地都有相当大的影响。四川军阀内部，一年多前刚发生刘湘、刘文辉之间的大规模混战，双方动用兵力二十多万。这时，混战虽已停息，双方矛盾仍很深，泸州、叙府正处二刘势力交界之处。这些都是有利条件。

红军估计不足的是：刘湘部川军的兵力和装备远比黔军要强。据刘湘说："综计各省及本军在黔边兵力数在二十万以上"①。那时，徐向前率领的红四方面军正活跃于川北，中央红军如果北渡长江就有向川中地区发展的可能，这使刘湘深感对他构成心腹之患。蒋介石又特地设立军事委员会委员长行营参谋团，以贺国光为主任，在 1 月 12 日到重庆督战。贺国光一到四川就发表书面谈话称："徐匪向前，盘踞川北，朱毛股匪，图窜川南，川省形势，颇趋严重。中央为促进剿匪成功起见，不得不侧重川局，此行营参谋团之所由设也。"②在这种情况下，刘湘在川南投入很大兵力，竭尽全力堵截中央红军北上渡江。

1 月 14 日，也就是蒋介石致电刘湘要求他固守泸州、叙府的同一天，刘湘任命第二十三军军长潘文华为四川南岸剿匪军总指挥，率领十二个旅四十多个团的兵力沿江构筑工事，部署防御，派定炮舰游弋

① 《国民党军追堵红军长征档案史料选编(四川部分)》，91 页，北京，档案出版社，1986。

② 贺国光：《参谋团大事记》上，270 页，北京，军事科学院军事图书馆影印，1986。

江面，并在泸县设立总指挥部。“追剿军”薛岳部、湘军刘建绪部、滇军孙渡部、黔军王家烈部也分头向这个地区赶来。

蒋介石下了很大决心。他在日记中这样记下自己的全盘部署：“进剿方针：先使其被围，限制其范围，勿使扩大为第一步办法，即：1. 封锁；2. 包围；3. 局部分区清剿；4. 固守重要据点。”①

那时，双方兵力悬殊。红军处在没有根据地而又地瘠民贫的地区连续行军作战，加上春雨连绵，敌军空袭，部队经常夜行军，吃不好，睡不好，困难很多，局势确实十分险恶。

第一场恶战，1 月 28 日发生在土城地区。土城是黔北入川的要冲。川军精锐郭勋祺部来攻。红军在彭德怀指挥下奋力抗击，最初取得一些胜利，以后作战不利，川军又源源增援。杨尚昆回忆道：“这时，彭总发现敌军的兵力不是原来预计的 4 个团，而是 3 个旅近 9 个团，火力很强，立刻建议军委：‘脱离此敌，转向新的地区前进。’那天晚上我们都没有睡觉。当晚，毛主席、朱总司令亲临前沿观察，只见周围的山头上，四面都是敌军的探照灯、信号弹，照得夜空雪亮，电台的马达声也隆隆直响，反而使我们知道他们在哪里。判明情况后，军委当机立断，改变原定的渡江计划，命令红军快撤，在第二天拂晓前脱离此敌，西渡赤水，向川南的古蔺地区转进。这就是一渡赤水。后来，毛主席总结了土城之战的三条教训：一是敌情没有摸准；二是对刘湘‘模范师’(引者注：土城战役后，蒋介石升郭勋祺为模范师师长)的战斗力估计不足；三是分散了兵力，不该让一军团北上。”②

---

① 蒋介石日记，1935 年 1 月 19 日，本周反省录。

② 《杨尚昆回忆录》，123、124 页，北京，中央文献出版社，2001。

赤水和长江之间是一条狭长地带，东端是黔北，中间是川南，西端是滇东北。1月29日3时，朱德电令各军团在拂晓前脱离接触之敌，西渡赤水河(即一渡赤水)，向川南的古蔺地区西进。(途中，中共中央决定改由张闻天代替博古总负责。)渡过赤水后，红军最初仍准备经过古蔺、叙永、长宁，到宜宾(即叙州)附近北渡长江。但很快发现川军各路重兵已逼近川南，他们还有40多个团扼守长江北岸。中革军委鉴于敌情的变化，在2月3日决定撤出战斗，向西开向云南东北端的扎西(今威信)地区，寻机渡江。

蒋介石对中央红军的西进，认为正是消灭中央红军的大好机会。他在1月31日致电贺国光："照现情判断，若匪不南窜滇北，则必向叙府屏山雷波之间北窜无疑。务望将第五路主力最好廿团以上兵力迅速移置于叙州与雷波之间，乃有堵截围歼之望。何如请与甫澄兄(引者注：即刘湘)速即商决立复。中(引者注：蒋介石自称)定冬日(引者注：指1月1日)到赣转汉入川也。"①2月1日写道："匪向西窜，受川军此次土城之打击，则其愈进愈死矣。"3日又写道："匪情，迫其窜入川西峦地，陷于绝境。"②

红军并不如蒋介石预期的那样行动，它的先头部队在2月6日抵达滇北扎西。由于进入云南境内，蒋介石判断红军将从这里渡江，急调滇军孙渡部从黔西向扎西地区赶来。那时红军对周围敌情还没有完全弄清，还不能作肯定的判断。朱德当天给一、三军团的命令中把话还说得活一些："根据目前敌情及渡金沙江、大渡河的困难，军委正

① 《蒋中正"总统"档案·事略稿本》(29)，189、190页，台北，"国史馆"，2007。

② 蒋介石日记，1935年2月1日、3日。

在考虑渡江可能问题，如不可能，我野战军应即决心留川、滇边境进行战斗与创造新苏区。”①

第二天，中共中央在扎西大河滩召开政治局会议，根据面对的险恶局势，再次果断地作出重大决断：放弃原来的渡江计划。当天下午七时正式以军委名义指示各军团：“根据目前情况我野战军原定渡河计划已不可能实现。现党中央及军委决定，我野战军应以川、滇、黔边境为发展地区，以战斗的胜利来开展局面，并争取由黔西向东的有利发展。”②可以注意到，这里已提出“争取由黔西向东的有利发展”，也就是说已在考虑二渡赤水的问题。

2 月 10 日，中共中央判断国民党军大量被吸引到川滇边地区，黔北防守力量薄弱，决定转兵东进，二渡赤水河，再向黔北进军。11 日，朱德电令各军团：“我野战军为准备与黔敌王家烈及周浑元部队作战，并争取向赤水河东发展，决改向古蔺及其以南地域前进，并争取渡河先机。”15 日，更明确指示：“我野战军以东渡赤水河消灭王家烈为主要的作战目标。”③这是国民党军根本没有想到的。

那时，国民党军云集川滇黔边境地区，一心想在这里同中央红军决战：“周代总指挥(引者注：指周浑元)所部扼守马蹄滩清水塘。万师扼守郘家渡、仁怀。川军扼守古蔺、叙永。滇军扼守威信、赤水。黔军扼守二郎滩、土城。以上各友军，均以主力准备向匪进击。”④2 月 13日，蒋介石在致薛岳电中兴奋地说：“朱毛一股自窜土城叙永、

① 《红军长征过云南》，15 页，昆明，云南民族出版社，1986。

② 《红军长征档案史料选编》，93 页，北京，学习出版社，1996。

③ 《朱德选集》，22、23 页，北京，人民出版社，1983。

④ 《国民党军追堵红军长征档案史料选编(中央部分)》(上)，294 页，北京，档案出版社，1986。

迭受钜创之后，残余不过数千人，已溃不成军，现甫澄以三旅之众，与中央各部跟踪穷追，在横江以东地区，必可歼灭。”①

18日至21日，红军却摆脱各路国民党军、特别是川军和滇军的夹击，第二次渡过赤水河，回师黔北。由于国民党军一心想在川南打一个大仗，在黔北兵力空虚，红军渡过赤水河后，面对的对手又是那个不堪一击的黔军王家烈部。25日，红军再次占领娄山关。28日晨，重占遵义城。

这真如晴天霹雳那样。蒋介石完全没有想到红军竟会突然东返黔北，这就把他的所有部署全打乱了。他在2月21日的日记中还带着怀疑的态度写道：“匪向东窜乎?”23日写道：“朱匪被滇军截击，向东回窜，颇可顾虑。”27日写道：“朱匪进窥遵义，薛岳处理不当，愤怒伤神，戒之。”②

红军将占遵义时，蒋介石在2月21日派薛岳为贵州绥靖主任，并急调中央军吴奇伟纵队两个师，从贵阳和黔西地区驰援遵义。这支“追剿军”尾追红军已四个月，还没有同红军真正交过手，红军最初也不清楚它是哪一支部队。一接火，“敌军的机关枪和迫击炮都响起来了。”“王家烈部队没有轻机枪，听枪声就知道是吴奇伟部队上来了。”③经过激战，孤军深入的吴部两个师全线动摇，大部被歼，少数人向乌江方向溃逃。五天内，中央红军从桐梓、娄山关到遵义一直打到乌江边，消灭吴奇伟部两个师、黔军王家烈部八个团，缴枪两千多，俘敌三千多。这是中央红军长征以来打的第一个大胜仗，而且是

① 《蒋中正“总统”档案·事略稿本》(29)，353、354页，台北，“国史馆”，2007。

② 蒋介石日记，1935年2月21日、23日本周反省录、27日。

③ 《王平回忆录》，95页，北京，解放军出版社，1992。

对“追剿”的国民党中央军的大胜仗，获得大量武器弹药等物资补充，士气受到很大鼓舞。

当战斗还在激烈地进行时，蒋介石十分紧张。他在2月23日致薛岳、万耀煌电中写道：“如果匪窜踰遵义以东地区，则我在黔之中央部队军誉扫地，且将四面楚歌。关系如此之大，望奋勉无误。”①败耗传来，蒋介石再也坐不住了，在3月2日从武汉飞到重庆指挥作战。这种时候他还担心桂军乘薛岳部遭受重创的机会扩充在贵州的势力，在日记中说：“批阅桂逆廖磊部思逞贵阳，殊堪痛心。”他在到达重庆当天的“本周反省录”中写道：“朱匪陷遵义，桂逆思逞贵州，局势严重，故直飞重庆镇慑。”②

蒋介石亲临前方，认为：他自己到重庆指挥，不难击败以至全歼中央红军。当天，他致电何键：“遵义又陷，是围剿良机。”又致电薛岳：“前电关于对桂军处置闭门固守办法，事前切勿慌忙，务望沉着应付，尤须严防贵阳城内杂部，秘密筹划，不可稍露形迹。此时，仍以先破赤匪为要也。”③第二天正式发布电令：“本委员长已进驻重庆，凡我驻川黔各军，概由本委员长统一指挥，如无本委员长命令，不得擅自进退，务期共同一致完成使命。”④

从最初发出的电令来看，他到重庆后最关心的问题：一是要贺国光“下达命令”，令周浑元部和川军郭勋祺部即向遵义东北和西南地区

① 《蒋中正“总统”档案·事略稿本》(29)，509页，台北，“国史馆”，2007。

② 蒋介石日记，1935年3月2日、6日。

③ 《蒋中正“总统”档案·事略稿本》(30)，20、22页，台北，“国史馆”，2008。

④ 《红军长征在贵州史料选辑》，600页，贵阳，贵州省博物馆，1983。

进攻[1]，力图早日重占遵义；二是令湘军何键部三个师“以主力守备乌江沿岸”，又令吴奇伟一部及黔军一部“守备乌江上游”，以“歼灭该匪于乌江以西、巴黔大道地区”为目的[2]，事实上也是防止中央红军东进湘西，同红二、六军团会合。

但对中央红军的真实动向，蒋介石仍心中无数，捉摸不定。他在9日的日记中写道：“匪情：盘踞遵义城，与我决战。”同天“本周反省录”中又写道：“朱匪盘踞遵义，思一决战乎？抑先围击破仁怀周部，留其西窜余步乎？”[3]红军在13日放弃遵义。蒋介石在14日的日记中写道：“本日朱匪尚未窜出赤水河以东，犹在围剿之中，如上帝赐我中华以解放，尚可一网打尽也。”[4]

这时，蒋介石的中央军、川军、湘军、黔军又调集赤水河和乌江之间地区，准备同中央红军决战。滇军孙渡部又移驻黔西，防止红军西进云南。红军再次陷入险境。

为了对付蒋介石的围攻，红军又采取出乎他意外的奇招。中革军委在3月4日决定组织前敌司令部，朱德任司令员，毛泽东任政治委员。接着，又成立由周恩来、毛泽东、王稼祥组成的新“三人团”，以周恩来为团长，全权指挥军事行动，行动更加飘忽灵活。16日，朱德对各军团作出三渡赤水的部署：“我野战军决于今十六晚和明十七日十二时以前，由茅台附近全部渡过赤水河西岸，寻求新的机动。”[5]

① 贺国光：《参谋团大事记》上，2、3、4页，北京，军事科学院军事图书馆影印，1986。

② 《红军长征在贵州史料选编》，601页，贵阳，贵州省博物馆，1983。

③ 蒋介石日记，1935年3月9日，“本周反省录”。

④ 同上，1935年3月14日。

⑤ 《朱德选集》，25页，北京，人民出版社，1983。

当国民党军自以为调动部署将成之际，红军突然三渡赤水，重返川南的古蔺、叙永地区。

这一行动着实出乎蒋介石意外。他实在不是高明的军事统帅，晕头转向，判断不了红军的战略意图究竟是什么，在3月16日日记中写道："匪由茅台西窜。其再转南？转北？抑留一部于东面乎？"17日写道："匪果西窜古蔺乎？"18日写道："匪向古蔺东南地区窜进，其将越赤水河南而西窜乎？"①他还担心红军重到川南会不会又要北渡长江。于是，急忙调整部署，重兵再集中到赤水河西，星夜赶筑大量碉堡，企图用紧密衔接的碉堡封锁线，再度围困红军在赤水河以西，迫使红军在古蔺地区决战。

张爱萍回忆道："三渡赤水河，进入川南地区。蒋介石以为我军又要北渡长江，急调川、滇、黔军阀和薛岳部，在长江沿岸设置防线。并在滇黔边境加筑碉堡，构成封锁线，企图围歼我军于长江南岸。"②

大部队的调动是不可能马上把部署调整好的，往往使原有的部署陷入混乱，对战局造成很大影响，这是兵家的大忌。国民党的军队更缺乏那种灵活性，弄得手忙脚乱。而红军的三渡赤水，根本不是为了从这里渡江，更不会在这里决战，只是虚晃一枪，迷惑蒋介石，把国民党各路军队再调动到赤水河西岸，自己立刻乘虚转身东进。这更是蒋介石怎么也想不到的。

中央红军在赤水河西只停留了五天。20日下午，朱德下达四渡

---

① 蒋介石日记，1935年3月16日、17日、18日。

② 张爱萍：《从遵义到大渡河》，《四渡赤水亲历记》，87页，北京，中央文献出版社，2010。

赤水河的行动部署："我野战军决秘密、迅速、坚决出敌不备折而东向，限二十一日夜由二郎滩至林滩地段渡过赤水东岸，寻求机动。"①

21日夜，中央红军以突然行动闪电式四渡赤水，突出重围，把正在赶筑碉堡的国民党重兵抛在赤水河西。杨尚昆回忆道："四渡赤水后，军委曾考虑向西南行动，扩大机动，以转移战局。彭总和我分析战场态势后，认为'目前向西南寻机动很困难，首先要突破周(浑元)、王(家烈)、孙(渡)纵队，很难完成达到黔西、大定地域的战略任务'，而在东南方向由于原在乌江沿岸设防的周浑元、吴奇伟纵队及黔军已经被我军吸引北上，敌方兵力空虚，因此建议：目前'转到东南之乌江流域比较有利'。""朱德接受了我们的建议，立刻集结主力南下，再一次命令彭、杨指挥一、三两军团迅速向乌江前进。那几天，正是清明前夕，连日阴雨，天空乌云密布，能见度极低，敌机无法侦察，一时敌军摸不清红军的去向，他们既怕我们到四川，又怕我们回湖南，却没有料到红军会如此神速地南下。30日，我们到达乌江边时，南岸的守敌只有一个营，我军先头部队在风雨呼啸中乘竹筏渡乌江。第二天，大军分三处架设浮桥过乌江。"②

蒋介石因贵州战局越来越棘手，在3月24日携陈诚、晏道刚等乘飞机由重庆亲赴贵阳，在当天日记中写道："以晏(道刚)办事迟缓，又加上官(云相)放弃桐梓，忧愤暴戾，不可抑止。"这下蒋介石已亲自到贵州第一线来指挥作战了。他指挥作战的能力到底又怎样呢？其实，他根本弄不清红军的行踪所向。五天后，他在29日的日记中还写道："匪果由沙土西窜乎？抑图偷渡乌江东窜乎？"到31日才知道：

① 《朱德选集》，26页，北京，人民出版社，1983。

② 《杨尚昆回忆录》，127页，北京，中央文献出版社，2001。

“匪已全部渡过乌江，今日围攻息烽硐堡。”①这又使他随着再次作出错误的判断。

息烽就在贵阳正北约六十公里，蒋介石所在的贵阳立刻受到严重威胁。4月1日，滇军将领孙渡的报告中写道：“匪大部已过乌江，大有袭攻贵阳之势。”②当时驻守贵阳及其附近的国民党军只有郭思演部第九十九师的四个团，兵力单薄。红军的行动使刚到贵阳十来天的蒋介石十分震惊。他在3日致电何应钦、顾祝同，要他们调兵来黔。电文中说：“此间兵力实感不足，匪于三十日以主力乘虚偷渡乌江南岸，即攻息烽，只有一营部与一连之兵凭守硐堡，又抽贵阳守兵一营赴援。”不久，“再抽贵阳守备队一营，进驻扎佐防守。至此，贵阳守备队实不足五营之数。四日之内，毫无一兵可调。”③足见蒋介石当时处境之狼狈。

晏道刚回忆道：“约在4月2日左右，蒋介石召陈诚、薛岳、何成浚和我一起商谈。大家判断红军这个行动，一是乘虚袭击贵阳，一是仍图东进与湘西红军会师，两案之中以后者公算较大，但两者都威胁贵阳的安全，当前以确保贵阳为急。”蒋介石随即作出决定，严令前线各部队衔尾疾追，入黔湘军在黔东准备堵截，并“调(黔西)大定孙渡纵队限期东进集结贵阳”。“约在4月6日(或7日)，滇军孙渡纵队先头急行军三四天走了400多里路，终于照蒋的电令赶到贵阳，并确

① 蒋介石日记，1935年3月24日、29日、31日。

② 《红军长征在贵州史料选辑》，656页，贵阳，贵州省博物馆，1983。

③ 《蒋中正“总统”档案·事略稿本》(30)，321、322页，台北，“国史馆”，2008。

实固守机场。”①

蒋介石对滇军孙渡纵队东调贵阳这件事十分看重。他在3月31日得知红军渡过乌江后立刻致电孙渡：“望兄速率全部”“兼程猛进”，“尤勿延误。”②4月6日日记中记录：“见滇军将领。”7日记下：“滇军补助费。”8日写道：“孙司令幸平安通过，到达龙里(引者注：龙里在贵阳东南约二十公里)。”9日写道：“滇军在龙里与黄泥哨东西夹击，皆不能包围歼灭。”11日写道：“匪必狡谋脱滇军追击范围，恐其旋盘打圈。”13日写道：“焦灼异甚，终日研究地图。西征以来，以今日忧虑为最甚。”③可见他对贵阳安危的心情何等焦虑和急迫。

其实，中央红军的目的既不是“仍图东进”，也不想“乘虚袭击贵阳”，正是要以佯攻贵阳、虚张声势来迫使蒋介石慌慌忙忙地把原来驻防黔西、阻挡红军进入云南的滇军孙渡部东调贵阳，这样红军西进云南的门户便敞开了。刘伯承说过：“在部署这次行动时，毛主席就曾说：‘只要能把滇军调出来，就是胜利。’果然，敌人完全按照毛主席的指挥行动了。”④双方在博弈中的高下，不言自明。

但蒋介石向来不愿真正做自我反省。他在4月4日所写的“本月反省录”中写道：“对匪情判断处置，皆如所料。惜将士愚弱，不能遵照旨意，致匪东西自如，不能如计歼灭，任其偷窜者三次，失却良机，可痛。”⑤这些话读起来，不免引人发笑。

---

① 晏道刚：《追堵长征红军的部署及其失败》，《围追堵截红军长征亲历记》上册，15、16、17页，北京，中国文史出版社，1991。

② 《蒋中正“总统”档案·事略稿本》(30)，272页，台北，“国史馆”，2008。

③ 蒋介石日记，1935年4月6日、7日、8日、9日、11日、13日。

④ 《刘伯承军事文选》，558、559页，北京，解放军出版社，1992。

⑤ 蒋介石日记，1935年4月4日“本月反省录”。

蒋介石对情况"判断处置"的失误，到此还没有结束。这时，红军以一个团佯攻贵阳，并且在贵阳城外贴出"拿下贵阳城，活捉蒋介石"的标语来迷惑蒋介石，主力却乘隙从贵阳、龙里之间穿越湘黔公路西行。蒋介石在4月4日电令白崇禧、廖磊中却说："此间各部仍照原定部署向东猛追。"[①]一时，战场上出现十分奇怪的局面：国民党军向东猛追，红军主力却悄悄地向西南向云南疾进，双方正好背道而驰！

这时，红军以每天行军60公里的速度急进。杨尚昆回忆道："18日，三军团渡过北盘江，改推进为疾进，占贞丰、取兴仁、入普安，几乎每天打下一个县城。22日，和一、五军团及中央纵队会合，第二天到达黔滇边的盘县。24日，红军从贵州进入云南省境。（引者注：一说是4月22日红三军团先头部队经平彝黄泥河入滇）"[②]中央红军终于脱离国民党军重兵云集的贵州，这是一个重要时刻。中共中央作出两手准备，在25日以"万万火急"致电红一、三、五军团，指出最近时期是"争取胜利的转变战局的紧急关头"，要准备在进入云南境内时同国民党军队"决战"。[③] 由于已经东进的滇军主力无法赶到，这场决战没有发生。

蒋介石一时仍摸不清红军的行动方向。他在16日写道："本日仍研究作战，匪踪不明。"17日写道："匪已渡百层河，向贞丰西窜乎？"到18日才断定："匪果经贞丰企图西窜。"19日写道："本日匪先头已窜至兴仁之六官堡，其迅速可羡。"[④]此时，他要调动军队阻挡红军入

---

① 《蒋中正"总统"档案·事略稿录》(30)，331、332页，台北，"国史馆"，2008。

② 《杨尚昆回忆录》，129页，北京，中央文献出版社，2001。

③ 《红军长征过云南》，25页，昆明，云南民族出版社，1986。

④ 蒋介石日记，1935年4月16日、17日、18日、19日。

滇已来不及，而且龙云深深疑惧外省军队入滇也使蒋介石在调动军队时不能不有所顾忌，因此行动迟缓。

但蒋介石仍执着地认为："西边之金沙江，他(引者注：指中央红军)便不能渡越过去，所以他简直是成了陷于'死地'的'穷寇'。"到4月25日，他致薛岳并各纵队司令官、各师旅长电中仍说："此次匪入滇境，层峦重壑，通路崎岖，又复到处苗居，不惟给养困难，而且气候险恶，瘴雾弥漫，是匪更陷入绝地与死地也。"①

蒋介石所说的"绝地与死地"都没有难住中央红军。红军进入云南后，又像佯攻贵阳那样，摆出进攻昆明的姿态。朱德回忆道："到了离昆明三十里处，这时坐镇贵阳的蒋介石都调到东面去，一下就落后了五天路。云南的五个旅也还在贵州，昆明城内只有一个教导团。但我们的目的，并不在占领昆明，而是引诱军队来援。同时，更故意向西去占元谋、禄劝，佯向龙街企图过金沙江。这样，引得大部敌军都趋向元谋，而我们折回头，在皎平渡渡过了金沙江。"②周浑元部师长万耀煌说："在匪尚未渡金沙江时，薛岳曾电令吴奇伟、周浑元乘匪未渡江时围剿之。薛命我去元谋马街堵击，我只有放弃原来追匪计划，回头走两天，未到武定，薛来电报说匪并未去元谋。为何消息如此不确，可见谍报大有问题。""我追到金沙江边，匪已渡完，船已为匪凿沉。周浑元追到金沙的一个渡口，也是匪走船沉。"③

这样，红军就通过灵活机动的行动，顺利渡过了天险金沙江，摆

---

① 《蒋中正"总统"档案·事略稿本》(30)，425、574页，台北，"国史馆"，2008。

② 《朱总司令自传(1886—1937)》，孙泱笔记，稿本。

③ 沈云龙等：《万耀煌先生访问记录》，349、350页，台北，中央研究院近代史研究所，1993。

脱了国民党中央军的追击。

红军离开贵州前，蒋介石正式免去王家烈的贵州省政府主席和第二十五军军长的职务，在 4 月 16 日把他送到南京去当一个空头的军事参议院中将参议。贵州完全落入蒋介石的直接控制之下。红军渡过金沙江进入川西后，5 月 9 日，龙云致电蒋介石称："实职之调试无方，各部队追剿不力，尚何能尤人。惟有请钧座将职严行议处，以谢党国。"13 日，孙渡也致电龙云，以红军渡江北进而提出引咎辞职。① 但这时蒋介石还不能像处理王家烈那样来对待龙云和滇军，最后只能不了了之。

接着，红军抢渡大渡河，翻过夹金山，同前来迎接的红四方面军李先念部会师。从此，中央红军长征史进入了一个新阶段。

五、结　语

中央红军长征在贵州的四个多月，特别是遵义会议后的四渡赤水，创造了中国战争史上的奇迹。

他们所以能取得成功的最重要原因，是坚持从实际出发，采取符合实际情况的行动方针。对脱离根据地、来到对周围环境都十分陌生的贵州，要做到这一点谈何容易。唯一办法只有在实际活动中去摸索，敏锐地观察动向，沉着地作出判断，灵活应对。因此，他们在四个多月中曾经根据实际情况，几次当机立断地对行动方针作出重大调整：黎平会议，放弃了过去在湘西创立新的根据地的目标，决定新的根据地应该在川黔边区；遵义会议改变以黔北为中心来创造根据地的计划，决定渡过长江，在成都的西南或西北建立根据地；扎西会议，

① 《红军长征过云南》，381、382 页，昆明，云南民族出版社，1986。

又提出原定渡河计划已不可能实现，决定以川、滇、黔边境为发展地区，以战斗的胜利来开展局面。以后，又决定重回黔北，抢渡乌江，佯攻贵阳，大踏步西进云南。这几次及时的重大调整，出乎国民党军统帅部的意料之外，目的都是为了使红军的行动方针符合当时不断变化的实际情况。

当时担任中央红军总参谋长的刘伯承评论道："遵义会议以后，我军一反以前的情况，好像忽然获得了新的生命，迂回曲折，穿插于敌人之间，以为我向东却又向西，以为我渡江却又远途回击，处处主动，生龙活虎，左右敌人。我军一动，敌又须重摆阵势，因而我军得以从容休息发动群众，扩大红军。待敌部署就绪，我们却又打到别处去了，弄得敌人扑朔迷离，处处挨打，疲于奔命。"①这位中央红军在贵州全过程重要亲历者的评论，是十分中肯的。

还有一个重要问题：行动方针是要靠人去实行的。如果没有红军这样一支队伍，再高明的战略战术也难以得到实施。红军的战略战术，是它在同内外敌人长期作战的锻炼中产生出来，并且完全适合于红军的情况。蒋介石和他们的高级将领熟知红军的作战特点，但他们的军队无法做到，也找不到对付的办法。中央红军在贵州连绵不绝的险峻山地强行军的速度，也是国民党军队怎么也赶不上的。英国军事学家李德·哈特写道："精神与士气乃战争之主宰。""拿破仑的格言的新解是：士气以三比一重于实力。"②事实上，它的比重有时还超过三比一。当年在红三军团担任过营长、参谋的张震写道："红军之所以

① 《刘伯承军事文选》，558页，北京，解放军出版社，1992。

② ［英］李德·哈特：《第一次世界大战史》，391、406页，上海，上海人民出版社，2010。

能在艰苦卓绝的长征中，战不垮，打不败，最重要的一条原因是，大家有着共同的理想和必胜的信念。红军战士有了共同的理想，就有了巨大的精神力量，有了明确的行动指南，就不怕任何艰难，不惜流血牺牲，表现出对党的一片赤诚。他们始终把人民的利益看得高于一切，顽强战斗，勇往直前，无坚不摧。”①这也是一位亲历者的自述，说出了红军在贵州所以能突破国民党军重围的又一个重要原因。

2012 年 11 月 21 日

① 张震：《序》，《伟大转折的起点：黎平会议》，4、5 页，贵阳，贵州人民出版社，2009。

华北事变和抗日救亡高潮的兴起*

华北事变后抗日救亡高潮的兴起，在有关抗战前夜的历史论著中都会讲到，已经谈得很多很多了。这篇文章所要讨论的是：九一八事变后日本企图灭亡中国的野心早已暴露得十分清楚，侵略行动一步紧随一步从没有放松过，中国民众强烈地要求抗日，这种状况已持续了四年之久，为什么恰恰在1935年华北事变后会出现这样一场规模空前并且不停步地向前推进的抗日救亡高潮，直到全国抗战的爆发？这个高潮兴起的两大标志是"一二·九"运动和各界救国联合会的成立；一个发生在北平，一个发生在上海，它们的共同背景和各自特点是什么？华北事变对国民党当局对日政策的演变又有怎样的影响？这些，都是在当时历史发展进程中有着全局性影响的大问题，需要前后连贯起来，系统地考察和说明。

* 原载《历史研究》，1995年第4期。

“中华民族到了最危险的时候”

1935年秋，日本的对华政策出现一个历史性的重大转折。用日本历史学家信夫清三郎的话来说：“侵占了满洲的日本，自1935年以后，在开展‘华北工作’的名义下，开始显露出对中国内地的野心。”① 他所说的，其实是指日本在这时企图大规模地越过长城南下，直接控制华北，进而独占中国，而不是泛指觊觎中国内地，因为早已如此，并不需要到1935年才“开始显露”出来。

日本军国主义者的侵华政策有它的一贯性，同时又呈现出若干阶段性。他们的野心似乎是无限的：不仅要独占中国，还要称霸东亚。但这个后起的帝国国力毕竟有限，而且在一段时间内不能不顾虑引起欧美列强的干预，所以，他们把第一步的目标集中在控制中国长城以北的东北和内蒙古，也就是大家熟悉的所谓“欲征服中国必先征服满蒙，欲征服世界必先征服中国”，“我大和民族欲步武于亚洲大陆之第一大关键，在于把握满蒙利权。”1931年强占东三省，1932年攻陷热河，随后向察北、绥东推进，都是这种战略意图的体现。

1933年的长城战役仿佛越出了这个范围。日军先后突破喜峰口、古北口等长城要隘，进入冀东平原，前锋直逼通县，兵临北平城下。那时，在北平主持华北军政的是何应钦、黄郛。何已打算以军情紧急、不及请示为由，将军政机关撤出北平。熊斌回忆道：“五月二十四日午后二时，何(应钦)电约到居仁堂，告以通县失守，溃兵纷纷西来，拟于当夜一时自西便门上车，先开良乡，再进保定，嘱准备同

---

① ［日］信夫清三郎：《日本外交史》下册，597页，北京，商务印书馆，1980。

行。""询以是否完全放弃北平？据答：留王纶（参谋本部第一厅副厅长）带兵一团，最后守紫禁城云。"[①]黄郛也致电汪精卫、蒋介石说：准备"随军事机关转进或南旋"。[②] 北平失陷似乎即将成为事实。

可是，事情却发生了变化：日本海军武官突然用电话约黄郛深夜前往商谈。随后，由双方军事代表冈村宁次和熊斌在5月31日签订了塘沽协定，规定：中国军队立即撤出冀东；日军在确认中国军队做到这一点后，自动退回长城一线；中国非武装区的治安由警察机关担负。事实表明：日军这次越过长城南下作战，直接目标并不是立刻夺取华北，而是要先在关内建立一个缓冲地带，作为巩固他们统治中国东北的屏障，并为日后大举入侵华北迈出第一步。6月15日，何应钦将获得的日方秘密文件《北支工作之第一阶段》报送蒋介石，文件中说："今日在北支之工作，最小限度要将河北省完全为反蒋之根源，续达此目的后，方可认为第一阶段终了。""第二工作为诱发其内乱，然后最低限度以黄河以北事实上之独立为目的。"[③]可见日方的打算是分步骤的："黄河以北事实上之独立"需待"第一阶段终了"后才能实现。

两年后，到1935年五六月间，平津一带局势一度又紧张起来。日军借口天津日租界内两名亲日报人被暗杀和原在热河的抗日义勇军孙永勤部退入关内这两件事，再次以武力为后盾进行威胁。5月29日，天津驻屯军参谋长酒井隆向何应钦提出罢免河北省政府主席于学

① 熊斌：《塘沽协定经过》，《抗战前华北政局史料》，267页，台北，正中书局，1982。

② 沈亦云：《亦云回忆》，466页，台北，传记文学出版社，1980。

③ 《中华民国重要史料初编——对日抗战时期》第6编，傀儡政权（2），74、75页，台北，中国国民党党史委员会，1981。

忠，把中央军撤出河北等无理要求。这实际上是要为推行所谓“华北自治运动”扫清道路。日方扬言：“日军为自卫上取断然之处置；或直接发生庚子事件，或九一八事件，亦不可知。”[①]以后，又提出禁止全国排日活动等要求。7月6日，何应钦复信天津驻屯军司令官梅津美治郎，“承诺”实行酒井隆所提要求。这件事被日方称为“何梅协定”。一位美国历史学家评论道：“在日本的压力下，完整的华北，犹如海滨遭到波涛冲刷的沙土峭壁，不断塌陷。”[②]

“何梅协定”和土肥原贤二、秦德纯关于察哈尔协定达成后，南京政府以为已经满足日方的要求，中日关系可能得到一段时间的稳定，希望两国关系得到改善。日方在口头上也宣称：河北事件从此结束。其实，南京政府的不断退让，只能被对方视为软弱可欺，更加得寸进尺地进逼。

日本加快侵略华北步伐的决策，看来是在这年8月至10月间做出的。

当时，有两个因素发生着作用：第一，在伪满政权成立和热河沦陷后，日方认为他们对中国东北四省的统治已初步巩固；第二，由于欧洲德、意两个法西斯势力的崛起和美国国内孤立主义的抬头，英美在远东一意对日妥协。日本把它看作是扩大对华侵略的大好时机。日本陆军省在8月6日提出《关于对北支政策》，希望华北五省“不受南京政权政令的支配，而成为自治色彩浓厚的亲日‘满’地带”。同月，多田骏在天津就任中国驻屯军司令官。当时，奉天特务机关长是土肥

---

① 何应钦：《河北事件中绝无所谓“何梅协定”》，《抗战前华北政局史料》，446页，台北，正中书局，1982。

② [美]巴巴拉·塔奇曼：《史迪威与美国在华经验》上册，199页，北京，商务印书馆，1985。

原贤二，关东军参谋副长是板垣征四郎。日本防卫厅战史室编纂的《大本营陆军部》指出从这年8月起，由于这"三个中国通的共同协作，华北工作有了飞跃进展"。①

9月24日，多田骏招待日本记者时散发了一本《日本对华基础观念》的小册子，里面说："现在之华北实为最容易最迅速得以实现为乐土，且以此为必要之地域，无待缕述。华北一隅当使之为日本人为中国民众明朗而可安住之和平乡；化为日华制品及其他物质可以安稳相互自由流通存在之市场。""华北问题解决之重要性质如此，帝国对外之发展，将依此而卜其成否。"②这是一个非同寻常的政策声明，表明日本的在华扩张已进入一个新阶段，决心加速把华北五省纳入它的直接控制下。

这时在华北已是一片"山雨欲来风满楼"的紧张气氛，日本军方的阴谋和破坏活动日见频繁。10月7日，何应钦密电蒋介石说："顷(唐)有壬来谈，谓华北问题表面上虽告一段落，而实际日方正积极进行"，"急激派之气焰暗中有增无已。盖以义阿风云(按：指意大利武装侵略阿比西尼亚的事件)，更予以刺激兴奋，闻冈村、坂垣、多田、矶谷四人将在天津秘密会商"，"恐不久华北又将发生变化等语"。③

10月中旬，日本参谋本部第二部长冈村宁次等来到中国，先后在大连、上海、天津分别召开日本驻华的陆海军高级将领和驻各地总

---

① 《日本军国主义侵华资料长编》上册，255页，成都，四川人民出版社，1987。

② 《中华民国重要史料初编——对日抗战时期》第6编，傀儡政权(2)，27页，台北，中国国民党党史委员会，1981。

③ 同上书绪编(1)，700页。

领事、领事、武官的会议，坂垣征四郎、多田骏和日本驻华大使有吉明也参加会议。这自然不是通常的活动，格外引人注目。会议的内容秘而不宣，但冈村在会前发表谈话说："此次会议，系将中央已决定之方针传给当地。""加之华北之现状，以及日本所进行之经济工作，尚颇有不安之感，应如何将其纠正，亦系此次会议之事。"①种种迹象表明：日方将要采取大动作，它的重点就在华北。陶行知主编的《生活教育》上也写道："'华北'，日本原早已就不算入中国的版图。华北的自治运动，也早即在日本的积极指导中，酝酿着进行着。不过这一运动，却是在日本大连会议、天津会议、上海会议……后，更以新近中国的货币改革为机运而愈益具体紧张的。"②

11月中旬，更加令人震惊的消息传来：日本军方导演的所谓"华北自治运动"公开出台。谁都明白，所谓"自治"其实是要使华北五省二市脱离中央政府，建立亲日政权，处在日本的直接控制之下。傅斯年有一句话说得很对："应知'自治'之说，现在做来，徒得'外治'之结果，此皆天下共知"。③

"华北自治运动"的发动者是关东军司令官南次郎，并得到东京有关方面的同意，已经过一段时间的准备。这时，南次郎派土肥原贤二到北平，向兼任平津卫戍司令的第二十九军军长宋哲元提出最后通牒式的警告：限他在11月20日前宣布"自治"，否则日军将武力攻占河北和山东。外交部驻平特派员程伯昂在18日报告："华北新组织因彼

---

① 《日在华官员的大连、天津、上海会议》，《申报月刊》第4卷第11号；219、220页，《华北事变资料选编》，郑州，河南人民出版社，1983。

② 旷琴：《华北自治运动与民族危机》，《生活教育》第2卷第20期，1935年12月。

③ 傅斯年：《北方人民与国难》，《独立评论》第181号，1935年12月。

方威迫限廿日以前实现，否则将自行办理。现当局陷于不得不屈服之势，华北政局变化恐难幸免。”[①]多田骏也飞往济南，要求山东省政府主席韩复榘宣布实行“自治”。宋哲元等在19日密电蒋介石报告：“北方情势，已甚明显，似非少数日本军人自由之行动。日来应付极感困难，彼方要求，必须华北脱离中央，另成局面。迭经拒绝，相逼益紧。”[②]战后东京国际军事法庭进行审讯时，证人桑岛主计说：“土肥原在一九三五年十一月十八日扬言，如果华北不宣布自治，他准备派五个日本师团到河北，六个师团到山东。”“在这以前，为了支持土肥原的行动，关东军司令南次郎在十一月十二日，对他的军队就发布动员命令，限十五日前作好从长城外向华北进军的准备，并且在十六日动员空军作好在二十日进驻平津地区的准备。”[③]

作为对华北当局进行恫吓的实力后盾，大批日本关东军在山海关和古北口附近集结，摆出一副准备进攻的姿态。华北上空，仿佛又已重现九一八事变前夜那种浓烈的战争气氛。

宋哲元也好，山东的韩复榘也好，山西的阎锡山也好，都没有在日方的威胁下接受他们提出的实行“华北自治”的要求。而日本军方又没有做好立刻采取大规模行动的准备。11月20日这个万众瞩目的“最后期限”在静悄悄中过去了。土肥原便迫不及待地在11月24日策动河北省蓟密区兼滦榆区督察专员殷汝耕成立“冀东防共自治委员会”。它的宣言中说：“自本日起，脱离中央，宣布自治，树立联省之先声，

① 《中华民国重要史料初编——对日抗战时期》绪编(1)，712页，台北，中国国民党党史委员会，1981。

② 同上书，第6编，81页。

③ 《法庭证据第3242和3317A号》，《华北事变资料选编》，248页，郑州，河南人民出版社，1983。

谋东亚之和平。”①委员会所在地设在距北平城东只有十多公里的东大门——通县。两天后，它又改称“冀东防共自治政府”。这件事引起巨大震动。冀东伪政权的宣言自称只是“树立联省之先声”，人们自然怀着忐忑不安的心情注视着：下一个跟着来的是谁。12月间，国民党中央政治会议决定设置以宋哲元为委员长的冀察政务委员会，成员中包括一些亲日派人士。不少人以为，这将是所谓“冀东防共自治委员会”的扩大，华北国土的沦丧已是旦夕间的事情了。

当时影响最大的《大众生活》上一篇天津通讯写道：“这几个月来，当地报纸上常常瞧见‘某军于某日起在××一带演习×天’的消息。于是在第二天便瞧见有整队的‘友邦’的马兵、步兵、铁甲车、迫击炮，一连串的到华界来，又耀武扬威的向目的地进发。这一带居住的人们，慌张得连饭也吃不下去。”“空中，每天总有几次‘轧轧’的声音，仰起头就可以瞧清楚翅膀上的标志。它们故意飞得低低的环绕着全空。”“于是许多人便担心着不知道还有几天安静饭可以吃？会不会明后天便有一个‘亡国奴’的荣衔加到自己头上？”“至于报纸上（自然以中国的为限）向例是不登这些消息的，好像这些事他们根本没有知道过。”②

一个青年学生写给《大众生活》主编邹韬奋的信中说：“我从南方到了华北还不久，但这环境给我极大的苦楚。我有时烦闷得像胸口塞了一块重铅，有时悲愤得血管像要爆裂，但悲愤有什么用呢？所以还是闷得像胸口塞了一块重铅。”“敌人更聪明了，竟不血刃的得了华北

① 《中华民国重要史料初编——对日抗战时期》第6编，傀儡政权（2），186页，台北，中国国民党党史委员会，1981。

② 沈沉：《动荡中的华北一隅》，《大众生活》第1卷第3期，1935年11月。

二省。他们得寸进尺的野心，固不足异，但我们政府的含垢忍辱，何一至于此？政府当局及学校当局屡次谆谆告诫，要学生安心读书，但是敌人的飞机尽在我们头上掠过，所谓野外演习的炮声震得教室的玻璃窗发抖，机关枪不断响着在打靶。这一颗颗的子弹，好像每颗都打在我们心上一样的难过。先生，我们能念书吗？”①

平津一带还是中国的领土，却已到处可以看到荷枪实弹、气焰万丈的日本军人和骄横不法的日本浪人，到处可以看见宣扬所谓“王道乐土”之类的汉奸标语图画，到处可以看见泛滥成灾的日本走私货物和毒品，事件层出不穷，地方一夕数惊。“先生，我们能念书吗？”这是多么悲愤的提问！离开这种普遍而强烈的要求抗日救亡的情绪，“一二·九”运动的爆发和各界救国联合会的成立都是难以想象的。

以《义勇军进行曲》为主题歌的影片《风云儿女》，正是在1935年拍成的。这首歌迅速唱遍全国。它喊出了中华儿女满腔悲愤的共同心声，激起人们的强烈共鸣。著名记者曹聚仁写道：“从敌人进攻沈阳那天起，中国民众心理就燃起了一种不可遏止的抵抗暴力的情绪。这情绪也就寄托在这样一首流行歌曲上。”“这歌曲曾流行于印度河上，也曾洋溢于旧金山的一角。有着中国人的踪迹，就流行着这首悲愤的歌曲。”②

这种悲愤的情绪郁积着，奔突着，增长着。整个中国就像一座喷薄欲发的火山。一旦受到触动，便会出现惊天动地的大爆发。

---

① 《大众信箱(四)》，《大众生活》第1卷第6期，1935。

② 曹聚仁、舒宗侨：《中国抗战画史》，56页，上海，《联合画报》社，1947。

“一二·九”运动爆发的由来

在这场惊心动魄的华北危机中，首当其冲的自然是古都北平。

北平，在中国人的心中享有其他城市难以比拟的特殊重要性。著名报人张季鸾当时说过：“北平久为居中驭外之政治中心。”“五百年来之北京，今日竟成或安东或满洲里。至少言之，亦仿佛三十年来之沈阳。此诚近世未逢之国难。”①1935 年正在北平的美国记者斯诺也写道：“北京是亚洲最壮丽、最有趣的都城。它是一个具有差不多三千年连绵不断历史的文明中心。”“尽管蒋介石把那个沮丧城市南京宣布为他的首都，但是外国继续把大使馆设于北京，它们的外交官只出于外交礼节的需要才南下。”“大多数中国人都通过下面的方式表示了他们的个人意见：继续使用北京这个名称，而不按照国民党的通令称之为北平。”②在这里发生的一切，自然比其他许多地方更容易牵动千百万中国人的心。

九一八事变后，尽管北平已多次遭受严重的威胁，但因为当时日本的侵华重点在长城以北，危机似乎一次又一次地渡过了。一部分人中滋长起苟安的心理。塘沽协定签订后，大名鼎鼎的胡适就出来辩护过：“我们观察今日的形势，深觉得华北停战是一种不得已的救急办法，我们应该可以谅解。”“华北停战虽不能使敌人将东四省退出一尺一寸，至少它应该使他们不得在东四省以外多占一尺一寸的土地。”③事实恰恰相反，这种妥协退让，鼓励了敌人更加肆无忌惮地得寸进

① 张季鸾：《勉驻平政委会诸委员》，天津《大公报》，1933 年 6 月 17 日。

② [美]埃德加·斯诺：《我在旧中国十三年》，46、48 页，香港，朝阳出版社，1972。

③ 胡适：《保全华北的重要》，《独立评论》第 52、53 合期，1933 年 6 月。

尺。苟安心理只会使人们变得麻木不仁或逆来顺受，这是抗日救亡运动发展的重要思想障碍。因此，金仲华在《大众生活》创刊号(1935年11月)上写了一篇《谈民族的自信力》，沉痛地指出："东交民巷'某国'宪兵的耀武扬威，平津天空'某国'飞机的昼夜巡察，中国地方官吏的被扣，记者教授的被捕，报纸上记载得比盗劫火警的新闻还要小。这是什么心理？冠冕点说，是'希望事态缩小'；老实点说，不是希望'苟安'，使大家在这恐怖空气中慢慢习惯下来吗？"政府当局实行的高压政策也迫使爱国运动长期处在比较沉寂的状态。

事实是最好的教员。1935年下半年华北局势急转直下地恶化，使多数人越来越感到苟安和逃避的想法无法继续下去了。当时正在清华大学执教的美国学者费正清回忆道："到一九三五年底，日本侵略的传闻在北京甚嚣尘上。狡猾的日本军队正在开展一场心理骚扰的战争。一小队日军由骑着一匹高大战马的下级军官率领，经常耀武扬威地经过我们的胡同。日本军队在野外演习时，经常练习占领北京正南面铁路联轨站丰台。""各大学正在众人面前被拆掉。我干坐着，无能为力地注视着学生们把尚未登记编目的书籍带出清华图书馆"。①

正是在这种极端紧张的气氛中，北平教育界就华北局势发表了一个宣言，反对破坏国家的领土完整。日本宪兵竟在11月29日把北京大学校长蒋梦麟强行叫到日本兵营去接受"传讯"，并曾企图把他劫持到日本控制下的大连去。《大众生活》针对这件骇人听闻的事件发表评论说："苟安偷生的人们以为可以袖手旁观着苟安偷生下去吗？目前是整个民族生死安危关头！是人人生死安危的关头。在受侵略的整个民族，莽莽大地终必没有一片干净土，终必没有一个可以避免奴隶命

① 《费正清对华回忆录》，141页，北京，知识出版社，1991。

运的人。'置之死地而后生'，死里求生，这最后的挣扎是在我们自己的掌握中。"①

更使人感到焦虑和不安的是，南京政府和地方当局的对日外交都是秘密地进行的，外人无从知晓。"从民国二十一年三月的上海停战协定，到二十二年五月的塘沽协定，二十四年六月初的所谓'何梅协定'，同月下旬的察东谈判，以至最近在北方进行的中日谈判，是一次比一次秘密些。""天津大公报说，过去两年中统制新闻，关于外交真相极少宣布，是'近年来的一个大错误'。胡适在《我们要求外交公开》一文中，也说外交文件不公开，'人民不知道究竟丧权辱国到了什么地步'，所以主张把'以前'和'此后'的外交经过和内容完全公布出来。要求公开的外交，这已经成了现在全国一致的呼声。"②

这种秘密外交增强了人们的怀疑和猜测，感到坐卧不宁，不知道明天又会发生什么事。11月间土肥原逼迫宋哲元宣布"华北自治"时，各种可靠的和不可靠的消息到处流传，人心惶惶不安。消息灵通的斯诺写道："据说土肥原把一千万元新印好的中国钞票放到桌子上去，要求宋哲元宣布脱离蒋介石的南京政府而'独立'。宋哲元的一位姓马的年轻秘书告诉我，土肥原还拿出了文件来，表明蒋介石已经原则上同意撤换宋哲元，如果日本方面坚持要求这样做的话。"③河北监察使周利生的调查报告中，也把"当局对外交涉一切内容均禁披露，而实际情形日趋紧张，真象莫明，群情苦闷"，列为"自与学生以刺激"的

① 《蒋梦麟被邀请谈话》，《大众生活》第1卷第4期，1935年12月。

② 金仲华：《谈公开外交与秘密外交》，《大众生活》第1卷第11期，1936年1月。

③ [美]埃德加·斯诺：《我在旧中国十三年》，64页，香港，朝阳出版社，1972。

重要因素之一。①

恐怖、愤怒和令人窒息的反常的沉寂，压得人们连气都喘不过来。华北的明天会是怎样？平津的明天会是怎样？每个人心头都存在着这样的疑问。相当多的人认为："我们不久又多了一个'满洲国'啦！"东北沦陷后民众的悲惨遭遇，是大家都看到的。"亡国奴"的耻辱，是任何一个有爱国心的人都无法忍受的。人们都在问：国难当头，我们该怎么办！还能够沉默不语吗？愤怒是长期积聚起来的。压抑得越久，爆发力越大。大众的情绪已到了一触即发的地步。只要有人登高一呼，便能将处处潜藏的怒火迅速凝聚和汇合成一股排山倒海的巨流，开创出一个新的局面。

中国共产党当时在北平处于一种怎样的状况呢？由于"左"倾错误的影响，1934 年 8 月北平的党组织几乎全遭破坏，1935 年初才开始恢复起来，和河北省委取得了联系，成立了临时市委，成员有王学明、彭涛、杨子英三人。全市党员有十来个人，连共青团员不过二十人左右。彭涛回忆说："这以后华北形势变化很大，日本人在冀东搞防共自治政府，又在北平搞冀察政务委员会。接着，很多学校提出南迁，各方面矛盾突出，学生中思想斗争剧烈。我们感到革命时机已经成熟，可以搞运动了。但当时对同学们觉悟估计不足，认为发动不会这样快，因为在这之前，学运受到破坏，学生一度沉闷，表面上看起来都是读死书。其实他们心里对局势都很愤慨。由于各种组织教育工作，加上形势一紧张，一号召大家就起来了。"②那时，有的党员已看

① 《关于北平学生"一二·九"、"一二一六"反日示威运动的调查报告》，《一二·九运动》，399 页，北京，中共党史出版社，1987。

② 彭涛：《关于一二·九运动的回忆》，《一二·九运动》，314 页，北京，中共党史出版社，1987。

到中共中央关于发展抗日民族统一战线的八一宣言。九月间开展的黄河水灾赈济活动，使北平一大批大中学校的爱国进步学生建立起比较密切的联系，广泛团结了群众。在这个基础上，11月18日北平大中学校抗日救国学生联合会成立，执行主席是女一中学生郭明秋，秘书长是清华大学学生姚克广(姚依林)，都是共产党员，学联党团由彭涛领导。他们人数虽少，由于顺应着迅猛发展着的时代潮流，在学生群中成为能指明行动方向并且最有组织的力量，从而担负起了登高一呼的重任。

11月26日，南京政府任命何应钦为行政院驻北平办事处长官。12月3日晚，何应钦到达北平。“据传何氏此来，有代表中央解决河北时局问题之广泛的权限。”“何氏表示，在未得具体办法以前绝不离平。”①北平学联决定向他请愿，要求抗日救国，反对所谓“华北自治运动”。

12月9日的前两天，中共河北省委特派员李常青来到北平，指示要抓紧时机，发动学生，把学生团结起来，开展斗争。彭涛回忆说：“‘一二·九’运动用合法斗争，开始有些人不同意，当时意见不一致。我们还是决定开始用请愿的形式，提出停止内战，一致抗日。一二·九前夕在燕大开会，这一天到会人数很多，学联主席是郭明秋，各校代表有的同意抗日的口号，不同意停止内战的口号。我们的主张是搞统一战线，把各种力量组织起来，不管哪个力量，是不是国民党的，只要反对日本，反对华北自治，都可以参加。”“从‘一二·九’运动看到我们对学生估计不足，原估计可能有一千多人跟我们走，但事实是

① 《一周间国内外大事述要》，《国闻周报》第12卷第48期，1935年12月。

很多中间学生也参加进来了，甚至落后的也参加。”[①]郭明秋记得彭涛当时提出的意见是：“不需要统计人数，只要我们估计一下当前的形势，是否需要来一个大行动就可以了。”“办法是让那些力量大的学校先出来，然后再到那些力量较小的学校去呼口号，这样必有内应，八百人众，超过无疑。”“先请愿，请愿不成就改为示威”。[②] 亲眼目睹一二·九学生游行示威场面的斯诺写道：“这是我们第一次看到中国知识青年所表现出来的政治勇气。情景振奋人心，无论是对参加者还是旁观者来说，都是如此。”“北京的示威，被全世界报纸用大标题登出，而中国的许多报纸，也无视新闻检查官的禁令，刊出了报道示威的消息。中国正在苏醒过来。在几天时间里，青年团体在天津、上海、汉口、广州等所有大城市，像雨后春笋般产生，最后甚至包括了南京在内。游行示威开始席卷全国。”[③]

在历史上常常可以看到：一场急风暴雨式的群众斗争的洗礼，可以使人们(包括大批原来处于中间状态的人)短时间内在思想上发生剧变，这是平时多少年都难以达到的。“一二·九”运动使人们长期郁积在心头的愤懑一下子倾泻出来，同时也引起人们深思这一切究竟是为什么，从平时的宁静生活或狭小圈子中猛然惊醒过来，同一些志同道合的伙伴聚集在一起，不再回到旧日的生活轨道上来了。河北监察使周利生的调查报告中说：“十二月九日以前，多数学生仍在散漫无组织之状态中。经过九日请愿横被军警摧残之后，各校便入于严重而活

① 彭涛：《关于一二·九运动的回忆》，《一二·九运动》，314、315页，北京，中共党史出版社，1987。

② 郭明秋：《回忆一二·九运动的党的领导》，《一二·九运动回忆录》第1集，62页，北京，人民出版社，1982。

③ [美]埃德加·斯诺：《我在旧中国十三年》，68、70页。

跃之新阶段。”①这样的例子是很多很多的。当时北京大学的学生袁宝华回忆说：“我们这些青年学生，过去没有参加过政治运动，像我这样的人在当时有点代表性，还不是党员，政治上也不是那么清醒，可是满腔抗日救国的热情，游行队伍一到，那就积极参加。我还在我们那个班上号召一番，叫大家都参加去。游行回来以后，人就好像变了，劲头也大了，胆子也壮了，看到一起参加游行的人感到非常亲切。”②当时在师大附中高中读书的陈浩回忆说：“在这种形势下，我们中间群众的思想在起变化。特别是‘一二・九’、‘一二一六’游行时，北平西郊清华、燕京等大学生游行队伍在西直门受阻，不让进城。有的学生被军警打伤，有的被抬到我们中学来包扎伤口。我们见到流血更震动和同情，义愤填膺，这样才逐渐思考、觉悟起来。到1936年我们就参加一些救亡活动，如唱救亡歌曲、下乡宣传等。下乡宣传受国民党阻止，被押送返校，这样才有了进一步觉悟，要求参加民族解放先锋队。”③有着这样思想经历的，绝不是很少人，而是相当普遍的现象。“一二・九”运动不仅掀起了救亡运动的高潮，推动了抗日，并且给中国共产党、给迎接抗战准备了一大批干部，培养了一代人，它的影响是十分深远的。

各界救国联合会的成立

紧随着“一二・九”运动的发展，上海和许多城市相继建立起各界

---

① 《关于北平学生“一二・九”、“一二一六”反日示威运动的调查报告》，《一二・九运动》，400页，北京，中共党史出版社，1987。

② 袁宝华在北京大学一二・九时期的在京部分老同学座谈会上的发言，《一二・九运动回忆录》第1集，150页，北京，人民出版社，1982。

③ 陈浩：《一二・九运动前夕学生(中间群众)是怎样动起来的》，未刊稿。

救国联合会。不久，全国各界救国联合会也在上海成立。救国会成为当时全国救亡团体的主要形式。它在团结不同社会阶层中的爱国力量、推动抗日救亡运动和准备全国抗战中，起了其他组织难以替代的巨大作用。

上海的抗日救亡运动高潮是在北平学生运动的强烈推动下掀起的，而它一起来又表现出自己的鲜明特点。北平的救亡运动博得了社会各阶层的广泛同情，一部分教育界人士也积极参加，但主力仍是学生。上海抗日救亡运动的新高潮从一开始，社会面就广泛得多，包括文化界、妇女界、学生界、教育界、职业界等。“联合战线”的口号喊出得早。在运动发展过程中，工作上和策略上脱离群众的缺点也少一些。

为什么上海的抗日救亡运动会表现出这样的特点呢？这同中国共产党组织和爱国民主力量在上海的深厚基础有关。上海是中国最大的经济中心，也是重要的文化中心。中共中央曾长期设在上海，积聚起相当强大的力量，在社会各界都有一批富有斗争经验的骨干和积极分子。宋庆龄、鲁迅、茅盾、邹韬奋等长期在上海活动，对全国有巨大影响。“一二·九”运动前五个月的1935年7月22日，中共上海临时中央局遭到大破坏。上海地下党的各个系统失掉了同中央的联系。但它的一部分组织和党员依然保留了下来。其中最重要的是，领导着左联、社联、剧联、电影小组等的文委，共有党员一百多人，自行推举周扬代替被捕的阳翰笙担任文委书记。9月间，他们从外文书刊中看到共产国际七大的文件，又从《救国报》上看到中共中央的八一宣言，开始讨论工作转变的问题。此外，在上海失去同中央联系的党组织还有共青团江苏省委、工会联合会、中华民族武装自卫会和中央特科等系统，也有党员一百多人。不少在外地失掉组织关系的党员，跑到上海找组织，找不到的就参加到各系统的外围组织中去工作。因此，在上海的党员远比平津一带要多得多，并且保留着自己的组织系统，分布在社会各界中，同中上层爱国人士的联系也比较密切。“这些系统当时和党中央都没有联系，相互之间也没有横的组织关系，都是独立开展工作。自己搞，有个好处，就是懂得联系实际，依靠群众，保护革命力量，在‘左’倾机会主义路线领导时期，一个命令下来，明知不切合实际，难以成功，也不得不执行。现在自己独立开展工作，这种苦头就可以少吃了，懂得了保护自己的力量。”①

他们的一个重要优势，是掌握着许多在全国有巨大影响的进步文化阵地。上海党组织遭受大破坏后，他们仍在继续推进进步文化运动，扩大队伍，建立新的阵地，注意同各种爱国民众团体的联合。平津进步学生们经常阅读的刊物《大众生活》《读书生活》《世界知识》《妇女生活》等都是在上海出版后发行到各地去的。

当时文委的领导成员夏衍有一段重要的回忆：“在北平‘一二·九’学生运动之前，上海各阶层群众已经为即将到来的救亡抗日高潮准备了条件。文委所属的各联合小组都在这一段时间内单独作战，推动了文委工作方法的改变，自觉或不自觉地实行了一条抗日救亡的统一战线。”具体的事例是很多的，我们不仅组织和领导了上万人的救亡歌咏运动，不仅依旧掌握着电影制作和影评的领导，而且还通过社联及其外围，建立了可靠的出版发行机构。读书生活、新知两家书店是社联盟员直接领导的。生活书店是通过邹韬奋、由黄炎培的职业教育

① 王尧山：《一九三七年前上海的抗日救亡运动和地下党组织的整理工作》，《一二·九以后上海救国会史料选辑》，380页，上海，上海社会科学院出版社，1987。

会支持的。有了公开合法的书店，就可以有计划地出版书刊。从三五年到三六年，左派掌握的杂志就有十种以上，单讲邹韬奋主持的生活书店就出了《世界知识》(胡愈之主编)、《文学》(茅盾、傅东华主编)、《妇女生活》(沈兹九主编)。更不同于从前的一点，是这些杂志不再是昙花一现，出两三期就被禁，也不像从前一样每期印两千册，而是长期出下去，而且每期可以行销上万份了。“特别是社联的工作有了划时期的发展，他们的活动范围早已经超出了文化界、知识分子的圈子，而已经在职业、妇女、学术团体、高级职员乃至法律界建立了各自的小组。例如由店员、职工、中小资产阶级为基础的蚂蚁社，就是一支很强大的队伍。据我回忆，王纪华、袁庶华、顾准、李伯农、徐步等都是这个团体的积极分子，也是“一二・九”以后沙千里领导的职业界救国会的前身。看形势，30 年代初组织起来的左翼文化运动，已经冲破了原来的左派的圈子，抗日救亡、反对内战、反对华北自治等等口号，已经把成千上万的中小资产阶级和上层爱国人士吸引到我们的阵营中来了”①。

在众多的救亡刊物中，影响最大的是邹韬奋在 1935 年 11 月 16 日创办的《大众生活》。“《大众生活》每期销数达二十万份，打破中国杂志界的纪录，风行全国。”②它以尖锐泼辣的文字，配上令人怵目惊心的照片，向广大读者展示华北事变以来中华民族面对的严重危局，大声疾呼地呼唤民众奋起救亡，说出了大家的心里话。它突出地提醒人们：华北问题不只是局部问题，而是全民族争生存的问题。“倘若仍旧存着从前对于东北问题一样的态度，不坚决地看作这是整个中国

① 夏衍：《懒寻旧梦寻》，三联书店，1985 年版，284、285、288、289 页。

② 邹韬奋：《患难余生记》，浙江新华书店，1949 年翻印，9 页。

生死存亡的问题，而仅认为是华北的局部问题，那除非是听任华北做东北第二，全中国做华北第二，绝对得不到其他的结果。”①

北平的“一二·九”大游行发生后，《大众生活》立刻用大量篇幅报道它的实况，对它做出高度评价：“我们觉得这个运动的最大的意义是：久在高度压迫下的郁积苦闷悲痛愤怒的全国大众，对于民族解放的斗争情绪，好像久被抑制的火山已在这里拼裂喷放怒号一下。换句话说，这绝不是仅仅北平一个地方，仅仅北平数千的热血青年对于国事的态度。这个运动实在是足以代表全国大众对于救亡的坚决的意志的一种强有力的表现。”②

12 月 12 日，由年近百岁的马相伯领衔，发表了《上海文化界救国运动宣言》，沈钧儒、邹韬奋等 280 多人在宣言上署名。宣言指出：国难日亟，东北四省沦亡之后，华北五省又在朝不保夕的危机之下了。“以土事敌，土不尽，敌不餍。”在这生死存亡间不容发的关头，再不能苟且偷安。宣言呼吁：“因为华北事件的教训，我们应该进一步的觉悟！与其到了敌人刀口放在我们的项颈的时候，再下最大的决心，毋宁早日奋起，更有效地保存民族元气，争取民族解放。”③在这篇宣言上署名的人，有共产党员，更多的是中上层爱国民主人士，还有一部分原来处于中间状态的人。宣言虽然用的是“文化界”的名义，其实已大大超越这个范围，包括文艺界、教育界、新闻出版界、银行界、法律界、职业界、宗教界等方方面面的许多知名人士，显示出各界爱国人士正在抗日救亡的旗帜下联合起来这个重要趋势。

---

① 星期评坛：《华北问题》，《大众生活》，1935 年，第 1 卷第 3 期。

② 星期评坛：《学生救亡运动》，《大众生活》，1935 年，第 1 卷第 6 期。

③ 《上海文化界救国运动宣言》，《大众生活》，1935 年，第 1 卷第 6 期。

确实，抗日救亡要求所有不愿做亡国奴的人们联合起来，一致对外。陶行知主编的《生活教育》上写道："不管我们大家的主张有什么样的不同，我们都必须暂时牺牲小我的主张，和大众站在一道来共同争取全中国的民族自由解放。"①

更加引人注目的是，《大众生活》上很快就响亮地喊出建立"联合战线"的口号。它在12月底的星期评坛中写道："凡是不愿自己和子子孙孙做亡国奴的人们都应该督促各界组织起来，成立'联合战线'，和学生运动联系起来，分工合作，发动民族解放的战争，抢救这个垂危的国家。"②下一期，发表了杜重远从狱中寄出的杂感说："国势危殆到了这样急迫的地步，凡是能立在救国的共同目标上的人们都应该结成'民族联合战线'来共同奋斗。"③再下一期，又发表平心(邵翰齐)所写的《论联合战线》，指出："现代的一切战斗行动，差不多都离开不了联合战线的建立。""摆在我们面前的最火急的问题，是怎样赶快实现全国救亡的总动员，怎样建立起一致抗敌的人民国防阵线。"④接着，章乃器在《四年间的清算》这篇传诵一时的文章中还旗帜鲜明地提出："中国人民目下的要求，是停止一切内战，大家一齐联合来抗战自卫!"⑤

这种建立"联合战线"的呼声，是客观形势发展的需要，是大批投身救亡运动的人们的共同要求。冲破以往左翼人士比较狭小的圈子，

---

① 洞若：《殖民地知识分子的使命》，《生活教育》第2卷第21期，1936年1月。

② 《再接再厉的学生运动》，《大众生活》第1卷第7期，1935年12月。

③ 《青年的爱国义愤》，《大众生活》第1卷第8期，1936年1月。

④ 《论联合战线》，《大众生活》第1卷第9期，1936年1月。

⑤ 《大众生活》第1卷第11期，1936年1月。

突出地提出“联合战线”的主张，对它的内涵和方法做出系统的说明，这在过去的国内报刊上还不曾有过，反映出他们在政治上已渐趋成熟。它在人们中自然激起巨大的反响。

实际体现这种要求的各界救国联合会，就是在此时相继成立的。沙千里回忆道：“群众的抗日救亡运动在开始阶段，是处于一种自发状态的，斗争也是分散的。虽然在一定的时候为了进行斗争，也有一些串连，但没有固定的形式把大家联系起来。为了某一件事而进行的斗争结束之后，这种联系也就终止了。随着抗日救亡运动的发展，为了更有力的同日本帝国主义和国民党反动派进行斗争，大家感到需要一个固定的形式把群众的力量统一组织起来。这样，在中国共产党的影响、推动和领导之下，在千百万民众抗日救亡运动的高潮中，上海各方面的救国会先后成立。”①

从1935年12月12日到第二年2月23日，先后成立的有上海各大学学生救国联合会、妇女界救国联合会、文化界救国联合会、各大学教授救国会、电影界救国会、职业界救国会、国难教育会等。其中，最活跃的是上海文化界救国联合会和职业界救国会。

为了加强对日益扩展的群众救亡运动的领导，文委决定建立中共江苏省临时委员会，由邓洁任书记，胡乔木、王翰、钱俊瑞等为委员，主要负责救国会方面的工作。各救国会内一般成立有中共党团，如文化界救国会的党团书记是钱俊瑞，妇女界救国会的党团书记是杜君慧，职业界救国会的党内核心小组成员有王纪华、雍文涛（以后又有林枫和顾准）。这些党团和党内核心小组都由临委领导。

有了这样多的各界救国会，自然要求进一步联合起来，建立统一

① 《漫话救国会》，6页，北京，文史资料出版社，1983。

的组织。1936年1月28日，淞沪抗战四周年纪念日，上海各界救国联合会成立，沈钧儒被推举为主席。在成立会通过的决议中，提出要筹备全国总会。他们陆续派人到其他重要城市去联络，其他城市也派人到上海来联络。上海已俨然成为全国抗日救亡运动发展的中心。

抗日救亡运动的蓬勃兴起，是南京政府没有预料到的。他们惟恐民众运动的高涨会威胁其统治基础，继续采取镇压措施。2月29日，《大众生活》被查禁。主编邹韬奋在停刊号上发表紧要启事说："本刊代表大众的立场和意识，对于万分严重的国难，主张发动整个民族解放的英勇抗战"，"态度光明，言论公开，但竟因此受到种种压迫，先之以停邮，继之以查禁。""本刊虽以迫于环境，暂时停顿，而抗日救亡运动却是必然地会持续开展，发扬光大的。"[①]3月28日，上海文化界救国会出版《会刊》，创刊号上发表一篇《救国刊物被禁感言》，指出："救国运动在全国的普遍开展，充分的表现了民众救国的热忱。可是在当局'中日亲善'的国策之下，对于救国的言论出版集会结社之自由，下了一个举世稀有的压迫。起先是诬蔑的宣传，继之以逮捕大批学生，妨害救国分子的自由，压迫救国言论，扣留邮寄刊物，到现在，更变本加厉的一气密令查禁了上海二十四种抗日刊物。据说查禁的理由是：鼓动学潮，毁谤政府。过去，代表民众言论的杂志，最大的任务是在唤起民众一致抗日，对于政府，也不过督促它抛弃同敌人'亲善'、'退让'的屈辱国策，实行抗敌救亡。然而这种争取民族生存的运动，却为敌人的'三大原则'所不许，也为中国政府所禁止。"上海新世纪报美籍记者访问九十七岁的马相伯，问他："中国报纸常说必须联合全国力量。你的意见怎样?"马答："只有联合起来才能避免亡

① 《韬奋紧要启事》，《大众生活》第1卷第16期，1936年2月。

国。"问："你是说要联合各党各派吗?"答："是的，只要他们愿意出来救国。"记者又问："据官厅报告，中国警察袭击复旦大学，是因为复旦大学的救国会被共产党操纵。是不是呢?"马相伯回答："没有证据。共产分子就不许救国吗?"①

"一二·九"运动兴起时，中国共产党领导的中央红军刚刚结束长征，到达陕北不久。1935 年 12 月 27 日至二十五日，中共中央政治局举行了具有历史意义的瓦窑堡会议，通过《关于目前形势与党的任务决议》。27 日，毛泽东根据会议精神作了《论反对日本帝国主义的策略》的报告。决议和报告正确地估计到随着民族矛盾的上升，中国社会阶级关系已经发生变化，并将继续变化；认为民族革命战线是扩大了，党应该采取各种适当的方式方法，去争取这些力量到反日战线上来，最广泛的反日民族统一战线不仅应当是下层的，而且应当是包括上层的；还尖锐地批评了党内长期存在的"左"倾关门主义。尽管这时还没有立刻提出国共合作的主张，但从这种认识出发，实际生活的逻辑会很快导致得出那样的结论来。

第二年二三月间，担任中共中央北方局书记的刘少奇从陕北来到天津。四月十日，他在中共河北省委的内部刊物《火线》上发表题为《肃清立三路线残余——关门主义、冒险主义》的文章，对纠正抗日救亡运动中还存在的一些"左"的缺点起了重要作用。"刘少奇认为上海便于联系华中、华南，上海地方大，便于掩护。他主张把全国各界救国联合会和全国学联设在上海，并提出把'停止内战，一致抗日'的旗

① 《马相伯先生对美记者发表救国谈话》，《上海文化界救国会会刊》第 4 号，1936 年 4 月。

帜打出去。”[①]华北学生代表中的党员也把一些中共中央和北方局的文件带到上海，使临委中许多人看到了刘少奇反对关门主义的文章。4月25日，中共中央从陕北派来的冯雪峰也到达上海，见到鲁迅、茅盾、宋庆龄、沈钧儒等，并帮助上海各系统党组织恢复同中央的联系，推动了抗日民族统一战线的进一步发展。

从抗日救亡运动新高潮的兴起到这时，已经持续了将近半年时间。运动深入发展的实践，使人们在政治上更加成熟起来。五月六日，上海文化界救国会等五团体编辑的《救亡情报》出版。它的发刊辞中说：“‘抗敌救亡’，已是中国全体民众的呼声。”“我们明白各社会层分子的利益，只有在整个民族能够赓续存在的时候，才能谈到。在这大难当头、民族的生命已危在旦夕的时候，我们必须联合一致，与敌人及敌人的走狗——汉奸斗争。”同期发表的《怎样完成统一战线》一文，把“凡是中华民国不愿做奴隶的民众：农工商学兵”，“凡是主张抗日救国的国民党党员以及军政领袖”和“凡是主张抗日救亡的一切其他党派的党员”，都列为“统一战线的分子”。上海职业界救国会负责人沙千里在该刊第二期《日本侵华新形势》中写道：“每一个不愿做奴隶的人，不论他的身份地位，不论他的思想信仰，不论他的党派宗教，应该立刻起来发动神圣的民族战争。”重病中的鲁迅会见该刊记者时，还提醒在建立“联合战线”过程中应当注意的一个重要问题。他说：“民族危难到了现在这样的地步，联合战线这口号的提出，当然也是必要的。但我始终认为在民族解放斗争这条联合战线上，对于那些狭义的不正确的国民主义者，尤其是翻来覆去的投机主义者，却望

① 王翰：《一二·九运动后上海地下党工作路线的转变》，《一二·九以后上海救国会史料选辑》，374页，上海，上海社会科学院出版社，1987。

他们能够改正他们的心思。”①

这时，成立全国各界救国联合会的时机已成熟了。章乃器回忆说：“人的情绪是活的。情绪本身的发展要上升，群众情绪的反映也要促使领导情绪的上升。全国各界救国联合会大约是在一九三六年五月末成立的。那时候，我们的情绪已经有了飞跃的升腾。”②全国各界救国联合会代表大会于 5 月 31 日开幕，出席代表有五十多人。开幕当天，经过详细讨论后通过了大会宣言。宣言中说：“在这敌寇日深而内部纠纷依然严重的时候，天良未泯的人民都渴望着一个广大的团结，能有一个全国统一的联合救国阵线。为了这种要求，全国各地各界的救国团体代表们在上海开成了全国各界救国联合会成立大会，建立起来一个统一的人民救国阵线。”“大会认为救国阵线现阶段的主要任务——促成全国各实力派合作抗敌的任务，有历史上的重要性。”③第二天，大会又通过《抗日救国初步政治纲领》，提出：“救国阵线的共同敌人，是日本帝国主义和汉奸。”“所以，除了汉奸以外，我们在横的方面，坚决的主张各党各派的合作；在纵的方面，诚恳要求社会各阶层分子的合作。”④

全国各界救国联合会的成立，把原来还比较分散的爱国民众运动汇合成一股更为壮观的洪流，推动国内的抗日救亡运动新高潮持续地向纵深发展。

---

① 芬君：《鲁迅访问记》，《救亡情报》第 4 期，1936 年 5 月。

② 《我和救国会》，《救国会》，437 页，北京，中国社会科学出版社，1981。

③ 《全国各界救国联合会成立大会宣言》，《救亡情报》第 6 期，1936 年 6 月。

④ 《救亡情报》第 6 期，1936 年 6 月。

南京政府对日政策的变化

蒋介石和南京政府在华北事变后的态度又怎样呢？他们的对日政策发生了什么变化？

日本步步加紧对中国的侵略，不仅严重威胁着中华民族的生存，也严重威胁着蒋介石和南京政府的统治地位。蒋介石和南京政府内许多军政人员也有相当强烈的民族情绪。但他们长时期内对日实行妥协退让的政策，主要有两个原因：第一，他们总是害怕蕴藏着巨大潜力的中国民众力量的奋起，自然就觉得自己无力同气焰万丈的日本军国主义势力相抗衡。蒋介石在1934年7月对庐山军官训练团讲话时说："依现在的情形来看，他只要发一个号令，真是只要三天之内，就完全可以把我们中国要害之区都占领下来，灭亡我们中国！""你自己毫无准备，而你的敌人早就埋伏在你四周了，只要你一动的时候，他马上起来包围你，你还不是自己送死吗！所以现在这时候，说是可以和日本正式开战，真是痴人说梦！太不知道自己了，太不知道敌人了！"①他们一直希望日本的侵略能够适可而止，并且在很大程度上期待国际社会能对日本实施制裁，使局势不致进一步恶化。第二，他们把消灭中国共产党看做比抵抗日本侵略更加重要得多的事，提出了"攘外必先安内"的方针。1933年4月，日军侵占热河后又向长城各口发动猛攻时，蒋介石却赶到江西南昌亲自指挥对中央苏区的"围剿"，致电各将领说："外寇不足虑，内患实为心腹之患"，"如我剿匪各将领若复以北上抗日请命，而无意剿匪者，当以偷生怕死者视之"，"如

① 蒋介石：《抵御外侮与复兴民族》，《中华民国重要史料初编——对日抗战时期》绪编(3)，112、113页，台北，中国国民党党史委员会，1981。

再有偷生怕死、侈言抗日、不知廉耻者，立斩无赦，希各懔遵。”①这自然同全国民众的意愿南其辕而北其辙。

十分熟悉中国情况的史迪威，在1935年6月前来中国就任美国驻华武官的途中写了一篇《中国未来的局势》。对日本的加紧对华侵略，他写道：“有可能制止这种侵占吗？办不到。”蒋介石没有表现出任何迹象说明他愿意冒与日本公开决裂的风险。“他知道自己会吃败仗，而失败就意味着后方会爆发叛乱。因此他情愿坐视不动，控制住他能够控制的一切，指望外国的影响帮助他保住外国企业十分集中的上海。”②

但局势的发展却同南京政府的想法全然相悖：日本的侵华野心有增无已，向华北大举进犯；国际联盟和英美等国对制止日本侵华完全无能为力；红军长征取得了成功；全国民众以至国民党统治集团内部要求抗日的呼声日益增高。“事实表明，日本的侵略目的是并吞整个中国，不仅企图消灭在民族斗争中最坚决的共产党，而且也要用亲日的傀儡政权来代替原来的国民党政权。就国内形势说，国民党当局如果仍继续执行原来的误国政策，势必为全国人民所不容，而且势必造成国民党内部更加剧烈的分裂。”③对蒋介石和南京政府说来，确也面对着生死存亡的问题。

自从九一八事变后，南京政府的态度已在一步步发生微妙的变

① 蒋介石：《告各将领先清内匪再言抗日电》，《中华民国重要史料初编——对日抗战时期》绪编(3)，35、36页，台北，中国国民党党史委员会，1981。

② [美]巴巴拉·塔奇曼：《史迪威与美国在华经验》上册，197页，北京，商务印书馆，1985。

③ 胡绳：《纪念七七事变五十周年》，《胡绳文集(1979—1994)》，319页，北京，中国社会科学出版社，1994。

化：由不抵抗政策，到提出所谓“一面抵抗，一面交涉”，再到被迫局部应战，但它的基本政策并没有根本改变。华北事变的发展，特别是日本一手导演的“华北自治运动”的出台，把南京政府逼到几乎无路可退的地步。正如蒋介石不久后所说：华北一旦成为东北第二，南京又何尝不可以变成北平？正是在这种情况下，南京政府不能不开始考虑大幅度调整它的对日政策。

1935年10月7日，中国驻日大使蒋作宾就多田骏在天津的挑衅活动会见日本外相广田弘毅。广田提出：“贵国须先同意下列三点：第一点，中国须绝对放弃以夷制夷政策，不得再借欧美势力牵制日本，如仍旧阳与日亲善、阴结欧美以与日仇绝，无亲善之可能。”“第二点，中日满三国关系须常能保持圆满，始为中日亲善之根本前提。”“第三点，防止赤化，须中日共商一有效之方法。赤化运动发源某国，在中国北部边境一带有与日本协议防止赤化之必要。以上三点中国政府如能完全同意，日本对于贵国所提三大原则即逐渐商议实行。”①这就是所谓“广田三原则”。如果说得明白一点，是要南京政府答应：第一，同欧美各国和国际联盟割断关系；第二，承认伪“满洲国”；第三，承认日本在内蒙一带的特殊地位并共同反苏。这些要求，已远远超出蒋介石所能接受的限度。所以他后来谈到“广田三原则”时说：“当时的情势是很明白的：我们拒绝他的原则，就是战争；我们接受他的要求，就是灭亡。”②

在这种严重局势下，11月12日至23日，国民党召开第五次全国

① 《驻日大使蒋作宾自东京报告与广田外相谈话电》，《中华民国重要史料初编——对日抗战时期》绪编(3)，641、642页，台北，中国国民党党史委员会，1981。

② 蒋中正：《苏俄在中国》，59页，台北，中央文物供应社，1992。

代表大会。大会开幕那天接任国民政府外交部长的张群，在第二年这样描述“五大”所面对的政治气氛：“日本人要分离我们华北，使华北政权独立起来，这是去(一九三五年)秋以来他们的积极方针。所以一方面以三原则要挟中央予以承认，一方面又行种种策动分离地方。”“当我们五全大会开会时，日本对我的压迫异常猛进，我们的外交途径差不多已经绝望了。”①

11月19日，也就是土肥原逼令宋哲元宣布华北自治最后期限的前一天，蒋介石在国民党五大上说了一句很有名的话：“和平未到绝望之时，绝不放弃和平；牺牲未到最后关头，亦绝不轻言牺牲。”②这是一句双关语：一方面是说，现在还没有到“放弃和平”，“轻言牺牲”之时；另一方面是说，一旦“最后关头”到来，那就只好“放弃和平”，决心“牺牲”了。

第二天，日本驻华大使有吉明赶到南京去见蒋介石，提出所谓“华北自治运动”问题，咄咄逼人地威胁道：“中央如果采取压迫或武力镇压等方法，势必引起纠纷事态和破坏治安，进而还会严重影响与该地有密切关系之日本及满洲国。特别是作为负责满洲国安全之关东军，绝不会对此默视不问。此点不得不提醒贵方注意。”蒋介石立刻把他顶了回去，说：“作为中国，对引起违反国家主权完整、破坏行政统一等之自治制度，绝对不能容许。不过根据连日来华北当局及各团体报告，并无一人希望自治和独立。事态决非如所担心者。”“今天和

---

① 《中国国民党五届二中全会张群委员外交报告》(1936年7月10日)，《中华民国重要史料初编——对日抗战时期)绪编(3)，661、662页，台北，中国国民党党史委员会，1981。

② 《接受蒋委员中正关于外交之建议案》，《革命文献》第76辑，250页，1978。

贵大使会见，本拟商谈有关中日邦交改善问题，而首先谈起属于内政问题之华北自治运动等，感到遗憾。”在座的张群插话说：“老实话，如果日本召回土肥原少将，阻止多田司令官的济南之行，自治运动将会立即熄灭。”①蒋介石和南京政府对日本采取这样强硬的态度，以前还不曾有过。

在日本军国主义者毫无止境的进逼面前，国民党五大通过了蒋介石提出的方针和《国难时期集中力量充实国防建设》等议案。宋子文会见《时报》记者哈利特·阿本德时，说得更强烈：“是抗战的时候了。机不可失，时不再来。即使战败也算是有所作为。战败也胜过不战而放弃一切。”②

随着对日政策的调整，蒋介石对苏联和中国共产党的态度也悄悄地在发生变化。南京政府在1935年年底开始试探，寻求苏联的援助。陈果夫的亲信曾养甫在这年11月间找到原来同周恩来相识的谌小岑，要他设法“打通共产党的关系”。③ 他们还通过其他多种渠道，在第二年春同中共中央取得了联系。蒋介石为什么会这样做？用他自己的话来说：“中日战争既已无法避免，国民政府乃一面着手对苏交涉，一面亦着手中共问题的解决。”

1936年7月13日，蒋介石在国民党五届二中全会上发表演说，谈到对日外交中的“最低限度”问题时说：“假如有人强迫我们欲订承

① 《有吉明致日本外相广田弘毅电》(1935年11月21日)，《华北事变资料选编》，320、301页，郑州，河南人民出版社，1983。

② ［美]巴巴拉·塔奇曼：《史迪威与美国在华经验》上册，203页，北京，商务印书馆，1985。

③ 谌小岑：《西安事变前一年国共两党关于联合抗日问题的一段接触》，《文史资料选辑》第71辑，3页，北京，中华书局，1980。

认伪国等损害领土主权的时候，就是我们不能容忍的时候，就是我们最后牺牲的时候，这是一点。其次，从去年 11 月全国代表大会以后，我们如遇有领土主权再被人侵害，如果用尽政治外交方法而仍不能排除这个侵害，就是要危害到我们国家民族之根本的生存，这就是为我们不能容忍的时候。到这时候，我们一定作最后之牺牲。所谓我们的最低限度，就是如此。"①这种态度，显然比上一年国民党五大时更加明朗了。9 月间，外交部长张群同日本驻华大使川越茂交涉时，也采取了强硬的态度。同月 18 日，蒋介石致电军政部长何应钦说："预防对日交涉恶化，应即准备一切，并令军事各机关积极筹办。"②南京政府对抗日的军事准备步伐明显地加快了。9 月 24 日，蒋介石在日记中写道："倭使川越与我外交部谈判形势，昨已等于决裂，彼只有片面要求，而我方所提之五条件，则概谓不得提出，是可忍，孰不可忍?""察倭素性之横暴，绝不能避免战争，而倭寇乃未料及启衅之后，绝无谈和之时，非我亡，即彼亡，此亦理势之所当然也。"③

中国共产党清楚地看到了蒋介石和南京政府的这种变化，同时也充分估计到实现这个变化的艰巨性和复杂性。在 9 月 16 日的中共中央政治局会议上，周恩来谈到蒋介石的对日态度时说：自五全大会后是有变动的，近半年来有更多的变动，认蒋是完全投日的是不对的。毛泽东也谈到联蒋的问题：我们一方面要联，现在还没有实现联，我

① 蒋介石在国民党五届二中全会上的讲话，《中华民国重要史料初编——对日抗战时期》绪编(3)，666～667 页，台北，中国国民党党史委员会，1981。

② 蒋介石致何应钦电，《中华民国重要史料初编——对日抗战时期》绪编(3)，673 页，台北，中国国民党党史委员会，1981。

③ 蒋介石日记(1936 年 9 月 24 日)，《中华民国重要史料初编——对日抗战时期》绪编(3)，674 页，台北，中国国民党党史委员会，1981。

们的警戒是不能放松的。他和我们联合是可能的，但哪天可实现联合是说不定的。我们的方针应如此，那方面的事情要由他自己去决定。11月13日，毛泽东在政治局会议上又说道：蒋不一定是始终不变的，根据情况的变迁，有可能逼他走到与我们联合。

事情正是这样。南京政府政策的转变，走的不是一条笔直的路，中间又有不少波折。蒋介石对共产党的疑忌实在太深了。在他看来，所谓“中共问题的解决”就是要共产党向国民党投诚，由他们收编。他后来说过：“我对中共问题所持的方针，是中共武装必须解除，而后对他们党的问题才可作为政治问题，以政治方法来解决。”①这当然是办不到的。因此，如果能用武力来强行解决，他仍认为是“上策”，还要再试一试。当两广事件解决后，他腾出手来，又调集重兵，并逼迫张学良和杨虎城，准备对陕北发动新的“会剿”。他对抗日救亡的民众运动同样疑忌很深，在11月23日突然逮捕救国会领袖沈钧儒、邹韬奋等，造成震动全国的“七君子”案。这两件事发生的时间十分接近。

但形势比人强，中国走向团结抗日的总趋势已不可逆转。在张学良、杨虎城两将军发动下，具有重大历史意义的西安事变发生了。随着西安事变的和平解决，在实际上停止了内战，促成了第二次国共合作，终于在第二年迎来了全民族抗日战争的爆发。

① 蒋介石：《苏俄在中国》，72页，台北，中央文物供应社，1957。

抗战前夜中共中央战略决策的形成*

从中央红军抵达陕北到抗日战争爆发，在短短一年多时间内，中国共产党实现了一次战略性的大转变：由国内土地革命战争转到实现第二次国共合作，形成抗日民族统一战线，为全民族抗日战争打下了基础。

经历了十年内战以后，要实现这样的大转变谈何容易。在十年岁月中，中国共产党人积累的创痛和仇恨是很难淡忘的。国民党当局对抗日的态度一时又令人难以捉摸，并且在很长时间内依然一心想消灭共产党。这样两个党要实现和解和合作，结成抗日民族统一战线，不能不经过一段艰难而曲折的旅程。

看起来似乎难以想象的事情，最后终于变成事实。对这个问题，许多学者已从不同角度作过细致的论述。本文想着重从中共中央高层决策过程的视角，作一点探讨。

---

* 原载《历史研究》，2005 年第 4 期。

一、中央红军到达陕北

历史是无法割断的。如果要全面论述这个问题，应该从更早说起。为了节省篇幅，本文选择1935年10月中央红军到达陕北、建立新的根据地，作为考察的起点。

为什么选择1935年最后几个月作为考察的起点？这有许多理由：那时，日本军国主义者正大大加紧对中国的侵略，特别是要把华北纳入它的直接控制之下，“中华民族到了最危险的时候”的沉痛呼声便是在这时喊出来的；在民族危机空前深重的刺激下，以“一二·九”运动为起点，中国社会各阶层的抗日救亡浪潮蓬勃兴起，“停止内战，一致抗日”成为人们的强烈要求；国民党当局由于自身统治遭受严重威胁，开始酝酿改变对日政策；共产国际七大结束不久，提出要建立反法西斯统一战线的策略方针，中共驻共产国际代表团起草的“八一宣言”已经发表。这些构成一幅波澜壮阔的历史画面。离开这个大背景，什么问题都无法说清楚。

本文准备着重考察的是中共中央战略决策的演变，自然不能不先来看一看中共中央当时的具体处境。

结束长征，到达陕北，建立起新的根据地，对中国共产党来说，是一件非同小可的事情。长征开始后，中央红军一直遭受着处于优势地位的国民党军队的前堵后追。多次从千钧一发的险境中冲出来。它所面对的首先是自身的生存问题，如果不能生存，其他一切都无从谈起。这时，它同外界的联系又几乎全被切断，能够得到国内外的信息很少很少。在这种状况下，中共中央没有可能把建立抗日民族统一战线立刻提到重要的实际工作日程上来。

中央红军同红四方面军会合后，曾先后在两河口会议、沙窝会议、毛儿盖会议上确定北上创造川陕甘苏区根据地的战略方针。这是一个正确的方针。但是，张国焘的分裂活动使局势陡然发生逆转。1935年9月9日，中共中央被迫率领右路军中的红一、红三军和军委纵队组成陕甘支队，人数只有不多的几千人，先行北上。下一步到哪里去才能站定脚跟，一时并没有把握。12日，中央政治局在甘肃南部的俄界召开扩大会议。毛泽东在会上说："我们可以首先在苏联边境创造一个根据地，来向东发展。"他说："目前战略方针，川陕甘计划是有变更，因一、四方面军分开，张国焘南下，使中国革命受到相当严重损失。""现在只有一方面军主力——一、三军，所以应该明确的指出这个问题，经过游击战争，打通国际联系，得到国际的指示与帮助，整顿休养兵力，扩大队伍。"①党内负总责的张闻天在会上也说：在川陕甘创造根据地，建立全国革命中心，在目前较少可能。"因为一、四方面军分开，我们的力量削弱了，所以我们的战略方针不能不有变更。"②

俄界会议这个决定很值得注意。变更原定在川陕甘创造根据的战略方针，准备"首先在苏联边境创造一个根据地来向东发展"，当然是万不得已的事情，可以看出当时情势是多么险恶。

但出乎意外，情况很快发生了变化。9月17日，陕甘支队先头部队乘虚抢占只有三十米宽的天险——腊子口，突入甘南开阔地带。18日，红军到达宕昌县的哈达铺。在这里，收集到一批天津《大公报》和《山西日报》，得知在陕北已有徐海东、刘志丹等很有战斗力的红军和

① 《中国工农红军第四方面军战史资料选编·长征时期》，151、152页，北京，解放军出版社，1992。

② 《张闻天文集》(一)，565、566页，北京，中共党史出版社，1995。

大片根据地。这是中央红军长征出发以来不曾遇到过的。事情需要作新的考虑。27日，陕甘支队继续前进到通渭县榜罗镇。第二天，中共中央政治局在这里举行常委会议，改变俄界会议的决定，把落脚点确定在陕北。毛泽东在二十多天后举行的政治局会议上说："榜罗镇的会议(由常委同志参加)改变了俄界会议的决定。改变了，因为那里得到了新的材料，知道陕北有这样大的苏区与红军，所以改变决定，在陕北保卫与扩大苏区。在俄界会议上想会合后带到接近苏联的地区去，那时保卫与扩大陕北苏区的观点是没有的，现我们应批准榜罗镇会议的改变，以陕北苏区来领导全国革命。"①

毛泽东曾称赞徐海东是"对中国革命有大功的人"②，既是对徐海东的赞扬，也是对整个陕北红军和根据地的赞扬，他们在这个重大历史关头立下的，确实是"大功"。

10月19日，北上的陕甘支队到达陕甘苏区的保安县吴起镇，同陕北红军会合。这两支红军合组后，恢复了第一方面军番号。22日，中共中央在这里召开政治局扩大会议。这次会议最重要的内容有两点：一是宣告中央红军主力的长征胜利结束，二是提出了抗日民族战争的新口号。张闻天在会上说："长途行军中间所决定的任务已经最后完成。到达某一苏区，长途行军就是完结了。现在新的任务是保卫与扩大这一苏区。""应使同志们了解，现在保卫苏区要变为直接的民族革命战争，要把土地革命与反帝结合起来。"③毛泽东在会上的报告中说："现在形势环境均已改变，我们应接受新的形势来工作。""到

① 毛泽东在中共中央政治局会议上的报告记录，1935年10月22日。

② 《忆徐海东》，2页，郑州，河南人民出版社，1981。

③ 《张闻天文集》(二)，1页，北京，中共党史出版社，1993。

达这地区的任务已完成了，敌人对我们追击堵击不得不告一段落。现在是敌人围剿，而我们保卫与扩大陕北苏区。”他又说：“日本帝国(主义)独占华北，反帝运动高涨。昨日捉到东北军俘虏，发二元钱回家，说东三省、热河失去，回什么家！于学忠发宣言，声明退出东三省是上级命令。反帝革命是在全国酝酿，陕北群众急需革命，这是粉碎围(剿)的客观条件。”①

中央红军主力到达陕北，一个大变化是重新有了可以立足的根据地。有这样一个根据地和没有这样一个根据地是大不一样的。如果连生存都没有保障，其他自然一时都顾不上了。而他们能在这时提出抗日民族战争的新口号，又同他们来到接近抗日前线的北方地区、能得到更多信息直接有关。从此，“一个历史时期已经完结，一个新的历史时期开始了。”

二、瓦窑堡会议

1935年最后两个月，对中共中央的战略决策产生重大影响的有两件事：一件是日本军国主义者对加紧侵略华北又跨出新的重大步伐，国难更加深重；另一件是参加了共产国际七大的张浩回国，向中共中央口头传达了这次大会的精神。

日本军国主义者企图独占华北，蓄谋已久，早已采取一系列实际行动，深深刺痛着中国人的心。这年11月中旬，一个更加令人震惊的消息传来：日本军方导演的所谓“华北自治运动”公开出台。谁都明白，所谓“自治”其实就是要使华北五省二市脱离中央政府，建立亲日政府，处在日本的直接控制之下。日本关东军司令官南次郎派特务机

① 毛泽东在中共中央政治局扩大会议上的报告记录，1935年10月22日。

关长土肥原贤二到北平，向兼任平津卫戍司令的第二十九军军长宋哲元提出最后通牒式的警告：限他在11月20日前宣布“自治”，否则日军将武力攻占河北和山东。宋哲元等在19日密电蒋介石报告：“北方情势，已甚明显，似非少数日本军人自由之行动。日来应付极感困难，彼方要求，必须华北脱离中央，另成局面。迭经拒绝，相逼益紧。”[①]24日，土肥原策动成立“冀东防共自治委员会”(两天后改称“冀东防共自治政府”)，公开宣称“自本日起，脱离中央，宣布自治”。[②]华北上空阴云密布，仿佛又已重现九一八事变前夜那种浓烈的战争气氛。全副武装的日本侵略势力以如此规模公然深入中国内地，成为压倒一切的事实。民族生存比什么都重要。人们对国民党当局一再对日屈服退让极为不满。北平学生的“一二·九”爱国运动，便是在这种背景下爆发的。它像燎原的烈火那样，得到社会各阶层的普遍同情和支持，迅猛地向全国各地展开。这一切不能不引起中共中央的极大重视，抗日救亡的任务被提到越来越突出的地位。

张浩是代表中华全国总工会到苏联参加赤色职工国际工作的，也是中共驻共产国际代表团的成员。这年7月25日至8月20日，共产国际第七次代表大会在莫斯科举行。张浩和中共代表团其他成员出席了这次大会。针对当时德、意、日法西斯势力在东西方日益猖獗，严重威胁世界的和平与安全，大会提出建立反法西斯统一战线的方针。这次大会着重讨论的是欧洲问题，但共产国际总书记季米特洛夫在报告中也谈道：中国共产党要“同中国一切决心真正救国救民的有组织

① 《中华民国重要史料初编——对日抗战时期》第6编，傀儡政权(2)，81页，台北，中国国民党中央党史委员会，1981。

② 同上书，186页。

的力量结成反对日本帝国主义及其走狗的广泛的反帝统一战线。”①为了尽快恢复共产国际同中共中央之间在红军长征期间中断的联系，不等会议结束，共产国际和中共代表团就派张浩回国。他经过长途跋涉，穿越蒙古，历尽艰险，在11月18日或19日到达瓦窑堡，凭记忆向中共中央传达了共产国际七大的精神。共产国际的精神，同中共中央在实际生活中强烈感受到的必须团结抗日、救亡图存的要求是一致的。

中共中央机关11月7日从吴起镇迁到瓦窑堡。13日，中共中央发出《为日本帝国主义并吞华北及蒋介石出卖中国宣言》。这时张浩还没有到达瓦窑堡。中共中央在《宣言》中提出：“一切抗日反蒋的中国人民与武装队伍，不论他们的党派、信仰、性别、职业、年龄有如何的不同，都应该联合起来，为打倒日本帝国主义与蒋介石国民党而血战!”《宣言》还写道：“不反对日本帝国主义，我们无法打倒蒋介石国民党，不打倒蒋介石国民党，我们也无法停止日本帝国主义的侵略，推翻日本在中国的统治！抗日反蒋是全中国民众救国图存的唯一出路!”②《宣言》虽没有明确地提出建立抗日民族统一战线的主张，但显然已包含这个意思，因为这是中国实际情况所要求的。

29日，中共中央举行政治局会议。毛泽东、周恩来因为在前线指挥直罗镇战役刚刚结束，没有能回来参加这次会议。张浩已来到瓦窑堡。张闻天在会上的报告中，根据共产国际七大的精神和中国面对的现实，着重谈了抗日民族统一战线问题，说：“日本对中国的侵略更

① 《共产国际有关中国革命的文献资料》第2辑，392页，北京，中国社会科学出版社，1982。

② 《中共中央文件选集》第10册，574、575页，北京，中共中央党校出版社，1991。

加紧了。”“在目前形势下，反对日本侵略者的，不仅有工农群众、大学教授以及某些派别的资本家，就是在军阀中间也有人对日本侵略不满意。广大阶层参加到民族战线中，许多人持同情态度或守善意中立，反日的基本力量更加广泛。”他强调：“甚至对上层统一战线，我们都要争取。”过去，中国共产党看重的只是“下层统一战线”，这时提出对“上层统一战线”也要争取，是一个重要变化。在结论中，张闻天对建立上层统一战线的问题作了更多的阐述，说：“今天提出统一战线，与过去有很大不同。1927 年大革命失败后，反革命团结起来向革命进攻，小资产阶级消极或同情反革命，我们的力量散了些。在这些条件下，只能搞下层统一战线，我们的工作集中于工农群众中团结和巩固自己的力量。现在情形不同，整个小资产阶级动摇及同情我们，在军阀中也有分化，有的动摇、中立或对我们同情，我们有坚强的苏维埃、红军及广大的群众拥护，党的力量也比以前加强了。在全国提出的两条道路问题更清楚的提到群众的前面。这样，就更迫切的提出了实行统一战线策略的任务。这个策略是可以实现的，抗日反蒋必须很好的运用这一策略。”①刘少奇在会上说：“统一战线问题，我们没有能发动广大群众运动是犯了严重的关门主义，上层领导同志甚至都犯了。”“日本帝国主义在侵略中国，中国群众反日运动在高涨，党应去领导和组织这一运动，因此必须反对关门主义。”②

12 月 13 日，毛泽东、周恩来回到瓦窑堡。从 17 日至 25 日，中共中央连续举行政治局会议。这是一次讨论中国共产党战略决策的十分重要的会议。会议开始后，先由张闻天作政治形势和策略问题的报

① 《张闻天文集》(二)，16、18、20 页，北京，中共党史出版社，1993。

② 刘少奇在中共中央政治局会议上的发言记录，1935 年 11 月 29 日。

告，张浩作关于共产国际七大精神的传达报告。会议通过张闻天起草的《中央关于目前政治形势与党的任务决议》。决议指出："目前政治形势已经起了一个基本上的变化"，"党的策略路线，是在发动、团聚与组织全中国全民族一切革命力量去反对当前主要的敌人：日本帝国主义与卖国贼头子蒋介石。"①

23 日那天的政治局会议着重讨论军事问题，由负责军事工作的毛泽东报告。他在报告中提出的战略方针是："在以坚决的民族战争反抗日本帝国主义进攻总任务之下，首先须在一切政治的军事的号召与实际行动上，确定'把国内战争同民族战争结合起来'的方针。""土地革命在民族战争的口号与策略之下执行。"行动上，他主张分三个步骤：第一步是在陕西：包括扩大红军、完成渡河准备等；第二步是在山西：准备以六个月(2 月至 7 月)，依情况延长或缩短之；第三步在绥远，时机看战争情况及日本对绥远进攻情形决定。②

为什么在建立抗日民族统一战线已成为放在中国共产党面前突出课题的时候，要讨论东征的军事行动？那是现实的需要。第一，它是巩固和发展根据地的需要。直罗镇战役的胜利，虽然已为中共中央把全国革命大本营放在陕北举行了一个奠基礼，但陕北面积狭小，人口稀少，土地瘠薄，经济落后，粮食和工业品缺乏，又遭受国民党重兵的封锁和围困，如果不积极向外发展，只是消极地坐待应付国民党军队的围剿，很容易陷入难以持久的不利处境。这就是毛泽东在报告中所说："反对单纯防御，执行积极防御。"要向外发展的话，山西阎锡

① 《中共中央文件选集》，第 10 册，598、604、618 页，北京，中共中央党校出版社，1991。

② 《毛泽东军事文集》，第 1 卷，413、415 页，北京，军事科学出版社、中央文献出版社，1993。

山部队的战斗力比驻在陕北以南的张学良部东北军弱，打起来较有把握；山西人口稠密，物产丰饶，比陕北以西和以北都要富裕，便于红军的发展；晋绥部队还有一部分已进驻陕北的吴堡、葭县、绥德、清涧一带，进攻山西可以迫使阎锡山将这部分军队调回山西。第二，它又便于红军投入抗日的实际行动。那时日本已在河北增兵，并策动伪蒙军向绥远侵袭。东征山西，可以东入河北或北转绥远，“对日直接作战”。张闻天在讨论时说：“我同意先向山西方向发展。”“我们到了山西，就能组织更广大的群众到我们领导之下，以便来组织抗日的民族战争。山西环境与陕北亦有不同，更能取得广大群众的同情。我们高举抗日旗帜，肯定会取得群众的同情与拥护，群众更会走到我们的领导之下。”①

12月27日，毛泽东在党的活动分子会议上作《论反对日本帝国主义的策略》的报告。他在报告一开始就指出：目前形势的基本特点，就是日本帝国主义要变中国为它的殖民地，威胁到了全国人民的生存。“这种情形，就给中国一切阶级和一切政治派别提出了‘怎么办’的问题。反抗呢？还是投降呢？或者游移于两者之间呢？”他指出：在这种时候，敌人的营垒是会发生破裂的，而和民族资产阶级有重新建立统一战线的可能性。他进一步分析道：“我们说，时局的特点，是新的民族革命高潮的到来，中国处在新的全国大革命的前夜，这是现时革命形势的特点。这是事实，这是一方面的事实。现在我们又说：帝国主义还是一个严重的力量，革命力量的不平衡状态总是一个严重的缺点，要打倒敌人必须准备作持久战，这是现时革命形势的又一个特点。这也是事实，这是又一方面的事实。这两种特点，这两种事

① 《红军东征》(上)，44、45页，北京，中共党史出版社，1997。

实，都一齐跑来教训我们，要求我们适应情况，改变策略，改变我们调动队伍进行战斗的方式。目前的时局，要求我们勇敢地抛弃关门主义，采取广泛的统一战线，防止冒险主义。”①

这篇讲话，更透辟地阐述了瓦窑堡会议的精神，指明党的基本策略任务是建立广泛的民族革命统一战线；同时指出中国革命的长期性，预见到反对日本帝国主义的斗争“必须准备作持久战”。还需要提到，它又是遵义会议的继续和发展。遵义会议是在红军长征途中召开的，只能对当时最迫切的军事问题和中央领导机构问题做出决议。只有到了这时，才有可能进一步系统地说明党的政治策略。

中共中央到达陕北还只有两个多月。在这样短的时间内，不仅打破了国民党军队对陕北的第三次围剿，巩固并发展了陕北革命根据地，开始了东征山西的部署和准备；并且对全国的政治形势作出通盘分析，提出建立广泛的抗日民族统一战线，特别强调了发展上层统一战线的必要性和可能性，反对关门主义，在政治策略上实现了大转变。这是一个重大突破，是极不容易的。

自然也要看到，中共中央当时所要建立的抗日民族统一战线、甚至上层统一战线，都没有把蒋介石包括在内，主要的口号是“抗日反蒋”，把蒋介石称为“卖国贼头子”。这并不奇怪：且不说十年来国共之间的生死搏斗留下的深重伤痕难以在短期内消除；而且在此前他们看到国民党政府从九一八事变，到放弃热河和签订塘沽协定，再到所谓“何梅协定”和“秦土协定”，对日本侵略者一直是步步屈辱退让，而看不到他们有改变“攘外必先安内”的方针、奋起抗日的决心；蒋介石又正在继续调集重兵，要把中国共产党和工农红军一举消灭在陕北一

① 《毛泽东选集》第1卷，143、153页，北京，人民出版社，1991。

隅。在这种情况下，如果就能提出“联蒋”的口号倒是一件奇怪的事情。这些问题，从双方来看，都需要再经历一段艰难而曲折的过程才能得到解决。

三、东征和晋西会议

1936年2月20日，红一方面军主力按照瓦窑堡会议的决定，突然强渡黄河，进入山西。中共中央主要负责人张闻天、毛泽东和彭德怀、凯丰、张浩等都随军东征，周恩来、博古、邓发、王稼祥等留在陕北，负责后方工作。东征红军进入山西后取得重大胜利。他们使用中国人民抗日先锋军的名义发表布告：“本军东行抗日。一切爱国志士、革命仁人，不分新旧，不分派别，不分出身，凡属同情于反抗日本帝国主义者，本军均愿与之联合，共同进行民族革命之伟大事业。”①这也是抗日民族统一战线主张的体现。

在这期间，整个局势进一步变化，民族危机更加深重，国内各种政治力量之间的关系也出现重要而微妙的变动。

日本军国主义者加紧对华侵略，力图把华北从中国分割出去。1936年1月13日，日本对中国驻屯军司令官提出《第一次北支(华北)处理要纲》，宣称：“自治的区域，以华北五省为目标”，“先求逐步完成冀察两省及平津两市的自治，进而使其他三省自然地与之合流。”②2月26日，日本部分少壮军人在首都东京发动兵变，事后由广田弘毅担任首相，蛮横而不可一世的军部牢牢控制了日本中央政府，战争气

① 《红军东征》(上)，123页，北京，中共党史出版社，1997。

② 《日本帝国主义对外侵略史料选编(1931—1945)》，191页，上海，上海人民出版社，1975。

氛更加浓重。

全国范围内的爱国救亡运动蓬勃高涨，群情日趋激昂，上海和许多城市相继成立起各界救国联合会。国民党上层的政治态度也在发生变化，使中国共产党争取建立"上层统一战线"有了更多可能。

驻军陕西关中地区的张学良部东北军的中下级军官和士兵，因为家乡沦陷，强烈地要求停止内战，一致抗日。英国记者詹姆斯·贝特兰当时访问东北军后得到的印象是："他们对于逼迫他们打自己同胞的命令，日益不满，而打回老家的决心也日益加强，至少也得为自己所信仰的主义战斗到死。"一个四十多岁的团长对他说："当我们全体都希望打日本的时候，我们为什么还要打红军呢？"①这种情绪对张学良和东北军高级将领产生了影响。中共中央在实际接触中逐渐看清了这一点，便把"上层统一战线"的重点首先放在张学良和东北军身上。他们让被俘的东北军团长高福源回去说明中国共产党的政治主张，又派联络局局长李克农两次去见张学良秘密商谈合作，取得很好的效果。驻在关中地区的杨虎城部同中国共产党也建立了联系。

这时，蒋介石的态度同样在悄悄地发生变化。日本侵略者的胃口实在太大，已超出南京国民党政府所能容忍的程度，直接威胁到它的生存。正如蒋介石不久后所说：华北一旦成为东北第一，南京又何尝不可以变成北平？正是在这种情况下，南京政府不能不开始考虑调整它的对日政策。蒋介石以后有一段话，把他这种内心变化刻画得十分清楚："广田内阁成立之后，把他们侵华的计划，综合为'善邻友好、共同防共与经济合作'的三原则，向国民政府提出交涉。当时的情势

① [英]詹姆斯·贝特兰：《中国的新生》，219、220页，北京，新华出版社，1986。

是很明白的，我们拒绝他的原则，就是战争；我们接受他的要求，就是灭亡。”“中日战争既已无法避免，国民政府乃一面着手对苏交涉，一面着手中共问题的解决。我对于中共问题所持的方针，是中共武装必先解除，而后对他的党的问题才可作为政治问题，以政治方法来解决。”①

正是在这种心态下，蒋介石在继续“剿共”战争的同时，开始伸出一些触角进行政治试探。他加强同苏联的接触，在国内也通过多种渠道设法找寻中国共产党的关系。陈立夫的亲信曾养甫先后找到同中共北方局有联系的吕振羽和上海地下党派出的张子华会晤，但他们都不能代表中共中央进行谈判。因此，国民党当局仍希望能同中共中央直接取得联系。最早将这个信息直接送给中共中央的是宋庆龄。1936年1月，宋庆龄在上海找到有着牧师身份的秘密共产党员董健吾，要他送一封信到陕北交给毛泽东、周恩来，还给他一张由孔祥熙签名委董为“西北经济专员”的委任状，这显然是得到南京政府同意的。张子华与董同行。2月27日，董、张两人到达瓦窑堡，会见博古。3月4日，在山西前线的张闻天、毛泽东、彭德怀复电博古转董健吾，表示：“弟等十分欢迎南京当局觉悟与明智的表示，为联合全国力量抗日救国，弟等愿与南京当局开始具体实际之谈判。”电报中向南京政府提出五点要求：“一、停止一切内战，全国武装不分红白，一致抗日；二、组织国防政府与抗日联军；三、容许全国主力红军迅速集中河北，首先抵御日寇迈进；四、释放政治犯，容许人民政治自由；五、

① 蒋中正：《苏俄在中国》，59、62页，台北，中央文物供应社，1992。

内政与经济上实行初步与必要的改革。”①第二天，董健吾带着这个密件离开瓦窑堡，回宋庆龄处复命。国共两党高层间中断八年多的联系，终于在宋庆龄的推动下接通了。当然，这种联系只是初步的。双方都在相互试探，彼此都还不清楚对方的底细。

3 月间，共产国际七大的正式文件由刘长胜带回国内，送交中共中央。董健吾返回南京后，张子华随博古到山西前线向中共中央报告同南京当局接触中的重要情况。这两件事都是牵动战略全局的大事，需要中共中央领导集体认真研究，及时作出决断。

3 月 20 日至 27 日这八天间，中共中央接连举行六次政治局会议，被称为晋西会议。会议有两项议事日程：一是结合中国实际情况讨论共产国际七次大会决议，二是研究目前战略方针。很可注意的是：第一，这些会议是在紧张的行军过程中进行的，几乎每次会议都要更换地点：二十日在交口县大枣郊上贤村，23 日在隰县石口，24、25 日在罗村，26 日在四江村，27 日在石楼附近。第二，参加会议的，除随军在山西前线的中共中央领导人张闻天、毛泽东等外，原来留在陕北负责后方工作的周恩来、博古等也赶来参加。从这两点，可以看出这次会议是多么重要。

头三次会议讨论共产国际七大决议。首先由张闻天作报告。他说：共产国际七大决议中特别重要的，一是集中力量反战反法西斯，二是建立广泛的统一战线。他强调要结合中国实际情况来考虑问题，说：“决议中关于欧洲问题讲得多些，我们应该使之民族化，使之适合于我们的具体环境。从这些决议看，中央以前的决议基本上是同这

① 洛甫、毛泽东、彭德怀致博古转周继吾(董健吾)的电报，1936 年 3 月 4 日。

些决议相符合的。”他分析国内形势时说：日本在继续进攻，东京二二八事变进一步完成了法西斯的统治，日本政府采取更积极的侵略政策；南京政府仍在继续出卖；全国反日运动，特别是学生反日的壮烈运动，到处在酝酿；南京政府内部和一些军阀也在与我们接洽谈判；红军东征获得胜利。“以上事实证明，爆发民族革命战争的局面正在形成，尤其在华北。”

张闻天在这个报告中说：“中国共产党的任务是，准备开展大规模的民族革命战争。目前的关键，是建立统一战线——抗日的人民统一战线。”①这就把那次政治局会议的主题点明白了。

讨论中，大家同意这个报告。毛泽东发言中表示：十二月会议决议是符合共产国际七大决议的。他说：“要提出停止内战”，“‘争取对日作战的时机’应改为‘争取直接对日作战’。”在革命策略上，“我们的任务，利用每一分钟来争取最多数。”“我们要谨防扒手，但第一是应开大门。”“政权问题，主张苏维埃当然是对的，但(哪一个)对全国更好，就用那一个。在华北，一般的用抗日政府较好。”谈到“联俄问题”时，他说：“中国人的事要自己干，相信自己。故(一)相信自己。(二)不要朋友是不对的。”②张浩说：十二月会议时，政治局并没有因为我传达不充分而对共产国际七大的精神不了解，反而能具体讨论了问题，与国际决议精神符合。谈到统一战线问题时，他主张：“集中一切力量反对主要敌人。过去‘打倒一切帝国主义、一切军阀’，好听而做不到。只打一个，就使主要敌人孤立。”③彭德怀说：“十二月决

---

① 《张闻天文集》(二)，80、83页，北京，中共党史出版社，1993。

② 毛泽东在中共中央政治局会议上的发言记录，1936年3月23日。

③ 张浩在中共中央政治局会议上的发言记录，1936年3月23日。

议在现在事实证明正确。未过黄河之前，对山西群众的估计不如现在。这里比(中央苏区的)广昌、石城之间还好。学生运动之激烈，刊物之左倾，表示中国革命形势猛烈开展着。”“怎样促成抗日反卖国贼统一战线的实现？要定出具体口号，站在领导地位。统一战线的成功，首先要分裂统治阶级的力量。统治者有一部分同情我们，一部分反对我们，要分裂他们，才能促成统一战线。”①

可以看出：随着国内外局势的发展，中国共产党的抗日民族统一战线主张已更趋明朗化和具体化，“停止内战”的口号已经提出，对南京国民党政府内部各种力量开始按照是否赞同抗日而区别对待，原来的苏维埃政权也可考虑改称抗日政府。

在这次会议上，有两个问题没有完全解决，说明党的战略决策仍处在逐步形成的过渡阶段。

第一个问题是：抗日民族统一战线是不是包括蒋介石在内。尽管蒋介石通过多种渠道在寻找中国共产党的关系，进行政治试探，董健吾、张子华还拿着南京政府的证件来到瓦窑堡，但这毕竟只是接触的开始，对南京政府的真实意图究竟是什么并不清楚。何况蒋介石又在3月24日委派陈诚为太原绥靖公署第一路总指挥，率领关麟征、汤恩伯等部重兵进入山西协助阎锡山作战，企图围歼红一方面军主力于黄河以东。因此，这次会议自然不可能把蒋介石立刻列入联合对象之内。会上“抗日的人民统一战线”的提法，特别标出“人民”二字。也表明这种保留态度。但会议没有提“抗日反蒋”，而是提“抗日反卖国贼”。包含着一层意思：如果蒋介石决心抗日，那就不是“卖国贼”了，不再是反对的对象；如果他采取相反的态度，“反卖国贼”自然也成为

① 彭德怀在中共中央政治局会议上的发言记录，1936年3月24日。

“反蒋”的同义语。张浩在讲要“集中一切力量反对主要敌人”后又说了一句：“打蒋介石，现改为‘打卖国贼’”，表明这里是有意识地留有余地的，从一个侧面反映出同董、张接触后在口号上的调整。张闻天在做结论时说：“有反动派来谈判，我们应说你抗起日来，苏联会帮助。全中国群众看到苏联是好的。故恩来说讲此问题时，要他们表示抗日诚意，这是对的。”①这也说明此时中共中央对待蒋介石的态度如何，关键是看他究竟有没有真正的“抗日诚意”。

第二个问题是，实行抗日统一战线是不是要改变土地革命的政策。十年内战时期中国共产党的主要口号是土地革命，它涉及同广大农民的关系，因此，中共中央在这个问题上不容易很快下决心是很自然的。特别当全国抗日民族统一战线还没有真正形成时，更不可能轻言改变。张闻天在报告中笼统地谈道：“土地革命与抗日斗争联系起来的方式应随环境而异。这种联系也不是公式，是要根据环境而采取的。”讨论中，许多人都对这个问题发表意见。大家当时更多倾向于不宜改变土地革命的政策，以免脱离农民群众。博古说：“土地问题的解决不违背民族统一战线。是否土地革命服从民族革命？如了解为‘低一点’则不对的、不适合的。”“有人以为‘着重土地革命，将使我们与反帝群众脱离’。他未想‘群众’是谁。我们恰恰是在群众中依照民众的程度与力量，领导到土地革命。当然土（地）革（命）不是在任何地方简单化，但我们的立场应坚持。”②周恩来说：“现在土地革命的开展，正是加强统一战线的力量。农民总是要走上土革，是否推迟之使会利于民族革命？党不是勉强制造，亦不是做尾巴。我们的统一战线不是

① 张闻天在中共中央政治局会议上结论的记录，1936年3月24日。

② 博古在中共中央政治局会议上的发言记录，1936年3月23日。

要地主资本家全部而不要农民。对于抗日地主可以优待，而不是不动其土地。”①王稼祥说：“不发动土地革命，主要人口之农民不能吸收到抗日的战线上去。”②会议并没有对这个问题作出结论。

大革命失败时，八七会议确定的总方针是，土地革命和武装反抗国民党反动派。十年内战中，中国共产党始终坚持这个总方针，一切行动都是为了实行土地革命和推翻国民党反动势力的统治。人们的思想总容易有惯性。因此，在处理如何对待蒋介石和如何对待土地革命这两个问题上实行大的转变格外慎重，是可以理解的。

晋西会议的接着两次会，是讨论目前战略方针，由毛泽东作报告。他说：“经营山陕，主要是山西，是对日作战必要与重要的步骤。”方针应该是：“以发展求巩固，反对巩固的向前发展。”“现在应进攻，围剿来时则防御，围剿打破则应进攻，李德则取消进攻。”③他批评李德，因为李德不久前写了一个《意见书》，里面说：“转到战略的进攻，我们还非常之弱。我们的转入进攻是过早的，且在将来行动区域中的政治准备不充分，应当注意这两点。”《意见书》还提出：“我们应当从我们的战略计划取消向绥远先机接迎外蒙的条文”，他担心的是“(苏日)战争未发生以前，在我们方面应当避免能够引起苏日冲关的行动。”④讨论中，与会者都同意毛泽东的报告。周恩来说：“发展问题：迅速直接作战之下规定计划，以华北为抗日战场，现在进行山西第一时期的计划。以后计划看形势来定，现在是进行山西作战。”他

① 周恩来在中共中央政治局会议上的发言记录，1936年3月23日。

② 王稼祥在中共中央政治局会议上的发言记录，1936年3月24日。

③ 毛泽东在中共中央政治局会议上的报告记录，1936年3月25日。

④ 李德：《关于红军渡过黄河后的行动方针问题的意见书》，1936年1月27日。

也批评李德《意见书》："其整个估计，右倾出发。过去错误根源的未认识，及对红军此次行动政治任务与军事上进攻不认识，是保守主义。这不但是单纯防御，而且丧失进攻机会，引到失败，必须批评之。"①

晋西会议最后一天，讨论外交(统一战线)问题，仍由毛泽东作报告。他对情况的估计，第一条就是"国民党破裂"：民族反革命派，以蒋介石为代表，"坚持大革命失败时起的反动路线，现在与将来暂不改变"(说"暂不改变"，多少留了余地)；民族革命派又分为左右两翼，右翼是"昨天的民族反革命，而由于日本之压迫与民众的压迫，开始变成民族改良主义"，左翼如宋庆龄、中小工商业、中小资产阶级、《大众生活》等，"诚意联俄联共，自信能打日本，在我们领导下可以坚决走上革命"。他特别指出东北军的特点："失掉土地，因此其抗日情绪高，愿与我们合作。其策略：借助我们与苏联回东三省去。这种情形将来向两极分化。"报告提出的方针："不但要把'民改'与'民反'区别，在外交进行中亦应区别。而且要把'民改'之左右派区别。"对报告中几次提到的"民族改良主义"，中共中央曾有一个解释："民族改良主义就是和帝国主义妥协的主义"，"在某种情况下，民族资产阶级得到相当的让步与利益，或斗争更进一步深入时，他们就会动摇，妥协以至投降叛变，这就是民族改良主义的实质。"②

根据晋西会议精神，4 月 9 日，毛泽东、彭德怀致电张闻天，提出：目前不应发布讨蒋令，而应发布告人民书与通电。我们的旗帜是讨日令，在停止内战旗帜下实行一致抗日。10 日，周恩来到延安同

① 周恩来在中共中央政治局会议上的发言记录，1936 年 3 月 26 日。

② 中央宣传部关于目前形势与党的策略路线的问答，1936 年 2 月 3 日。

张学良会谈，取得良好的效果。

5 月 2 日，因为国民党军队在山西对红军大举进攻，为了避免发生大规模内战，红一方面主力开始西渡黄河，至五日全部渡完，结束了历时七十五天的东征。

四、对两广事变和国民党五届二中全会的反应

红军结束东征返回陕北后，又发动了西征。他们为什么要发动西征？只要看一看陕甘革命根据地四周的形势，就可以明白。那时，陕甘革命根据地需要巩固和发展。在它的南面，中国共产党同驻防陕西关中地区的张学良部东北军和杨虎城部十七路军的关系发展得很快，已建立起比较密切的秘密联系，两部官兵都不愿同红军作战；东面的阎锡山同蒋介石之间也存在矛盾，不再以大量兵力进入陕北“剿共”；因此，这两个方向的战线比较稳定，而西面和北面是国民党军队兵力较为薄弱的方向。5 月 18 日，中共西北军委领导人毛泽东、周恩来、彭德怀下达西征战役的命令，由彭德怀率领红军一万三千多人，组成西方野战军，向西北方向的陕甘宁三省边界地区进攻。发动这次战役的目的，一是巩固并扩大陕甘抗日根据地，二是争取向北打通同苏联、蒙古的联系，三是策应红四方面军和二、六军团北上。但和东征不同，中共中央没有随西征军行动。

这时，国内政治局势发展中最令人怵目惊心的是两件事：第一，日本对华北的侵略采取了新的严重步骤：一是增兵，二是走私。他们“借口保侨，增兵华北。于五月一日宣布以田代皖一郎为日本驻屯军新任司令官，增加兵额约六千名，连同原有驻军达八千余众，于沿平津铁路之杨村、马厂等地分建营房，并设旅团司令部于北平，违反

‘辛丑条约’限制驻军员额之规定，严重侵犯我国之主权。”①在日军控制冀东地区后，走私活动日趋猖獗。从1935年8月至1936年4月间，中国关税损失达2500万元以上；而1936年4月的一个月的损失就达800万元，相当全国关税收入的1/3。华北风云更加险恶。南京政府除令驻日大使许世英向日本提出交涉，并由外交部提出抗议外，并没有采取任何有力措施。第二，南京政府再度准备对陕甘根据地发动大规模军事进攻，他们把红军西渡黄河视为已“遭受重创”，可以乘势“进剿”。中央红军主力又已出动西征。5月26日，蒋介石任命陈诚为晋陕甘宁边区剿匪总指挥。28日，中央军关麟征、汤恩伯等部由山西渡河，进入陕北的清涧、绥德，准备大举进扑中共中央所在的陕甘根据地，一时险象环生。这也是中共中央一时难以下决心把蒋介石列入抗日民族统一战线之内的一个重要原因。

抢救更加危急的民族危机，打破南京政府企图用武力消灭中国共产党的图谋，成为放在中共中央面前的两个最紧迫的问题。

正在这个时刻，爆发了以陈济棠、李宗仁为首打起“抗日”旗号的两广事变。6月2日，他们用国民党中央执行委员会西南执行部和国民政府西南政务委员会的名义突然发出通电称：“时危势亟，敝部等认为非立即对日抗战，国家必无以求生。”②4日，陈李等通电“北上抗日”，桂军四个师开入湖南境内，矛头实际上对着蒋介石和南京政府。

两广事变的发生很突然，远在陕北的中共中央所掌握的信息更十分有限，但局势却要求它必须很快作出反应。两广事变的旗号是“北

① 《“总统”蒋公大事长篇初稿》卷3，293页，台北，中国国民党中央党史委员会，1978。

② 《一周国内外大事述要》，《国闻周报》第13卷第23期，1936。

上抗日”。在南京政府正准备对陕北大举进攻的时候，两广事变迫使它不能不分兵南顾，这多少减轻了陕北的压力，自然容易得到中国共产党的好感。起初，中国共产党对两广事变曾作出比较乐观的估计，抱有较大的希望。6月12日，中共中央召开政治局会议，由周恩来作关于西南问题的报告。他说：“陈济棠自己称抗日革命军，并电蒋北上抗日，总的口号表现抗日的、革命的，这是我们应有之估计。”“全国抗日运动将因此而推动，可以利用这次事变将运动推动到广大范围及更彻底道路上去。”①毛泽东说：“西北是抗日大本营，西南发动对西北起了大作用。”“前途：蒋是否能战胜两广？在政治、军事上不能压倒广东，这次内战带若干革命性质，但两广压倒蒋，暂时亦难做到。”博古说：“广东事变是日本更进一步并吞华北所引起人民抗日的一个标志，表现人民抗日运动的高涨。”张闻天说：“两广是人民武装抗日的开端，左倾分子到两广是人民阵线的开端。”但政治局会议也多少注意到两广事变的消极方面。王稼祥说：“西南行动政纲我们不清楚，但内部有左的及右的，同两广要联合，但也要善意批评及建议。”张闻天说：“两广事件发动有很大弱点，弱点在发动领袖。”②周恩来在做结论时也讲到：“西南事件是抗日民族统一战线最广泛的发端，但运动不发展扩大，有可能妥协软弱下去。”③同一天，以毛泽东、朱德的名义公开发表《中华苏维埃人民共和国中央政府、中国人民红军革

① 周恩来在中共中央政治局会议上的报告记录，1936年6月12日。

② 毛泽东、博古、张闻天、王稼祥在中共中央政治局会议上的发言记录，1936年6月12日。

③ 周恩来在中共中央政治局会议上的结论记录，1936年6月12日。

命军事委员会为两广出师北上抗日宣言》，对两广事变作了充分肯定。①

两天后，中共中央举行政治局常委会时，态度更冷静一些。毛泽东在报告中说："西南事变，发动是抗日革命军，故系进步的。第二，它因受帝国主义之操纵及阻止群众斗争，我们立场应该是把进步的革命建议批评，使他们成为真正抗日的力量。"②也就是说，已经多少觉察到对两广事变还不能做过高的估计，不能把它看作已是"真正抗日的力量"。

随着国内政治局势的发展，中共中央对这个问题又有新的估计，并且把原来的态度作为教训来总结。9月15日的中共中央政治局扩大会议上，张闻天在报告中说："对蒋(向陕北)的进攻，我们应站在自卫的立场上来反对进攻。对西南问题，他发表抗日宣言，我们拥护是对的；但在他挑拨内战上并没有严厉的批评是不对的；对于他没有在广东、在军队中发动群众，我们也没有严厉的批评，也是不对的。因此，我们好象袒护了西南，丧失了我们的立场。在发动西北抗日战争上，我们应接受这一教训。"③

这里所说引起中共中央态度变化的"国内政治局势的发展"，最重要的是指国民党五届二中全会的召开，蒋介石公开表明对日政策有明显转变。

这次国民党中央全会是蒋介石在两广事变发生后决定召开的。召开的原因：一是日本在华北大举增兵等事实直接威胁蒋介石在中国的

① 《中共中央文件选集》第11册，25页，北京，中共中央党校出版社，1991。

② 毛泽东在中共中央政治局常委会上的报告记录，1936年6月14日。

③ 《张闻天文集》(二)，147、148页，北京，中共党史出版社，1993。

统治，更使他感到难以容忍，觉得需要加紧应对的准备；二是两广事变反映出国内以至国民党内部对他的对日政策的强烈不满，在党内也需要统一认识。蒋介石在中央纪念周上表示："应该采取何种方法来应付当前的事势"是"一个国家根本大计的决定"，"不但我们任何个人不敢将国家民族生死存亡的大事随便决定，就是中央常会所有负责的同志也不敢随便来断定"，所以需要召开中央第二次全体会议"对以后的方针有一个决定和指示。在此困难严重的时期，这个会议关系国家前途甚为重要"。[①] 可见，蒋介石对这次全会相当看重。

本来，1935 年 11 月的国民党五大宣言中已曾提出："在和平未至完全绝望之时，决不放弃和平，如国家已至非牺牲不可之时，自必决然牺牲，抱定最后牺牲之决心，对和平为最大之努力。"[②]这里已表露出南京政府对日政策的某些变化，但话毕竟说得很笼统，可以从完全不同的角度来解释。隔了半年多，到 1936 年 7 月 10 日至 14 日，国民党五届二中全会在南京召开。蒋介石的话就说得明白多了。他在会议第一天讲话，表示要把"所谓最低限度的解决明白说明一下"。他说："中央对外交所抱的最低限度，就是保持领土主权的完整。任何国家要来侵扰我们领土主权，我们绝对不能容忍，我们绝对不订立任何侵害我们领土主权的协定，并绝对不容忍任何侵害我们领土主权的事实。再明白些说，假如有人强迫我们欲订承认伪国等损害领土主权的时候，就是我们不能容忍的时候，就是我们最后牺牲的时候。这是一点。其次，从去年十一月全国代表大会以后，我们如遇有领土主权

① 《一周间国内外大事述要》，《国闻周报》第 13 卷第 23 期。

② 《中华民国史档案资料汇编》，第 5 辑第 1 编政治(2)，490 页，南京，江苏古籍出版社，2000。

再被人侵害，如果用尽政治外交方法而仍不能排除这个侵害，就是要危害到我们国家民族之根本的生存，这就是为我们不能容忍的时候。到这时候，我们一定作最后之牺牲，所谓我们的最低限度，就是如此。"①日本对中国实在欺侮得太狠了。像这样的硬话，蒋介石以前从来没有说过，更没有在如此重要场合公开说过，不能不引起各方面的极大关注，感到蒋介石有可能参加抗日民族统一战线。这是时局发展中的一个重要关节点，是中共中央稍后作出《关于逼蒋抗日问题的指示》的重要由来。

五、《中共中央关于逼蒋抗日的指示》

但真要把一直被称为"卖国贼头子"的蒋介石列为抗日民族统一战线的争取对象，对中国共产党来说，这个决心仍不好下：有些事情一时还没有完全看清楚，何况国民党当局仍在策划对陕甘根据地的进攻，用武力阻止红二、四方面军北上，有极大可能在解决西南问题后，腾出手来，又大举进攻陕北，并且一直强调抗日的先决条件是实行军政军令的统一，也就是以强势姿态要迫使国内一切政治力量和社会力量听从他的指挥，稍不小心就会跌入他设下的陷阱。但总的趋势确实已发生明显变化。为此，中共中央进行了多次讨论。

8 月 10 日，也就是国民党五届二中全会结束后不到一个月，中共中央召开政治局会议。这是中国共产党开始确定从"抗日反蒋"向"逼蒋抗日"转变的一次重要会议。

毛泽东在会上作军事、外交的两报告。他先分析蒋介石政治态度

---

① 《"总统"蒋公长编初稿》卷三，304、305 页，台北，中国国民党中央党史委员会，1978。

在看起来不变中正在发生的微妙变化："蒋的依靠日本、出卖投降基本战略没有变。准备抗日、国防会议以至局部的对日作战等战术大部变了。然而战术既大变，将来革命发展更大，将来影响他的战略动摇，也有可能。""关于南京往来，对我们提出五条件，他们第一种答复说我们分散力量，再对恩来同志的来信，要我们出去，领袖到南京，改组国民政府，促进联俄，从此可看出蒋有动摇的可能。还有一件事，蒋在苏联大使馆谈话，表示还好。"毛泽东着重指出："明显可以看出蒋的策略：过去是让出东三省等，尽量镇压全国革命，现在总方针变了，现在是巩固他的统治；从前和我们无往来，现在有些改变了，现在他也来谈统一战线；他可能改成国防政府，但要他统一指挥，使群众对他改变态度，使日本退步。他想利用这一民族运动，不愿站在敌对地位。在今天，我们该承认南京是一种民族运动的大的力量。我们为要达到真正的抗日，必须经过这种中间的过程。我们可以和他谈判，但我们唯一的要求是真正的抗日。"他还强调：在当前党的各项任务中，"统一战线应放在第一位"。①

毛泽东报告后，列席会议的潘汉年(他刚由中共驻共产国际代表团派回国内不久)报告了在苏联同国民党方面的邓文仪、回国后同曾养甫和张冲接触的情况。议论中，周恩来发言说："过去抗日必先反蒋的口号，现在不适合，现在应以抗日联合战线为中心，抗日联俄联红为中心。""与南京谈判应提出实际问题：一、停止内战；二、抗日民主，发动抗日战争。"张闻天发言说："从南京方面所提出四个条件，虽然我们不能满意，但从他容纳各派一点，共产党从此有取得公开活动的可能；从他集中全国人才一点，可说我们可以到南京去。所以我

① 毛泽东在中共中央政治局会议上的报告记录，1936年8月10日。

们说，可以与南京谈判。”“我们不一定先抗日后统一，这样不能得到群众拥护，我们应该在抗日原则下来统一。”他还谈到一直有争议的土地革命问题，说：“现在民族革命是第一，土地革命的策略的改变，主要是适合民族革命。”①

毛泽东在作结论时说：“对南京问题，现在民主的抗日已冲破蒋的压迫，但并没有冲破蒋的最高界限。他同我们的往来，我们是有半公开活动的可能。我们为什么与他们来往，重心是争取群众。先抗日后统一问题，蒋总说先统一后抗日，我们要他先给抗日的民主，只要看他做到怎样程度，我们就同他讲统一。抗日必须反蒋，不适合。”“对苏维埃形式，红军形式，土地政策等应有新的变动。这是为得争取群众是有利的。我们应公开宣言，专门送一封信给南京。”②这里说到的那些变动，都是党的战略决策上的重大变动。

这次政治局会议决定发表一个公开宣言，发一个秘密指示。公开宣言，就是《中国共产党致中国国民党书》。秘密指示，就是《中央关于逼蒋抗日的指示》。会后半个多月，中共中央书记处收到共产国际执委会 8 月 15 日发来的电报。电报说：“得悉你们一九三五年十二月二十五日决议与电报内容后，我们基本同意你们通过的建立抗日民族统一战线的方针。”“我们同意你们的看法，即为了建立抗日民族统一战线，党应该对过去的经济政策作一些重大改变：停止不必要的没收，特别是不再没收出租土地的小土地所有者的土地，不再没收积极参加抗日的官兵的土地，允许自由贸易。”“我们认为，把蒋介石与日

① 周恩来、张闻天在中共中央政治局会议上的发言记录，1936 年 8 月 10 日。

② 毛泽东在中共中央政治局会议上的结论记录，1936 年 8 月 10 日。

本侵略者相提并论是不对的。""在现阶段，一切都应服从于对日本帝国主义的斗争。"①它的基本精神同这次政治局会议的看法是一致的，也使中共中央的一些提法比原来更明确了。

《中国共产党致中国国民党书》在 8 月 25 日发出，是毛泽东写的。信中一开始就强烈地呼吁："现在是亡国灭种的紧要关头了。"信中提到蒋介石的地方都称为"蒋委员长"，这在中共以往文件中从来没有过。对蒋介石在国民党五届二中全会上就"最低限度所作的解释"，信中说："我们承认蒋委员长的这种解释，较之过去是有了若干进步，我们诚恳地欢迎这种进步。"同时，对蒋介石接着所说"半年来外交的形势，大家相信并未到达和平绝望的时期"提出了批评。信中对蒋介石把"集中统一"说成抗日的"先决条件"称为"本末倒置"，因为"全国人民现在所要的是抗日救民的集中统一，而不是媚外残民的集中统一"。信中郑重宣言："我们赞助建立全中国统一的民主共和国，赞助召集由普选权选举出来的国会，拥护全国人民和抗日军队的抗日救国代表大会，拥护全国统一的国防政府。我们宣布：在全中国统一的民主共和国建立之时，苏维埃区域即可成为全中国统一的民主共和国的一个组成部分，苏区人民的代表将参加全中国的国会，并与苏区实行与全中国一样的民主制度。"信中最后呼吁："只有国共的重新合作以及同全国各党各派的总合作，才能真正的救亡图存。"②

9 月 1 日，中共中央发出张闻天起草的秘密文件《关于逼蒋抗日问题的指示》，明确提出："目前中国的主要敌人，是日帝。所以把日帝

① 《共产国际有关中国革命的文献资料》第 3 辑，7、8、9 页，北京，中国社会科学出版社，1990。

② 《毛泽东文集》第 1 卷，424～433 页，北京，人民出版社，1993。

与蒋介石同等看待是错误的，‘抗日反蒋’的口号，也是不适当的。”“在日帝继续进攻，全国民族革命运动继续发展的条件之下蒋军全部或其大部有参加抗日的可能。我们的总方针，应是逼蒋抗日。”“在全国人民前面，我们应表现出我们是‘停止内战一致抗日’的坚决主张者，是全国各党各派(蒋介石国民党也在内)抗日统一战线的组织者与领导者。”①从“抗日反蒋”到“逼蒋抗日”，确实是抗战前夜中国共产党战略决策的重大转变，从而开始了中国共产党推进抗日民族统一战线形成的新阶段。

为了落实“逼蒋抗日”的方针，中共中央在9月15日、16日举行政治局扩大会议。这次会议的规模很大，参加者有三十四人，在以往很少有。

会议一开始，由张闻天作题为《目前政治形势与一年来民族统一战线问题》的报告。他说：“现在全国一致要求抗日，停止内战是全国人民的共同要求。”“蒋介石正在动摇走到抗日方面来。”“但他现在还是怕，还是动摇之中。他怕什么？一怕日本对他的打击，二怕群众起来后对他的威胁，三怕无国际的帮助。现在他所忙的，是怎样来巩固他的统治，争取对抗日的领导权，把握住群众与求得国际的帮助。因此，他目前还是动摇的。”报告中最值得注意的是第三部分“修改我们的部分口号”。他说：我们的基本口号是联合全民族的统一战线，这是十二月决议提出来的，但根据目前的形势，部分口号应有修改。“第一，从前是把抗日反蒋并提的，这是错误的；过去我们对南京政府的估计，说他完全是与冀察政权一样的，这也是错误的；说蒋的力

① 《中共中央文件选集》第11册，89、90页，北京，中共中央党校出版社，1991。

量削弱了，但没有估计蒋仍是抗日的大的力量，这也是错误的。”“第二，我们所主张的是‘停止一切内战，一致抗日’。我们应反对反蒋战争，不应如从前给上海指示信所说的同情反蒋战争。”这里，自然不包括当蒋介石发动进攻时被迫进行的自卫战争。“第三，我们还主张建立‘和平统一的国家’。因为全国人民要求的是一个统一的民主共和国。这个共和国目前还是资产阶级的民主共和国。过去说国防政府是各阶级的联盟，但现在看来还是不够的。我们应赞成建立民主共和国，应宣布苏维埃愿成为它组成的一部分。”①

会上的讨论十分活跃，对报告中一些问题的认识又深化和发展了。毛泽东说：“民族资产阶级动摇性，怕帝国主义，又怕民众，表现在国民党方面很明显。”“只有共产党有力量来领导，但是这样的领导，还是要争取。”“现在问题，国民党说要纳三民主义与共产主义于轨道，虽然没有明说要取消红军，但要改编红军。我们要保持独立，不在乎名义上，主要在政治上的独立。”“我们现在要用各种办法，逼蒋抗日，抗日统一战线是一条统一战线，不是两条统一战线。对统一战线工作，我们指出自九一八以来是提出了，然而我们是犯了错误的，我们没有实际进行。在与十九路军虽做了些，但仍是有错误。我们应老实承认这一错误。”周恩来引人注目地提出了“联蒋抗日”的问题。他说：“联蒋抗日是具有重要意义的。”“对南京是否全部或大部可参加到抗日方面来，我们应有正确的估计。过去把蒋所代表的力量除外是不对的，我们现在要改变过来。”“过去蒋是投降的，但自五全大会后是有变动的，近半年来有更多的变动。蒋对帝国主义关系上，认蒋是完全投日的，也是不对的。实际，英美对南京是支持的，英美与

① 《张闻天文集》(二)，145～148页，北京，中共党史出版社，1993。

日是有矛盾的，蒋是利用这一矛盾来与日讲价钱的。”“蒋的本身，如果完全投到日本是不利的。事实因为蒋还没有完全降日，所以他还能维持他的统治，他的本身力量是加强了，这就是由于他没有公开投日，并且利用一些以前不敢用的口号，如停止内战等。不管他的欺骗作用怎样，都说明他在动摇着。察看向着哪个方向动摇，是倾向抗日方面的。但是要实现走到抗日，还是要从斗争中来使它实现。”他还谈到一个需要实际考虑的问题：“广大群众已起来抗日，但未接受土地革命。”毛泽东在第二次发言中说：“联蒋问题，我们一方面要联，现在还没有实行联。我们的警戒是不能放松的。他和我们联合是可能的，但哪天可实现联合，是说不定的。我们的方针应如此，那方面的事情要由他自己去决定。”①

会后，中共中央起草了国共两党抗日救国草案。张闻天、毛泽东在一份电报中说：“此草案是我方起草，准备恩来带往谈判，彼方所能容纳之最后限制尚不详知。”②由于希望谈判能取得成果，先派潘汉年作为初步谈判代表，到上海同陈立夫、张冲会谈，但国民党方面提出的却完全是收编条件，同时又调胡宗南等部进逼陕甘根据地，企图形成城下之盟。毛泽东在给潘汉年的电报中说：“条件使红军无法接受，恩来出去也无益。近日蒋先生猛力进攻，不能不使红军将领生疑。”③这样，周恩来就无法前去谈判。陈立夫晚年在回忆录中说周恩

① 毛泽东、周恩来在中共中央政治局扩大会议上的发言记录，1936 年 9 月 15 日、16 日。

② 《中共中央抗日民族统一战线文件选编》(中)，287 页，北京，档案出版社，1985。

③ 毛泽东致潘汉年电，1936 年 11 月 12 日。

来曾到南京同他进行谈判，① 并非事实，可能是他年老记忆失误。

从“逼蒋抗日”到实现“联蒋抗日”，这一步实在相当艰难。在日本军国主义者企图独吞中国的狼子野心和步步紧逼面前，从1935年下半年起，蒋介石逐渐下决心加紧准备抵抗日本的侵略，这是事实。中国要实现全民族的抗日战争，确实离不开蒋介石这个掌握着全国政权、主要军事力量并受到国际承认的最大的政治力量。联蒋抗日是必需的，为此而作出某些重大让步也是必需的。但另一方面，蒋介石对共产党的疑忌实在太深。尽管他派人同共产党联系和谈判，只要有可能，他还是希望先用武力来消灭中国共产党，再来抗日，继续以很大力量来作这种准备和部署。他对包括救国会在内的民众运动同样十分疑忌，仍采取压制的态度。而且他的抗日决心并不是不再存在摇摆。这些也是事实。事情就是那样复杂，这两个方面同时都在起作用。蒋介石和国民党这种两面性，给中共中央出了相当大的难题：既要力争同它联合，又要对它保持高度警戒；既要看到实现联合的可能性，又要做好应对一切不测事实的准备。必须以两手来对付对方的两手，其中还有许多变数和未知数。这样，局势只能在一波三折中前进，不可能那样直接和顺当。

10月7日和22日，红四方面军和二方面军先后到达会宁和静宁。至此，三大主力红军胜利会师，结束了长征。10月10日，中共中央、中华苏维埃中央政府、中央军委通电祝贺。电文说：三大主力红军的会师“证明中国民族抗日统一战线与抗日联军是有了坚强的支柱了，证明处在水深火热之中的全国同胞是有了团结御侮的核心了。”“我们

① 陈立夫：《成败之鉴》，台北，正中书局，1994。

即刻就要进入一个新阶段了，这就是抗日民族革命战争的阶段”。①对中国共产党来说，这确是一件了不起的大事：如果自身没有足够的力量，别人就容易轻视你，难以团结和带领方方面面的力量形成强大的抗日民族统一战线；有了这样一个“坚强的支柱”，中国的民族民主革命便有可能很快打开一个新的局面。

11月9日，毛泽东、周恩来致电正在同国民党方面接触的张子华：“甲，请告陈委员、曾市长(指陈立夫、曾养甫——引者注)，日本新的大举进攻，迫在目前，我方切望南京当局坚持民族立场，立即准备抗战，我方愿以全力赞助，万不可作任何丧失领土主权之让步，再使全国失望，以符蒋介石先生7月间对全国人民宣示之诺言。乙，当此国难严重关头，我方正式宣言只要国民党方面不拦阻红军抗日去路，不侵犯红军抗日后方，红军愿首先实行停止向国民党军队攻击。以此作为我方停止内战、一致抗日的诚意表示，静待南京当局回答，仅在国民党军队向我方攻击时，我方才在不得已的防御方式下给以必要的回击。”②

11月13日，中共中央举行政治局会议，讨论在新形势下党的战略方针。毛泽东作了红军行动方向和外交问题的报告，他对张学良和蒋介石的态度都作了冷静而中肯的分析，提出明确的方针，说：“张的改变，不完全是表面上的，而是带有根本性的而有内容的改变。我们的方针应更争取他根本改变。”“对蒋的问题，现在还没有把握。他是要签字才作算的。我们应用很大的力量，要群众的力量。”“张学良

① 《中共中央文件选集》第11册，101页，北京，中共中央党校出版社，1991。

② 毛泽东、周恩来致张子华电，1936年11月9日。

向蒋说与红军联合，杨虎城亦讲了，都碰了钉子。阎亦来西安要问蒋，蒋不给他讲话的机会。然而蒋不一定始终是不变的。根据情况的变迁，有可能逼他走到与我们联合。现在与南京妥协的范围缩小到红军怎样处理问题，焦点在这里。最近他要我们照广西的样，要服从中央，除红军叫国民革命军，这与国防政府、抗日联军在表面上是不同的。但是表面得不到，我们应准备重实际，应该承认他，这在政治上是胜利的。虽然穿件白军衣服，但更便于进行与白军接洽，便于改白为红。"①周恩来作了长篇发言。他说："毛主席的报告，我完全同意。我们的战略基础应在促成统一战线的成功，不管所遇的困难怎样，每个行动都要在这个基础出发。""我们应估计蒋有可能利用形势，利用抗日力量控制在他手里，有与我们一面妥协，一方面利用可能向我们进攻。蒋是代表资产阶级，即使参加到民族统一战线，他是始终是动摇的。""两广事件妥协后，他就积极派兵来，他是要封锁黄河，阻止我们抗日，逼我们就范，剥夺我们的政治资本。""他对我们的妥协，现在主要是军队问题，想把红军控制在他的下面。逼蒋抗日，是要有很大的力量的，现在力量还不大，他现在只能控制，我们应使他控制不住。""停战运动生了效力，红军的胜利更要推动全国力量。假使我们与全国见面，我们的影响更扩大。红军改名字是不要紧的，是更有利的，不仅包括主力，应包括全国各地红军与游击队。这四种力量(指英美、群众、南京统治集团的其他各派力量、红军的力量——引者注)的范围，是使蒋走到抗日方面来的重要条件，应在这一前途上来实现我们的战略计划。"②

---

① 毛泽东在中共中央政治局会议上的报告记录，1936年11月13日。

② 周恩来在中共中央政治局会议上的发言记录，1936年11月13日。

这是西安事变爆发前夜中共中央的一次重要会议。由于各方面的情况已逐渐明朗，中共中央充分估计到局势发展中多种可能的复杂性、特别是充分估计到蒋介石政治态度的两面性，甚至还会“利用可能向我们进攻”，但仍判断在各方面压力下，蒋有走到抗日方面来的可能。因此，中共中央已考虑就红军改编为国民革命军等重大让步达成协议，以求得停止内战、一致抗日。可以清楚地看出，中国共产党稍后主张和平解决西安事变，决不是出于一时的决断，也不是主要因为共产国际因素的影响，而是基于对国内外政治局势的冷静分析，经过一年多对战略决策的深思熟虑和逐步演变的必然结果。

六、西安事变前后

12 月 12 日，震惊中外的西安事变爆发了。蒋介石去西安，是为了督责张学良、杨虎城所部全力“进剿”陕甘红军。为什么蒋介石一方面已开始同中国共产党接触和谈判，一方面仍要坚持“剿共”？这种矛盾的现象该怎样解释？其实，蒋介石原来所提“以政治方法来解决”中共问题，不过是要中共向他投诚，受他收编，这自然是办不到的。因此，如果能用武力来强行解决，在他看来依然是“上策”，还要想试一试。他在动身去西安前的 12 月 2 日的日记中写道：“本月局势，察北匪伪未退，倭寇交涉将裂，而陕甘边区残匪企图渡河西窜，局势甚不清也。且东北军之兵心，为察绥战争而动摇，而剿赤之举，几将功亏一篑，此实为国家安危最后之关键，故余不可不进驻西安，以资镇慑，而挽危局，盖余个人之生死，早置诸度外矣。”①他带了大批高级

① 《“总统”蒋公长编初稿》卷三，360 页，台北，中国国民党中央党史委员会，1978。

将领如陈诚、卫立煌、蒋鼎文、朱绍良、陈调元、万耀煌等同去，显然准备取张、杨而代之。张、杨向他进言，要求停止内战，一致抗日，苦谏不从，最后只得出以“兵谏”。

关于西安事变的研究成果已经很多很多，这里不复赘言，只准备集中考察一下中共中央高层的决策过程，着重看看在这个时期举行的三次中央政治局会议。

西安事变的发动，中国共产党事先并未与闻。张学良在扣留蒋介石后，在当天寅时致电毛泽东、周恩来称：吾等为中华民族及抗日利益计，不顾一切，今已将蒋等扣留，迫其释放爱国分子，改组联合政府，兄等有何高见，速复。毛、周亥时复电，除对军事部署提出建议外，并称：恩来拟来兄处协商大计。

第二天，中共中央召开政治局会议。因为西安事变发生得很突然，内外各方面的情况还不很清楚，有待进一步了解和观察，会上对许多重大问题只是交换意见，需要在进一步弄清情况后才能作出决断。当时最急迫要求立刻回答的问题是毛泽东在会议开始时所说：“我们对这一事变的态度怎样，应该拥护，还是中立，或反对？应该明白确定，是不容犹豫的。”他提出明确的主张：“这次事变是有革命意义的，是抗日反卖国贼的。他的行动，他的纲领，都有积极的意义，就是在他们自己的出发点上也是革命的。”“蒋最近的立场虽是中间的立场，然在剿共一点上还是站在日本方面的，这一立场对他的部下是有很多矛盾的，所以他是被这样的矛盾葬送了。”他把西安事变同两广事变做了比较，指出：“这次事变与西南事变是显然不同的，因为他没有任何帝国主义的背景，而且他完全站（在）反对剿匪立场上的。同时，他同我们的友好是公开的。”“我们对西安事变说明是革命，但不是共产党干的，是他们自己的英勇。这对于争取蒋的内部与资产阶级是有利的。我们暂不即发宣言，但在实际行动上应积极做。我们应以西安为中心的来领导全国，控制南京，以西北为抗日前线，影响全国，形成抗日战线的中心，并且这一地区又很巩固，应抓紧这一环去做。”“我们的政治口号：召集救国大会。其他口号都是附属在这一口号下，这是中心的一环。”①周恩来接着说：“在西北的联合是三个力量(指东北军、十七路军和红军——引者注)，应使它更巩固，更成为抗日的中心力量，我们应有相当的努力，给他以帮助。在全国力量团结上，首先要注意的是阎锡山，援绥应成为政治的宣传中心。”②这里说的“援绥”，是指日本指使伪蒙军侵入绥远东部，傅作义部晋绥军奇袭百灵庙，取得重大胜利，在全国民众中产生重大影响，应当对它声援。

在这次政治局会议上，由于多年来坚持“剿共”的蒋介石突然被扣，很多人都很兴奋。而发言表现得最激烈的是张国焘。他提出的具体主张是：“我们以西安为抗日中心，就包含了以西安为政权中心的意义。”“在反对独裁上，亦要联系到南京政府存在问题。”“在西安事件意义上，第一是抗日，第二是反蒋。”“内乱问题是不是可免？这是不可免的，只是大小的问题。”“以抗日的政府代替妥协的政府。因此，打倒南京政府，建立抗日政府，应该讨论怎样来实现。”讨论中，没有人同意张国焘那些主张。周恩来说：“在政治上不采取与南京对立，但在实际上应取领导作用，用团结名义，如抗日救国会等，不取发号施令形式。欢迎各方面派代表来参加。”张闻天说：“我们不采取与南京对立的方针，不组织与南京对立方式，实际是政权形式，把西安抓

① 毛泽东在中共中央政治局会议上的报告记录，1936年12月13日。

② 周恩来在中共中央政治局会议上的发言记录，1936年12月13日。

的很紧，发动群众，威逼南京。改组南京政府口号并不坏，尽量争取南京政府正统，联合非蒋系队伍。”博古说：“我们对西安事件，应看成是抗日的旗帜，而不是抗日反蒋的旗帜。”①毛泽东在作结论时说：“为的要争取群众，我们发言要不轻易的。我们不是正面的反蒋，而是具体的指出蒋的个人的错误。我们对这一事变要领导，又要反蒋又不反蒋，不把反蒋与抗日并立。”②

14日，毛泽东等十人致电张学良、杨虎城，主张组成西北抗日援绥联军，由张任总司令，下编三个集团军，以张、杨和朱德分任总司令，并主张在联军三部分中提出十个口号，这十个口号没有提到反对蒋介石。15日，毛泽东等十五人又致电南京国民党、国民政府诸负责人，说明中共一直“谋国共之合作，化敌为友，共赴国仇”，要求他们“宜立下决心，接受张杨二位主张，停止正在发动之内战，罢免蒋氏，交付国人裁判，联合各党、各派、各界、各军，组织统一战线政府，放弃蒋氏爱摆之集权、统一、纲纪等等索然无味之官僚架子，老老实实与民更始，开放言论自由，启封爱国刊物，释放爱国人犯，举内战之全军，立即开赴晋绥，抗御日寇，化黑暗为光明，变不祥为大庆。”③17日，到达西安并已同张学良进行会谈的周恩来致电中共中央，通报他所了解的内外各方面情况，报告“张同意以西北三角团结成推动全中国”，并提出“答应保蒋是可以的，但声明如南京兵挑起内战则蒋安全无望。”次日，又续电报告：“蒋态度开始强硬，现在亦转

① 张国焘、周恩来、张闻天、博古在中共中央政治局会议上的发言记录，1936年12月13日。

② 毛泽东在中共中央政治局会议上的结论记录，1936年12月13日。

③ 《毛泽东文集》第1卷，469页，北京，人民出版社，1993。

取调和。”[①]18 日，中共中央致电国民党中央执行委员会，提出停止一切内战，一致抗日，召集全国各党各派各界各军的抗日救国代表大会，决定对日抗战，组织国防政府、抗日联军等要求。并明白提出：“本党相信，如贵党能实现上项全国人民的迫切要求，不但国家民族从此得救，即蒋氏的安全自由当亦不成问题。”[②]

12 月 19 日，中共中央召开西安事变发生后的第二次政治局会议。由于对西安和全国的情况比以前更清楚了，这次政治局会议对如何处理西安事变就能提出更明确的方针，那就是和平解决。毛泽东在会上作报告。他说：“西安事变发生后，南京的一切注意力都集中在捉蒋介石问题上，动员一切力量来对付西安，把张杨一切抗日主张都置而不问，更动员所有部队讨伐张杨，这是西安事变发生后所引起的黑暗方面的表现。这是对于抗日不利的，客观上是有利于日本帝国主义。我们必须揭破这是日本帝国主义的阴谋，指出目前问题主要是抗日问题，不是对蒋个人的问题。”“西安事变后，对于内战的发生与延长是不利的，我们主要是要消弭内战与不使内战延长。”当时苏联报纸上毫无根据地指责西安事变是日本人策动的，不承认它的革命意义。毛泽东不同意这种看法，说：“苏联《真理报》两次的评论，对西安事变认为等于两广事变一样。日本说苏联造成，苏联说日本造成，双方对事实的实质都有抹煞。”[③]博古说：“这一事变有两个前途，一方面是一些蒋的部下在日本帝国主义的挑拨下而进行更大的内战，一方面是成为抗日战争的起点，我们应争取成为抗日战争的前途，我们应反对转

---

① 周恩来致毛泽东并中共中央电，1936 年 12 月 17 日、18 日。

② 中国共产党中央委员会致南京国民党中央执行委员会电，1936 年 12 月 18 日。

③ 毛泽东在中共中央政治局会议上的报告记录，1936 年 12 月 19 日。

为内战。"张闻天说："一，这次事变的前途，一是全国抗日的发动，一是内战的扩大。我们的方针应确定争取成为全国性的抗日，坚持停止内战。一致抗日的方针。这一立场得到全国的同情，这是完全正确的。二，不站在反蒋的立场上，不站在恢复反蒋的立场，因为这一立场可以使蒋的部下对立，是不好的。我们应把抗日为中心，对于要求把蒋交人民公审的口号是不妥的。"张国焘也改变了说法，称："这几天事变与消息，我们应采取停止内战、一致抗日的立场是对的。"①毛泽东在结论中说："我们应变国内战争为抗日的战争。""内战的前途一定要结束，才能抗日。现在应估计到这次是有可能使内战结束。"②

毛泽东在这次会上还讲到："我们准备根据这样的立场发表通电。国际指示还未到，或者要停两天再发。"本来，中共中央在西安事变当天中午就把事变的情况电告共产国际书记处，以后几天又连续多次将情况的发展电告国际，但国际在 16 日才给中共中央发来一个电报，又因密码差错，无法译出。中共中央在十八日去电要求重发。因此，毛泽东在 19 日的会上说："国际指示还未到"。原来他讲通电"或者要停两天再发"，由于局势紧急，需要中共立刻表明态度，领导层内部又已取得一致意见，所以仍在十九日由中华苏维埃中央政府和中共中央公开发出通电，并由中共中央在内部发出《关于西安事变及我们的任务的指示》。公开发出的通电要求由南京召开和平会议，西安、中共等各方参加，团结全国，反对一切内战，一致抗日。内部指示中更明确地说："反对新的内战，主张南京及西安间在团结抗日的基础上，

---

① 博古、张闻天、张国焘在中共中央政治局会议上的发言记录，1936 年 12 月 19 日。

② 毛泽东在中共中央政治局会议上的结论记录，1936 年 12 月 19 日。

和平解决。"并且指出事变发展有两个前途："或者由于这一发动使内战爆发，使南京中派(民族改良派)一部或大部主观上与客观上走向亲日，削弱全国抗日力量，推迟全国抗战的发动，以致造成了日寇侵略的顺利条件"；"或者由于这一发动结束了'剿共'的内战，使停止内战一致抗日反而得到早日的实现，使全国的抗日救亡的统一战线反而更迅速的实际建立起来。"①同一天，毛泽东致电潘汉年："请向南京接洽和平解决西安事变之可能性，及其最低限度条件，避免亡国惨祸。"②这很清楚，中共中央和平解决西安事变的方针在19日这一天已正式确定下来，并且依此同南京政府接洽。第二天，也就是20日，共产国际的来电也到了，"主张用和平方法解决这一冲突"。中共中央当天把共产国际的电报全文电告在西安的周恩来。它同中共中央的决定是一致的。

周恩来到西安后，和张、杨同蒋介石以及随后到西安的宋美龄、宋子文之间的谈判紧张地进行着，其中经过多次反复。最近在海外公布的宋子文12月22日日记中记录了当晚蒋介石同他的谈话："委员长说，我必须要求周(恩来)同意废除：(一)中国苏维埃政府；(二)取消红军名义；(三)阶级斗争；(四)愿意接受委员长之领导。去告知周，他无时无刻都在思考重组国民党的必要性。如果需要，他会要求蒋夫人签订保证书，保证在三个月内召开国民大会。但在此之前，他必须要求国民党大会把权力交给人民。国民党重组后，他将：(一)同意国共联合——假如共产党愿意服从他，正如同他们服从总理；(二)

① 《中共中央文件选集》第11册，127、128页，北京，中共中央党校出版社，1991。

② 毛泽东致潘汉年电，1936年12月19日。

抗日，容共，联俄；(三)同时他愿意给汉卿(即张学良——引者注)收编共产党的手令，而收编进来的伙伴都会配备良好的武器。”宋子文二十五日的日记又记载，周恩来当面会见蒋介石，要他保证：“(一)停止剿共；(二)容共抗日；(三)允许派遣代表前往南京向委员长解释。”“委员长回应说，共产党向北推进抵抗日本一直是他的希望，果如周所言，共产党愿意停止一切共产主义宣传活动，并服从他的领导，他将像对待自己子弟兵一样看待他们；虽然剿共之事常萦绕于心，但是大部分共产党领导人都是他以前的部下，如果他能以宽大胸怀对待广西，当然也能以宽容态度对待他们。他已经把纳编的共产党军队委托张学良。如果他们对他是忠诚的，他将像对待胡宗南的军队一样对待他们。委员长要周，休息够了，也针对相关问题详细讨论之后，亲自去南京。”①

25日下午，张学良没有同周恩来商量，就送蒋介石回南京，并且自己陪去。蒋介石在机场对张、杨说：“今天以前发生内战，你们负责；今天以后发生内战，我负责。今后我绝不剿共。我有错，我承认；你们有错，你们亦须承认。”②他还把答应的条件重申了一遍。蒋介石一离西安，态度就发生变化：扣留了张学良，调集中央军直逼西安，并对东北军和十七路军进行分化。但“剿共”的内战毕竟停止了下来，国共两党走向第二次合作。

27日，中共中央举行政治局扩大会议。毛泽东在报告中对西安事变的意义，用斩钉截铁的肯定语言，作出高度评价。他说：“西安事

---

① 《宋子文西安事变日记》，(台北)《近代中国》季刊，第157期，2004年6月30日。

② 《周恩来选集》上卷，73页，北京，人民出版社，1980。

变成为国民党转变的关键。没有西安事变，转变时期也许会延长，因为一定要一种力量逼着他来转变。西安事变的力量使国民党结束了十年的错误政策，这是客观上包含了这一意义。就内战来说，十年的内战，什么来结束内战？就是西安事变。西安事变结束了内战，也就是抗战的开始。国共合作虽然说了很久，尚未实现，联俄问题，亦在动摇中。西安事变促进了国共合作，结束了他的动摇。西安事变，开始了这些任务的完成。”在张学良送蒋介石回南京刚两天、政治局势还显得有些扑朔迷离的时候，对西安事变的意义和历史地位就说得这样明白和肯定，真是难得。

为什么西安事变能促成这个转变的实现？毛泽东接着指出：“西安事变这样的收获不是偶然的，因为国民党已开始动摇，酝酿了很久。他们内部矛盾发展到最高度。所以西安事变便解决了这个矛盾，这是酝酿成熟、时局转变的焦点。西安事变是划时代转变新阶段的开始”。[①] 也就是说：在日本侵略者咄咄逼人地进攻和全国汹涌澎湃的抗日救国热潮的压力下，蒋介石已着手准备抵抗日本侵略的战争，而对转变政策、团结国内各方面力量共同抗日“国民党已开始动摇，酝酿了很久”，但这个决心一时仍下不了，“一定要一种力量逼着他来转变”。继福建事变和两广事变之后，东北军和十七路军在西安事变中竟采取如此激烈的“兵谏”手段，不能不给蒋介石留下极深的印象，感到自己阵营内部的抗日要求也已很难压抑得住，这就“结束了他的动摇”。周恩来同蒋介石直接接触，使他多少感受到中国共产党的诚意。事实也使他看到中国共产党的力量不是在短期内能够消灭的。这一切，便推动并促使他终于下了决心。历史就是在这样充满矛盾的运动

① 毛泽东在中共中央政治局会议上的报告记录，1936年12月27日。

中前进的。

在讨论毛泽东的报告时，林伯渠在发言中说：“党对这次事变的处置，所采取的策略路线完全是正确的。”“国民党十年错误政策的转变，我同意毛(所说)是由于内部矛盾的发展。”他又说：“国际对西安事件总的分析是对的，但有些没有顾到中国实际情形，应多多供给他们实际材料。”在党的政治局扩大会议上能这样说，而且出于林伯渠这样的长者之口，可见共产国际的意见已不再都被看作金科玉律。张闻天说：“现在一般的说，结束内战的前途是占了优势，但是我们应估计到这中间一些可能发生的障碍。我们应争取把中派的动摇最后的结束。”①毛泽东在作结论时说：“关于内战是否结束？我们应该说基本上是结束了。至于前途，不是内战或是抗日的问题，而是抗日迅速与迟缓问题。”②

这三次政治局会议，清楚地表明中共中央对西安事变的决策过程。在局势仿佛仍在千变万化的进程中，能如此当机立断地作出正确的判断和决策，实在极不容易。

为了调整政策，国民党决定在 1937 年 2 月召开五届三中全会。这是西安事变后举行的第一次国民党中央全会。1 月 24 日，中共中央在刚接管的延安召开政治局常委会议。毛泽东报告谈判问题。他说：“自从释蒋后，我们总的方针是和平”，“现在已一般的趋向和平了”，“现在困难问题，就是怕和平没有保障。”③张闻天说：“照现在看，蒋一般的是想和平的，蒋开始结束他的动摇。”他提出：“关于三中全会，

① 林伯渠、张闻天在中共中央政治局会议上的发言记录，1936 年 12 月 27 日。

② 毛泽东在中共中央政治局扩大会议上的结论记录，1936 年 12 月 27 日。

③ 毛泽东在中共中央政治局常委会上的报告记录，1937 年 1 月 24 日。

还有二十天要开，这是国民党转变关键。我们的方针应争取国民党彻底的转变。我们不能希望他立刻宣布对日作战，但停止内战是可能做到的。”“我们要发表宣言：第一要表白我们在西安事变和平的决心。第二，要坚决拥护和平统一，拥护能够和平统一的中央政府。第三，应表示我们愿意改变红军的番号与苏维埃名称，红军应改什么名称，可以考虑。我们表示忠于和平统一。在苏维埃区域可以实现普选的制度。我们要声明停止没收豪绅地主。”朱德说：“我们过去如果条件苛刻，我们就觉得有些投降的样子。现在看清楚只要于抗日有利，无论条件怎样都好的，因为真要抗日，群众和我们是一定要发展的。”张浩说：“在国际国内的情势上，我们在某些地方让步，在别的地方获得胜利是策略上需要的。我们愿意改变红军番号，改苏区为特别区域，多给面子与蒋。”他又说：“我们与国际指示有一点不同，就是逼蒋抗日。国际也是主张用群众的逼，但我们还主张利用张、杨、陈、李、白、刘(湘)逼他。这在中国封建社会环境下，这种方法也未尝不对。”从共产国际归来的张浩这样说，再次表明中共中央已不只是亦步亦趋地按照共产国际的指示去做，而是努力按照中国的实际情况办事了。毛泽东再次发言说：“对三中全会，应有表示。这次表示应有新问题。”“我们并不主张成立西北国防政府，我们要张学良去与蒋介石说和，但蒋不要他去，蒋要派兵来消灭我们，要说我们是汉奸。当时我们对内是动员抵抗，但对外还是积极表示和平的。至于蒋扣留起来，我们还是主张和平。至于放了蒋，我们开去，还是为着和平。”他坦率地指出在这过程中的一点教训：“西安事变后，那宣言上交人民裁判是不对的。”张闻天最后说：“关于和平谈判，是表示双方让步，实际上所说到的，我们是大的胜利。”①

2月9日，中共中央政治局常委会通过对国民党五届三中全会的通电。通电在第二天发出，提出著名的“五项要求”和“四点保证”②，奠定了第二次国共合作的基础。11日，毛泽东在政治局会议上说：“我们的通电，是大的让步，是带原则性的让步，是对工人农民以外的小资产阶级等的让步。因为为着一个大的问题。就是为着现阶段的革命，为着抗日问题。对于土地问题在大阶段说，是不放松的，但在目前阶段是应停止的。苏维埃过去十年斗争是对的，现在改变是对的，应从理论上说清楚这个问题。”③事实确实如此：中国的土地属于日本还是属于中国，比它属于地主还是属于农民更加重要。当时只能限制地主的剥削，还不能完全解决土地问题。这样，晋西会议上还没有解决的怎样对待蒋介石和土地革命这两大问题都得到了解决。

3月23日，毛泽东在政治局扩大会议的发言中提出一条极为重要的原则：“中日矛盾是基本矛盾，国内矛盾放在次要地位。在早我已提出，在十二月决议上还没有明显的规定。”④也就是说：在现阶段，中日之间的民族矛盾是中国社会的主要矛盾，阶级矛盾应该处在次要和服从的地位。这便把党在战略决策上的大转变，“从理论上说清楚”了。从而，使中国共产党在整个抗日战争时期处理各种复杂问题时，始终有一条明确的指导原则，不致因某些一时或局部的现象偏离大的

---

① 张闻天、朱德、张浩、毛泽东在中共中央政治局常委会议上的发言记录，1937年1月24日。

② 《中共中央文件选集》第11册，157、158页，中共中央党校出版社，1991。

③ 毛泽东在中共中央政治局会议上的发言记录，1937年2月11日。

④ 毛泽东在中共中央政治局扩大会议上的发言记录，1937年3月23日。

方向。

正确的战略决策，来自主观认识能符合不断变动着的客观实际。经过一年多在实践中的艰难探索，包括过程中的若干反复和曲折，抗战前夜中共中央的战略决策和中国的抗日民族统一战线已经大体形成，开始进入实际准备抗日的阶段。尽管前进中仍不断遇到这样那样的障碍，总的发展趋势已不可逆转。再过三个多月，中国历史上空前规模的全民族抗日战争便开始了，中华民族的历史揭开了新的一页。

抗日战争后期中国政局的重要动向*

——论一九四四年大后方的人心剧变和“联合政府”主张的提出

在历史行进的漫长旅程中常常可以看到一些引人注目的重大转折。原先，事情在悄悄地演变着，人们未必都清楚地认识到。这种变化积累到相当的程度，在某些因素的触发下，便急转直下地突破人们习惯了的旧格局，造成一种新的局面。

研究者在考察历史时，特别需要从纷繁现象中，抓住那些重大转折时刻，仔细加以剖析。这样，对它前后的历史演变都会获得一些新的理解。

抗日战争时期大后方人心变动的重大转折，发生在一九四四年豫湘桂大溃退后。它造成的强大冲击波，不仅影响抗战最后阶段的国内政治局势，而且延伸到战后，在相当程度上埋下了国民党政府失败的重要种子。

---

* 原载《抗日战争》增刊，抗日战争胜利五十周年纪念集。

惊心动魄的豫湘桂大溃退

豫湘桂大溃退是1944年日本侵略者实行“一号作战”计划后出现的。日军在太平洋战场上节节失利和本土开始遭受大规模轰炸的情况下发动这场攻势的目的有两个：一个是打通平汉铁路、粤汉铁路和湘桂铁路，实现贯通中国东北到越南的大陆运输线；另一个是摧毁设立在广西和湖南的盟国空军基地。

这年四五月间，日本华北方面军十五万人渡过黄河，在河南发动攻势，迅速占领郑州、洛阳、许昌等重要城市，打通了平汉线。紧接着，他们又集中更大兵力从湖北沿粤汉线大举南下，先后占领长沙、衡阳；再沿湘桂线折向西南，攻陷桂林、柳州、南宁；前锋第十三师团在十二月初直达贵州独山，控制了黔桂铁路的末端。

短短八个月内，日军五十万兵力侵占了中国二十万平方公里的国土。这里，有着大片富饶的粮食产地，有着大后方近三分之一的工矿企业。这对整个大后方经济带来沉重的打击：“广漠的中原与富沃的滨湖，是我们粮食的重要产地。而今呢？这些地方的米麦与杂粮，就不会像过去一样，以征实征借的形式，源源地运入国家的仓库。”“粮食以外，湖南粤北还有若干工矿的资源。特别是湖南，有煤与铁，有锑与锌，还有其他很宝贵的物资。这一带暂时被敌人占领了，则蕴藏在地底的资源，便会被敌滥取，便没法发挥其增强国防的作用。”①在这块国土上，居住着六千多万中国人。战火燃及的地方，到处是焚烧、掠夺、流血和死亡，到处是一幅幅惨绝人寰的地狱景象。桂林、柳州等七个用来轰炸日本本土的盟国空军基地的三十六个机场，也被

① 《从战局谈论经济》，《新华日报》，1944年7月10日社论。

日军先后摧毁。

本来，从1938年日军攻陷武汉和广州后，中国战场上形成相持局面。正面战场上的历次战役虽有胜有负，但大体上仍处在拉锯状态。这种状态已持续了五年多，逐渐被人们习以为常。豫湘桂大溃退像晴天霹雳一样，一下子打破了原有的格局。中国遭受到的失败竟达到如此惨重的地步，整个战局竟会发生如此急速的逆转，国民党军队的抵抗力竟如此脆弱，是一般人根本没有料想到的，整个大后方为之震动。

河南战役惨败后，很多人已看到这同第一战区副司令长官汤恩伯部队的极端腐败和失尽民心直接有关。"汤恩伯统率四个集团军约有三十万人。连所编的游击队则不下六十万人之众，力量不为不大。但敌人一来，他竟不战而退，个把月时间失地三十县以上，人民涂炭。""汤在河南一向被目为'水旱蝗汤'中之一。在河南两年大饥馑以后，汤军却借政府叫他代购军粮为名，横征暴敛。汤部下军官与奸商勾结，大做生意，资本有多至几万美元者，保护走私，掠夺当地人民的工厂矿山，据为己有。因为执行政府反共命令，到处捕捉无辜青年，不加审讯，随便枪毙。河南战事起来之后，汤不图抵抗，却急急调用军车，护送家眷搬运财货。这种情形，使士兵非常痛愤，根本不愿作战。"①

但许多人当时仍没有预料到整个战局还将更严重地恶化，甚至把它看做局部性的问题和一时性的现象。当长沙陷落时，一向比较偏袒政府的《大公报》社评中这样地安慰人们："目前战局诚然重大，读蒋

---

① 董必武：《关于参政会的报告》(1944年9月24日)，《中共中央抗日民族统一战线文件选编》下，755～756页，北京，档案出版社，1986。

主席的告全国军民书，可知敌人已无从逃避其败亡的命运，大局正对敌人四面合围，我们自己有信心，能奋斗，绝无不胜之理!”[①]两天后，傅斯年又写文章，用十分肯定的语气说：“倭在大陆上的攻势，大体上只能发展到今天的地步。要继续深入西部或真正威胁川滇黔，是绝对不可能的。”“自古以来，这些地方的陷落，只是无人守。如有人守的话，到处皆是一夫可以当关、丸泥可封函谷的地形。”[②]可是，被说成“绝对不可能”的却偏偏成为事实，明明“有人守”的地方仍然一片片地丢失。到八月八日，守了四十七天的衡阳失守。接着，人们原来寄予很大希望，以为可以抵挡一阵日军前进的桂林很快失守。这一来，《大公报》社评的调子也变了，写道：“桂林名城天险，调重兵，聚粮械，连布置防务的负责人都说：‘桂林能打三个月’结果呵，三十六个小时而陷，柳州也同日完事！这一路的守军真是太差劲了!”[③]“战事从湘桂一直蔓延到黔省，变化得那么快，实为一般意料所不及。”[④]连国民党军方的《扫荡报》上，也发表记者南宫博的报道：“独山的失败，也表现军方的无能。守军不战而退，大炮辎重完全抛弃。敌军尚在数十华里之外，我军即已仓惶逃走，对难民毫不关心。”[⑤]

独山失陷后，作为大后方政治中心的重庆已陷入一片恐慌之中。王世杰 11 月 30 日日记中写道：“予日前询何部长，黔省是否危险？彼云敌不至西进。又询张文白(按：张治中字文白)，彼云：‘敌来则

① 《抗战七周年献辞》，《大公报》，1944 年 7 月 7 日社评。

② 傅孟真：《我替倭奴占了一卦》，《大公报》，1944 年 7 月 9 日。

③ 《向方先觉军长欢呼》，《大公报》，1944 年 12 月 13 日社评。

④ 《转捩战局的两件工作》，《大公报》，1944 年 12 月 6 日。

⑤ 日本防卫厅防卫研究所战史室：《一号作战之三·广西会战·下》中译本，199 页，北京，中华书局，1985。

不可守，敌不来则可守。'"[①]国民党一些党政机关已向兰州、雅安等地派出先遣人员，做迁移的准备。前方难民大批涌到重庆，挤满街头。《新华日报》描述道："他们在寒风中席地而卧。无情的冷风，实在够他们熬煎了。难胞们几乎共同的都是期望着一个穿的问题的解决。"其实，能逃到重庆的在难胞中已是条件相当好的。这些"难胞们在逃难之前，差不多都是有职业的，各色行业都有。逃的时候也是还带二三万块钱在身边，可是到今天，真已身无长物。""难胞们的痛苦是说不完的。他们的泪只是向肚子里流！"[②]这种惨不忍睹的情景，对面临同样威胁的大后方其他地区人民的刺激自然不言而喻。他们不寒而栗地感到：这将是等待着的自己的命运。

更加使人难堪的是，这场大溃退正发生在整个反法西斯战争节节胜利的时刻。这一年，世界反法西斯战争的形势发生了根本的变化。欧洲战场上，苏联红军在大反攻中收复了全部国土，并把战争推进到德国本土和它一些盟国的境内；英、美、法等国军队在法国诺曼底半岛登陆，随后解放了法国首都巴黎；在意大利，盟军攻克了罗马。太平洋战场，盟军取得塞班岛战役的全胜，接着又在菲律宾登陆，日本本土已遭受盟国空军的大规模轰炸，发动太平洋战争的东条内阁被迫倒台。史迪威将军指挥下的中美军队也解放了缅甸北部重镇密支那，打通了从印度经缅甸到中国的陆上交通线。这些，同中国战场上出现的大溃败形成强烈的对照。《大公报》在1945年元旦社论中痛心地说："就全战局看来，的确胜利纷纷，但胜利却不在我们这一角；的确反攻处处，除缅北与滇西外，而反攻大致也不在我们的战场，尤其是去

① 《王世杰日记》手稿本第4册，458页，台北，近代史研究所，1990。

② 《新华日报》，1944年12月10日，本报专访。

年这一年。当去年今日的献岁之始，谁不希望重重，以为必可反攻，必可胜利？但在今天回想起来，去年这一年的经过，实在不能令人愧悚万分。”“到处胜利纷纷，而我们独败；世界反侵略战大大好转，而我们反濒临危机。这事实，太现实了；这经验，太可贵了。”①

在中国，人们也看到两种不同的情景：正面战场上出现的是悲剧性的大溃退；而中国共产党领导的敌后战场，在经历了两年极端困难的局面后，又走上了重新发展的阶段。延安《解放日报》这年年底作了这样的总结性报道：“根据一年不完全的统计，一年来我军对敌大小战斗两万余次，毙伤敌伪二十二万余名，俘获敌伪三万余名。”“收复县城十六个，攻入县城四十七个，克服据点碉堡五千余处，光复国土八万余平方公里，解放同胞千二百万。”“由于一年来斗争胜利的结果，我们的正规军由过去的四十七万增加到现在的六十五万，民兵由二百万增加到二百二十万，解放区的人口由过去的八千万增加到现在的九千二百万，这就大大增强了我们的反攻力量。”②

在社会各方面的压力下，国民党当局第一次允许中外记者西北参观团二十一人到中国共产党领导的抗日根据地采访，其中包括美联社、合众社、美国《时代》杂志等六名外国记者。1944 年 6 月 9 日，他们到了延安。有些人还到了晋西北根据地考察。这些记者所写的大量报道和评论，在大后方和国外一些报刊上陆续刊出。《新民报》记者赵超构的《延安一月》一书，在大后方也产生很大的影响。这些报道和评论，冲破了国民党当局原来的严密封锁，使许多人看到了一个新的天地，耳目为之一新。

---

① 《今年应为新生之年》，《大公报》，1945 年 1 月 1 日社论。

② 《敌后战场伟大胜利的第一年》，《解放日报》，1944 年 12 月 31 日。

7月22日，美军中缅印战区驻延安观察团也到达延安，向政府发出不少报告。延安《解放日报》为这件事发表社论说："关于国民党的抗战不力、腐败无能这一方面，大半年以来的外国舆论与中国舆论，已经成为定论了。关于共产党的真象究竟如何这一方面，大多数外国人与大后方的中国人，还是不明白的，这是因为国民党的反动宣传与封锁政策为时太久的原故。但是情况已经在开始改变。大半年以来的外国舆论中，已经可以看见这种改变是在开始。这次记者团与观察组的来延，将为这种改变开一新阶段。"①他们所看到的事实，用一美国人的话来说："共产党以有力的政治和军事组织打入上述地区，提出减租减息，打击那些与傀儡政权勾结的地主，取得了民众的支持。由于共产党保护农民不受敲诈勒索，不被拉去当壮丁，农民们平生第一次觉得他们缴税得到了一些好处。随着共产党根据地的扩大，他们与中央政府相对的地位加强了，他们的信心随之增加了，而国民党在河南的溃败揭示了自己的软弱无能，这种软弱状态迅速恶化。"②在湘桂溃败后，到这年年底，他们的相对地位自然更软弱了。

事实从来是最好的教员。那种能使大群大群人感到强烈震惊的事实，尤其是这样。吃大的苦头，常能帮助人比较快地惊醒过来。他们在经历了巨大的痛苦后，不能不严肃地深思这一切究竟是怎么造成的，中国未来的出路到底在哪里，努力寻求在自己心头积压已久的许多问题的答案。这在当时是相当普遍的现象。

① 《欢迎美军观察组的战友们》，《解放日报》，1944年8月15日社论。

② [美]巴巴拉·塔奇曼：《史迪威与美国在华经验》下册，666页，北京，商务印书馆，1985。

痛苦反思引出的人心变动

这场惊心动魄的大溃退引起的最重要的人心变动是：大后方民众对国民党当局的看法普遍发生了巨大的变化。

一般说来，因为大敌当前，战时政府比较容易取得国民的谅解和支持。抗战初期，国民党当局由于实行了人们期待已久的对日抗战，在淞沪、徐州、武汉等战役中表现出较高的积极性，国内民主状况也有改善，从而得到国内大多数人的赞许，它存在的问题多少也易于受到原谅。

抗战进入了相持阶段后，国民党当局的专制和腐败一天天明显地暴露出来，人们对它的失望越来越严重。1940 年以后，随着通货膨胀的加剧，物价已像脱缰野马一样飞涨。王世杰 1943 年六七月间的日记中写道："物价高至战前百倍以上，近日政府对于限价物品，实际上只是放任，日用品价格之高尤猛。政府准许公务员照战前薪水增一倍，只是杯水车薪。""物价仍然猛涨，昆明、西安较重庆为尤甚。西南联大教授有月费三四千元而仍不能食肉或米、只食蔬菜与杂粮者，闻友人燕召亭君近状即如此。"①同这种状况形成鲜明对照的是豪门资本倚仗自己手中的特权大发"国难财"，激起人们强烈的愤慨。在政治上，国民党当局不断加强他们的独裁统治，军统和中统等特务组织无法无天地为所欲为，任意捕杀爱国民主人士的事件层出不穷。著名经济学家马寅初教授在 1940 年发表轰动一时的论文——《对发国难财征收临时财产税为我国财政与金融惟一的出路》后，被国民党当局幽禁。王世杰在 1944 年 6 月 8 日日记中写道："据查重庆一市，实际

① 《王世杰日记》手稿本第 4 册，94、103 页。

上实行逮捕人民之机关现时有十八个之多，大半于法无据，且大半为一般人民所不知晓之机关。”①

不满和愤怒在郁积着、发展着，斗争一直没有停息过。但是很长一段时间内，大后方的政治空气仍是相当沉寂的，没有出现大规模的政治风暴。这有多方面的原因：第一，国民党当局的专制和腐败是一步一步加强起来的。人们的不满虽在增长，但仍有相当数量的人缺少以行动表示强烈抗议的决心。第二，由于对日抗战仍在继续，内部潜在的不满受到抑制。在1943年，中国的国际地位有了明显提高：“一月，中国与美英两国签署了结束长达一世纪的治外法权的条约，十月，莫斯科宣言正式承认中国为四强之一。十一月，蒋介石及其军事顾问被邀请参加开罗会议，这是他们第一次参加盟国会议。会后发布的开罗宣言庄严地保证把一八九五年以来被日本夺去的中国领土(当然包括台湾在内)归还中国。”②整个反法西斯战争已胜利在即，使不少人把希望寄托在明天，认为对眼前种种不合理现象只能暂时忍耐一下。《大公报》的社评就曾努力作这样的解释：“我们的生活诚然艰难，时势要求大家吃苦。均苦，复奚辞？如山九仞，现在只差最后一篑。我们就必须咬牙奋斗，誓竟全功。”③第三，皖南事变后，国民党政府在大后方加紧实行严厉的高压政策，特务机构任意捕人杀人，政治空气比较沉闷。中国共产党在组织方式和斗争方式上做了调整，采取隐蔽精干、长期埋伏、积蓄力量、以待时机的政策，在社会各阶层、民主党派以至地方实力派中都作了许多深入的工作，但发动大规模群众

① 《王世杰日记》手稿本第4册，328页。

② [美]约·斯·谢伟思：《美军对华政策(1944—1945)》，66页，北京，中国社会科学出版社，1989。

③ 《抗战七周年献辞》，《大公报》，1944年7月7日社评。

斗争的时机一时还没有成熟。

战时人们最关心的焦点莫过于军事。“目前形势，论来论去，总是军事第一。敌人数路入桂，战事紧急，国人无一不关心战事。”①如果其他问题还可以勉强忍受的话，那么，在这方面出现不应有的严重挫折就使人们普遍感到难以忍受了。豫湘桂大溃退的强烈刺激，使人们的思想情绪普遍激动起来。这次大溃退的到来，而且失败得那样惨，多数人没有足够的精神准备。日本已很虚弱的军队在几乎没有重大战斗的情况下，占领中国大片土地。这样的失败，已无法再以抗战初期所说的敌我强弱悬殊等原因来解释。谁都看得出来，这是国民党当局政治、经济、军事各方面严重缺陷的集中大暴露。

著名作家叶圣陶在 9 月 17 日日记中写道：“此次敌自湘入桂，几乎所向无敌，其迅速与豫战同。于此见我方之兵殆已不可用。向谓精兵尚未用，兵源决无虑，皆成纸老虎而被戳穿。且而今而后，敌之进攻将于何底止，亦难测料。”“至于我国之不振，不能推言积弱，政治之不善实为主因。此言余自今深信之矣。”在 12 月 4 日又写道：“此际黔桂路上，难民之行列恒长数里到数十里，狼狈情形远过于战争初起时之京汉道上。同胞何辜，受此荼毒，思之痛心。更念及最近之将来，我辈殆亦将同历此境。谋国者之不臧，坐失抗战之良机，贻民众以祸害，今当危急，不闻有一谋一策，并不切实之对策而无之，其肉岂足食乎？”②

《大公报》第二年初的一篇社评中说：“中国政治的不健全，不自

---

① 《一个对照，一种说明》，《大公报》，1944 年 9 月 22 日社评。

② 叶圣陶：《西行日记》(下)，《叶圣陶集》第 20 卷，295、338 页，南京，江苏教育出版社，1994。

今日始。为什么今天特别显得病态百出？一句话，因为现在是战时。”“从去年起，战事进入重要阶段，政治的弱点就更显明，贪污中饱、松懈苟且等毛病都表面化、严重化，而最后腐蚀了军队的战斗力量。”①

《新华日报》的“友声”栏中发表了一篇白薇写的《抢救粤汉铁路》，更淋漓尽致地表达出当时许多人难以忍受的焦躁心情：“多少人以盟军在欧洲打希特勒，美海军在太平洋打日寇，似雪片纷飞着光荣的战绩，大为乐观。而我国失地如山崩，国脉将丧尽，遍地被烧杀、掳掠、奸淫，就不引为可耻而心痛吗？”“如今，河南、湖南，沿平汉和粤汉铁路那几千里广阔的地带，都遭受敌人无情的浩劫，妖焰逼人，哀鸿遍野。有手有脚有力量，对于这次惨烈的战祸，不能亲手回击敌人一下，反而在乐观，不声不响，静若打坐的禅僧，这是可能的吗？”“我很焦躁，心焦到不能再忍耐，我实在不能再忍了，才拿起笔来写。”②

民怨空前沸腾，舆论空前激昂。再也没有比这些惨痛的事实更能使亿万中国人猛醒了。“于是，围绕如何挽救危机的问题，国统区的民主运动以空前规模蓬勃兴起。”“当时，全国舆论一致要求以民主求团结，以团结争取抗战胜利。”③

这种强烈的呼声，实际上表达了对国民党政府已完全丧失信任，要求实行根本性的变革。6月河南大溃败之后，桂林、昆明、成都等地的民主人士纷纷集会，发表宣言，主张开放政权，实行宪政，改弦

① 《倡导新吏风》，《大公报》，1945年1月10日社评。

② 白薇：《抢救粤汉铁路》，《新华日报》，1944年7月8日。

③ 侯外庐：《韧的追求》，159页，北京，生活·读书·新知三联书店，1985。

更张，挽救危局。6月20日，中国民主政团同盟主席张澜等在成都发起组成的民主宪政促进会提出《对于国事之十项主张》，写道："目前国家内外局势，都到了严重关头。""本会认为非立即实现民主，不足以团结各方，争取胜利。"①成都《华西日报》发表社论说："目前的局势，从一切方面证明中国非加速实行民主，不能动员全部国力，不能克服种种困难和危机。""现在这个关头，再也不是坐而言，而是起而行的时候了。"8月18日，西南联大教授吴晗在昆明一次时事座谈会上说："一切重要的焦点在政治，不在军事。"②9月初，张澜发表谈话："政治问题是整个的。要是枝枝节节地说，枝枝节节地去做，这不是解决问题的态度，乃是应付的态度。这种态度，应为我们所不取，因为这只是枉费精力。""归根结蒂，关键是在民主。只有民主是中国惟一的道路。"③

国民党军队的大溃退，也使国际大哗。美国《纽约时报》记者爱金生当时作了这样的分析："外国人不得不得出这样的结论，即中国政府打算保留它的军队，以作战后维持其政权之用。"④外国政府和外交官员中不少人公开表示出对国民党当局的不满。美国外交官谢伟思6月20日给到重庆访问的美国副总统华莱士的备忘录中写道："国民党和委员长的地位与过去十年的情况相比，更加虚弱。""士气民心低沉。沮丧情绪广为扩散，普遍感到绝望。""国民党不仅证明了它没有改变

① 《新华日报》，1944年7月3日，本报讯。

② 本报特辑：《从各个角度发出的争言论自由的浪潮》，《新华日报》1944年9月1日。

③ 张澜：《关于当前政治问题的谈话》，《张澜文集》，202页，成都，四川教育出版社，1991。

④ 茅盾：《我走过的道路》(下)，355页，北京，人民文学出版社，1988。

它的行动所造成的崩溃；相反，它的政策正在加速危机的发展。”“一位国民党员最近承认，对国民党现政府的不满情绪是如此广泛，以至如果现在举行自由普选的话，百分之八十的人都会投票反对国民党。”10月10日，他给史迪威的备忘录中又写道：“随着国民党失败越来越明显地暴露，中国国内的不满在迅速发展。党的威信空前低落，蒋越来越失去作为领袖曾一度享有的尊敬。”①

随着国民党的统治危机空前严重，国内要求民主的不断高涨，各界人士强烈要求国民党废除一党专政。国际舆论对国民党当局腐败无能和军事失败的报道越来越多，要求它改组政府的言论时有所见。这些汇合在一起，便形成一股难以抗拒的巨大潮流，使提出成立“联合政府”的时机走向成熟。

联合政府主张的提出

公众的不满已经发展到那样普遍而强烈。要把这些不满的人们联合起来，需要有一面旗帜，一面简单明了、能够集中体现大家共同要求的旗帜。这样的旗帜，就是成立联合政府。打出这面旗帜，只有在1944年下半年才有可能，在这以前是不可能的，即便打出来也很难被比较多的人所接受。

为什么它只有在这时才能提出？原因在于国内的力量对比和民心走向发生了巨大变化。当抗日战争开始时，中国共产党的党员和它所领导的军队只有几万人。第二次国共合作虽在实际上已建立起来，但国民党当局一直不愿意正式承认中国共产党的合法地位。1938年国

① ［美］埃谢里克：《在中国失掉的机会》，139、141、147、164页，北京，国际文化出版公司，1989。

民参政会成立，共产党有七名参政员参加，但名义却是“文化团体”的代表。这看起来使人觉得滑稽，但却是冷酷的事实。国家政权完全在国民党的垄断之下，不容许别人插手。国共两党根本没有平等地位可言。直到1944年6月4日，中共代表林伯渠向国民党提交的《中国共产党中央委员会向中国国民党中央执行委员会提出关于目前若干急切问题的意见》中，关于全国政治的共有三条：“一、请政府实行民主政治，保障言论、出版、集会、结社及人身之自由。二、请政府开放党禁，承认中共及各抗日党派的合法地位，释放爱国政治犯。三、请政府允许实行名副其实的人民地方自治。”①这里，主要的还是在争取自身的合法地位。

随着湘桂战场上的不断溃败，越来越多的人(包括一般中间分子在内)对国民党当局的统治能力失去了信任。废除一党专政、改组政府成为普遍的呼声。中国共产党密切注视着时局的发展和人心的变动，及时地适应这种变化着的情况调整自己的政策和口号。另一方面，国民党当局谈判代表王世杰、张治中八月十日在给中共谈判代表林伯渠的信中坚持说：“政府意旨”是“在抗战结束后一年以内”才能“实行宪政，予各党派以同等地位”，并且批评中国共产党所提的“实行民主政治”等要求是“毫无边际之抽象文句”，“于事实究竟有何裨益”。② 这个批评是无理的，却也促使中国共产党去考虑在民主要求方面怎样提出更加明确具体、易于动员民众的政治主张来。

---

① 《三十三年六月四日中共所提十二条》，《中华民国重要史料初编——对日抗战时期》第5编(4)，271～272页，台北，中国国民党党史委员会，1985。

② 《三十三年八月十日王世杰、张治中对中共十二条之复函》，《中华民国重要史料初编——对日抗战时期》第5编(4)，273、274页，台北，中国国民党党史委员会，1985。

8月下半月，毛泽东在董必武17日向周恩来的请示报告中批示："应与张(澜)、左(舜生)商各党派联合政府。"[①]成立联合政府的主张，在经过酝酿后终于提到行动日程上来了。9月1日，中共中央召开六届七中全会主席团会议。毛泽东在会上谈到他已对随美军观察团来到延安的谢伟思说明中国共产党的主张："召集各党派代表会，成立联合政府，共同抗日，将来建国。"并且说："联合政府，三条政纲，可在答复张(治中)、王(世杰)时提出。"[②]9月4日，中共中央给林伯渠、董必武、王若飞的电报中说："目前我党向国民党及国内外提出改组政府主张时机已经成熟，其方案为要求国民政府立即召集各党各派各军、各地方政府、各民众团体代表开国事会议，改组中央政府，废除一党统治，然后由新政府召开国民大会实施宪政，贯彻抗战国策，实行反攻。估计此项主张，国民党目前绝难接受。但各小党派、地方实力派、国内外进步人士，甚至盟邦政府中开明人士，会加赞成。因此，这一主张应成为今后中国人民中的政治斗争目标，以反对国民党一党统治及其所欲包办的伪国民大会与伪宪。"对进行的办法，电报中提出："望你们在起草回答张、王的信中加上此项主张，以说明这是我们对于实施民主政治的具体步骤和主张。""在这次参政会中，如取得小党派及进步人士同意，可将是项主张作成提案，即使不得通过或改变性质地通过，我仍可向国内外宣传。"[③]这时已到了国民参政会开幕的前一天了。

---

① 毛泽东在董必武向周恩来请示报告上的批示，1944年8月。

② 毛泽东在中共六届七中全会主席团会议上发言记录，1944年9月1日。

③《中央关于提出改组国民政府的主张及其实施方案给林伯渠、董必武、王若飞的指示》，《中共中央文件选集》第14集，323～324页，北京，中共中央党校出版社，1992。

9月5日上午，国民参政会第三届第三次会议在重庆开幕。这次会议是在战局严重恶化、群情激昂的时刻召开的，会上发言之热烈，批评之直率，是以往历次参政会上不曾见到过的。蒋介石在开幕式上刚讲完话，老参政员林虎代表全体参政员致答辞时就说："年来盟军在欧洲和太平洋战场上节节胜利，我们回顾国内，瞻念前途，不但不敢稍有乐观，而且抱有杞人的忧虑。""这并非我们故作危言耸听，种种事实都摆在我们面前，为大家所共见共闻的。这也用不着隐讳，也用不着一一列举。""若将现状拖延下去，前途是不堪设想的。"①当军政部部长何应钦、财政部次长俞鸿钧等报告后，参政员们提出了严厉的质询和批评。不但说话的人多，而且说得尖锐而直率。以《大公报》一天内的报道为例："何部长报告毕，褚参政员辅成发言。他说：政府这次虽然提高了将士待遇，但是还是不够的，恐怕军官以后还吃空额。军中如实额不到一半，怎么反攻?""马(毅)氏提醒民众：南美和瑞士也有中国贪官污吏的存款。(鼓掌)贪官污吏在国外的存款，应该一律没收。(鼓掌)""傅参政员斯年发言。他连呼惭愧。他说改善士兵待遇早几年就该办了，而到现在才提出来，真是惭愧。""事情为什么办得婆婆妈妈呢？难道我们要把许多空额留给军官去吃？谁吃空额，枪毙他！(大鼓掌)"冷遹指出：军队坏了，原因并不完全是军队。"'军队坏，'他说，'由于政治也坏。如果政治好，军队不会坏的。'"黄宇人说："要打破困难，现在是最后时机，以后再没有机会了。(鼓掌)"②会上对政府贪污腐败无能等种种黑暗状况，做了痛快淋漓的

① 《参政员林虎致词》，《国民参政会纪实》下卷，1308页，重庆，重庆出版社，1985。

② 启平：《军政与财政，参政会昨热烈讨论》，《大公报》，1944年9月18日。

揭露。

这次参政会上还有一项重要议程：国共关系问题。以前，国民党当局一直只许国共谈判在内部进行，不肯公开宣布。为什么这次把它提到参政会上来谈呢？原因来自国内外普遍要求了解国共谈判真相的巨大压力。9月15日，林伯渠、张治中在大会上分别作了关于国共谈判经过的报告。叶圣陶在日记中说：那一天，“晨阅报纸，敌军已抵全州，我军与激战，桂林已亟亟可危。”①人心异常焦灼。这次报告引起了巨大轰动。《大公报》报道说：“昨日上下午国民参政会的两次公开大会，呈现了自该会成立以来所未有的盛况。所有报到的参政员大致全体出席，旁听席都坐满了，又在隙地加凳，还有坐不下的就站着听。雨后的凉秋九月，会场里扇着电扇，却仍是一片热烘烘的氛围，笼罩着会场所有的人的身体与心灵。”②

林伯渠在会上公开提出了成立“联合政府”的主张。他在报告结束时响亮地宣布：“我们认为，挽救目前抗战危机准备反攻的急救办法，必须对政府的机构人事政策迅速来一个改弦更张。这几天参政会诸先生的各项询问，也正说明了我们的机构人事到政策都有很多毛病，不能适合今天抗战的要求。因此我坦白的提出，希望国民党立即结束一党统治的局面，由国民政府召开各党各派、各抗日部队、各地方政府、各人民团体的代表，开国事会议，组织各抗日党派联合政府，一新天下耳目，振奋全国人心，鼓励前方士气，以加强全国团结，集中全国人才，集中全国力量，这样一定能够准备配合盟军反攻，将日寇

---

① 叶圣陶：《西行日记》（下），《叶圣陶集》第20卷，292页，南京，江苏教育出版社，1994。

② 《中共问题之公开，民主统一的进步》，《大公报》，1944年9月16日社评。

打垮。"①

联合政府的主张，中共中央原来是准备在"取得小党派及进步人士同意"后"作成提案"提出的，为什么后来由林伯渠在报告中公开提出？董必武9月24日向中共中央报告说："我们如想将召集国事会议、改组政府的主张用提案方式提出是不可能的，因为没有人敢连署。如在会议外提出，国民党又会诬蔑说我们阴谋要夺取他们的政权。因此我们对时局的方针，在会上用报告的方式提出最恰当。"②这次大会受到万众瞩目，而且是公开举行的，林伯渠报告中的这段话便格外引人注目。连一向亲近国民党的参政员王云五也在当天的大会发言中说："政权公开，是中共所提的。其实不但是中共所主张，我想全国人民也同样的主张。"③会后，国民党中央宣传部的许孝炎特别嘱咐各新闻部门："关于联合政府的问题，千万不要见报。"中央通讯社在报道中将林伯渠的这段话全部删去。但9月17日的《新华日报》上还是全文发表了这个报告。"报纸贴在街上，围看的人很多。报纸多销了几千份。"④外国记者也纷纷向海外发出新闻稿，产生了广泛的反响。

这个主张一提出，就像一块巨石投入水中，掀起了巨大的波澜。众多的人有了明确的共同目标：要求废除国民党的一党专政，成立联

① 林伯渠：《在国民参政会上关于国共谈判的报告》，《中共中央文件选集》第14集，334页，北京，中共中央党校出版社，1992。

② 董必武：《关于参政会的报告》，《中共中央抗日民族统一战线文件选编》下，761页，北京，档案出版社，1986。

③ 王云五：《对国共谈判的意见》，《国民参政会纪实》下卷，1366页，重庆，重庆出版社，1985。

④ 毛泽东在中央党校给去前方干部所作报告的记录稿，1944年10月25日。

合政府。这就将大后方的民主运动推进到一个新的阶段。

国民参政会在9月18日闭幕。24日，重庆的各党派、各界代表五百多人举行集会。这是一次很引人注目的会议。参加的人员方面广，言论坦率，情绪热烈。会议在张澜主持下进行了六个小时。冯玉祥说："今天如再没有很新的改革，亡国之痛就在眼前。"章伯钧说："应该主张召开各党派会议，不要等到亡国之后！中国今天有强有力的共产党，有强有力的民主同盟。只有立即召集国民会议，实行联合政府，才能挽救危机。"董必武说："要解决，一定要彻底改革。我们向参政会提出的是召开国事会议和联合政权。只有这样，才能全面动员起来，团结全国人民把日寇打出去！"黄炎培说："今天才真正听到了民意。"沈钧儒说："国内外形势，盟邦天天胜利，我们节节失败，真令人着急。大家所讲联合政权、国民会议，其实都很平常，容易做的。问题在政府能否接受，如何实行。"①这次盛会成为大后方民意的一次集中表现。

接着，昆明、成都、西安等地的报刊上发表大量社论和文章，许多群众团体举行集会，强烈要求实行真正的民主政治，呼吁政府从根本上改弦更张。张澜在成都对《新中国日报》记者发表谈话："要改革参政会中大家所列举的缺点，必须大开大阖，真正实现民主，才能集中人才，伸张民意。如果仅只枝枝节节的去改，则决不能振做一新。"②参政员周炳琳在昆明西南联大报告对国民参政会的观感时说："只有民主政治才能抗战，也只有民主政治才能建国。民主政治须全

① 《新华日报》，1944年9月25日。

② 《新华日报》，1944年10月4日。

盘的、彻底的，故不以一点点权限的扩大为满足。”①

更加引人注目的是，中国民主同盟在10月10日发表了《对抗战最后阶段的政治主张》。它提出的四项主张中，第二项是“立即结束一党专政，建立各党派联合政权，实行民主政治”，要求“召开各党派会议，产生战时举国一致的政府”。② 中国民主同盟，是在这次国民参政会结束的第二天，举行全国代表会议，由中国民主政团同盟改组而成的，代表着大后方各种不同政治倾向的中间势力。他们公开发表这样的主张，是一个重要的政治动向：表明建立“联合政府”已不再只是中国共产党的意见，而且反映了大后方相当广泛的包括中间势力在内的共同意向。

对联合政府主张的提出，毛泽东在1945年3月31日举行的中共六届七中全会上作过扼要的叙述：“联合政府是具体纲领，它是统一战线政权的具体形式。这个口号好久没有想出来，可见找一个口号、一个形式之不易。这个口号是由于国民党在军事上的大溃退、欧洲一些国家建立联合政府、国民党说我们讲民主不着边际这三点而来的，这个口号一提出，重庆的同志如获至宝，人民如此广泛拥护，我是没有料到的。”③这就把提出联合政府主张的由来和过程讲清楚了。

美国的斡旋活动

对国共关系这个问题，美国当时的态度是复杂而微妙的。作为反

① 《新华日报》，1944年10月14日。

② 《中国民主同盟对抗战最后阶段的政治主张》，《中国民主同盟历史文献(1941—1949)》，32页，北京，文史资料出版社，1983。

③ 《毛泽东在七大的报告和讲话集》，101页，北京，中央文献出版社，1995。

法西斯战争中的盟国，他们关心的焦点是早日取得对日战争的胜利，并尽可能减少美军日后在中国大陆作战时的损失，担心国民党当局的专制和腐败将使他们在作战中难以发挥多少作用，甚至在日军的攻势面前继续溃退，希望这种状况得到改变，同时也希望国共之间取得协议，以便使中国所有军事力量都能用于对日作战。但最初他们似乎还缺乏明确、具体而肯定的主张，前后说法有时也不一致。

美国总统罗斯福在副总统华莱士访华后不久，在 7 月 6 日致电蒋介石说："日本人在华中的进攻导致了极其严重的局势，这种局势不仅威胁着你的政府，而且威胁着美国军队在中国建立的一切。""我觉得中国的形势十分危急，如果不立即采取根本的、适当的补救措施，我们的共同事业将遭受灾难性的挫折。"①同月 14 日他又给蒋介石写了一封信，扼要地阐述了他对中国问题的具体主张："关于目前正在进行的与中共的谈判，你诚意要以政治方式求得解决，我看到特别高兴。"他表示希望看到"中国政府与中共之间预先取得协议，具体布置如何在华北有效地对日作战。"②

这月下旬，美军观察组到达延安。随同前去的美国外交官谢伟思在 8 月 23 日同毛泽东进行了一次持续达六小时的长谈。他在 27 日给美国政府的报告中说："毛主席想要美国支持一个建议，即通过召开一次中国所有主要政治集团参加的会议，建立起一个新的全国性政府。"这看来就是毛泽东 9 月 1 日在六届七中全会上提到的他同谢伟思的那次谈话。谢伟思接着写道："我认为这些陈述是我们迄今所得到

① ［美］约·斯·谢伟思：《美国对华政策（1944—1945）》，70、71 页，北京，中国社会科学出版社，1989。

② 《中美关系资料汇编》第 1 辑，583 页，北京，世界知识出版社，1957。

的共产党希望在最近的将来在中国全国性事务中起什么作用的想法和计划的最明确的主意。”谢伟思后来又写道：“我的看法和大多数自由主义的美国人的意见是一致的。中国共产党的纲领——他们的统一战线政策和联合政府，被很多美国人，无疑还有我自己，认为是最好的政策。”①很清楚，这位美国外交官是把成立联合政府看做中国共产党的想法和建议的。

美国驻华大使高斯这时的活动也很值得注意。由于美国政府对中国战场上的局势正越来越感到沮丧和失望，军方已向罗斯福建议把国共双方的武装力量置于史迪威的统一指挥下。高斯开始一项新的尝试：他派大使馆参赞艾奇逊找国民政府立法院院长孙科进行一次试探性的私人长谈，建议：“由委员长、(包括共产党在内的)所有派别和他一起组成军事委员会或最高统帅部。”

谢伟思对这件事评论道：“它被批评为是含糊不清和词义不明的，但这正好是它的优点之一和用意所在。”“当然，此计划打算不仅使共产党，而且使中国其他对政府不满的重要团体——各省军事领导人、知识分子和其他被排斥在委员长狭小的权力集团之外的人们——参加政府。可是，它不是一个正式的‘联合政府’。”②谢伟思在这里使用的“含糊不清和词义不明”的评语特别值得玩味。研究工作者可能会想起，在个别回忆录和会议材料中提到过美国政府曾主张在中国促成成立联合政府，可是，如此大事在大量美国外交文件、包括内部来往密电中却找不到它的踪迹，这是怎么一回事呢？合理的解释看来是：美

---

① [美]埃谢里克编著：《在中国失掉的机会》，242、246页，北京，国际文化出版公司，1989。

② [美]约·斯·谢伟思：《美国对华政策(1944—1945)》，80、81页，北京，中国社会科学出版社，1989。

国政府本来没有明确地提出过这样重大的政策性主张，而是那些“含糊不清和词义不明”的提法又经过未必准确的翻译造成了误解。美国政府确曾想过要促成国民党和共产党间一定程度的联合行动，以便在美国支配下，把中国所有军事力量用来对付日本，特别是在当时那种严重的军事局势下，但并没有考虑过改变国民党一党专政的问题。

高斯那个建议得到美国国务院的支持。但他本人直到 8 月 30 日才见到蒋介石，谈话的结果令他失望。第二天，高斯写信给国务卿赫尔，报告他是这样向蒋介石谈到美国政府态度的：“美国政府对于中共的事业并无兴趣，然而，我们乐于见到中国内部问题及时解决。这问题表现在中国的武装部队彼此对峙着，而并不面对日本，对日作战。而在战争中的目前危急时期，这是具有特殊重要性的。”“我们并没有建议中国应该屈服于共产党的要求之下。美国政府所关心的，仅仅在于使中国能泯除存在的危急情况，并使中国能够统一。我们希望中国人自己之间在这个局面下能获得和平的解决方法。”高斯在信中还写道：“当然，我是熟悉国民党的意见的。国民党认为目前只能是一党政府。我乐于看到这个困难能够克服，但即使不可能在广泛的基础上克服这个困难，不可能给小党派参加政府，那末，也可以求得一个有限度的解决方法，使若干特殊的集团或政党中干练的代表参加政府。应该把这些个人请来，参加某种形式的责任的军事委员会，策划并执行计划，以应付中国目前所面对的严重的战争危机。”①这是高斯自己的说明。在他看来，现实的要求是把一些“个人请来，参加某种形式的责任的军事委员会”，这当然谈不上是在中国促成成立联合

① 《中美关系资料汇编》第 1 辑，584、585 页，北京，世界知识出版社，1957。

政府。

隔了几天，国民参政会开会后，赫尔在9月9日复电高斯，要他同蒋介石再谈一次，“说明你将向共产党代表指出，中国亟需团结以继续抗战并为和平而做准备，为达成这样的团结，友善与容忍以及互相让步精神是重要的；说明目前具有各种政治思想的中国人应为打败日本而合作，并且说明只要牢记着胜利是主要目标，分歧的意见便可以解决了。你可以向蒋说明，以上所述是总统和我的意见。”他接着又说：“我们同意你利用了与蒋谈话的机会，提出你(一如来信所述)对于联合委员会的理想。请向蒋说明，总统与我觉得你的建议既合时宜又切实际，并值得予以审慎的考虑。”对这种机构，他作了具体的解释：“照我们的信念，达到这个目的最有效的机构，是一个在蒋介石领导之下，握有完全权力的代表一切有力分子的委员会或其他组织。”①

9月16日，也就是林伯渠在国民参政会提出联合政府主张的第二天，高斯又致电赫尔和罗斯福，报告他根据赫尔9日来电再次同蒋介石谈话的情况。报告中把前面所讲到的“联合委员会”明确地解释为“联合军事委员会或类似安排”。报告中说：“基于我提及国民参政会只是一个咨询机构，他说他设想，我的建议不是打算改变政府机构，不应在这时尝试做某些事。我答复说：作为一个愿望，我寻求的是小党派的人进入政府；在面临危机的时刻。一个国家的政府能顺利恢复。但是，我的建议并不是立刻改组政府，而是相当于建立起一个战时内阁，使其他党派或组织的行政及军事领导人参加进来，面对目前

① 《中美关系资料汇编》第1辑，586页，北京，世界知识出版社，1957。

形势中的问题，并承担起责任。"①

从不厌其烦地摘引的那些来往电报里，不难明白地看清美国政府在中国问题上的基本态度。它的着眼点主要是军事上的考虑，主张国共关系问题在战时要力求实行政治解决，共产党应该把军队交出来，在蒋介石指挥下对日作战，然后在战时内阁中给它几个位置，以便在当前严重局势中共同承担责任，而不是立刻改组政府。这和中国共产党提出的"联合政府"的主张并不是一回事。林伯渠 9 月间给王世杰、张治中的信中特地说道："绝不是请客式的、不变更一党专政实质的、不改变政策的所谓新政府"，就是针对这种情况来说的。当然，美国政府的这些要求在此时对国民党当局也多少形成一点压力。

要求成立联合政府的浪潮在整个大后方日趋高涨后，11 月 7 日美国总统私人代表赫尔利来到延安，和中共中央领导人毛泽东、朱德、周恩来等进行会谈。赫尔利带来一份作为"协议的基础"的文件。"这是由他起草并得到国民党谈判代表同意的。"②这个文件完全没有提到成立联合政府的问题，其中规定："中国共产党军队，将遵守与执行中央政府及军事委员会的命令"，"在中国，将只有一个国民政府和一个军队。共产党军队的一切军官与一切士兵，当被中央政府改组时，将依照他们在全国军队中的职位，得到一样的薪俸与津贴"等。这实际上是要保持国民党的一党专政，并取得对共产党领导的军队的控制权，当然不能被中国共产党所接受。经过三天的谈判，按照中共中央的提议，双方同意达成五点协定。第二点是："现在的国民政府应改

① 《美国驻华大使高斯致赫尔国务聊和罗斯福总统》，《抗战时期国共合作纪实》下卷，348～349 页，重庆，重庆出版社，1992。

② [美]约·斯·谢伟思：《美国对华政策(1944—1945)》，98 页，北京，中国社会科学出版社，1989。

组为包含所有抗日党派和无党无派政治人物的代表的联合国民政府，并颁布及实行用以改革军事政治经济文化的新民主政策。同时，军事委员会应改组为由所有抗日军队代表所组成的联合军事委员会。”第四点是：“所有抗日军队应遵守与执行联合国民政府及其联合军事委员会的命令，并应为这个政府及其军事委员会所承认。由联合国得来的物资应被公平分配。”①11 月 10 日，毛泽东以中国共产党中央委员会主席的身份，赫尔利以美国总统私人代表和见证人的身份，在这份协定草案上签了字。但在赫尔利回重庆后，这五点协议却被蒋介石完全推翻了。

这时，战局仍在继续恶化，各地的民主运动继续高涨。为了平抑众怒，国民党当局采取了两项对策：第一是对政府实行局部改组。11 月 20 日以俞鸿钧接替孔祥熙为财政部长，陈诚接替何应钦为军政部长，12 月 4 日又以宋子文代替孔祥熙主持行政院的工作。但这丝毫没有改变国民党一党专政的实质。第二是蒋介石在 1945 年元旦广播中宣称：“我现在准备建议中央，一俟我们军事形势稳定、反攻基础确立、最后胜利更有把握的时候，就要及时召开国民大会，颁布宪法，使我们中国国民党在民国二十年受国民会议委托行使之政权，得以归政于全国的国民。”②且不说他所开的只是一张空头支票，就是他说要“及时召开”的国民大会，也只是抗战前在国民党一手操纵下产生的，根本谈不上什么“归政于全国的国民”。对这两项对策，大后方多数人都已看透它们都是换汤不换药的把戏，再也引不起人们的兴趣。国民

① 《延安协定草案》及附录，《中共中央文件选集》第 14 集，393～395 页，北京，中共中央党校出版社，1992。

② 《中央日报》，1945 年 1 月 1 日。

党在大后方早就扫地无余的信誉再也无法挽回转来了。

民族资本家政治态度的变化

随着要求成立联合政府高潮的兴起，民族资本家的政治态度在1944年底也发生具有转折意义的重大变化。

抗战以前，中国工业的一半以上集中在沿海各省，西南和西北地区的民族工业几乎微不足道。据国民政府经济部统计处1943年5月提供的资料，战前后方较具规模的民营工厂，在四川仅有机器工厂二家，电力工厂一家，面粉厂五家，水泥厂一家，纸厂一家；贵州有纸厂一家；陕西有纱厂一家，面粉厂二家。西康、青海、宁夏三省没有近代工业。到了抗战时期，随着政治军事形势的变化，内地的工业出现了飞速发展。其中，上海等地的民族工业内迁起到了决定作用。

这些内迁工厂，为着支持祖国的抗战大业，历经千辛万苦，辗转万里，陆续内迁。其中，移到重庆和四川各处的占一半多。对工业基础十分薄弱的大后方来说，它们带来十多万吨新式器材和一万多名熟练技工，自然成为发展工业的骨干力量。由于战时的需求，从抗战爆发到1941年，大后方的民族工业保持着向上发展的势头。

但从1942年起，它们的处境越来越困难了。出现这种衰退的主要原因有三个：第一，恶性的通货膨胀，使工厂完成生产并把产品销售出去时，所得的价款往往不足以补进再生产所需要的原料，造成流动资金的枯竭；企业按一定比例提取的折旧基金，也常远不足用来更新设备。第二，国民党政府对物资实行垄断性的统制政策。1942年，开始实行盐、糖、火柴的专卖。下一年，又开始对棉纺织品等实行限价和议价。政府规定的收购价、限价和议价，无论同物价指数相比，还是同黑市市价相比，都显然太低，使企业陷入困境。第三，豪门资本控制下的公营企业在1940年以后对民族资本的排挤越来越厉害。①

在1943年，民营工业的生产总指数出现抗战期间第一次负增长。1944年，整个大后方工业的生产总指数出现第一次负增长。这年6月，迁川工厂联合会、中国全国工业协会发表的一篇文章已愤愤不平地指出："我们平心静气的检讨，抗战以来在经济上最吃亏的人，是靠少数储蓄、公债维持生活的人；最便宜的人，是依恃特殊势力、囤积居奇、走私漏税而没有人敢过问的少数人，吸收了每天贬值的存款而自行经营每天涨价的商品买卖的一部分的金融业和广大的资产永不贬值而收入大量增加的地主。工商业大多数都在困苦艰难中挣扎得几乎喘不过气来。"②

豫湘桂大撤退给大后方民族工商业的打击是沉重的。内迁工厂除重庆和四川各处以外，最多的地方便是湖南和广西。抗战后期担任迁川工厂联合会理事长的胡厥文，在将他经营的新民机器厂迁到重庆后，又在湖南祁阳设立新民分厂，在广西桂林创办大中机器厂，规模都很大。湘桂大溃退时，有权势和有钱的人可以把他们的物资抢先运来，而民族工业历尽艰辛迁到后方的机器设备却几乎被丢弃一空。胡厥文那时正在湖南，冒着日机的轰炸，随着逃难的人群，经过广西、贵州，辗转回到重庆。他回忆道："这次逃难是我生平东西丢得最干净的一次。""据我概略估计，这次西南工业迁出的机器，衡阳只二分之一，祁阳十分之六，桂林、柳州约十分之八，连同其他各处，合计不足一半。至于抵贵阳、独山安全地带的不过百分之一。"这段苦难的

① 参见许涤新、吴承明主编：《中国资本主义发展史》第3卷，548～552页，北京，人民出版社，1993。

② 迁川工厂联合会、中国全国工业协会：《敬质伍启元先生》，《新华日报》，1944年6月14日。

经历给他的刺激太大了："这次湘桂撤退中，使我亲身体验了国民党政府的腐败，国民党军队的无能，以及民营工厂的悲惨处境。十一月十八日，我在重庆迁川工厂联合会会员聚餐会上，以悲愤而沉痛的心情，向大家介绍了民营工矿撤退的情况。"胡厥文的介绍，使当时在场的工商业者无不为之动容。"事实教育了我们，大家深感我们工业界人士不能只埋头经济而对时局坐视不问。几经议论，大家认为应对国事公开发表主张。年底以中华全国工业协会、迁川工厂联合会、中国国货厂商联合会、中国西南实业协会、中国战时生产促进会等五个工业团体的名义，发表对时局的声明，提出十项政治主张。"这不是一份普通的声明。胡厥文指出："这是我国民族资产阶级第一次公开发表对时局的政治主张，当时在山城引起了振动。"①

这份声明一开始就指明战局的严重性：日军西向，"进占独山，不及兼旬而略地千里，有窥贵阳而威胁川滇之势。当时大局之严重，实为不可讳言的事实。"现在独山光复，"虽然胜利之门已启，敌骑之迹犹在"，"可西可东，主动仍操敌手，心腹之患尚存。吾人应如何痛定思痛，做亡羊补牢之计，此正其时。"声明接着提出对政府的希望，包括："请速实施宪政，厉行民治，以发挥天下为公之精诚"；"请厉行监察制度，加强法治精神，扫除政治上之贪污与腐化，以坚人民信任"；"免除一切不必要之猜防，贯彻官民合作、军民合作之精神，团结一致，争取胜利"等。声明在结束时沉痛而委婉地说："同人等或习商业，或营工矿，未谙政治，但略读诗书，申明大义，值此抗战艰难阶段，感于领袖戒谨之训，不敢妄自菲薄，爰贡刍荛之见。凡上所陈，卑之无甚高论，行之或裨抗建。谨以万分至诚，以请我全国同胞

① 《胡厥文回忆录》，69、70、71页，北京，中国文史出版社，1994。

与政府垂鉴，幸甚幸甚。”①

《新华日报》立刻在12月26日发表《经济界需要民主》的社论，欢迎民族工商业者的这个声明。社论描述了湘桂大撤退时民族工业的悲惨遭遇，接着写道：“这一段辛酸的故事，不是证明着，抗战大局如果不好转，厂家就没有立足的可能么？政治不民主，就没法使战局着实好转，亦就没法使经济界发展其事业。举目一望，窒息战时经济的措施实在太多了。所谓统制，只能给与正当的工商业以无限的困难，而对于半官半商的两栖类的特种资本，则反而给以不少的便利，便利他们在操纵垄断，便利他们在兴风做浪？这种病民误国的办法，如果不加以扫除，产业商业都休想发展。”社论最后写道：“我们欢迎渝市工商界献言的基本精神，我们希望政府能够接受工商界这些最诚恳的呼吁与最低限度的要求。”②

一个月后，周恩来从延安到重庆时在特园邀请工商界人士举行一次座谈会，出席的有大后方民族资本家的主要代表人物刘鸿生、吴蕴初、胡子昂、胡厥文、李烛尘、章乃器、余名钰、吴羹梅、胡西园等三十多人。周恩来在讲话中着重强调：抗战要坚持到底，民族要独立，国家要富强，工业家要为国家做出贡献。刘鸿生、李烛尘、章乃器等在会上也坦率地发表了意见。以后，中共中央南方局同民族资本家的往来就越来越多了。这年年底，以民族资本家为主体的民主建国会成立。胡厥文回忆道：“我在青年时期，曾厌恶政治，立志不入仕途，要搞实业救国。”“由一心搞实业到从政，筹创民主建国会是转

① 《新华日报》，1944年12月26日。

② 《经济界需要民主》，《新华日报》，1944年12月26日社论。

折点。”①

周恩来后来回忆道：“1944 年，不仅小资产阶级，连民族资产阶级也靠拢了我们。”中国的民族资本家会向共产党靠拢，曾使海外一些人，以至当时国民党内一些人感到难以理解。其实，这是中国现实社会生活的产物。回顾一下历史，便可以看到，他们政治态度上的这种变化是长期积累的多种因素造成的，而 1944 年是它的转折点，这同豫湘桂大溃退的严重后果有着直接的关系。

结　语

人心的向背，从来在政治局势的演变中起着决定性的作用。

1944 年大后方人心大变动的巨大影响，在当时已可明显地感觉到。国民党政府已经失尽了民心。许多人已在开始考虑战后中国的前途问题。叶圣陶在 1944 年 12 月 7 日的日记中写道：“就大局而言，大家都吃一些痛苦，将一切腐败因素淘汰净尽，反为前途之福。今若幸胜则改革不彻底，殊无可慰。”②

长期以来，政府只是国民党一党专政的政府，共产党和其他民主党派的合法地位都没有受到正式承认，而现在可以公开地提出改组政府，要求成立各党派组成的联合政府，并且得到社会上广泛的接受或同情。过去，国共两党的谈判只能在内部进行，处在不平等的地位，谈判的情况也无法为国人所了解，现在这些都公开出来，国共双方处在对等的地位，双方谈判的状况成为社会各阶层时刻关心的问题，甚

① 《胡厥文回忆录》，77 页，北京，中国文史出版社，1994。

② 叶圣陶：《西行日记》(下)，《叶圣陶集》第 20 卷，340 页，南京，江苏教育出版社，1994。

至受到国际上的重视。这是多么大的变化！它自然不是国民党当局所愿意看到的，而是事情长期积累和演变的结果，是客观形势发展的产物。

1945 年 4 月 24 日，毛泽东在中国共产党第七次全国代表大会上作政治报告。报告的题目就是《论联合政府》。他在报告一开始就说："中国应否成立民主的联合政府，已成了中国人民和同盟国民主舆论界十分关心的问题。因此，我的报告将着重地说明这个问题。"这个报告在全国广泛流传，使成立联合政府的口号喊得更响亮了，成为万众瞩目的焦点所在。

这种影响一直延伸到战后。抗战胜利后不久就开始的重庆谈判和双十协定的签订，表明国共两党已公开地处于对等地位进行谈判并达成重要协议，这在过去是难以想象的。接着召开的有国民党、共产党、民主同盟、青年党和无党派人士代表三十八人举行的政治协商会议，在相当程度上正是中国共产党 1944 年要求举行各党各派和各界代表组成的国事会议的变相实现。这次政治协商会议开了二十二天，达成政府组织案、国民大会案、和平建国纲领、军事问题案、宪法草案等五项协议，受到社会各阶层民众的热烈欢迎。在这以后很长时间内，它成了很多人衡量是非的重要尺度：谁能坚持政协路线，谁就得人心；谁要破坏政协路线，谁就不得人心，就把自己置于同广大民众对立的地位。本已失去民心的国民党当局从来也没有准备去真正履行这些协议，并且很快公开撕毁了它。这又使国民党在全国人民面前输了理，处于更孤立的境地，而共产党却博得更广泛的同情。

1944 年大后方人心的大变动，是中国近代历史进程中的一个重要环节。离开这样的人心大变动，就很难对以后时局急转直下的发展有更加深刻而全面的理解。

三大战略决战中的毛泽东和蒋介石*

什么是战略决战？就是指对战争全局有决定意义的战役，通常表现为交战双方的主力会战，因为只有在会战中歼灭对方的主力，才能最终决定战争的胜负。在全国解放战争中，战略决战就是辽沈、淮海、平津三大战役。正因为战略决战对战争全局起着决定性作用，是战争的真正重心所在，双方的军事统帅不能不全力以赴地为争取真正的胜利而投入这场斗争。又因为它是双方主力的会战，在整个战争过程中是最激烈、最复杂、最变化多端的阶段，在指挥上也是最不容易驾驭的时刻。

对军事统帅来说，战略决战是检验他的战略眼光、驾驭复杂局势的能力以及决心和意志力的最好试金石。这里包括：他能不能总揽全局地正确判断客观战争局势的发展；能不能敢于在适当时机下常人难以决断的最大决心，排除种种困难，坚决贯彻实行；能不能灵活地应对战场上出现的可以预见或难以预见的重要变化，随机应变，及时调整

* 原载《党的文献》，2013 年第 1 期。

部署；能不能巧妙地从战役的这一阶段向下一阶段发展，如此等等。可以说，战略决战在相当程度上也是双方军事统帅指挥作战能力的较量。较量中孰优孰劣，空言争辩是没有用的，一切只能靠战争实践的事实来检验。

当然，战略决战的胜败不能单纯从军事这一个角度来考察，它通常有深刻的社会原因，同政治、经济、思想、文化等诸多因素交织在一起，特别是由人心向背这一根本因素所支配，但军事统帅的主观指挥是否正确无疑也起着极为重要的作用。

毛泽东曾着重指出这一点："我要优势和主动，敌人也要这个，从这点上看，战争就是两军指挥员以军力财力等项物质基础作地盘，互争优势和主动的主观能力的竞赛。竞赛结果，有胜有败，除了客观物质条件的比较外，胜者必由于主观指挥的正确，败者必由于主观指挥的错误。"①

他还指出："战争是力量的竞赛，但力量在战争过程中变化其原来的形态。在这里，主观的努力，多打胜仗，少犯错误，是决定的因素。客观因素具备着这种变化的可能性，但实现这种可能性，就需要正确的方针和主观的努力。这时候，主观作用是决定的了。"②他在这短短的一段话里连用了两次"决定"这个词，来加强语气。战争的胜败，从根本上说，自然取决于客观因素是否具备，取决于人心的向背，取决于胜利一方各级将领、战士以及民众的共同努力，而有了这些条件以后，军事统帅的作战指导是否正确，无疑可以起"决定"作用。

---

① 《毛泽东选集》第2卷，490页，北京，人民出版社，1991。

② 同上书，487页。

对抗双方的统帅，在战略决战中总是竭尽自己的全力进行较量。双方又各拥有一定的实力，力图取胜，否则也没有什么“决战”可言。这就使历史的发展显得波澜起伏，险象环生。最后，一方胜利了，一方失败了。双方统帅的高下和优劣，在这种全力较量的检验中，表现得远比其他时候更为明显。从而，能激起人们对研究它的浓厚兴趣。

笔者常感觉：研究中国共产党在革命时期的历史，必须同时研究国民党，而研究这个时期国民党的历史，也必须研究共产党，注意它们之间的互动关系。如果只把眼光始终对着其中的一个方面，就难以对那段历史有全面的真实的了解。

记得在高中读书时，课外看过梁启超的《中国历史研究法》和它的《续编》。有一段话给笔者留下很深的印象。他说：“我们看李瀚章做的《曾文正公年谱》，实在不能满足我们这种欲望。因为他只叙谱主本身的命令举动，只叙清廷指挥擢黜谕旨，其余一切只有带叙，从不专提，使得我们看了，好像从墙隙中观墙外的争斗，不知他们为什么有胜有负！虽然篇幅有十二卷之多，实际上还不够用。倘然有人高兴改做，倒是很好的事情；但千万别忘记旧谱的短处，最要详尽的搜辑太平天国的一切大事，同时要[把]人的相互关系，把当时的背景写个明白，才了解曾国藩的全体如何。”①这段话是60多年前读的，但梁启超所说的“从墙隙中观墙外的争斗，不知他们为什么有胜有负”那几句话，至今不忘。

还可以打个比喻：看人下棋，一定要同时看双方分别如何布局，如何下子。棋局中变化多端，充满着未知数和变数，还要看一方走出什么别人原来没有料到的一着棋时，另一方又是如何应对的，应对得

---

① 梁启超：《中国历史研究法补编》，103页，上海，商务印书馆，1947。

是对还是错。这样才能看懂这局棋。如果眼睛只盯着一方的布局和下子而不看对方，那就根本无法看懂这局棋，甚至也无法真正看懂你所关注的那一方为什么胜利或失败。

在战争史中，双方统帅如何统筹全局、做出判断、布局下子，如何处理战争进程中那些异常复杂而有关键意义的问题，他们的领导能力究竟怎样，后果又是如何，常常引起人们的特别兴趣。下面，就毛泽东和蒋介石在三大战略决战中的作战指导，分别作一点综合的考察。

关于毛泽东

毛泽东本来不是军人。他自己说过："我是一个知识分子，当一个小学教员，也没学过军事，怎么知道打仗呢？就是由于国民党搞白色恐怖，把工会、农会都打掉了，把五万共产党员杀了一大批，抓了一大批，我们才拿起枪来，上山打游击。"①

既然如此，为什么毛泽东会成长为一位出色的军事统帅？他的办法是"从战争中学习战争"。这有两层意思：一是要投身到战争实践中去，否则就谈不上从战争中学习战争；二是要在战争实践中用心去想，不断总结实践中成功的经验和失败的教训，用来校正自己的认识和行动，并且把战争中遇到的重要问题提到较高的原则性上去思索和解决，这就是研究战略问题。

陈毅曾对毛泽东的军事思想作过这样的概括："其特点是以实事求是的方法去研究中国战争的实际，去发现和掌握中国革命军事的总

① 《毛泽东传(1893—1949)》，164页，北京，中央文献出版社，2004。

规律。”①

陈毅说得很对。实事求是，确实是毛泽东军事思想的精髓。在战争中，他总是力求熟识敌我双方各方面的情况，使作战的部署和指挥尽量适合当时当地的情况，使主观的指导和客观的实际情况相符合，做那些实际上可能做到的事情，而不是只凭主观愿望去瞎指挥，更不是只说一大堆空话。这是他在战争中所以能克敌制胜的关键所在。

当然，对客观事物的认识不可能一次完成，在战争中尤其如此。他清醒地看到："统统相符合的事，在战争或战斗中是极其少有的，这是因为战争或战斗的双方是成群的武装着的活人，而又互相保持秘密的缘故，这和处置静物或日常事件是大不相同的。然而只要做到指挥大体上适合情况，即在有决定意义的部分适合情况，那就是胜利的基础了。”

他对军事统帅如何才能正确地指挥作战的思考和实行过程作了具体而清晰的叙述：

“指挥员的正确的部署来源于正确的决心，正确的决心来源于正确的判断，正确的判断来源于周到的和必要的侦察，和对于各种侦察材料的联贯起来的思索。指挥员使用一切可能的和必要的侦察手段，将侦察得来的敌方情况的各种材料加以去粗取精、去伪存真、由此及彼、由表及里的思索，然后将自己方面的情况加上去，研究双方的对比和相互的关系，因而构成判断，定下决心，作出计划，——这是军事家在作出每一个战略、战役或战斗的计划之前的一个整个的认识情况的过程。粗心大意的军事家，不去这样做，把军事计划建立在一相情愿的基础之上，这种计划是空想的，不符合于实际的。”

---

① 《陈毅军事文选》，325 页，北京，解放军出版社，1996。

“认识情况的过程，不但存在于军事计划建立之前，而且存在于军事计划建立之后。当执行某一计划时，从开始执行起，到战局终结止，这是又一个认识情况的过程，即实行的过程。此时，第一个过程中的东西是否符合于实况，需要重新加以检查。如果计划和情况不符合，或者不完全符合，就必须依照新的认识，构成新的判断，定下新的决心，把已定计划加以改变，使之适合于新的情况。部分地改变的事差不多每一作战都是有的，全部地改变的事也是间或有的。鲁莽家不知改变，或不愿改变，只是一味盲干，结果又非碰壁不可。”①

这两段话是毛泽东在 1936 年 12 月写的，而他在 12 年后的三大战略决战时作为中国人民解放军最高统帅时也是这样思考和践行的。

正确判断战争全局的客观形势，是中国人民解放军决定发动三大战略决战的出发点和基本依据。到 1948 年 8 月，正确选择决战时机已成为刻不容缓的问题。

解放战争两年来国民党军有生力量被大量消灭，双方力量对比已发生巨大变化。国民党当局正在考虑撤退东北、确保华中的问题，但仍举棋不定。叶剑英写道：“在这种情况下，究竟是让敌人实现他们把现有兵力撤至关内或江南的计划，使我们失去时机，从而增加我军尔后作战的麻烦呢？还是在敌人还没有来得及决策逃跑之前，我们就当机立断，抓住大好时机，组织战略决战，各个消灭敌人的强大战略集团呢？机不可失，时不再来。毛泽东同志根据对战争形势的科学分析，毅然决然地抓住了这个战略决战时机，先后组织了辽沈、淮海、平津三大战役。”②

---

① 参见《毛泽东选集》第 1 卷，179、180 页，北京，人民出版社，1991。

② 《叶剑英军事文选》，458 页，北京，解放军出版社，1997。

在兵力还没有超过对方的条件下，综合各方面因素的考虑，下决心发动战略决战，需要有大智大勇。这也是蒋介石没有料到、因而在事先也没有作出应对准备、结果处处陷于被动挨打的重要原因。

抓住决战时机后，确定决战方向十分重要。既要全局在胸，又要正确地选择从何着手，接着如何一步一步发展，直至达到预期的目标。这对军事统帅的指挥能力是一个重要考验。

毛泽东历来强调："一战而胜，再及其余，各个击破，全局因而转成了优势，转成了主动。"①他写道："第一个战斗，关系非常之大。第一个战斗的胜败给予极大的影响于全局，乃至一直影响到最后的一个战斗。"怎样打好"第一个战斗"？毛泽东归纳了三条原则："第一，必须打胜。必须敌情、地形、人民等条件，都利于我，不利于敌，确有把握而后动手。否则宁可退让，持重待机。机会总是有的，不可率尔应战"；"第二，初战的计划必须是全战役计划的有机的序幕。没有好的全战役计划，绝不能有真正好的第一仗"；"第三，还要想到下一战略阶段的文章。""战略指导者当其处在一个战略阶段时，应该计算到往后多数阶段，至少也应计算到下一个阶段。尽管往后变化难测，愈远看愈渺茫，然而大体的计算是可能的，估计前途的远景是必要的。""走一步应该看那一步的具体变化，据此以修改或发展自己战略战役计划，不这样做，就会弄出冒险直冲的错误。然而贯通全战略阶段乃至几个战略阶段的、大体上想通了的、一个长时期的方针，是决不可少的。"②

---

① 《毛泽东选集》第 2 卷，491 页，北京，人民出版社，1991。

② 参见《毛泽东选集》第 1 卷，220、221、222 页，北京，人民出版社，1991。

三大战略决战是从东北战场开始的。叶剑英描述了毛泽东的决策过程："当时全国各战场的形势虽然在不同程度上都有利于人民解放军的作战，但敌人在战略上却企图尽量延长坚守东北几个孤立要点的时间，牵制我东北人民解放军，使我军不能入关作战；同时，敌人又准备把东北敌军撤至华中地区，加强华中防御。在这种情况下，如果我们把战略决战的方向，指向华北战场，则会使我军受到傅作义、卫立煌两大战略集团的夹击而陷于被动；如果我们把战略决战的方向首先指向华东战场，则会使东北敌人迅速撤退，而实现他们的战略收缩企图。因此，东北战场就成为全国战局发展的关键。""决战首先从局部的形势开始，进而争取全局上的更大优势。由于迅速而顺利地取得了辽沈战役的胜利，就使全国战局急转直下，使原来预计的战争进程大为缩短。"①

作战方向确定后，为了取得理想的作战效果，毛泽东和中央军委在三大战略决战中几乎都采取了奇袭的作战方法。正如《孙子兵法·九地篇第十一》所说："兵之情主速，由不虞之道，攻其所不戒也。"又如《孙子兵法·计篇第一》所说："兵者，诡道也。""攻其无备，出其不意。此兵家之胜，不可先传之。"英国军事学家李德·哈特也写道："军事计划不用'奇袭'这把永远管用的钥匙，失败就可能接踵而至，不现实的想法是替代不了这把钥匙的。"②这句话大体上也是这个意思。

要做到奇袭，并不容易。怎样才能使对方"无备"和"不意"呢？有

---

① 《叶剑英军事文选》，459、460页，北京，解放军出版社，1997。

② [英]李德·哈特：《第一次世界大战战史》，220页，上海，上海人民出版社，2010。

两个重要条件：一是迅速，二是保密。有时还需要以佯动来造成对方的错觉。

在三大战略决战中，初战几乎都采取奇袭的做法，先从对方“不意”的要地突然发动强有力的攻击，在它的防御链上打开一个大的缺口，使对方在部署和心理上都陷于异常慌乱的地步，再一步一步扩大战果，直到取得全局的胜利。

拿辽沈战役来说，锦州的重要战略地位是谁都知道的。但当时东北野战军的主力和后方根据地都在北满，又采取了一些佯动，使国民党军误以为解放军会将进攻重点指向长春，而解放军主力却隐蔽地远途奔袭锦州地区，直到以突然行动包围义县并切断锦州同关内的陆路交通，才使蒋介石如梦初醒，慌忙地调整部署，陷入一片混乱。这可以称为奇袭。

再看淮海战役，国民党军原来判断解放军会从西侧奔袭徐州，解放军又以多路佯动，增强对方这种错觉，从而将李弥兵团西调，孙元良兵团北调，集中在徐州周围。华东野战军主力立刻乘虚而入，隔断孤悬东侧的黄百韬兵团同徐州之联系，开始了淮海战役的“第一个战斗”。这就打乱了国民党军队在徐州地区的整个部署，随后，中原野战军同样乘虚而入，突袭宿县，切断徐州同蚌埠之间的联系，奠定淮海战役全胜的基础。这也是“攻其不备，出其不意”的奇袭。

在平津战役中，国民党军的注意力最初集中在东面，提防东北野战军主力大举入关，蒋介石还要求把部队东移津沽，以备必要时从海路南撤。解放军却出其不意地从西线打起，让原在归绥的杨成武兵团和原在石家庄北面的杨得志兵团分别迅速包围张家口和新保安，将傅作义的注意力吸引到西边，顾不上东线。而东北野战军主力又提前行动，悄悄地越过长城南下，分割东面的北平、天津、塘沽之间的联系。尽管东北解放军不进行休整就开始秘密入关，但有如时任东北野战军第一兵团副司令员的陈伯钧所说："这时我们对整个华北敌人的战略包围还未形成，我们在津塘方面的兵力还很不够，倘若过早对平津等地实行战役包围，对张家口、新保安、南口等地实行战役进攻，势必吓跑敌人，不利今后作战。除此而外，在辽沈战役结束之后，部队由于连续作战未及休整，又经过长途跋涉，来到关内，十分疲劳。"①这些都需要有一定时间。因此，又采取"围而不打"和"隔而不围"这种战史上十分罕见的打法。在这过程中，也有许多奇袭的因素。

像下棋一样，下好每一步重要的棋，都必须具有战略眼光，充分考虑这步棋会引起全局发生怎样的变化，乘势扩大战果，夺取全局的胜利。而在关键的地方，必须十分用心，考虑到多种可能性和切实的应对办法。毛泽东指出："学习战争全局的指导规律，是要用心去想一想才行的。""指挥全局的人，最要紧的，是把自己的注意力摆在照顾战争的全局上面。主要地是依据情况，照顾部队和兵团的组成问题，照顾两个战役之间的关系问题，照顾各个作战阶段之间的关系问题，照顾我方全部活动和敌方全部活动之间的关系问题，这些都是最吃力的地方，如果丢了这个去忙一些次要的问题，那就难免要吃亏了。"②

在毛泽东和中央军委指挥下，三大战略决战不是分散的、孤立的、各自进行的三个战役，而是有着通盘筹划，一环紧扣一环，相互照应，一气贯注的完整部署。

---

① 陈伯钧：《兵临城下——回忆解放北平》，《解放战争回忆录》，297页，北京，中国青年出版社，1961。

② 《毛泽东选集》第1卷，176、177页，北京，人民出版社，1991。

对具体的作战方法，毛泽东在1947年12月会议上提出了著名的十项军事原则。[①] 其中，“集中优势兵力，各个歼灭敌人”是根本的方法。毛泽东很早就说过：“集中兵力看来容易，实行颇难。人人皆知以多胜少是最好的办法，然而很多人不能做，相反地每每分散兵力，原因就在于指导者缺乏战略头脑，为复杂的环境所迷惑，因而被环境所支配，失掉自主能力，采取了应付主义。”[②]这种根本的作战方法，在毛泽东指导三大战略决战时得到了充分的运用。

军事胜利从来不是单靠军队来实现的。人民战争更是如此。毛泽东一向强调“兵民是胜利之本”。三大战略决战能获得胜利，一个基本原因是民众的支持，不断以人力物力支援前线。

拿淮海战役来说，中央军委决定“举行淮海战役，甚为必要”后三天，毛泽东就为中央军委起草电报指出：“这一战役必比济南战役规模要大，比睢杞战役的规模也可能要大。因此，你们必须有相当时间使攻济兵团获得休整补充，并对全军作战所需包括全部后勤工作在内有充分之准备方能开始行动。”[③]战役开始后不久，周恩来又为中央军委起草致中原局、华北局、华东局电报，说明前线参战部队和民工近百万人，每月需粮约一亿斤，要求各地立即动手筹集并速调粮食供应前线。[④]

那时供应解放军前线的物资运送，几乎全靠肩挑背负、小车推送。粟裕回忆道：“参战部队加支前民工每日需粮数百万斤。加上天

① 《毛泽东选集》第4卷，1247～1248页，北京，人民出版社，1991。

② 《毛泽东选集》第1卷，222页，北京，人民出版社，1991。

③ 《毛泽东军事文集》第5卷，26页，北京，军事科学出版社、中央文献出版社，1993。

④ 参见《淮海战役》第3册，12页，北京，中共党史资料出版社，1988。

气寒冷，供应线长，运输不便。因此，粮食的供应，就成为淮海战役能否取胜的一个重要关键。为此，毛泽东同志一再指示我们，必须统筹解决全军连同民工一百三十万人三至五个月的口粮，以及弹药、草料和伤员的治疗等问题。华东局发出了‘全力以赴，支援前线’的指示，提出了‘解放军打到哪里，就支援到哪里’的口号，组成了华东支前委员会，进一步加强了对支前工作的统一领导。山东人民积极响应党的号召，省吃俭用，保证了部队用粮。”淮海战役后期的解放军阵地上，“粮足饭香，兵强马壮。待战役结束时，前方尚存余粮四千多万斤”。①

整个淮海战役中，共动员民工 543 万人次，运送弹药 1460 多万斤，粮食 9 亿 6 千万斤。陈毅深情地说：淮海战役的胜利是人民群众用小车推出来的。这同国民党军队屡屡弹尽粮绝，陷入绝境，成为他们多次覆没的重要原因，恰成鲜明的对照。能不能得到民众的全力支持，确实是战争能不能取得胜利的根本问题。

毛泽东思想是集体智慧的结晶。在军事领域内，他十分重视处在第一线的将领们的意见，常同他们反复商议，认真听取并考虑他们的判断和建议。

以淮海战役为例：它的发动，起于华东野战军代司令兼代政委粟裕在济南战役快结束时向中央军委“建议即进行淮海战役”②。第二天，毛泽东立即为中央军委起草复电：“我们认为举行淮海战役，甚为必要。”③

① 粟裕：《山东人民对解放战争的支援》，《星火燎原未刊稿》第 10 集，101～102 页，北京，解放军出版社，2007。

② 《粟裕文选》第 2 卷，571 页，北京，军事科学出版社，2004。

③ 《毛泽东文集》第 5 卷，157 页，北京，人民出版社，1996。

当华东野战军正准备分割包围黄百韬兵团时，留在大别山地区的中原野战军司令员刘伯承在 1948 年 11 月 3 日致电中央军委提出："蒋军重兵守徐州，其补给线只一津浦路，怕我截断，……只要不是重大不利之变化，陈、邓(指陈毅、邓小平——引者注)主力似应力求截断徐、蚌间铁路，造成隔断孙(指孙元良——引者注)兵团、会攻徐州之形势，亦即从我军会战重点之西南面斩断敌人中枢方法，收效极大。"①第三天，毛泽东就为中央军委起草致陈邓并告粟陈张(指粟裕、陈士榘、张震——引者注)电，提出在宿蚌地区作战的两个方案，"何者为宜，望酌复"。7 日，粟陈张报告，"如中原军歼灭刘汝明部作战已经完成，则建议以主力直出津浦路徐蚌段……截断徐敌退路，使李、邱(指李弥、邱清泉——引者注)兵团不能南撤"。② 9 日，毛泽东为中央军委连续起草两个电报，前一个电报，要求"陈邓直接指挥各部，包括一、三、四、九纵队应直出宿县，截断宿蚌路"。③ 后一个电报更明确地指出："齐辰电(指粟裕、张震 11 月 8 日电——引者注)悉。应极力争取在徐州附近歼灭敌人主力，勿使南窜。华东、华北、中原三方面应用全力保证我军的供给。"④淮海战役的全盘战略设想，就是在中央军委同前线各将领根据实际情况经过反复磋商后确定的。

中原野战军参谋长李达评论道："军委、毛主席善于采纳前线指挥员的建议，及时修改计划，适应已经变化的情况，并再次重申给予

---

① 《刘伯承军事文选》，437 页，北京，解放军出版社，1992。

② 《粟裕文选》第 2 卷，616 页，北京，军事科学出版社，2004。

③ 《毛泽东军事文集》第 5 卷，182 页，北京，军事科学出版社、中央文献出版社，1993。

④ 同上书，184 页。

总前委刘陈邓(指刘伯承、陈毅、邓小平——引者注)‘临机处置’之权，这是淮海战役所以能顺利发展并取得全胜的一个重要原因。”①

军情本来是异常紧迫的，但在决策酝酿阶段或情况许可时，毛泽东总是同前方将领反复磋商，听取他们的意见，然后作出决断；在决策已定而情况紧急时，又要求前方将领一切由他们“临机处置，不要请示”。这在蒋介石的作战指挥中是没有的。

中国共产党提倡：在民主基础上的集中，在集中指导下的民主。三大战略决战过程中，解放军最高统帅部和前方将领间在这方面确实达到了水乳交融的地步。

这里还要讲一讲周恩来在三大战略决战中发挥的特殊作用。

1947 年 3 月国民党军队进攻延安后，人民解放军总参谋长彭德怀担负起西北解放军的指挥工作，以少数兵力抗击胡宗南部队的进攻。周恩来便以中央军委副主席兼代总参谋长。那时，毛泽东、周恩来、任弼时带了一支八百人的小队伍转战陕北。适应当时的紧张局势，这个时期中共中央的领导是高度集中的，在中央决定问题的只是毛、周、任三个人。周恩来后来对外宾说：“在中央只有三个人，毛泽东、周恩来与任弼时同志。所谓中央，就是这三个人嘛!”②在他们转战陕北的一年内，刘邓大军千里跃进大别山，人民解放军从战略防御转入战略进攻，战争形势发展之快是惊人的。新中国成立后不久，毛泽东曾说过：“胡宗南进攻延安以后，在陕北，我和周恩来、任弼时同志在两个窑洞指挥了全国的战争。”周恩来接着说：“毛主席是在世界上

① 《李达军事文选》，291 页，北京，解放军出版社，1993。

② 金冲及主编：《周恩来传》，第 2 册，842 页，北京，中央文献出版社，1998。

最小的司令部里，指挥了最大的人民解放战争。”①他没有提到自己，但他在其中所起的作用是不言自明的。

三大战略决战时，中共中央已集中在河北西柏坡，周恩来继续担任着中央军委副主席兼代总参谋长。他的工作是最忙碌的。每晚都是工作到次日凌晨才去睡觉，到上午9时又准时起床，一天不过休息5个小时。他和毛泽东住的院子靠得很近，随时见面，一有什么问题，两人就交换意见，商议解决办法。20世纪80年代初，笔者曾访问当时在周恩来身边工作的张清化。他说：那时军事上的问题，主要是由毛泽东和周恩来商量解决。毛泽东是挂帅的，周恩来参与决策，并具体组织实施。除了军委作战部外，周恩来还有个小作战室，由张清化任主任，相当于他的军事秘书。每天根据局势的变化负责标图。周恩来经常到军委作战室了解情况。他对敌我双方的战争态势、兵力部署、部队特点、战斗力强弱，以至国民党方面指挥官的简历、性格等，可以说了如指掌。有了什么情况，周恩来总是仔细地核实并弄清，然后向毛泽东报告。两人经过研究确定对策后，多数由毛泽东起草文电，少数由周恩来起草，而所有军事方面的文电都经周恩来签发。

从中央档案馆保存的当时军事方面的文电来看，由于军情紧急，除很少数经过书记处五位书记共同商议后做出决定外，其他大多数是毛泽东和周恩来商议后为中央军委起草发出的。发出时大抵是两种情况：一种，比较多的是在文电上由毛泽东或周恩来批有“刘、朱、任阅后发”，经三人圈阅后发出；另一种，军情特别紧迫时，就批有“发后送刘、朱、任阅”。由于文电都是毛、周两人共同商议后用军委名

① 《毛主席转战陕北》，2、3页，西安，陕西人民出版社，1979。

义起草的，不能说毛泽东起草的只是毛泽东一个人的意见，只有周恩来起草的才是周恩来的意见。在重大战略问题上，究竟哪些意见是周恩来提出的，由于当时只有他们两人商议，没有别人在场，现在已难以辨别，以后恐怕也无法再说清楚了。

还有一点需要说明：军事从来不能同经济、政治、文化等因素分割开来孤立地考察。李德·哈特说："胜利是累积而成的。在此，所有武器包括军事、经济以及心理皆有所贡献。胜利的获得，唯靠善用与整合现代国家中一切既存资源。成功则需依赖各种行动的圆满协调。"①毛泽东在军事指导中的一个重要特点，是他始终把军事同经济、政治、文化等诸多因素作为一个整体，综合起来考察，在此基础上作出判断和决策。

关于蒋介石

蒋介石是一名军人，先后在保定军官学校和日本士官学校学习过。在大陆期间，他任职最久的职务是军事委员会委员长，很多人往往用"委员长"这个称呼来代表他。毛泽东曾说过："蒋介石代替孙中山，创造了国民党的全盛的军事时代。他看军队如生命。""有军则有权，战争解决一切，这个基点，他是抓得很紧的。"②但从他一生来看，长于政治权术，军事指挥能力却未见高明。

埃德加·斯诺在 1936 年 7 月 9 日问曾同蒋介石在黄埔军校共过事、对蒋十分了解的周恩来："你对蒋介石作为一个军人，看法如

① ［英］李德·哈特：《第一次世界大战战史》，427 页，上海，上海人民出版社，2010。

② 《毛泽东军事文集》第 2 卷，545、546 页，北京，军事科学出版社、中央文献出版社，1993。

何?”周恩来回答:“不怎么样。作为一个战术家,他是拙劣的外行,而作为一个战略家则或许好一点。”“他的政治意识比军事意识强,这是他能争取其他军阀的原因。”①(周恩来叮嘱埃德加·斯诺:这次谈话暂时不要发表,因此没有收录在《西行漫记》中。)细看国民党各派的内战中,蒋介石先后打败李宗仁、冯玉祥、唐生智、阎锡山、十九路军、陈济棠等,主要依靠的是政治分化和金钱收买,而没有表现出高超的战略指导和作战指挥能力。

衡量一个军事统帅是不是具有远大的战略眼光和驾驭复杂多变局势的能力,至少可以从两方面来考察:第一,他能不能对全局客观情况的发展变化及时掌握,清醒地作出正确的判断,并且预见到下一步可能的发展;第二,他能不能针对面前的实际情况制定明确而有效的决策,除非情况发生重大变化决不轻易动摇或改变,而不是头痛医头、脚痛医脚地忙于应付,也不会因某些次要情况的变动就轻易地一再改变决心。

从三大战略决战的实践检验中可以看出,蒋介石对这两个条件,都不具备:既不知己,也不知彼,目光短浅,反复多变,被动应付,顾此失彼,而且始终自以为是,出了错只怪部下无能或没有执行他的指示。这些都是军事统帅的大忌,他在平时都有表现,而在辽沈、淮海、平津这些决定命运的战略决战中暴露得格外突出。

可是,国民党军队的作战指挥大权却一直紧紧抓在他一个人手里,都要由他来作决断。深得蒋介石信任的外交部长王世杰在1948年初的日记中写道:“目前国防部实际上全由蒋先生负责,诸事殊乏

---

① [美]埃德加·斯诺:《中共杂记》(摘译),《党史研究资料》,1980第1期。

分责之人。”①

能对蒋介石的作战指挥有近距离观察的杜聿明，在回忆淮海战役中黄维兵团被歼的经过时更具体地说：“先是蒋介石对解放军估计过低，将自己估计过高，幻想不增加兵力，南北夹攻，打通津浦路徐蚌段；继而见解放军声势浩大，战力坚强，阵地森严，非国民党军可破，于是决心放弃徐州，以仅有的残部保卫南京。等到徐州部队出来后，蒋又被解放军的战略运动迷惑(误认为解放军撤退)，再改变决心，令从徐州退却中之国民党军回师向解放军攻击，协同李延年兵团解黄维之围。黄维兵团就是这样地套在解放军既设的口袋内，被重重包围，战力日益消耗，包围圈逐渐缩小。一直战到十二月十日以后，蒋介石才发现从徐、蚌出来的国民党军都没有击退解放军的希望，于是决心要黄维在空军和毒气掩护下白天突围，黄维则认为白天无法突围。双方争执到十五日晚，黄维见情势危急，于是夜间突围。黄维一经突围，在解放军的天罗地网下土崩瓦解，除胡琏个人乘战车只身脱逃外，全部被歼。事后蒋介石给我的信中，怪黄维不听他的命令在空军毒气掩护下突围，而擅令夜间突围，是自取灭亡。”②

时任南京政府副总统的李宗仁在海外口述的回忆录中说：“蒋先生既不长于将兵，亦不长于将将。但是他却喜欢坐在统帅部里，直接以电话指挥前方作战。”“蒋先生的判断既不正确，主张又不坚定。往往军队调到一半，他忽然又改变了主意，益发使前线紊乱。蒋先生之所以要这样做，实在是因为他未作过中、下级军官，无战场上的实际

① 《王世杰日记》手稿本第6册，163页，台北，“中研院近史所”，1990。

② 杜聿明：《淮海战役始末》，中国人民政治协商会议全国委员会文史资料委员会编：《淮海战役亲历记：原国民党将领的回忆》，29～30页，北京，文史资料出版社，1983。

经验，只是坐在高级指挥部里，全凭一时心血来潮，揣测行事，指挥系统就乱了。”这个评论是很中肯的。

李宗仁又说：“凡是中央系统的将领都知道蒋先生这项毛病。他们知道奉行蒋先生的命令，往往要吃败仗，但是如不听他的命令，出了乱子，便更不得了。所以大家索性自己不出主意，让委员长直接指挥，吃了败仗由最高统帅自己负责，大家落得没有责任。将领如果是这样的庸才，当然不能打胜仗，而蒋先生偏偏喜欢这样的人。”①

国民党军方在台湾出版的《国民革命军战役史第五部——戡乱》的第九册“总检讨”中，在“野战战略”部分检讨说：“斯时国军中高级指挥机构，在考量匪我双方战力时，常以装备为评估战力惟一之因素”，“上下皆以收复或攻占地域为目标，主从颠倒，违背用兵原则。”而在“统帅节度”部分也作了多处检讨：“(一)过分干预下级，使下级无从发挥其自身指挥能力。长此以往，易于使下级逐渐失去自主及应变能力。(二)各地区战略构想及指挥，由统帅部决定，不易切合战场状况变化。故易陷于被动，尤其重要会战或决战指导，战机呈现时间之短暂，如等待上级决定后再采取行动时易失战机。战场陷于危机时，若等待上级之决定，亦难以及时挽救。(三)统帅部所决定之各地区作战构想及指导，系基于上层人员之判断而产生者，与战场实际情况，难免有所隔阂，在研议过程中，亦不征询下级意见，又不重视战场指挥官之意见具申，故所决定之各案，往往与作战部队之实况及能力不相吻合，致战略难以取得战术之充分支持。”②这里虽然都没有提蒋介石

① 《李宗仁回忆录》，549页，香港，南粤出版社，1987。

② 《国民革命军战役史第五部——戡乱》第9册“总检讨”，70、76、144页，台北，“国防部史政编译局”，1989。

的名字，分析也有避重就轻之处，但由于蒋介石对军事指挥大权一人独揽，这里多次提到的“统帅部”的过失，其实更多地反映出蒋介石作为军事统帅的严重弱点。

郝柏村在解读蒋介石日记时写道：“剿共作战一直是蒋公亲自决策，两任参谋总长陈诚与顾祝同，只是执行蒋公的政策而已。”蒋介石最信任的陈诚对此也有抱怨。郝柏村写道：“蒋公与参谋总长陈诚间之歧见，在本日日记中表露。我以客观立场评析，主因当为蒋公对进剿作战计划批示过多，干预过细，将领不能不服从，陈诚亦然。当战事受挫，参谋总长责无旁贷，难免对蒋公抱怨，这是陈诚的个性。”①可见，三大战略决战中国民党军队战略指导的拙劣，其主要责任只能归之于蒋介石。

辽沈、淮海、平津三大战略决战，对蒋介石的军事指挥才能是一次严格的检验。可以看到，他的作战指导实在缺乏章法，并且严重地脱离实际，先是对战场局势缺乏客观而全面的分析和了解，更谈不上对它的发展趋势有足够的预见，没有经过深思熟虑、明确而坚定的作战预案；临事张皇失措，被动应付，而又主观武断，甚至在辽沈战役和淮海战役的中后期依然盲目地想同解放军在不利条件下“决战”；继而决心动摇，终致束手无策，多次慨叹“此事殊出意外”，只能“默祷恳求上帝默佑”。他在1949年2月25日的日记中写道：“对共匪不能有所期待，而以阻止其渡江为惟一要务。”②他已提不出其他办法，但他的主要军事力量既已失去，被他视为“惟一要务”的“阻止其渡江”又

① 郝柏村：《郝柏村解读蒋公日记(1945—1949)》，269，475页，台北，天下远见出版股份有限公司，2011。

② 蒋介石日记，1949年2月15日，美国斯坦福大学胡佛研究所藏。

怎么做得到呢？

1948 年 12 月 30 日，毛泽东发表《将革命进行到底》。1949 年 4 月 21 日，毛泽东和朱德联合发表《向全国进军的命令》。至此，中国革命在全国的胜利可以说大局已定了。

中国人从此站立起来了*

五十年前，新中国诞生的前夜，毛泽东在中国人民政治协商会议开幕词中说了一段令人难忘的话："诸位代表先生们，我们有一个共同的感觉，这就是我们的工作将写在人类的历史上，它将表明：占人类总数四分之一的中国人从此站立起来了。"①

一百多年来受尽苦难和屈辱的中国人，经过艰苦卓绝的奋斗，终于挺身站立起来。帝国主义勾结中国封建势力恣意宰割中国的历史，从此一去不复返了。多少年来国家四分五裂那种令人痛心的局面不再存在。一向遭受压迫和奴役的劳动人民，翻身做了国家的主人。昔日被人视为"劣等民族"的中华民族，如今受到了国际社会的尊重。祖国的未来充满希望。这真是翻天覆地的大变化。从此，中国的历史翻开了全新的一页。

---

* 原载《人民日报》，1999 年 8 月 26 日。

① 毛泽东：《中国人从此站立起来了》，《毛泽东文集》第 5 卷，343 页，北京，人民出版社，1996。

为了共和国的诞生

中华人民共和国的诞生，是中国近代民族民主革命的产物，是多少先烈用鲜血和生命换来的，是无数革命者经过前仆后继、可歌可泣的斗争取得的。

江泽民在党的十五大报告中说："鸦片战争后，中国成为半殖民地半封建国家。中华民族面对着两大历史任务：一个是求得民族独立和人民解放；一个是实现国家繁荣富强和人民共同富裕。前一任务是为后一任务扫清障碍，创造必要的前提。"①

实现国家繁荣富强和人民共同富裕，为什么一定要以求得民族独立和人民解放作为"必要的前提"？建设现代化的国家是几代中国人的梦想，为什么在一百多年时间里，中国的先进分子却不惜任何牺牲，集中力量先投身到革命中去？有一种看法，认为这样做完全错了，中国需要的是建设和渐进的改革而不是革命，革命的结果只能造成破坏。似乎这是走入了"误区"，似乎无数先烈的牺牲是多余的。这种看法十分荒唐。

人类社会的变革，通常有两种形式：一种是在现有社会秩序下的渐进的改革，一种是在短期内根本改变原有社会秩序的暴力革命。什么时候应当采取哪一种变革形式，不能单从抽象的原理出发来做判断，不能笼统地说这种形式好还是那种形式好，一切取决于当时当地的具体历史条件。

革命绝不是任何人所能随心所欲地制造出来的。它只有在社会内部种种矛盾已经尖锐到无法在原有体制内得到解决的时候，才会发生

① 《十五大以来重要文献选编》上，2页，北京，人民出版社，2000。

并取得成功。只有当社会大变革的内在条件已经成熟的时候，暴力才能成为新社会的助生婆。一般说来，人们最初总希望在现有社会秩序下从事建设或进行渐进的改革，以求得进步。这样做，不但牺牲少，而且也容易被更多人所接受。如果这条路走得通，人们何必一定要不惜流血牺牲而投身到革命中去？孙中山、毛泽东等人，早年也都曾这样想过。

决定他们投身革命的，是由于中国当时的民族矛盾和社会矛盾实在太尖锐了。中华民族已处在生死存亡的关头。占中国人口绝大多数的劳苦大众被压在社会的最底层，连起码的生存保障都没有，哪里还谈得上民主和发展的权利？中国的旧势力那样强大，顽固地拒绝一切根本变革，并且用极端残酷的暴力来镇压一切反对他们的人。严酷的形势，特别是中华民族濒临灭亡的危急局面，逼得每一个有血性的中华儿女再也不能忍受下去，也无法长期等待下去。这才驱使他们义无反顾地走上革命的道路。

中国人民坚持了八年的抗日战争，难道能责怪他们为什么一定要拿起武器来进行反抗吗？就是对国民党统治的武装斗争，也是在国民党屠刀政策下被迫做出的选择。毛泽东在新中国成立后曾对外国朋友说过："有了共产党以后，就进行了革命战争。那也不是我们要打，是帝国主义、国民党要打。一九二一年，中国成立了共产党，我就变成共产党员了。那时候，我们也没有准备打仗。我是一个知识分子，当一个小学教员，也没学过军事，怎么知道打仗呢？就是由于国民党搞白色恐怖，把工会、农会都打掉了，把五万共产党员杀了一大批，抓了一大批，我们才拿起枪来，上山打游击。"①这就把事情说得很清

① 毛泽东同智利新闻工作者代表团的谈话，《毛泽东外交文选》，530页，北京，中央文献出版社、世界知识出版社，1994。

楚了。

革命当然要付出巨大的代价。但如果迫不得已，客观条件又已成熟，它在很短时间内对阻碍社会发展的旧事物所起的扫荡作用，是平时多少年也无法比拟的，而且要彻底得多，从而为日后社会经济的迅速发展开辟了广阔的道路。这样付出的代价是值得的。中华人民共和国的诞生，就是一个例证。

革命并不是在任何时候都可以这样做，而且不能一直革下去。推倒一座旧的建筑或许能在短期内完成，可是在这座废墟上建设一座新的大厦，却必须遵循建设本身的客观规律，持久地循序渐进。在新的社会制度建立起来以后，不以经济建设为中心而坚持“以阶级斗争为纲”就是完全错误的，因为它不符合已经变化了的客观实际，只能带来巨大的灾难。超越实际可能的急于求成也是有害的，并会受到客观规律的严厉惩罚。新的社会制度内部肯定仍会存在缺陷，在新的历史条件下还会滋生新的不良现象，需要坚持不懈地进行改革。这种改革，在某种意义上说也是一种革命，但它同那种以暴力为手段、以根本改变原有社会制度为目的的革命完全是另一回事了。

1949 年，中国人正是经过轰轰烈烈的人民大革命，推倒了压在头上的“三座大山”，创立中华人民共和国，实现了民族独立和人民解放，才为求得国家繁荣富强和人民共同富裕扫清了障碍，开辟了道路。历史已经证明了这一点。

绘制建设新中国的蓝图

建设独立、富强的新中国，是中国人多少年来梦寐以求的目标。可是在长时间内，由于反动统治力量远远大于人民革命力量，这种目标只是美好的前景，一直难以实现。怎样建设新中国的问题，并没有立刻被提到现实的议事日程上来。解放战争后半期，中国革命的胜利来得那么快，大大超出人们的预料，没有给中国共产党留下充裕的时间去从容准备。在新中国诞生前的那些日日夜夜里，局势迅猛发展，纷至沓来的无数难题需要立刻处理，战略决战、土地改革、接管新区（特别是接管大城市）等极端繁重的任务不能不占用中共中央的绝大部分精力。但就在这样忙碌而紧张的时刻，在中国共产党领导下，中国人民政治协商会议通过了新中国成立初期起着临时宪法作用的《共同纲领》，在人们面前展现出一幅建设新中国的比较完整而清晰的蓝图，使各方面的工作一开始就能够有条不紊地开展起来。这实在是了不起的成就。

为什么能够做到这样？它有主客观两方面的原因。

从客观上说，新中国的诞生同俄国十月革命有着明显的不同：它是依靠人民军队，先在一块块解放区内建立政权，积累起经济建设和政权建设的初步经验，培育出一批管理人才，再夺取全国政权的。当然，这并不意味着只要把一块块解放区联成一片、加以扩大就可以了。事实上，从原来没有中央政府的、分散的、主要在农村的政权，到建立全国性的政权，并把新国家的社会经济结构、政治体制、民族关系、对外政策等基本格局确定下来，这是一次质的飞跃。

从主观上说，它充分表现出中共中央具有高瞻远瞩的战略眼光和驾驭全局的领导才能。领导，需要有预见。不到两年前，1947 年的 12 月会议上，毛泽东就敏锐地指出：中国人民的革命战争已经达到一个转折点。他把在会上所做的《目前形势和我们的任务》那篇报告称作“打倒蒋介石、建立新中国的纲领”，认为它比《新民主主义论》、《论联合政府》更进了一步。战略大决战前夜，在 1948 年的 9 月政治局会议上，他又说：“中央政府的问题，十二月会议只是想到了它，这次会议就必须做为议事日程来讨论。”“至于对经济成分的分析还要考虑，先由少奇同志考虑。”到1949年，他又先后发表《在中国共产党第七届中央委员会第二次全体会议上的报告》、《论人民民主专政》等重要文章。刘少奇、周恩来、张闻天等也提出许多重要主张。经过这样的深思熟虑和反复酝酿，对新中国各方面的构想终于越来越明朗化了。

关于新中国的国体即国家性质问题。《共同纲领》明确规定：“中华人民共和国为新民主主义即人民民主主义的国家，实行工人阶级领导的、以工农联盟为基础的、团结各民主阶级和国内各民族的人民民主专政。”[①]这正是毛泽东在《论人民民主专政》中阐明的基本主张。关于社会主义前途问题，毛泽东在9月政治局会议上说过：“我们要努力发展经济，由发展新民主主义经济过渡到社会主义。”《共同纲领》中没有写入“过渡到社会主义”的内容。在人民政协讨论时，有人提出：我们既然承认新民主主义是一个过渡性质的阶段，要向更高级的社会主义和共产主义阶段发展，总纲中就应该把这个前途明确地规定出来。周恩来回答说：“筹备会讨论中，大家认为这个前途是肯定的，毫无疑问的，但应该经过解释、宣传特别是实践来证明给全国人民看。”“现在暂时不写出来，不是否定它，而是更加郑重地看待它。而且在这个纲领中经济的部分里面，已经规定要在实际上保证向这个前途走去。”

关于新中国的政体即政权构成形式。毛泽东在9月政治局会议上鲜明地提出一个问题：“我们政权的制度是采取议会制呢，还是采取

① 《建国以来重要文献选编》第1册，2页，北京，中央文献出版社，1992。

民主集中制?”“人民民主专政的国家，是以人民代表会议产生的政府来代表它的。”“不必搞资产阶级的议会制和三权鼎立等。”在《共同纲领》中更具体地规定：“中华人民共和国的国家政权属于人民。人民行使国家政权的机关为各级人民代表大会和各级人民政府。各级人民代表大会由人民用普选方法产生。各级人民代表大会选举各级人民政府。各级人民代表大会闭会期间，各级人民政府为行使各级政权的机关。”“各级政权机关一律实行民主集中制。”

关于新中国的经济构成和经济建设方针。毛泽东在12月会议上说，“新中国的经济构成是：(一)国营经济，这是领导的成分；(二)由个体逐步地向着集体方向发展的农业经济；(三)独立小工商业者的经济和小的、中等的私人资本经济。这些，就是新民主主义的全部国民经济。”9月政治局会议后，中共中央东北局向中央报送了一份由张闻天起草的报告，提出东北经济现在基本上由五种经济成分所构成。这个报告经毛泽东、刘少奇修改后加以肯定。在《共同纲领》中更明确地规定国营经济、农民个体经济、合作社经济、私营经济、国家资本主义经济的性质和政府的有关政策，指出社会主义性质的国营经济是新中国整个社会经济的领导力量，又肯定其他经济成分的存在和发展。《共同纲领》还指出：“中华人民共和国经济建设的根本方针，是以公私兼顾、劳资两利、城乡互助、内外交流的政策，达到发展生产、繁荣经济的目的。”

关于国内民族政策。中国是一个多民族国家。人民政协开会前，周恩来在一个报告中详细分析中国民族关系的特点后说：“我们国家的名称，叫中华人民共和国，而不叫联邦。”“我们虽然不是联邦，但却主张民族区域自治，行使民族自治的权力。”在《共同纲领》中规定：中华人民共和国境内各民族一律平等；反对大民族主义和狭隘民族主义，禁止民族间的歧视、压迫和分裂各民族团结的行为；各少数民族聚居的地区，应实行民族的区域自治。

关于对外政策。中共中央在1949年1月发出由周恩来起草、毛泽东改定的《中央关于外交工作的指示》，把独立自主的问题放在十分突出的地位。在《共同纲领》中又规定：中华人民共和国外交政策的原则，为保障本国独立、自由和领土主权的完整，拥护国际的持久和平和各国人民间的友好合作，反对帝国主义的侵略政策和战争政策；凡与国民党反动派断绝关系、并对中华人民共和国采取友好态度的外国政府，新中国可在平等、互利及互相尊重领土主权的基础上，与之谈判，建立外交关系；中华人民共和国可在平等和互利的基础上，与各国的政府和人民恢复并发展通商贸易关系。这些规定，为新中国奉行独立自主的和平外交政策奠定了坚实的基础。

万事起头难。新中国的诞生是中国历史上翻天覆地的社会大变动。许多事情正处在草创时期，既没有现成的答案，也缺乏成熟的经验。它的基本格局一旦确定下来，对中国日后的发展就会产生极其深远的影响。如果当时轻率地做出一些错误的决定，它所造成的恶果也将十分严重。半个世纪过去了，回头来看，我们惊奇地发现当年所做出的这些重大决策都是符合中国实际国情的，是经得住时间考验的。它的影响不仅在今天让人能强烈地感觉到，并且还将延续到将来。这是新中国缔造者和奠基者们留给我们的一笔丰厚遗产，是他们对中华民族做出的难以估量的贡献。

人民共和国开始起步

新生的人民共和国已经在东方矗立起来。全世界都在注视着：它究竟能不能站住脚跟，能不能迈开大步前进？

这种关注并不是没有理由的。新中国虽已诞生，但它所面对的局势依然十分严峻。国民党在大陆上还有一百多万军队，控制着以广州为中心的华南地区和以重庆为中心的西南地区，企图负隅顽抗。还有两百多万土匪，盘踞山林，欺压百姓。战争刚刚结束的新解放区，国民党留下的是一个千疮百孔的烂摊子：财政经济已陷入总崩溃，生产萎缩，物价飞涨，投机猖獗，灾情严重。新中国成立后刚半个月，人们还沉浸在开国的欢乐中时，一场无情的风暴就袭来了：从10月15日起，华北以粮食带头，上海以纱布带头，物价像脱缰野马般飞涨，在50天内上涨约3.3倍，范围遍及全国，人心开始浮动。新中国的国际处境也很复杂：以美国为首的许多西方国家仍对新中国抱着敌视态度，并实行严密的经济封锁；苏联那时对中国共产党不很放心，生怕它成为"第二个铁托"；不少周边国家对新中国缺乏了解，多少存有疑虑，或采取观望的态度。如果在外交工作上处理不当，就会陷于孤立，或者重新沦为别国的附庸。

事非经过不知难。怎样应对同时从四面八方涌来的这许多棘手的难题，确实极不容易。中国共产党在复杂的环境中，以冷静而果断的态度，有条不紊地沉着应付，在不长的时间里取得了惊人的成功。

毛泽东在新政治协商会议筹备会上曾满怀信心地预言："中国人民将会看见，中国的命运一经操在人民自己的手里，中国就将如太阳升起在东方那样，以自己的辉煌的光焰普照大地，迅速地荡涤反动政府留下来的污泥浊水，治好战争的创伤，建设起一个崭新的强盛的名副其实的人民共和国。"①

军事上的进展是顺利的。人民解放军以雷霆万钧之势南下。为了

---

① 《毛泽东选集》第4卷，1467页，北京，人民出版社，1991。

全歼已成惊弓之鸟的国民党一百多万军队，毛泽东决断：不采取近距离包围迂回的方法，而采取远距离包围迂回的方法，完全不顾对方的临时部署，远远地超过他，占领他的后方，再加以歼灭。在加紧作战的同时，又采取有力的政治攻势，争取大批国民党军队放下武器或接受改编。这样，到 1950 年 6 月底，共消灭国民党军队一百三十万人，解放了除西藏、台湾和沿海一些岛屿外的全部领土。(将近一年后，中央人民政府同西藏地方政府代表签订协议，实现了西藏的和平解放。)在此期间，还剿除一百多万武装土匪。地方各级人民政权相继建立起来。

在经济上，人们最关心的问题是人民政府能不能把物价稳定下来。为了对付开国后不久的那次物价飞涨，在陈云主持下，经过周密准备，从全国范围内调集大量粮食、棉花、煤炭等物资，在各大城市统一抛售，把物价平抑下去，给投机商人以沉重打击。1950 年 3 月，政务院颁布《关于统一国家财政经济工作的决定》。到 4 月，全国财政收支已接近平衡，物价终于稳定下来，结束了中国人多年来在旧中国饱受的恶性通货膨胀之苦。在战争尚未结束又遭受帝国主义经济封锁的情况下，能在短时间内创造出这样的奇迹，确实是值得自豪的。毛泽东对它做出高度评价，说：平抑物价，统一财经，其意义“不下于淮海战役”。

农村的土地改革，新中国成立时已在约有 11900 万农业人口的老解放区完成，但在约有 29000 万农业人口的新解放区和待解放地区尚未进行。这些地区不仅面广，而且情况复杂。人民政府采取慎重的态度，认真进行准备。1950 年 6 月，刘少奇在全国政协一届二次会议上作了《关于土地改革问题的报告》。同月，中央人民政府公布施行《中华人民共和国土地改革法》。这就为同年秋收后开展大规模的土地改革，铲除封建主义在中国的根基，提供了行动准则。还必须说到，新区农村这时直接面对的最急迫的问题是严重的自然灾害，特别是水灾。1949年，全国被淹耕地达12000多万亩，灾民达4000万人。淮河河堤全部失去作用，两侧成为一片汪洋，灾民挣扎在死亡线上。这年12月，政务院通过《关于生产救灾的决定》，开始了规模空前的治淮和救灾工作。

本着"迅速地荡涤反动政府留下来的污泥浊水"的要求，社会各方面除旧更新的民主改革全面展开。在工矿企业和交通运输业中，废除了工人群众深恶痛绝的封建把头制度。中央人民政府颁布了《中华人民共和国婚姻法》，取消包办婚姻，禁止重婚、纳妾、童养媳，禁止干涉寡妇再嫁，实行男女婚姻自由、一夫一妻、男女权利平等、保护妇女和子女合法利益的新婚姻制度。在严厉取缔妓院、清除鸦片烟毒、打击流氓和黑社会势力等方面，也迅速取得令人拍手称快的成效。

在对外关系方面，苏联首先同新中国建立外交关系。三个多月内，中国就同十一个国家建交，它们都是当时社会主义阵营内的国家。毛泽东、周恩来访问苏联。中苏双方签订《中苏友好同盟互助条约》。在此期间，又有十三个国家先后宣布承认中华人民共和国。其中，印度、印度尼西亚、缅甸、瑞典、丹麦、瑞士、芬兰七个国家，经过谈判，在1950年10月底前同新中国建立正式外交关系。这是第一批同新中国建交的不同社会制度的国家。

在旧中国，帝国主义列强不仅在政治上和经济上牢牢地支配着中国，并且在中国境内享有驻军、内河航行、海关管理、自由经营、领事裁判等种种特权。解放战争时期，中国人民解放军到达的地方，驻扎在中国领土上的外国军队被迫全部撤走，帝国主义列强原来享有的内河航行、自由经营、领事裁判等特权随之被取消。新中国成立后，中国政府又在北京、天津、上海等地先后收回外国兵营的地产权，征用兵营及其他建筑。对外侨持有的武器和电台，要求他们进行登记和封存。更使人兴奋的是，建立了人民海关，使海关大权完全掌握在中国人自己手里。周恩来称赞这件事："我们已经掌握了国家大门的钥匙。"

在短短一年时间里，人民政府通过大量的工作，使中华大地呈现出一派万象更新的景象。1950 年 9 月 30 日，在庆祝新中国成立一周年的大会上，周恩来满怀豪情地说："在中国，历史上只有一个政府，曾经在一年内做了这么多有利于人民的工作；只有一个政府，曾经在一年内驱逐了那么多的强盗式的'军队'和'政府'，而代之以纪律严明和蔼可亲的人民军队和廉洁而讲道理的人民政府；只有一个政府，曾经在一年内剥夺了帝国主义国家的特权，消灭了可恨的特务机关，停止了无限期的通货膨胀，而给予人民一种欣欣向荣的气象；这个政府，就是中央人民政府。""国内外的人民都看到：经过了这一年，中国已经比过去几百年甚至几千年经历了更重要的变化；旧面貌的中国正在迅速地消失，新的人民的中国已经确定地生长起来了。"①

中华人民共和国的成立，成为新中国一切进步和发展的基础。邓小平说过一段很动情的话："中国在世界上的地位，是在中华人民共和国成立以后才大大提高的。只有中华人民共和国的成立，才使我们这个人口占世界总人口近四分之一的大国，在世界上站起来，而且站住了。还是毛泽东同志那句话：中国人民从此站起来了。国内的人民

① 周恩来：《为巩固和发展人民的胜利而奋斗》，《周恩来选集》下卷，49、31 页，北京，人民出版社，1984。

也罢，国外的华侨也罢，对这点都有亲身感受。也只有在中华人民共和国成立以后，才真正实现了全国(除台湾外)的统一。”“我们能够取得现在这样的成就，都是同中国共产党的领导、同毛泽东同志的领导分不开的。恰恰在这个问题上，我们的许多青年缺乏了解。”①为什么许多青年会对这个问题缺乏了解？这并不奇怪。他们没有亲身在旧中国那种环境中生活过，也许已很难想象当年中华民族的悲惨境遇，也很难体会到改变这种境遇是多么艰难的事情。

中华民族一百多年来奋斗的历史，就像是一场毫不间断的接力跑。后继者总是以前人所达到的位置作为出发点，随后又远远地跑到他的前面去，前人有过的挫折也是后继者的财富。先人的业绩是不会被淡忘的，它将永远刻在人们心里，并将激励后人更加奋发地前进。

① 邓小平：《对起草〈关于建国以来党的若干历史问题的决议〉的意见》，《邓小平文选》第2卷，299页，北京，人民出版社，1994。

新中国诞生的划时代意义

中华人民共和国的诞生，在中华民族几千年历史长河中具有划时代的意义。“划时代”三个字，意味着它结束了一个旧时代，开创了一个全新的时代。中国的社会结构、政治经济文化状况和它的前途命运，在这以后同以前相比，发生了根本的变化。

新中国成立满一年的时候，周恩来总理在庆祝大会上说：“经过了这一年，中国的历史已经比过去几百年甚至几千年经历了更重要的变化；旧面貌的中国正在迅速地消失，新的人民的中国已经确定地生长起来了。”①宋庆龄副主席在《第一年的新中国》中写道：“一九四九年十月一日是具有历史意义和欢欣鼓舞的纪念日。它显示着人民解放与中国新生的开始。它是新纪元的发轫，我们从此进入了人民的新时代。”②他（她）们所说的，也都是结束了一个旧时代、开创了一个新时代的意思。事实上，如果没有一个新的社

① 《周恩来选集》下卷，31页，北京，人民出版社，1984。

② 《新华月报》，1950年10月号。

会制度取代它，旧的社会制度是不会结束的。

那些饱含深情的话，没有丝毫夸张。这个日子是值得中华民族子子孙孙永远铭记的。如果不了解祖国经历过那么多而久的屈辱和苦难，如果不了解先人为了这一天的到来曾付出多么大的代价，人们也许很难真正领会这种感情。最近逝世的前辈学者任继愈教授两三年前在《人民日报》上曾很有感慨地写过一段话："只有历尽灾难、饱受列强欺凌的中国人，才有刻骨铭心的'翻身感'。经历百年的奋斗，几代人的努力，中国人终于站起来了。这种感受是后来新中国成长起来的青年们无法体会得到的。他们认为中国本来就是这样的。"这是一位饱经沧桑的九十老人出自肺腑之言，很值得我们深思。

中国人从此站立起来了

凡是在旧中国生活过一段时间的人大概都无法忘记：中国近代的民族苦难实在太深重了。

1840年鸦片战争以后，中国便丧失了独立地位，变成半殖民地国家。曾经创造出辉煌古代文明的中华民族，被西方列强蔑视为行将被淘汰的劣等民族。国家的命运不是掌握在中国人自己手里，而是听凭外人摆布和宰割。一个又一个反动统治者俯首帖耳地听命于外人，帮助他们欺压中国老百姓。每个有血性的中国人，怎么能对祖国如此悲惨的处境不感到极度的愤怒和痛苦？

中日甲午战争使中国的局势更加恶化了。亡国灭种的严重威胁，像一个可怕的阴影那样，沉重地笼罩在中国爱国者的心头。孙中山发出"振兴中华"的呼喊，严复响亮地提出"救亡"的要求，成为这以后半个多世纪中华民族行进中的主旋律。

中国真的要灭亡了吗？出路到底在哪里？无数爱国者不仅痛苦地思索着，而且进行了不屈不挠的抗争。但在很长时间内，等待着他们的却是一次又一次的失败，黑暗仿佛看不到尽头。毛泽东曾痛心地写道："历来中国革命的失败，都是被帝国主义绞杀的。无数革命的先烈，为此而抱终天之恨。"①只是在中国共产党领导下，全国各族人民万众一心，顽强奋斗，终于结束了帝国主义对中国的统治，取消了它们在中国的一切特权，建立起新中国。中国人重新找回自己的尊严。人们扬眉吐气，对祖国的明天充满希望。

这一天的到来，中国人等待得太久太久了。它的到来何等不易。从此，新中国永远结束了旧中国的屈辱历史。毛泽东在新政治协商会议筹备会上的讲话中充满自豪地宣告："中国必须独立，中国必须解放，中国的事情必须由中国人民自己作主张，自己来处理，不容许任何帝国主义国家再有一丝一毫的干涉。"②在中国人民政治协商会议第一次全体会议的开幕词中，他又说："我们的民族将再也不是一个被人侮辱的民族了，我们已经站起来了。我们的革命已经获得全世界广大人民的同情和欢呼，我们的朋友遍于全世界。"③他说出了无数中国人多少年来压在心底的话。当时在座的政协代表孙起孟回忆道："我记得，当他讲到'我们的民族将再也不是一个被人侮辱的民族了，我们已经站起来了'时，当场掌声经久不息。雷鸣般的掌声表露了中国人民对埋葬旧世界、建设新世界的无比的高昂情绪。我看见邻座有几

---

① 《毛泽东选集》第2卷，679页，北京，人民出版社，1996。

② 《毛泽东选集》第4卷，1465页，北京，人民出版社，1996。

③ 《毛泽东文集》第5卷，344页，北京，人民出版社，1996。

位年事较高的委员一面流着热泪，一面使劲地拍掌。我自己也是这样。"①

新中国诞生后，立刻一扫以往一百多年旧中国的屈辱外交，独立自主地处理自己的事情。周恩来在外交部成立大会上响亮地宣布："中国的反动分子在外交上一贯是神经衰弱怕帝国主义的，清朝的西太后，北洋政府的袁世凯，国民党的蒋介石，哪一个不是跪倒在地上办外交呢？中国一百年来的外交史是一部屈辱的外交史。我们不学他们。"②

"中国的事情，必须由中国人民自己作主张，自己来处理，不容许任何帝国主义国家再有一丝一毫的干涉。"这是何等的气概！它是新中国此后一切进步和发展的根本前提。有了这一条，才谈得上中国人在自己的国土上自主地建立一个新国家和新社会，才有中国的社会主义现代化可言。

人民当家做主人

在旧中国，在野蛮落后的封建制度下，少数剥削者专横地骑在广大人民头上。亿万劳动人民被压在社会的最底层，过着牛马不如的生活，遭人冷眼蔑视。他们大多连字也不识，没有任何政治权利可言，遭受冤屈也无处申诉。只要想一想鲁迅笔下的闰土、祥林嫂那些形象，就使人内心深深感到痛楚。他们占着中国人口中的绝大多数。这种状况已经延续了千百年，是旧中国贫穷落后的最深刻的根源。

---

① 孙起孟：《曙光从东方升起》，《中国人民政治协商会议第一届全体会议亲历记》，24页，北京，中国文史出版社，2003。

② 《周恩来外交文选》，4、5页，北京，中央文献出版社，1990。

新中国永远结束了那种状况，人民当了家，做了自己国家和社会的主人。人民政府是为人民办事的，是依靠人民办事的。获得解放的亿万劳动人民中迸发出从来不曾有过的建设国家的积极性，涌现出工人中的王进喜、农民中的陈永贵、战士中的雷锋那样的人物。这样的人物在旧中国历史上是没有的。这是中国社会发生的又一个翻天覆地的变化。

庄重的人民政协第一次全体会议上，上海工人代表范小凤在发言中说："我是一个青年女工，生在贫苦的农民家庭，由于中国广大农村在帝国主义、封建主义的压榨下破产了，我没有办法在乡下生活，被迫到上海去，才十二岁，就不得不到工厂去做养成工。十七年来，我先后在英国怡和纱厂、日本内外棉纱厂、国民党官僚资本的中纺一厂做工，像牛马一样，过着挨饿受冻的生活，在那整整十七年的很长的岁月里，受尽了各种各样的奴役压迫，苦难是说不完的。""今天我——一个年青的女工，能够站在中国人民政治协商会议的讲台上来说话，这是五千年来中国历史上没有的事，我感到无上光荣！"①少数民族代表张冲在发言中说："我们彝族一向受压迫，受歧视，人们叫我们做蛮子、猓猡，不当做人看待。但是，今天我们做了人，并且做了国家的主人，来参加这个中国历史上没有先例的大会，实在是无比光荣与兴奋。"②特邀代表梅兰芳在发言中转述了袁雪芬代表的话："我们地方戏的工作者，在旧社会里面，向来是不当人看待的。今天在共产党领导之下是翻身了，做了新中国的主人。地方戏是人民自己的戏剧，都是从农村来的，到现在已拥有更普遍的观众。""现在我们

---

① 《人民日报》，1949年9月28日。

② 同上。

既然在政治上的地位提高了，更应自觉、更应努力本位工作，在毛主席领导下，前进！”①这些发言，都充分反映了人民翻身做了国家主人时的兴奋和自豪之情。

费孝通教授在1949年参加北京市第一届各界人民代表会议后，描述了他当时的强烈感受：“我踏进会场，就看见很多人，穿制服的，穿工装的，穿短衫的，穿旗袍的，穿西服的，穿长袍的，还有位戴瓜皮帽的——这许多一望而知不同的人物，而他们会在一个会场里一起讨论问题，在我说是生平第一次。这是什么意思呢？我望着会场前挂着的大大的‘代表’二字，不免点起头来。代表性呀！北京市住着的就是这许多形形色色的人物。如果全是一个样子的人在这里开会，那还能说是代表会么？”②

这是整个社会大变革中富有象征性的一个缩影。它把民主从过去少数人的权利，变成多数人都能享受的权利。这才是真正的人民民主。费孝通教授说这样的经历“在我说是生平第一次”，反映出这场社会大变革的广度和深度确实是中国历史上从来不曾有过的。

人与人之间的关系发生了根本变化，这是新社会的突出标志。世界真的变了。“为人民服务”成为时代的最强音，成为衡量一个人的品德和价值的标准。社会风气根本改变。人们相互以“同志”称呼，在人格上是平等的，不再有“上等人”和“下等人”的区别。这在旧社会是难以想象的，而经历了这场革命风暴洗礼后便再也无法完全倒退到原来那种状态中去。亲身经历过这场社会大变革的人，对这些大概都会留下永生难忘的记忆。

---

① 《人民日报》，1949年9月25日。

② 《费孝通全集》第6卷，96、97页，北京，群言出版社，1999。

正是由于人与人之间的关系发生了根本变化，在人民群众中特别是过去不被当作人看待的广大工农大众中，形成一种新的劳动态度。1949 年 2 月，沈阳皇姑屯铁路工厂二千五百位职工给北平员工的一封信中写道："我们真正的翻身了！站起来了！我们改变了旧的劳动态度，我们把工厂变成了自己的家，我们成了工厂的主人。"[①]这样沸腾的热情，在旧中国是看不到的。

离开人民的解放，离开人民的当家做主人，离开广大人民群众自觉的积极参与，新中国和新社会的建设能取得如此巨大成就是无法想象的。

祖国的空前统一和团结

还有一点极为重要，那就是国家的统一。这里说的不只是在形式上的统一，而是真正成为统一的整体。

旧中国常被称为"一盘散沙"，而且长期处在四分五裂中，中央号令不行，地方上形形色色的"土皇帝"各行其是。民国以来，军阀割据和军阀混战更给人民带来极大的苦难。邓小平曾说："也只有在中华人民共和国成立以后，才真正实现了全国(除台湾外)的统一。旧中国军阀混战时期不必说了，就是国民党统治时期，国家也没有真正统一过，像对山西、两广、四川等地，都不能算真正统一。"[②]美国国务院在一九四五年底关于中国政治军事局势的内部评估报告中写道：国民党政府在它统治区的权威，"随不同的军事领导人向中央政府的效忠

① 唐季平，《转换中的北平》，39、40 页，成都，商报出版社，1949。

② 《邓小平文选》第 2 卷，299 页，北京，人民出版社，1994。

程度而有所不同，事实上这些领导人很多处于一种半独立状态”。①

这种“一盘散沙”乃至四分五裂状况，在旧中国是难以改变的。华北的著名民主人士蓝公武在人民政协第一次全体会议上的发言中说：“过去常听到许多人说：‘中国人如一盘散沙，不能团结’。不错，在满清政府、北洋军阀、蒋介石反动派统治时代，人民所见到的只有卖国殃民、贪污腐化，所受到的只有压迫榨取，屠杀囚禁，人民当然不会有团结，也不可能有团结。今天在中国共产党和毛主席领导之下，情形便大不相同。共产党是依靠人民大众的力量来进行革命事业的。在解放了的地方，人民都团结起来，组织起来，成为一个伟大的革命力量。”②

新中国在中国共产党领导下，除了台湾以外，形成空前统一的局面。人民政府能够根据人民的根本利益，在全国范围内通盘筹划，制定明确的路线、方针和政策，采取重大措施。中央政府的政令能够雷厉风行地推行到全国各地，包括边疆地区，一致行动。全国各社会阶层以前所未有的规模组织起来，建立起各级工会、农民协会、青年团、学联、妇联、街道居民委员会等，深入到社会的基层，形成一个巨大的几乎无所不包的网络，随时可以将民众动员起来完成人民政府的各项工作，根本改变过去那种散漫无组织的状态。全国人民的大团结，成为人民政府最广泛的社会支柱。

一切为了人民，一切依靠人民，这是新中国力量的源泉，也是中国人多少年来梦寐以求而从来没有实现过的新局面。

---

① 沈志华，杨奎松主编：《美国对华情报解密档案（1948—1976）》（一），206页，上海，东方出版中心，2009。

② 《人民日报》，1949年9月28日。

中国是由五十六个民族组成的多民族国家。各族人民都是新中国的主人。中国的民族关系有着重要的特点：境内各民族在千百年漫长岁月的密切交往中，已形成相互依存、不可分离、你中有我、我中有你的亲密关系，许多民族还长期在同一地区杂居。这些特点是历史地形成的。第一届政协代表王再天（蒙古族）回忆道：当人民政协讨论《共同纲领》时，“会上会下大家都在热烈地探讨。我国少数民族的人口、分布等情况与苏联不大相同，一是少数民族人口占总人口的比例小，有些民族的人口也很少。二是少数民族人口分布是大杂居、小聚居，有些地方有几个民族相邻而居。不适合照搬苏联的加盟共和国、自治共和国那样的国家体制。我们应该根据我们各民族聚居的人口、地域情况，灵活地建立相应大小的民族自治地方。这样，能更好地实行我们的民族政策，也便于民族自治地方的经济文化发展，更有利于各民族间的交往和团结，反对帝国主义挑拨民族矛盾、分裂我们祖国的阴谋。”①

以往，中国共产党由于搬用苏联经验，曾提出过建立中华联邦共和国的口号。那时这个问题其实还没有条件提到现实的议事日程上来。随着对中国实际国情了解的加深，这个看法逐渐改变。到新中国诞生前夜，周恩来向前来参加人民政协会议的代表作报告，特别谈道：“关于国家制度方面，还有一个问题就是我们的国家是不是多民族联邦制。”他详细分析中国民族关系的特点后指出：“我们国家的名称，叫中华人民共和国，而不叫联邦。”“我们虽然不是联邦，但却主

① 王再天：《创建新中国的盛会》，《中国人民政治协商会议第一届全体会议亲历记》，130页。

张民族区域自治，行使民族自治的权力。”①人民政协通过的作为新中国临时宪法的《共同纲领》中明确规定：“各少数民族聚居的地区，应实行民族的区域自治，按照民族聚居的人口多少和区域大小，分别建立各种民族自治机关。”②

这就把统一国家下的民族区域自治，作为新中国一项基本政治制度确定下来。如果当年在处理这个问题上稍有忽略或偏差，它的后果可能会十分严重。这是中国共产党在处理民族问题上的成功创造。它的深远意义，随着历史进程的推演，人们已经看得越来越清楚了。

结 语

有比较才能有鉴别。时间隔得长一些，回头来看，事情也许看得更清晰。

想一想旧中国国势危殆、任人摆布、社会贫穷落后的痛苦岁月，看一看当今世界上一些国家内争不断、社会动荡、甚至种族仇杀那种悲惨情景，我们就不能不更加感觉到我们能够生活在统一稳定、正大踏步前进的新中国是多么幸福，才能更加明白为什么新中国在不长的六十年内能够取得如此举世瞩目的成就的原因所在，才能更加体会到新中国成立的划时代意义。

毛泽东在1945年在《论联合政府》中曾回顾旧中国多少年来的痛苦教训：“一个不是贫弱的而是富强的中国，是和一个不是殖民地半殖民地的而是独立的，不是半封建的而是自由的、民主的，不是分裂

① 《周恩来统一战线文选》，129页，北京，人民出版社，1984。

② 《建国以来重要文献选编》，第1册，12页，北京，中央文献出版社，1992。

的而是统一的中国，相联结的。在一个半殖民地的、半封建的、分裂的中国里，要想发展工业，建设国防，福利人民，求得国家的富强，多少年来多少人做过这种梦，但是一概幻灭了。”他做了这样的概括：“就整个来说，没有一个独立、自由、民主和统一的中国，不可能发展工业。”①也就是说：没有独立、自由、民主和统一，就不可能在中国实现以工业化为中心的现代化。

新中国诞生的划时代意义，还有许许多多话可说（如社会主义性质的国有经济成为国民经济中的主导力量，全国范围的土地制度改革即将全面展开，新中国各项基本政治制度初步形成，人们的思想观念发生巨大变化等），而民族独立、人民解放、国家统一是它的三个要点。路总是一步一步走的，凡事都有个先后。只有实现了民族独立、人民解放和国家统一，才能为祖国繁荣富强和人民共同富裕创造根本的前提。没有这个前提，一切都无从谈起。

新中国诞生是一个全新的出发点，是和旧时代根本不同的新国家和新社会。中华人民共和国正是从这里起步。当我们迎来新中国成立六十周年的时候，当我们今天看到中国在国际金融危机风暴震荡中依然能满怀信心地大步迈进时，不能不从内心深处对先人奋斗留给我们的一切，充满感激之情。

① 《毛泽东选集》第3卷，1080页，北京，人民出版社，1996。

谈谈新中国的“前三十年”*

中华人民共和国已经迎来它诞生的六十周年。

什么是贯穿这六十年历史的主题？一句话，它是中国人民在中国共产党领导下努力建设一个社会主义的新国家、新社会。这项前无古人的全新事业，是在不断探索中前进的。

这六十年可以分为两个阶段：前一段是新中国成立到改革开放前，后一段是改革开放以来。为了简便，可以分别称为“前三十年”和“后三十年”。这是前后相续、一脉相承而又与时俱进、不断发展的六十年。

对“后三十年”，人们大体有着共识，至少很少有人公开出来否定它。对“前三十年”则存在不同看法。有些书籍和文章连篇累牍、有意无意地给人制造一种错觉：仿佛那三十年无非只是一个政治运动接着一个政治运动，整了一批人又整一批人，没有干多少好事。这种看法是客观真实全面的吗？显然不是。

* 原载《党的文献》，2009 年第 5 期。

中央领导人谈“前三十年”

其实，从十一届三中全会以来，党和国家领导人对“前三十年”一直有十分明确的评价。

1979年，邓小平在《坚持四项基本原则》的讲话中说：“我们尽管犯过一些错误，但我们还是在三十年间取得了旧中国几百年、几千年所没有取得过的进步。我们的经济建设曾经有过较快的发展速度。”1980年，在起草《关于建国以来党的若干历史问题的决议》时，他说：“虽然我们党在历史上，包括建国以后的三十年中，犯过一些大错误，甚至犯过搞‘文化大革命’这样的大错误，但是我们党终究把革命搞成功了。中国在世界上的地位，是在中华人民共和国成立以后才大大提高的。”“没有中国共产党，不进行新民主主义革命和社会主义革命，不建立社会主义制度，今天我们的国家还会是旧中国的样子。我们能够取得现在这样的成就，都是同中国共产党的领导、同毛泽东同志的领导分不开的。恰恰在这个问题上，我们的许多青年缺乏了解。”

江泽民在党的十五大报告中，讲到20世纪有三次历史性的巨大变化，其中第二次是“中华人民共和国的成立和社会主义制度的建立”。这是“前三十年”的事。他说：“中国人民从此站起来了，并且从新民主主义走上社会主义道路，取得建设社会主义的巨大成就。这是中国从古未有的人民革命的大胜利，也是社会主义和民族解放的具有世界意义的大胜利。”

胡锦涛同志在纪念党的十一届三中全会召开三十周年大会上的讲话中，讲到近一个世纪以来，我国先后发生三次伟大革命。“第二次革命是中国共产党领导的新民主主义革命和社会主义革命，推翻了帝国主义、封建主义、官僚资本主义在中国的统治，建立了新中国，确立了社会主义制度，为当代中国一切发展进步奠定了根本政治前提和制度基础。”

请看，他们对这三十年的结论是“取得了旧中国几百年、几千年所没有取得过的进步”，“是中国从古未有的人民革命的大胜利”，“为当代中国一切发展进步奠定了根本政治前提和制度基础”。这就把“前三十年”在实现中华民族伟大复兴过程中的历史地位，以及它同“后三十年”以至今后长时期内中国一切发展进步的关系，说得明明白白。

邓小平曾经慨叹地说：“恰恰在这个问题上，我们的许多青年缺乏了解。”他当年所说的“许多青年”，如今都已是中年，有的正在步入老年。至于比他们更年轻的今日青年，对新中国“前三十年”的了解更少，那是不足为怪的。

中华人民共和国的诞生

1949 年在中国大地上发生的，并不只是一个政权代替了另一个政权、一种政治力量代替了另一种政治力量，而且是一场中华民族历史上前所未有的社会大变革。美国学者费正清在他的《美国与中国》一书中写道：“1949 年以来的中国革命，以其牵涉到的人数或从其变革的广泛和速度来说，是历史上最大的一次，对世界外部地区来说，这也是现代一次最少为外人所知的事件。”

新中国的成立，在东方这片具有五千年文明历史的大地上，从此彻底结束了旧时代，开创了一个新时代。中国的社会制度和它的前途命运，在这以前和这以后发生了根本的变化。这种划时代的变化，集中起来就是：实现了民族独立、人民解放和国家统一，开始为开辟社会主义道路并沿着这一道路实现国家的繁荣富强和人民的共同富裕而奋斗。

第一，民族的独立。

中国近代的民族苦难实在太深重了。中华民族曾经创造出灿烂的古代文明，在近代却大大落后。1840 年鸦片战争以后，世界上所有资本主义强国都扑向中国。他们控制了中国的政治和经济命脉。国家的命运不是掌握在中国人自己手里，而是任人摆布。在中国国土上到处可以看到趾高气扬的洋人肆意地为所欲为。中华民族在世界上遭人贱视，被看作“劣等民族”。民族的生死存亡处在千钧一发的紧急关头。“灵台无计逃神矢，风雨如磐暗故园，寄意寒星荃不察，我以我血荐轩辕。”年轻的鲁迅在 20 世纪初饱含悲愤写下的诗句，喊出了千千万万爱国者的共同心声。

为了拯救祖国，无数志士仁人不惜抛头颅洒热血，前仆后继地顽强奋斗。但在很长时间内，等待他们的却是一次又一次的失败。只有中国共产党诞生以后，在它的领导下，中国人民救亡图存的斗争才打开了新的局面。

新中国的成立永远结束了旧中国的屈辱历史。毛泽东在新政治协商会议筹备会上的讲话中充满自豪地宣告：“中国必须独立，中国必须解放，中国的事情必须由中国人民自己作主张，自己来处理。不容许任何帝国主义国家再有一丝一毫的干涉。”中国人民政治协商会议第一次全体会议开幕词中，他又说：“我们的民族将再也不是一个被人侮辱的民族了，我们已经站起来了。我们的革命已经获得全世界广大人民的同情和欢呼，我们的朋友遍于全世界。”

中国人从此抬起了头，挺起了胸，紧紧掌握了自己的命运。这一历史巨变的到来，是何等不易。

第二，人民的解放。

在旧中国，少数剥削者骑在广大人民头上，而占人口绝大多数的劳动人民被压在社会的最底层，过着牛马不如的生活，遭人冷眼蔑视，没有任何权利可言。新中国结束了这种状况，人民当家做了自己国家和社会的主人。这是中国社会发生的又一个翻天覆地的变化。

著名社会学家费孝通参加北京市第一次各界人民代表会议后，生动地描述了他当时的强烈感受："我踏进会场，就看见很多人，穿制服的，穿工装的，穿短衫的，穿旗袍的，穿西服的，穿长袍的，还有一位戴瓜皮帽的——这许多人一望而知是不同的人物，而他们会在一个会场里一起讨论问题，在我说是生平第一次。这是什么意思呢？我望着会场前挂着大大的'代表'二字，不免点起头来。代表性呀！北京市住着的就是这许多形形色色的人物。如果全是一个样子的人在这里开会，那还能说是代表会么？"

这是真正的人民民主。费孝通说这样的经历"在我说是生平第一次"，反映出这场社会大变革的广度和深度确实是中国历史上从来不曾有过的。

第三，国家的统一。

这里说的不只是国家在形式上的统一，而是成为前所未有的真正统一的整体。邓小平十分重视这一点。他说："也只有在中华人民共和国成立以后，才真正实现了全国（除台湾外）的统一。旧中国军阀混战时期不必说了，就是国民党统治时期，国家也没有真正统一过，像对山西、两广、四川等地，都不能算真正统一。"如果中国还是像过去所说的那样"一盘散沙"，如果国家的意志和决心不能在全国范围内得到贯彻执行，如果全国不能有通盘的筹划和一致的行动，新中国以后的一切发展和进步是不可想象的。

实现了民族的独立、人民的解放和国家的统一，这是一个全新的起点。这是一个与旧时代根本不同的新国家、新社会的起点。中国人民正是从这里起步，一步步走向未来的。

社会主义制度的建立

建设新中国有一个方向问题：是建设一个社会主义国家，还是资本主义国家；是实现社会主义现代化，还是资本主义现代化。

在中国建立社会主义制度，并不是新问题，也不是突然提出来的。中国共产党从一成立就把实现社会主义作为自己的政纲和奋斗目标，这是人所共知的。受尽旧社会压迫和欺凌之苦的绝大多数中国人，也希望走一条共同富裕的道路，不愿再出现经济、文化和社会发展成果主要由少数人享有的那种贫富悬殊、两极分化的状况。新民主主义社会本来就不是一个独立的社会形态，而是向社会主义社会过渡的阶段。随着人民民主专政的国家政权的建立，随着国有工商业的比重一步一步超过私有工商业以及农业合作化的发展，实际生活表明：从新中国成立开始，中国事实上已经在逐步向社会主义全面过渡。也就是说，不但在政治上已经确立了人民民主专政等社会主义基本政治制度，而且在经济上也已经在向确立社会主义基本经济制度前进。

1953 年，中共中央正式提出过渡时期的总路线，要求在一个相当长的时期内，逐步实现国家的社会主义工业化，并逐步实现国家对农业、手工业和资本主义工商业的社会主义改造。这条总路线是完全正确的。

在这一过程中，中国共产党创造性地开辟了一条适合中国特点的社会主义改造的道路。它的特点，一是实现了和平改造；二是无论对农业、手工业和资本主义工商业的社会主义改造，都经过一系列从低级到高级的过渡形式，没有造成对生产力的破坏，没有造成大的社会震荡。

到1956年，全国绝大部分地区基本上完成了对生产资料私有制的社会主义改造。就在这一年，国内生产总值比上年增长15%。工业总产值增长28.1%，农业总产值增长5%。中国一切政党的政策及其实践在中国人民中所表现的作用的好坏、大小，归根到底，看它对于中国人民的生产力的发展是否有帮助及其帮助之大小，看它是束缚生产力的，还是解放生产力的。有时候数字比讲一番道理更能说明问题。这些数字确实是十分值得重视的。

怎样看待中国在20世纪50年代进行的这场社会主义改造？中共中央在《关于建国以来党的若干历史问题的决议》中郑重地做出结论："整个来说，在一个几亿人口的大国中比较顺利地实现了如此复杂、困难和深刻的社会变革，促进了工农业和整个国民经济的发展，这的确是伟大的历史性胜利。"

这是应该大书特书的：随着社会主义改造的基本完成，中国社会主义基本制度在政治方面确立以后，这时在经济方面也确立起来了。就是说，中国的社会主义基本制度已经全面建立，中国新民主主义社会向社会主义社会过渡的历史任务已经完成。我们今天所说的社会主义初级阶段正是从这时开始的。大家常讲社会主义初级阶段的基本路线要坚持一百年不动摇，这里的"一百年"指的就是从20世纪中叶到21世纪中叶。我们用不着讳言社会主义改造这项工作中也有缺点和偏差，特别是它后期在不少方面的步子急了，工作做得粗了，给后来留下不少问题。这些缺点和偏差是可以改正的，怎样改正？绝不是要否定和改变已经建立起来的社会主义制度，而只能是依靠社会主义的自我发展和自我完善。中国社会主义建设的历史，特别是改革开放的历史证明：社会主义制度完全有能力通过自我发展和自我完善来解决这些问题。这已经是再明白不过的事实。

经济建设的巨大成就

有些人在讲到新中国的“前三十年”时，常爱用“贫穷落后”之类的词汇来概括，甚至总把它用来为今天的进步作反衬。这话不能说一点道理也没有，因为比起社会主义现代化的要求来，那时确实还是贫穷和落后的。但如果看不到这三十年中我国发展和进步的巨大变化，甚至还把它说成像旧中国那样的贫穷落后，那是错误的，也是不公道的。

中国的贫穷和落后是旧中国造成的，是帝国主义侵略和封建势力、官僚资本统治的结果。旧中国贫穷落后的悲惨场景，让人至今想起来仍感到痛心。要改变这种状况，需要几代人坚持不懈的努力，时间短了是办不到的。

新中国几乎是在旧中国财政经济总崩溃的一片废墟上起步的。我们的革命前辈和老一辈的全国各族人民，曾为改变那种贫穷落后的状况献出自己的全部心血和精力。这里想先引用中央财经领导小组办公室发表的比较可靠的资料来谈谈这个问题。

拿 1978 年同 1949 年的统计数字比较一下：中国的国内生产总值从 466 亿元提高到 3624.1 亿元，增长 7.78 倍；工业总产值从 140 亿元提高到 4230 亿元，增长 30.26 倍；农业总产值从 326 亿元提高到 1397 亿元，增长 4.29 倍；粮食产量从 1.1318 亿吨提高到 3.0477 亿吨，增长 2.69 倍；棉花产量从 44.4 万吨提高到 216.7 万吨，增长 4.88 倍；钢产量从 16 万吨提高到 3178 万吨，增长 198.63 倍；煤产量从 3200 万吨提高到 6.18 亿吨，增长 14.31 倍；发电量从 43 亿度提高到 2566 亿度，增长 59.67 倍。这 29 年间，国内生产总值的年均增长率为 8.43%。如果扣除 1949 年到 1952 年国民经济恢复的三年，年均增长率为7.78%。

这只是从数量来讲的，更重要的是：旧中国的经济是半殖民地半封建社会条件下的畸形经济，根本没有形成自己独立的工业体系和国民经济体系。毛泽东在1954年说过一段常被人们引用的话："现在我们能造什么？能造桌子椅子，能造茶碗茶壶，能种粮食，还能磨成面粉，还能造纸，但是，一辆汽车、一架飞机、一辆坦克、一辆拖拉机都不能造。"就连今天看起来很简单的普通手表，中国人那时也不会造。新中国在政治上已经取得独立地位，但如果经济上不能独立，政治上的独立是不巩固的。这是摆在中国人面前生死攸关的极端紧迫的大问题。新中国成立后"前三十年"的一项巨大贡献，就是用比西方许多国家短很多的时间，就基本上建立起独立的、比较完整的工业体系和国民经济体系。

从1949年到1952年这三年中，在抗美援朝战争正在激烈进行的艰难岁月里，全国工农业总产值增长77.5%，平均年递增率达到21.1%，恢复国民经济的艰巨任务按原计划超额完成。这是中国历史上闻所未闻的奇迹。

从1953年起，开始实行第一个五年计划，在中国大地上展开了热气腾腾的令人耳目一新的大规模经济建设。它的重点是重工业，主要包括能源(煤炭、电力、石油)，原材料(钢铁、有色金属、基本化学工业)，机械制造(机床、重型机床、锅炉、电机、汽车、飞机、船舶、兵器)等我国空白和薄弱的工业领域。多少中国以往热切向往而无法生产的"第一个突破"的捷报不断传来，令人鼓舞、催人奋进。在1960年开始的三年严重经济困难和五年调整那些十分艰难的日子里，无数有骨气的中华儿女在党的领导下，依然同心同德、战天斗地、共渡难关，做出许多骄人的成绩，开发大庆油田、超音速喷气式飞机投入生产、核武器和导弹试验成功等便是突出的例证。这些事在当时那种物质匮乏、技术落后的条件下能够获得成功，是多么难能可贵。

在“文化大革命”十年动乱期间，国民经济虽然遭到巨大损失，但在周恩来、邓小平先后具体主持下，仍取得了进展。粮食生产保持了比较稳定的增长。工业交通、基本建设和科学技术方面取得了一批重要成就，其中包括一些新铁路和南京长江大桥的建成，一些技术先进的大型企业的投产，氢弹试验和人造卫星发射回收的成功，籼型杂交水稻的育成和推广等等。还要讲到一件重要的事：1973 年，经毛泽东批准，在周恩来、李先念主持下，决定用 43 亿美元(后来增加到 51.8 亿美元)在三五年内引进一批国外的先进技术设备，其中包括：13 套化肥设备，4 套大型化纤设备，3 套石油化工设备，1 个烷基苯厂，43 套综合采煤组，8 个大电站，武钢的 1.7 米轧机，以及透平压缩机、燃气轮机、工业汽轮机等的制造技术。这是第一次较大规模地从西方国家引进成套的新技术设备，它们在后来的社会主义现代化建设中发挥的作用，也是不言而喻的。

中共中央《关于建国以来党的若干历史问题的决议》谈到开始全面建设社会主义的十年(即 1956 年至 1966 年)时写道：“我们现在赖以进行现代化建设的物质技术基础，很大一部分是这个期间建设起来的；全国经济文化建设等方面的骨干力量和他们的工作经验，大部分也是在这个期间培养和积累起来的。”

这些无可辩驳的事实，在有些人心目中似乎已不值得提起而无形消失。这难道是客观的和公正的吗？

“前三十年”中的严重挫折

当然，我们党在新中国“前三十年”的工作中也犯了不少错误，国家的发展因此遭受过严重挫折。这是令人痛心的，同样是不能淡忘的。

中国革命的胜利和新中国成立初期各项工作的顺利发展，是可喜的，却也给中国共产党人造成一种错觉：似乎一切都会一帆风顺地向前发展，对中国建设社会主义事业的艰巨性和复杂性认识严重不足。毛泽东等党和国家的一些领导人有些陶醉于已经取得的胜利，开始骄傲起来，对一些并不熟悉的新情况和新问题作出不符合实际的判断，在指导思想上出现了“左”的错误。这种“左”的错误主要表现在两个问题上：一是社会矛盾中的阶级斗争问题，一是经济建设中的急于求成问题。

在阶级斗争问题上，本来在社会主义改造基本完成后召开的党的八大上，已经指明急风暴雨式的阶级斗争已经过去，阶级斗争已不再是社会矛盾中的主要矛盾，党和国家的中心任务是集中力量发展生产力和搞经济建设。但不久国际上发生了“波匈事件”，国内极少数人也伺机向党向社会主义发动进攻，有的还很猖狂。在这些原来没有料想到的情况下，毛泽东和我们党对阶级斗争形势的估计又变得严重起来，以至于逐步改变了八大的正确提法。后来，不仅重提阶级斗争，而且采取了“以阶级斗争为纲”的错误指导方针，导致在历次政治运动中造成对干部、群众特别是知识分子的严重伤害。在相当长一段时间内，不仅夸大了社会上阶级斗争的形势，而且把它引入党内，直至发生了“文化大革命”这样的政治大动乱。这就深刻地说明，如果对社会主义社会的阶级斗争问题估计得不适当，看得过重了，把它在社会矛盾中的位置摆得不对头，其后果造成的损失是十分严重的。在这个问题上我们党吃了20来年“左”的亏，这是十分沉痛的教训。当然，看不到或者忘记社会主义社会还存在一定范围的阶级斗争，丧失警惕性，也不行，那就会发生右的错误。

“文化大革命”是一次全局性的、长时间的“左”倾严重错误。在这个问题上，毛泽东负有主要责任。讲起“文化大革命”，这十年动乱给中国带来的伤害太大了，教训是令人刻骨铭心的。中共中央在《关于建国以来党的若干历史问题的决议》早已做出结论：“历史已经判明，‘文化大革命’是一场由领导者错误发动，被反革命集团利用，给党、国家和各族人民带来严重灾难的内乱。”同时，它又写道：“毛泽东同志的错误终究是一个伟大的无产阶级革命家所犯的错误。毛泽东同志是经常注意要克服我们党内和国家生活中存在着的缺点的，但他晚年对许多问题不仅没有能够加以正确的分析，而且在‘文化大革命’中混淆了是非和敌我。他在犯严重错误的时候，还多次要求全党认真学习马克思、恩格斯、列宁的著作，还始终认为自己的理论和实践是马克思主义的，是为巩固无产阶级专政所必需的，这是他的悲剧所在。”

“文化大革命”的沉痛教训，促使中国共产党和全国人民深刻地反思：问题究竟出在什么地方？怎样才能避免悲剧的重演？邓小平有一段深刻的话：“总结历史，不要着眼于个人功过，而是为了开辟未来。过去的成功是我们的财富，过去的错误也是我们的财富。我们根本否定‘文化大革命’，但应该说‘文化大革命’也有一‘功’，它提供了反面教训。没有‘文化大革命’的教训，就不可能制定十一届三中全会以来的思想、政治、组织路线和一系列政策。三中全会确定将工作重点由以阶级斗争为纲转到以发展生产力、建设四个现代化为中心，受到全党和全国人民的拥护。为什么呢？就是因为有‘文化大革命’作比较，‘文化大革命’变成了我们的财富。”

经过十一届三中全会以后的拨乱反正和历史总结，我们党在阶级斗争问题上已经有了成熟的科学的认识了。常言道：“吃一堑，长一智。"历史的路，无论是革命的路，还是建设的路，都是这样走过来的。

经济建设中的急于求成，突出地表现在两个方面：一是表现为所有制和生产关系上的"急于过渡"，二是表现为建设速度上追求高指标、高速度的所谓"大干快上"。

关于"急于过渡"问题，也表现在两个方面：一是急于追求"一大二公"，急于实现城乡特别是农村人民公社的集体所有制向全民所有制过渡；二是追求为将来早日向共产主义过渡准备条件，急于增加共产主义因素，以致轻视甚至否定按劳分配的原则以及商品生产、商品交换、价值法则在社会主义经济发展中的重要作用，在社会经济生活中刮起了一股"一平二调"的"共产风"。这种"左"的错误及其产生的无偿地剥夺农民、无偿地占有他人劳动成果的做法，严重地挫伤了群众的生产积极性。这些问题，被党中央和毛泽东所察觉并引起高度重视后，从 1958 年年底开始，采取了不少措施，努力加以纠正。在这中间，1959 年庐山会议上错误地开展了批判彭德怀的所谓"反右倾"斗争，使得党和国家的政治民主生活遭到严重损害，"左"的错误又更加发展起来，加上自然灾害和苏联突然撕毁援助合作协议，国民经济陷入空前困难，国家的发展和人民的利益遭受重大损失，出现许多令人痛心的事实。在事实的教训下，从 1961 年起，党中央和毛泽东提出要"大兴调查研究之风"、"把实事求是的精神恢复起来"。通过深入的调查研究、发出党内通知和党内通信、召开专门工作会议、制定农业工业等条例的诸多措施，基本上刹住和纠正了"一平二调"的"共产风"，停止了"急于过渡"的做法，不仅停止了集体所有制向全民所有制过渡，也停止了人民公社内部向全公社的集体所有制过渡，把所有制关系稳定在生产队范围内的集体所有制上。党中央和毛泽东还一再从理论上强调，必须反对无偿占有别人劳动成果，必须坚持按劳分配原则，必须坚持发展商品生产、商品交换，发挥价值规律的积极作用，同时强调建设社会主义将是一百年甚至更长的历史发展阶段。这种对“急于过渡”的“左”的错误一旦认识了就努力纠正的事实，再一次说明我们党是勇于修正错误、坚持真理的，为了国家和人民的利益是能够自己起来认真纠正工作中的失误的。至于有些“左”的错误没有得到纠正，或者纠正不彻底，这同当时的经验不足、认识不深刻直接相关。

建设速度上发生的所谓“大干快上”的冒进错误，主要是夸大了主观意志和主观努力的作用，没有经过充分的调查研究和试点，违背社会经济发展的客观规律，轻率地发动“大跃进”运动，结果造成高指标、瞎指挥、浮夸风等不切实际的主观主义错误严重泛滥开来，造成了对社会生产力、对经济建设的严重破坏。面对经济建设的“大跃进”造成的挫折，我们党开始深刻认识到在经济建设中必须按客观规律办事，追求脱离客观实际的高速度是要适得其反、欲速则不达的。毛泽东在谈到这个教训时说：现在看来，搞社会主义建设不要那么十分急，急了办不成事，不如缓一点，波浪式地向前发展。不要图虚名而招实祸。通过采取“调整、巩固、充实、提高”等方针和措施，把不切实际的高指标、高速度降了下来，到“文革”前，国民经济已走出困境。

大家都在谈论怎样吸取“大跃进”的教训。毛泽东当然要负重要责任。但单单这样看显然是不够的，它还有更深层次的社会原因。近代以来，中国人受尽了帝国主义的欺压和侮辱，心头郁积着怒火，强烈要求能尽快挺身站立起来。新中国成立后，中国人在政治上站起来了，经济文化落后的面貌并没有改变。“落后就要挨打”这句当时常说的话，使人们对尽快改变中国落后面貌的心情更加迫切。这是当时相当普遍的民族心理。革命和建设如此迅猛发展造成的错觉，又使人误以为只要充分发挥人的主观能动性，大搞群众运动，再难的事情都可以在短期内办成，什么人间奇迹都可以创造出来。这是在那个特定历史阶段形成的一种特殊心态和思维方式。邓小平在二十年后坦率地说："'大跃进'，毛泽东同志头脑发热，我们不发热?""在这些问题上要公正，不要造成一种印象，别的人都正确，只有一个人犯错误。这不符合事实。"

经济建设有它自己的规律，必须严格遵循，任何时候都不能违背。事情并不是只要出于人们的良好愿望，只要充分发挥人的主观能动性就什么都能办成。应该看到，在20世纪五六十年代，中国的社会主义建设刚刚开始，人们对它的规律还远未认识。大家对如何搞社会主义建设，如何发展国民经济，思想准备不够，经验十分缺乏，在这种情况下，就很容易凭过去的"老经验"办事。对于大多数领导人和各级干部来说，过去在长期革命战争年代中习惯于用大搞群众运动的方法来解决面对的各种困难，并且取得巨大成功，大家便以为在经济建设中只要搬用这一过去成功的老经验来指导工作，就能闯出一条经济发展的新路来。但事实告诉我们：不管你出于多么良好的愿望，不管你怎样动员群众的力量，如果违背了经济建设的客观规律，便会遭到惩罚，甚至导致灾难性的后果。这是"大跃进"留给我们的深刻教训。

观察和研究一百多年来的中国历史，离不开"探索"这个关键词。离开它，许多事情便很难正确理解。为什么这种探索是不可避免的?对中国来说，无论革命、建设，还是今天正在进行的社会主义改革，遇到的都是一个又一个新问题，在书本上和别国经验中找不到现成的答案。要闯出一条适合中国情况的新路来，唯一的办法，只能靠我们当代中国人自己，在革命、建设和改革的实践中大胆探索，并不断总结经验教训，没有其他捷径可走。

既然是探索，自然不可能把什么都预先弄得清清楚楚，都已有了百分之百的把握。许多事只能看准一个大的方向，便勇敢地往前闯，中间难免遇到风险，难免发生曲折。有时，人们的认识不符合客观实际，再加上不那么谦虚谨慎，就会付出代价，碰得头破血流。人们只有在实践中不断总结经验教训，发现出了问题就去解决，认识到了错误就去纠正，才能逐渐学会应该怎么做。正像一个人如果不敢下水，害怕呛水，害怕遇到危险，就永远学不会游泳一样。何况他面对的常不是清澈见底的浅池，而是波涛奔腾、深不可测的急流。即使在途中经历一些曲折，但只要不被河水吞没，而能在不太长的时间内游抵彼岸，便是极大的成功。总之，在探索中，不可能只有成功，没有失败；只有正确，没有错误。那样的探索在人们推动历史前进的过程中是不存在的。相反，人们正是通过成功与失败、正确与错误的比较，而且往往是多次的反复比较，才能做到主观认识符合客观真理，才能找到真正正确的前进之路，才能不断开创历史的新局面。而这正是探索的真谛与意义所在。

结　语

说了这么多，大概不至于被误解成把"前三十年"看得什么都好，甚至是想"走老路"。化用一句普京说过的类似的话(当然意思是不同的)：如果一味给"前三十年"抹黑，那是没有良心；如果想"走老路"，那是没有头脑。

新中国成立以来的"后三十年"进入了改革开放的历史新时期，是近一百年来中国的第三次历史性巨大变化，实现了具有深远意义的伟大转折。它在“前三十年”成功经验和挫折教训的基础上，成功开辟了中国特色社会主义的道路，中国的社会主义现代化建设充满生机活力，取得举世瞩目的成就。这样的成就是经过艰辛探索取得的，得来不易。我们必须坚定不移地在中国特色社会主义大旗下，不断开拓前进，实现中华民族的伟大复兴。

本文所说的只有一点：要以尊重历史的态度来看待新中国的“前三十年”。历史的前进，就像攀登高山那样，总是先登上一个较低的台阶，再跨上一个更高的台阶，不可能一步到位；又像一场接力跑，后一棒总是以前一棒达到的地方为出发点，然后又远远跑到它的前面。成年人绝不会轻薄地嘲笑幼儿的蹒跚学步，甚至摔上几个跟斗，跌得鼻青脸肿。一个正在走向富裕的家庭，子女也不会把父辈的节衣缩食讥讽为“寒酸相”，或者把它忘却。因为历史就是这样走过来的：没有昨天，也就没有今天和明天。

从十一届三中全会到十二大*

——新时期是这样开始的

改革开放30年，中国的面貌发生了巨大的变化，无论规模还是速度，都是许多人没有料想到的。全世界都以惊异的眼光注视着它，议论它是怎么发生的，是怎样一步一步走过来的。

中国有句老话："万事开头难。"中国的改革开放，并不是在各种条件都已具备的顺利环境下开始的，相反，倒是在异常复杂而艰难的环境中迈出了第一步。

那时候，两大难题摆在中国人民面前：一方面，经过"文化大革命"的十年动乱，遗留的问题堆积如山，人们的思想相当混乱，一时仿佛还看不清该从哪里下手才能从这种困境中摆脱出来；另一方面，又不能只停留在应对当前种种迫切而棘手的问题，还要从长远的战略眼光出发，形成一条全新的思路，为打开一个前所未有的新局面奠定坚实的基础。这两个方面必须在不长时间内同步完成。没有非凡的战略眼光、智慧和胆略，很难在这种存在着许多不

---

* 原载《党的文献》，2008年第6期。

确定因素的局势下勇敢地作出历史性的决断。

从中共十一届三中全会到十二大，中国走过的正是这样一条道路。

三中全会的前夜

走上这样一条路实在不易。在十一届三中全会前夜，中国经历过在徘徊中前进的两年。

1976 年 10 月中共中央一举粉碎“四人帮”，结束了“文化大革命”，使中国从危难中得到拯救。接着，中央抓了两件事：一是揭批“四人帮”，二是恢复和发展国民经济。

那时，“四人帮”和一批他们的骨干分子已被隔离审查，全国绝大部分地区的局势迅速得到控制，但他们多年经营的帮派势力遍布全国，有些还掌握着一定权力，如果不认真清理便会留下隐患。中央采取果断措施，清查同“四人帮”有牵连的人和事，调整和充实各级领导班子。在短时间内解决了这个问题，并且始终保持着社会的稳定，没有出现动荡或混乱。同时，又发表大量文章，清除极“左”思潮的流毒，取得明显成效。

国民经济，在这两年得到初步的恢复和发展。1977 年国内生产总值比上年增长 7.6%，1978 年又增长 11.7%。许多重点工程建设取得明显进展。1977 年，还为全国 60%的职工增加了工资，这是 10 多年来第一次为职工提高工资，改善了人民生活。

这两件事都是应该做的。但是，前进仍处在严重的徘徊中。最重要的是：没有从指导思想上彻底清理“文化大革命”时期以及多年来存在的“左”的错误，不敢从毛泽东晚年的错误中真正解脱出来。这就是大家熟知的“两个凡是”。这个思想束缚不打破，“以阶级斗争为纲”也好，“无产阶级专政下继续革命的理论”也好，对“文化大革命”的肯定评价也好，都不能改变，中国便无法走出一条成功的新路，更谈不上开辟一个改革开放的新时期。

从端正思想路线入手

新的时期，新的任务，需要有新的领导人物。邓小平由于他在长期革命中的历史功勋，由于他对“四人帮”的坚决斗争和在动乱时期主持全面整顿取得的显著成效，在党和人民中享有巨大的威望。在全国人民的殷切期待中，中共十届三中全会决定恢复邓小平原来担负的中央领导职务。邓小平没有辜负全党和全国人民的期望，他一出来工作，立刻表现出一个战略家的远见卓识，坚定有力而又有条不紊地从混乱中打开新的局面。

事情千头万绪，应该从哪里做起？邓小平断然抓住具有决定意义的环节，从端正思想路线入手。

恢复工作前，他给中共中央写信，针对“两个凡是”，鲜明地提出“必须世世代代地用准确的完整的毛泽东思想来指导我们全党、全军和全国人民”，并且对去看他的中央办公厅负责人说：“‘两个凡是’不行。”[①]可见在他看来，这是首先需要解决的问题。以后关于真理标准问题的讨论，就是在这个基础上发展起来的。

邓小平不只在理论上鲜明地提出这个问题，而且立刻果断地付诸行动。恢复工作后，他提出分管科学和教育工作，并且立刻作出一项重大决定：恢复高等学校的招生考试制度。这件事涉及的社会面很

① 《邓小平年谱（1975—1997）》（上），157页，北京，中央文献出版社，2004。

广，向无数知识青年重新敞开了进入高等学校的大门，改变了他们的人生道路。它震动全国，以行动打破“两个凡是”，对打开改革开放的新局面起了先导作用。

《实践是检验真理的唯一标准》一文发表后，在全国引起强烈反响，但也受到相当大的政治压力。邓小平这时明确指出：“毛泽东思想最根本的最重要的东西就是实事求是。现在发生了一个问题，连实践是检验真理的标准都成了问题，简直是莫名其妙！”①以后不久，邓小平到东北三省去考察。用他的话讲：“我这是到处点火。”

在十一届三中全会前的中央工作会议上，邓小平作了《解放思想，实事求是，团结一致向前看》的讲话，实际上成为十一届三中全会的主题讲话。他讲了一句分量很重的话：“一个党，一个国家，一个民族，如果一切从本本出发，思想僵化，迷信盛行，那它就不能前进，它的生机就停止了，就要亡党亡国。”②

人的行动是受思想指导和支配的。事实证明，只有解决好思想路线问题，才能提出新的正确政策。在思想受到严重束缚的情况下，是不可能迈开大的步子的。从端正思想路线入手，便从千头万绪中抓住了要端，成为改革开放能够顺利展开的起点。

新时期基本格局的形成

思想解放的闸门一打开，什么样的主张都有。但是，一个国家、一个民族要前进，必须有坚定正确的共同方向。没有方向，就像大海

---

① 《邓小平年谱（1975—1997）》（上），320页，北京，中央文献出版社，2004。

② 《邓小平文选》第2卷，143页，北京，人民出版社，1994。

上的一叶扁舟，随着潮流漂来漂去，是很危险的。紧迫的客观形势又不容许长期议论不休，必须尽快做出决断，使全党和全国人民能够统一认识，万众一心地前进。如果犹豫迟疑，拖延不决，便会丧失时机，以至重走弯路。

邓小平不愧为改革开放的总设计师。在关系中华民族前途命运的历史时刻，他经过深思熟虑，当机立断，清晰地绘制出一幅新时期中国如何前进的蓝图。

中共十一届三中全会形成了以邓小平为核心的中国共产党第二代中央领导集体。全会最突出的贡献，是冲破长期“左”的指导思想的束缚，抛弃在社会主义时期依然“以阶级斗争为纲”的错误观点。全会公报明确地提出要“把全党工作的着重点和全国人民的注意力转移到社会主义现代化建设上来”；公报要求，为了实现这个目标，必须坚决地实行全面改革：“实现四个现代化，要求大幅度地提高生产力，也就要求多方面地改变同生产力发展不适应的生产关系和上层建筑，改变一切不适应的管理方式、活动方式和思想方式，因而是一场广泛、深刻的革命。”①全会还要求实行对外开放，也就是要努力利用外国的先进技术、管理经验和资金，加快中国的社会主义现代化建设。

十一届三中全会结束后20多天，理论务虚会在北京举行。会议进一步澄清了许多重大的理论是非。但也有少数人从一个极端走向另一个极端，社会上还存在一些不安定因素。邓小平以高度的政治敏锐性及时作出了回答，他说：“要在中国实现四个现代化，必须在思想政治上坚持四项基本原则。这是实现四个现代化的根本前提。”“如果动摇了这四项基本原则中的任何一项，那就动摇了整个社会主义事

① 《人民日报》，1978年12月24日。

业，整个现代化建设事业。”①

这样，以经济建设为中心、坚持四项基本原则、坚持改革开放这些作为新时期基本路线指导思想的“一个中心，两个基本点”，在很短时间内都已十分明确地提出来。这样，就拨开了迷雾，能使中国的社会主义制度充满生机和活力，使人们在前进中有了共同的方向和衡量是非的标准。建设中国特色社会主义的新道路，正是以十一届三中全会为起点开辟出来的。

拨乱反正和改革开放的开始

怎样在已经指明的大方向下开始社会主义现代化建设？中国要解决的问题和要做的工作实在太多，而国家的力量和资金都很有限，各项变革又需要有序地进行。如果一哄而上，齐头并进，必将一事无成，甚至把事情搞乱。当时最迫切的是两大任务：一是完成拨乱反正，二是部署和展开全面改革开放。

拨乱反正，在十一届三中全会前后做了大量工作。开展真理标准问题的讨论，重新确立实事求是的思想路线，是思想路线上的拨乱反正。三中全会废止“以阶级斗争为纲”的方针，把党和国家的工作重点转移到社会主义现代化建设上来，集中力量发展社会生产力，是政治路线最根本的拨乱反正。邓小平又提出：思想路线、政治路线的实现要靠组织路线来保证，现在解决组织路线问题已经提到我们议事日程上来了。

组织工作方面，三中全会前后用很大的力量解决平反冤假错案和

① 《邓小平年谱（1975—1997）》（上），502页，北京，中央文献出版社，2004。

正确处理种种历史遗留问题。这些问题如果不及时解决，就不可能实现安定团结的局面，不可能发挥各方面的积极性，顺利地实现工作重点的转移。接着，又着重抓了由什么人来接班的问题，着手解决干部的革命化、年轻化、知识化、专业化，废除领导职务终身制，实行新老合作和交替。1979年11月，邓小平强调指出："选择接班人这件事情不能拖。否则。搞四个现代化就会变成一句空话。"①

1981年6月，中共十一届六中全会通过了《关于建国以来党的若干历史问题的决议》，基本上统一了全党和全国人民的认识。全会公报写道："这次会议将以在党的指导思想上完成拨乱反正的历史任务而载入史册。"②

改革开放，是新时期最鲜明的特点。它是社会主义制度的自我完善和发展。

全面改革也有一个从哪里入手的问题。改革的浪潮首先从农村掀起。中国当时是一个农民占全国人口80%的国家，农业是国民经济的基础。正如陈云所说："要先把农民这一头安稳下来。""摆稳这一头，就是摆稳了大多数，七亿多人口稳定了，天下就大定了。"③

为了使农业生产有较快的发展，最重要的是要充分调动起广大农民的积极性。农村改革的主要内容是实行家庭联产承包责任制，形成农户分散经营与集体统一经营相结合的双层经营体制。它不是回到农业合作化以前的小私有经济，而是农村集体经济的新的经营形式、经营体制。

① 《邓小平文选》第2卷，221页，北京，人民出版社，1994。

② 《人民日报》1981年6月30日。

③ 《陈云文选》第3卷，326页，北京，人民出版社，1995。

城市的情况远比农村复杂，农村的承包责任制不能简单地搬到城市中来，应该怎么做最初并不那么清楚，所以改革的步伐没有像农村中跨得那么大，在起始阶段主要是在扩大企业自主权等方面作了一些探索。

对外开放。首先在广东迈出较大的步子。广东地接港澳，又是重要的侨乡，一直有着对外经济交往的传统。接着，设置经济特区的问题便提上议事日程，要给予特殊政策，使特区有较大的经济管理权限。经济特区建设，以令人吃惊的速度和效率，在人们面前展开。"深圳速度"对全国起了巨大的示范带动作用。为了吸引外资，还允许外商在华直接投资，1979 年批准兴办六家中外合资企业。对外开放，从决策进入组织实施阶段。

这段时间内还有一项重大措施，就是调整国民经济。在十一届三中全会以前，在经济工作中曾再度发生急于求成、片面追求高速度的错误倾向，提出"要为创建十来个大庆油田而斗争"等口号，要求"出现一个全面跃进的新局面"。这种想法是可以理解的，粉碎"四人帮"后，人们都想大干一番，把被耽误的时间夺回来。但是，十年动乱留下的问题太多了：国民经济比例关系严重失调，人民生活积下大量"欠账"，被严重打乱的规章制度和经济管理工作有待重建和整改，经济增长的许多基础工作需要做好准备。正如有的学者所指出的，好比重病初愈的人，不让他休养一段时间，恢复健康，就要求他跑步前进，没有不跌跤子、不出问题的。

邓小平在 1979 年 3 月指出："中心任务是三年调整，这是个大方针、大政策。""首先要有决心，东照顾西照顾不行。"①这年 4 月，中央工作会议决定用三年时间对国民经济实行"调整、改革、整顿、提

① 《邓小平年谱(1975—1997)》(上)，497 页，北京，中央文献出版社，2004。

高”的方针，其中着重调整农轻重、积累与消费之间的比例关系，使改革开放得以在比较扎实可靠的基础上进行。邓小平在 1983 年 3 月说：“现在看起来，没有那次会议进一步明确八字方针，而且以调整为核心，就没有今天的形势。”①

十一届三中全会以后短短三年多时间内，以邓小平为核心的中共中央领导集体，高瞻远瞩，从容应对，在艰难复杂的处境中，分清轻重缓急，合理安排，既积极又慎重，有条不紊地开展工作。中国在经历了十年动乱后，顺利地实现了伟大的历史性转折。

高举起“中国特色社会主义”的旗帜

邓小平曾用十分概括的语言指出：“从十一届三中全会到十二大，我们打开了一条一心一意搞建设的新路。”②

走上这条新路后，中国人应该举着怎样的旗帜前进？“一心一意搞建设”的目标是什么？这是放在中国各族人民面前迫切需要回答的问题。“建设有中国特色的社会主义”，就是对这些问题的总回答，是邓小平 1982 年在中共十二大的开幕词中提出来的。他说：“把马克思主义的普遍真理同我国的具体实际结合起来，走自己的道路，建设有中国特色的社会主义，这就是我们总结长期历史经验得出的基本结论。”③

什么是“中国特色社会主义”？它的含义十分明确：第一，我们要建设的是社会主义，绝不是其他什么社会。后来，邓小平同一位台湾朋友说：“我们大陆坚持社会主义，不走资本主义的邪路。社会主义

---

① 《邓小平年谱(1975—1997)》(下)，895 页，北京，中央文献出版社，2004。

② 同上书，850 页。

③ 《邓小平文选》第 3 卷，3 页，北京，人民出版社，1994。

与资本主义不同的特点就是共同富裕，不搞两极分化。"①第二，我们所要建设的社会主义，必须按照中国的国情来办，具有中国特色。别国的建设和管理经验，无论是苏联的还是西方国家，都可以而且应该积极学习和借鉴，但是都绝不能照抄照搬。

这是一面鲜明的旗帜。高举这面旗帜，就使十几亿中国人在前进中有了共同的明确方向。有如毛泽东早年所说："主义譬如一面旗子，旗子立起了，大家才有所指望，才知所趋赴。"②

"一心一意搞建设"，中国21世纪内所要达到的具体目标是什么？邓小平反复地思考这个问题。1979年12月，他提出中国要在21世纪末达到小康水平的目标。这是一个新的重要判断。以往，一直把实现四个现代化作为20世纪末的奋斗目标，容易导致提出许多过高的指标。20世纪末达到"小康的状态"这个新的判断，规定了一个既积极而又脚踏实地、切合实际的基本设想。这就从根本指导思想上防止了重犯过去长期存在的脱离中国实际国情而急于求成的错误。

这个基本设想在中共十二大上确定下来。十二大报告要求：从1981年到20世纪末的20年，力争使全国工农业总产值"翻两番"，这时人民生活就可以达到小康水平。这个决策是符合实际的，是经过努力能够实现的。在20世纪末"翻两番"这个奋斗目标由此深入人心，成为鼓舞全国各族人民投身社会主义现代化建设的巨大力量。

从十一届三中全会到十二大，只有三年多时间，但人们看到：方向已经指明，目标已经确定。中国人民在共产党领导下，从此在新的起点上阔步前进，开辟一个新的历史时期。

---

① 《邓小平年谱(1975—1997)》(下)，1047页，北京，中央文献出版社，2004。

② 《毛泽东年谱(1893—1949)》上卷，71页，北京，中央文献出版社，2002。

邓小平和20世纪的中国*

邓小平出生在20世纪的第4年，去世的时候离进入21世纪只有3年多。他的一生几乎和20世纪的中国共始终。

邓小平说过："我是中国人民的儿子，我深情地爱着我的祖国和人民。"要了解邓小平，必须了解20世纪中国那种特殊的处境、它面对的无数棘手的问题、它经历的种种艰难和欢乐。邓小平一生奋斗的根，始终深深地扎在20世纪中国这块土壤中。同样，要了解20世纪的中国，要了解中国共产党在20世纪的整个奋斗，也必须了解邓小平，了解他走过的路，了解他的思想和贡献。

一、革　命

当中国人迎接20世纪到来的时候，只有悲愤，没有欢乐，仿佛看不到有多少光明的前景。放在人们面前的严酷事实是：西方列强的八国联军正武装占领着中国的首都北京，为时达一年之久，并且扬言要瓜分中国。90年后，邓

* 原载《党的文献》，2004年第5期。

小平在会见泰国朋友时说道："我是一个中国人，懂得外国侵略中国的历史。当我听到西方七国首脑会议决定要制裁中国，马上就联想到1900年八国联军侵略中国的历史。七国中除加拿大外，其他六国再加上沙俄和奥地利就是当年组织联军的八个国家。要懂得些中国历史，这是中国发展的一个精神动力。"可见这个事件给中国人刺激之深！牢记这些历史，有如邓小平所说，"是中国发展的一个精神动力"。

中国人是热爱和平的，但决不会忍受永远做奴隶的命运。中国的状况必须改变。实现现代化，使中华民族摆脱被奴役、被侮辱的悲惨地位，自立于世界民族之林，是几代中国人梦寐以求的目标。这个目标，如果能够用和平的渐进的手段来达到，当然再好不过。要是这条路还有一点希望能够走得通，怎么会有那么多人不惜抛头颅，洒热血，作出巨大的自我牺牲去投身革命？在这个问题上，中国的先进分子几乎都经历过一番痛苦的选择。20世纪中国另外两位伟大历史人物孙中山、毛泽东最初都曾尝试寻求和平变革的道路，只是当事实证明这条路无法走通时才下决心革命。青年时代的邓小平也是这样。

他在刚满16岁的时候从故乡四川到法国勤工俭学，最初的想法依然是当时流行的"工业救国"。用他自己的话来说："在那时我的幼稚的脑筋中，只是满怀希望地到法国去，一面勤工，一面俭学，学点本事回国，如此而已。"

从16岁到22岁，他在欧洲生活了整整六年。其中，五年在法国，一年在苏联。那时，法国已经是一个现代工业社会，邓小平在法国的大钢铁厂里做过工，做过实地观察，了解现代社会的方方面面。有这样的经验和没有这样的经验是大不相同的。这对邓小平一生有着深远的影响。在长期观察中，西方现代工业社会的阴暗面给他心中留下深深的创痛，他不希望中国将来走这样一条路。国内传来的消息，又使他认定，在帝国主义列强控制和北洋军阀统治下，中国的现代化只能是一句空话。只有进行根本的社会改造，才能为中国的现代化扫清障碍，创造必要的前提。于是，原来的“工业救国”幻想变成泡影。这驱使他在 1922 年夏加入中国共产主义青年团，1924 年秋冬转入中国共产党，开始了职业革命家的生涯。他后来对子女说：“在那个时代，加入共产党是多大的事呀！真正叫做把一切交给党了，什么东西都交了!”

从爱国，到革命，到成为共产主义者，这是当时众多中国先进分子走过的道路。

回国后，他担任过中共中央秘书长；领导过广西的百色起义和龙州起义，创立左右江革命根据地；在党内“左”倾错误统治时被批判为江西罗明路线的头子；参加过长征；同刘伯承同志一起先后领导八路军一二九师、晋冀鲁豫军区和中国人民解放军第二野战军，在战略全局的关键位置上立下赫赫战功。在这个经历中，有三件事特别值得一说。

(一)抗日战争时期，华北的敌后抗战在 1941 年后进入最艰苦的阶段。日本侵略军将重点转到对华北敌后抗日根据地的残酷“扫荡”，加上连年灾荒，抗日根据地面对空前严重的困难。当彭德怀、刘伯承、杨尚昆等回延安参加整风后，邓小平在 1943 年 10 月代理中共中央北方局书记，并主持八路军总部的工作。他在异常艰苦的条件下，担负起全面领导华北敌后抗战的重任，粉碎日伪军一次又一次的“扫荡”，领导全区进行建党建军建政活动。这是邓小平第一次独当一面地领导一个大战略区的工作，在极端险恶的环境中，表现出一个战略家统揽全局、果断处理各种复杂问题的能力。

(二)当解放战争进入 1947 年的转折关头时，他和刘伯承一起，根据中共中央的部署，率领 12 万大军，以突然行动强渡黄河天险。接着，又出人意料地迅速南进。他们不采取逐城逐地推进的方式，而是下决心不要后方，长驱直入，跨过陇海铁路，穿过宽达 30 多里、遍地积水和淤泥的黄泛区，抢渡沙河、汝河和淮河，以 20 多天行程，从优势的几十万国民党军队前堵后追中杀开一条血路，千里跃进大别山，并且站稳了脚跟。邓小平后来说："整个解放战争最困难的是挑这个担子，是挑的重担啊。"这是战争史上的奇迹，在短时间内把战线由黄河南北推进到长江北岸，使中原地区由国民党军队进攻解放区的重要后方变成人民解放军夺取全国胜利的前进基地。常人认为做不到的事情，他们成功地做到了。从这里，充分显示出邓小平那种百折不挠的钢铁意志和处变不惊、决不向任何困难低头而能战胜这些困难的政治智慧。

（三）解放战争决战时期，邓小平先后担任淮海战役和渡江战役的总前委书记，统一指挥第二野战军和第三野战军的百万雄师，取得具有决定意义的胜利。毛泽东当时对邓小平说："我把指挥权交给你。""二野三野联合作战，不只是增加一倍两倍的力量，数量变，质量变，这是一个质的变化。"邓小平后来在 1988 年 5 月 25 日对一位捷克斯洛伐克朋友说："我的真正专业是军事，打了 22 年的仗，组织了不少战斗和战役。"文能治国，武能安邦，这样的人才确实难得。

中国革命的重要特点是以弱胜强，充满着智慧和意志的较量。邓小平是新中国当之无愧的开国元勋。他为新中国的诞生建立了不朽功勋。从这个过程中，可以清楚地看到邓小平所以能成为邓小平的前期轨迹。一个杰出历史人物，通常都要有坚定的信念，要在异常艰难复杂的环境中经受千锤百炼，才能造就出来。不了解这些经历，很难真正了解邓小平。

二、建　设

中华人民共和国成立，恰好在20世纪的中国过去一半的时候。如果说20世纪中国的前一半的主题是“革命”，是为建立社会主义制度扫除障碍，创造必要的前提；那么，20世纪中国的后一半的主题便是“建设”，是要在中国这块辽阔而古老的土地上一面摸索，一面开始进行大规模的社会主义建设。这是极其壮丽伟大的事业，也是一次在充满惊涛骇浪而又没有预先设好航标的大洋中进行的艰难航行。

邓小平在一段时间内主持大西南的工作，包括参加领导西藏和平解放，完成中国大陆的统一。1952年，他被调到中央，先后担任政务院副总理、中共中央秘书长、国务院副总理。1956年，在党的八届一中全会上当选政治局常委、中央委员会总书记，成为党的第一代领导集体的重要成员，并且主持中央书记处工作长达10年。他参加党和国家的重要决策，在探索适合中国情况的建设社会主义道路、调整政策纠正失误、提出党在执政条件下加强自身建设的任务等方面，进行了卓有成效的工作。

对新中国这17年工作的评价，邓小平明确地谈了自己的看法：“建国头七年的成绩是大家一致公认的。我们的社会主义改造是搞得成功的，很了不起。”“‘文化大革命’前的十年，应当肯定，总的是好的，基本上是在健康的道路上发展的。这中间有过曲折，犯过错误，但成绩是主要的。那个时候，党和群众心连心，党在群众中的威信比较高，社会风尚好，广大干部精神振作。所以，尽管遇到困难，还是能够比较顺利地渡过。经济上发生过问题，但总的说还是有发展。充分肯定成绩，同时也要讲到反右派斗争、‘大跃进’、庐山会议的错误。总的说来，我们还是经验不够，自然也有胜利之后不谨慎。”邓小平以一个政治家那种光明磊落的态度谈道："讲错误，不应该只讲毛泽东同志，中央许多负责同志都有错误。'大跃进'，毛泽东同志头脑发热，我们不发热?""中央犯错误，不是一个人负责，是集体负责。"

对发生错误的原因，邓小平在1985年8月29日会见日本社会党访华团时还有一段概括的分析："总的来说是'左'。我们都想把事情搞好，想搞快一点，心情太急了。1958年的'大跃进'就是心情过急。心情是好的，愿望是好的，但心一急，出的主意就容易违反客观规律。"

在实践中遭受严重挫折后，邓小平的头脑是比较冷静而注重实际的。1962年，农村中有些地方为了克服困难，实行"包产到户"、"责任到田"等做法。对这些做法，中央领导层中意见有分歧。邓小平毫不含糊地表明自己的态度，说："生产关系究意以什么形式为最好，恐怕要采取这样一种态度，就是哪种形式在哪个地方能够比较容易比较快地恢复和发展农业生产，就应该采取哪种形式；群众愿意采取哪种形式，就应该采取哪种形式，不合法的使它合法起来。"他还借用刘伯承常讲的一句话作为比喻："黄猫、黑猫，只要捉住老鼠就是好猫。"这个论断符合马克思主义关于生产关系必须适合生产力发展水平的原理，是一种科学的态度，同他以后推行改革开放的指导思想一脉相承。

"文化大革命"是新中国历史上最严重的错误。在"以阶级斗争为纲"的思想指导下，邓小平受到批判和斗争，被剥夺一切职务。但也给了他一次冷静地重新思考新中国前进道路的机会。当他复出并主持党、国家和军队日常工作后，针对"文化大革命"以来造成的严重混乱局面，断然进行大刀阔斧的整顿。这次整顿实质上是后来改革的试验。他斩钉截铁地说："现在问题相当多，要解决，没有一股劲不行。

要敢字当头，横下一条心。”他这种坚强的决心代表了全国人民的利益和愿望，深得人心。全面整顿在短时间内取得显著成效，使人们看到新的希望。虽然邓小平又被指责为搞“右倾翻案风”，再次被撤销一切职务，但全国人民正是从这次整顿中进一步认识了邓小平，赞同他的主张，景仰他的品格，强烈地期待他复出。这为以后中国的改革开放能够冲破重重阻力、全面展开并不断取得胜利，奠定了广泛的群众基础。

三、改　革

“四人帮”的粉碎，使中国从危难中得到拯救。但“文化大革命”留下的后果太严重了，整个国家存在的问题堆积如山，人们思想异常混乱。中国该怎么办，发展的出路在哪里，成为广大干部和群众最关切的问题。

要摆脱困境，解决多年积累下来的问题，打开一个新的局面，实在极不容易。当时的中央领导人又提出“两个凡是”的错误方针，给人们解放思想设置下严重障碍。中国依然在徘徊中前进。

新的时期，新的任务，需要有新的领导人物。在全国人民的强烈呼唤中，中共十届三中全会作出决定，恢复邓小平原来担任的中央领导职务。73 岁的邓小平在这次会上深情地说：“作为一名老的共产党员，还能在不多的余年里为党为人民做一点力所能及的事情，在我个人来说是高兴的。我出来工作，可以有两种态度，一个是做官，一个是做点工作。我想，谁叫你当共产党人呢，既然当了，就不能够做官，不能够有私心杂念，不能够有别的选择。”

邓小平没有辜负全党和全国人民的期望。他一出来工作，立刻表现出作为战略家的远见卓识和驾驭复杂局势的领导能力，有条不紊地从混乱中打开一条新的出路。他面对千头万绪的问题，首先抓住具有决定意义的环节，从思想路线的拨乱反正入手，支持真理标准的大讨论，反对“两个凡是”的错误观点。1978 年 12 月 13 日，他在中央工作会议的讲话中，旗帜鲜明地提出：“解放思想是当前的一个重大政治问题。”“不打破思想僵化，不大大解放干部和群众的思想，四个现代化就没有希望。”“一个党，一个国家，一个民族，如果一切从本本出发，思想僵化，迷信盛行，那它就不能前进，它的生机就停止了，就要亡党亡国。”这篇划时代的讲话，提出了实行改革开放的新政策，实际上成为十一届三中全会的主题报告。

十一届三中全会，是建国以来中国共产党历史上具有深远意义的大转折。全会果断地停止使用“以阶级斗争为纲”这个不适用于社会主义社会的错误口号，做出把党和国家的工作重点转移到社会主义现代化建设上来的战略决策，确定以经济建设为中心，集中力量发展社会生产力。这是政治路线上最根本的拨乱反正。

针对拨乱反正过程中出现的资产阶级自由化思潮，邓小平重申必须坚持四项基本原则，以保证中国的社会主义现代化建设沿着正确的方向前进。他斩钉截铁地说：“我们要在中国实现四个现代化，必须在思想政治上坚持四项基本原则。这是实现四个现代化的根本前提。”“如果动摇了这四项基本原则中的任何一项，那就动摇了整个社会主义事业，整个现代化建设事业。”他敏锐地察觉并坚决反对那股全盘否定毛泽东和毛泽东思想的错误倾向，对中国的前进有着极为深远的意义。

在思想路线、政治路线的问题解决后，紧接着，邓小平又提出解决组织路线的问题，要实现干部队伍的革命化、年轻化、知识化、专业化，从组织上保证社会主义现代化建设的不断胜利发展。

在党的全国代表会议上，邓小平对十一届三中全会以来将近七年的工作扼要地概括道："我们主要做了两件事，一是拨乱反正，二是全面改革。"思想路线、政治路线、组织路线上一系列雷厉风行的拨乱反正，使中国终于从"文化大革命"造成的极端混乱和困难局面中摆脱出来，走上正常发展的轨道。这是进行社会主义现代化建设、实行全面改革必需的前提。否则，一切都无从谈起。

在全面拨乱反正的同时，作为新时期主要标志的改革开放，在十一届三中全会前后也起步了。

改革一开始，邓小平就反复强调改革是社会主义制度的自我完善，是为了充分发挥社会主义的优越性。他说："我们干的是社会主义事业，最终目的是实现共产主义。这一点，我希望宣传方面任何时候都不要忽略。现在我们搞四个现代化，是搞社会主义的现代化，不是搞别的现代化。"

改革是前无古人的全新事业，没有任何本本可依，也没有现成经验可搬，只能根据中国的实际情况，在实践中一步一步地"摸着石头过河"。改革首先从农村开始，取得成功后又推向城市。邓小平密切注视着实践中出现的新问题。早在 1979 年 11 月，他就提出社会主义为什么不可以搞市场经济，这个不能说是资本主义，这是社会主义的市场经济。随着经济体制改革的深入，他又将上层建筑的改革，特别是社会主义民主和法制建设，精神文明建设提上日程，以适应经济体制改革的需要。

要在改革中闯出一条适合中国情况的新路来，决非轻而易举，而是充满着风险。它的艰难程度并不亚于革命时期。邓小平清醒地意识到这一点。他坦率地说："我们在确定做这件事的时候，就意识到会有这样的风险。我们的方针是坚定不移的，不会动摇的，一直要干下去，重要的是走一段就要总结经验。因为改革涉及人民的切身利害问题，每一步都会影响成亿的人。”

邓小平带领全党和全国人民走上全面改革的道路是义无反顾的，在前进过程中坚决地排除了一个又一个的干扰和阻力，没有这样的胆略和魄力是什么事情也做不成的；同时，他又极为审慎，把步子走稳，因为正在做的这些事涉及亿万人民的利益和命运。他说：“我们的方针是胆子要大，步子要稳。改革是一件有风险的事，我们要走一步看一步，逐步总结经验，否则人民会遭殃的。”他又说：“每项改革涉及的人和事都很广泛，很深刻触及许多人的利益，会遇到很多的障碍，需要审慎从事。事先从一两件事上着手，不能一下子大干，那就乱了。决策一定要慎重，看到成功的可能性较大以后再下决心。”他一再要求要及时总结经验，做对了的就坚持，做得不足的就补足，做得不对的就改。如果问中国改革的成功有什么秘诀，那么这就是一条重要秘诀。

邓小平有着宽阔的世界眼光。他敏锐地观察到当今全球经济的联系日益密切，观察到世界科学技术正在一日千里地突飞猛进，又总结了中国近代以来的历史经验，勇敢地作出对外开放的重大决策，把它确定为加速社会主义现代化建设的一项基本国策。他说：“不要关起门来，我们最大的经验就是不要脱离世界，否则就会信息不灵，睡大觉，而世界技术革命却在蓬勃发展。”

对外开放也是一个逐步推进的过程。先是在个别省如广东实行一些特殊政策，然后设置深圳等四个特区，在取得成功后又作出开放14个沿海港口城市和开发上海浦东新区等重大决策。在吸引外资方面，也是由低到高，由少到多，先搞来料加工，继而搞补偿贸易，再进而搞合资企业，直到允许办外国独资企业，最后形成全方位、多层次的对外开放格局。

1992 年年初，已经退出领导岗位的 88 岁的邓小平到武昌、深圳、珠海、上海等地考察。他对看到的一切十分兴奋，沿途发表谈话。他讲道："要抓住机会，现在就是好机会。我就担心丧失机会。不抓呀，看到的机会就丢掉了，时间一晃就过去了。我国的经济发展，总要力争隔几年上一个台阶。当然，不是鼓励不切实际的高速度，还是要扎扎实实，讲求效益，稳步协调地发展。"他说："改革开放胆子要大一些，敢于试验，不能像小脚女人一样。看准了的，就要大胆地试，大胆地闯。""每年领导层都要总结经验，对的就坚持，不对的赶快改，新问题出来抓紧解决。"这些话产生了巨大的推动力量，使 20 世纪 90 年代的中国迈出加速发展的新步伐。他再一次讲道："计划经济不等于社会主义，资本主义也有计划；市场经济不等于资本主义，社会主义也有市场。计划和市场都是经济手段。社会主义的本质，是解放生产力，发展生产力，消灭剥削，消除两极分化，最终达到共同富裕。"这个讲话，进一步厘清了在计划和市场关系上长期存在的混乱思想。正是在此基础上，以江泽民为核心的党中央在十四大报告中创造性地提出建立社会主义市场经济体制的新目标，使中国的改革开放和现代化建设进入一个新的阶段。

从邓小平在党的十二大提出"建设有中国特色的社会主义"这一主题思想，到十三大前后提出社会主义初级阶段理论，形成"一个中心，两个基本点"的基本路线，以及"三步走"的发展战略；再到十四大根据他的多次谈话确定社会主义市场经济为中国经济体制改革的目标，这样，邓小平建设有中国特色社会主义的理论已经形成。党的十五大把它称为邓小平理论，并和马克思列宁主义、毛泽东思想一起确立为党的指导思想。

邓小平一生中为中国革命和建设事业作出的最大贡献，就是开辟了中国特色社会主义的道路，创立了邓小平理论，使20世纪的中国又一次发生翻天覆地的变化。邓小平理论是当代中国的马克思主义，是马克思主义在中国发展的新阶段，是他老人家留给我们的珍贵遗产。

四、展　望

从邓小平出生的20世纪初，到他去世的20世纪末，中国的变化确实可以用“换了人间”四个字来形容。但这不是终点，只是新的起点。邓小平1992年1月24日在珠海考察时说：中国应该每年有新的东西，每一天都有新的东西，这样才能占领阵地。尽管我岁数大了，但我感到很有希望。这一年进步很快，但今后进步会比这10年更快。

邓小平生活在20世纪的中国，但邓小平理论的指导意义决不局限于20世纪的中国。他总是想得很深很远。《邓小平文选》第三卷编辑工作完成时，他把这本书看作自己的政治交代。他说不管对现在还是对未来，我讲的东西都不是从小的角度讲的，而是从大局讲的。他既有着一位经过千锤百炼的老共产党人毕生积聚起来的高度政治智慧，又始终保持着像年轻人那样的一颗朝气蓬勃、对新鲜事物异常敏感、不断开拓进取的火热的心。他永远面向未来。他的理论对21世纪的中国仍然有着重大的指导意义。

今天，我们在以胡锦涛同志为总书记的党中央领导下，要在21世纪的最初20年内全面建设小康社会。这个目标，就是根据邓小平关于我国社会主义现代化建设分三步走的总体战略部署提出来的。邓小平这种设计的原因在于：当中国确立社会主义基本制度的时候，仍是一个经济文化比较落后的发展中大国，处于并将长期处于社会主义初级阶段。从这个基本国情出发，必须足够估计到中国实现现代化的长期性和艰巨性。以往中国在社会主义建设过程中所犯错误，一个重要原因是常犯急性病，结果欲速则不达，反而经历不少曲折。邓小平正是总结了过去的经验教训，明确指出：实现社会主义现代化不能急于求成，只能分阶段、有步骤地进行。这是中国进行现代化建设的重要指导思想，值得我们永远牢记。

最近出版的《邓小平年谱(1975—1997)》，第一次公布了邓小平在这个时期除《邓小平文选》以外的许多重要讲话，内容十分丰富，是要更深入地了解邓小平理论不能不读的书。这里只举几个他在南方谈话以后，也是他晚年所作的重要思考作为例子。

1992年7月23日和24日，他在审阅中共十四大报告稿时谈道："我讲过，农业的改革和发展会有两个飞跃：第一个飞跃是废除人民公社，实行家庭联产承包责任制；第二个飞跃就是发展集体经济。""农村经济最终还是要实现集体化和集约化。有的地区农民已经提出集约化问题了。这个问题这次不提也可以，还是巩固承包制。但是以后总会提出来的。现在土地是公有的。要提高机械化程度，利用科学技术发展成果，一家一户是做不到的，特别是高科技成功应用，有的要超过村的界线，甚至超过区的界线。仅靠双手劳动，仅是一家一户的耕作，不向集体化、集约化经济发展，农业现代化的实现是不可能的。就是过一百年二百年，最终还是要走这条路。我最早提出两个飞跃思想的时候，李先念同志说他都赞成，说这是一个大思想。这个思想一直没有阐发。改革开放中许许多多的东西，都是群众在实践中提出来的。"

同年12月18日，他阅读《参考消息》上的两篇文章时说："中国发展到一定的程度后，一定要考虑分配问题。也就是说，要考虑落后地区和发达地区的差距问题。不同地区总会有一定的差距。这种差距太小不行，太大也不行。如果仅仅是少数人富有，那就会落到资本主义去了。要研究提出分配这个问题和它的意义。到本世纪末就应该考虑这个问题了。”1993 年 9 月 16 日，他同弟弟邓垦谈话时说：“12 亿人怎样实现富裕，富裕起来以后财富怎么分配，这都是大问题。题目已经出来了，解决这个问题比解决发展起来的问题还困难。分配问题大得很，我们讲要防止两极分化，实际上两极分化自然出现。要利用各种手段，各种方法、方案解决这些问题。”“中国人能干，但是问题越来越多，越来越复杂，随时都会出现新问题。比如刚才讲的分配问题。少数部分人获得那么多财富，大多数人没有，这样发展下去总有一天会出问题。分配不公，会导致两极分化，到一定时候，问题就会出来。这个问题要解决。”

读这些话，真使人感动。这位老人从青年时代起，就确立了社会主义和共产主义的信念，并为之奋斗了一生；到垂暮之年，头脑里想着的依然是祖国的未来，而且还是想得那么深那么远，充分表现出一个智者的深谋远虑。他是从长远的观点来谈的。这些，都是 21 世纪中国需要认真观察和正确处理的问题。

时势造英雄还是英雄造时势，是一个讨论过无数年的问题。看来，哪一个方面都不能说得过于绝对。英雄人物是时代的产物，是历史造成的，这是主要的方面。邓小平 1985 年 10 月 23 日在会见美国高级企业家代表团时说：“永远不要过分突出我个人。我们做的事，无非反映了中国人民和中国共产党的愿望。党的这些政策也是由集体制订的。”这是实话。同时，马克思主义从来不否认个人在历史上的作用。在历史的惊涛骇浪中经过千锤百炼造就成的，具有非凡智慧、勇气和意志力的杰出人物，并不那么多。他们在历史的重大关头往往可以起其他人难以替代的作用。江泽民在邓小平追悼会上说："邓小平同志这样说过：如果没有毛泽东同志，我们中国人民至少还要在黑暗中摸索更长的时间。我们今天同样应当说，如果没有邓小平同志，中国人民就不可能有今天的新生活，中国就不可能有今天改革开放的新局面和社会主义现代化的光明前景。"这些也是实话。

小平同志离开我们七年多了。今天，在纪念他100周年诞辰的日子里，认真地学习他留给我们的如此丰富的精神遗产，坚定不移地努力实现他的遗愿，把他为之付出毕生心血和精力的祖国，建设成富强民主文明的社会主义现代化国家，应该是纪念他老人家最好的办法。

新民主主义社会与社会主义初级阶段*

新民主主义社会和社会主义社会初级阶段，既有联系，又有区别。

事情本来很清楚，大体说来，从1949年新中国成立到1956年，一共7年，这时的中国虽然我们党领导的人民民主专政的政治制度已基本建立起来，但还不能说是社会主义国家。因为政治是以经济为基础的，这种人民民主专政的政治制度可以随着我们党推翻国民党旧政权而先行建立，但它毕竟要以社会主义经济为自己的基础，才能成为巩固的社会主义政治制度，而当时社会主义经济成分在国民经济中还不是主体，社会主义经济制度还未基本确立，所以中国整体上还是属于新民主主义国家；到了1956年，以公有制为主体的社会主义经济制度在中国基本上建立起来了，从这时起中国不仅在政治上而且在经济上就全面进入了社会主义社会的初级阶段。这个阶段大约需要100年，也就是到21世纪中叶中国基本实现社会主义现代化。我们现在

* 原载《党的文献》，2008年第5期。

正处在这个阶段中。

既然事情是清楚的，为什么还要把这个问题提出来讨论呢？因为事实上在史学界和社会上存在着不同的看法。例如，一种看法认为，1953年提出过渡时期总路线，就是放弃了新民主主义，而要搞社会主义了；还有一种看法认为，社会主义初级阶段其实是回归到新民主主义，甚至说“既知今日，何必当初”。这两种看法，恐怕都不符合实际。

新民主主义社会本来就是向社会主义社会发展的过渡性质的阶段

新中国一成立，就面对着未来究竟向社会主义发展还是向资本主义发展的问题。

社会主义理想，从世界范围来看是人们对资本主义社会中贫富悬殊、以强凌弱等现象强烈不满的产物。它在马克思主义诞生前早已有了。马克思主义的贡献在于使社会主义学说从空想变成科学。对100多年中尝够了贫穷、社会不平等和外来压迫等痛苦的中国人来说，以实现国家独立富强和人民当家做主、共同富裕为目标的社会主义理想，自然很容易对它有巨大吸引力。

中国共产党一成立，就把实现社会主义规定为自己长远的奋斗目标。随着对中国具体国情了解的加深，逐渐认识到：既然中国当时还是一个半殖民地半封建社会，中国革命的主要对象只能是帝国主义、封建主义和官僚资本主义，需要先经过一个新民主主义社会的过渡阶段，而不能超越这个过渡阶段把一步建立社会主义社会作为现实目标。但就在这时，中国共产党人从来没有隐瞒自己的长远目标是要将中国推进到社会主义社会去，并最终实现共产主义的最高理想。这是众所周知的事实。

新民主主义社会，本来就是向社会主义社会发展的过渡性质的阶段。1949年人民政协讨论《共同纲领》，有人提出既然如此，就应该明确地把这个前途规定出来。周恩来当时回答："筹备会讨论中，大家认为这个前途是肯定的，毫无疑问的，但应该经过解释、宣传特别是实践来证明给全国人民看……所以现在暂时不写出来，不是否定它，而是更加郑重地看待它。而且这个纲领中经济的部分里面，已经规定要在实际上保证向这个前途走去。"周恩来在1953年中央提出过渡时期总路线时在全国政协常委会上又作出说明："这个问题本来不是一个新问题。从中华人民共和国成立时起，我们就认定新民主主义要过渡到社会主义。《共同纲领》中虽然没有写社会主义的前途，但这是因为考虑到当时写上去还不成熟。所谓不成熟，不是说在领导分子中间还不了解，而是说还要经过对广大群众的宣传教育。现在提出这个问题，是为了把它更明确起来，使它具体化。"

可见，说新民主主义社会是一个过渡性质的阶段，要向社会主义社会前进，这是早就十分清楚的事情，并不是过渡时期总路线突然提出来的新问题。

新民主主义社会与社会主义社会初级阶段的根本区别在于公有制经济是否居于主体地位

新民主主义社会与社会主义社会初级阶段的根本区别在哪里？最重要的是看公有制经济在整个国民经济中是否处于主体的地位。

新中国成立时，是个什么情况呢？公有制经济在那时远远没有处于主体地位。

虽然由于没收了官僚资本主义企业，把它变成社会主义的国有经济，在整个国民经济中已处于领导地位，但那时的中国还是一个落后的农业国家，加上长期战争的破坏，生产力水平十分低下。拿工业和农业的总产值比较一下，就可以看到：1949 年，农业总产值是 326 亿元，工业总产值只有 140 亿元。而且，在新中国成立前，老解放区 1.2 亿农业人口的地区中虽已进行了土地改革，还只占全国农业人口的 26.7%；新中国成立初期，由于广大新解放区残敌尚未肃清，社会秩序很不安定，城市工作又很繁重，1949 年冬至 1950 年春只在华北的城市近郊及河南部分地区进行了土地改革，全国大部分地区的土地改革还没有进行，还保存着封建地主土地所有制。到 1952 年，农业总产值增长到 484 亿元，工业总产值增长到 349 亿元，仍低于农业。虽然经过土地改革，消灭了封建地主土地所有制，农村经济中占支配地位的仍是一片汪洋大海似的个体小生产者的私有制经济，而不是公有制经济。这是当时的基本国情。直到 1956 年，工业总产值才超过农业总产值。再看城市中的工商业：1949 年，工业总产值的公私比重为 43.8%和 56.2%之比；商业经营总值中的公私比重为 44.4%和 55.6%之比；私营工商业虽然十分分散，但它的比重仍明显大于公营。

总之，在新中国成立之初的新民主主义社会中，无论城市或农村，公有制经济都没有占主体地位，在广大农村中尤其如此。中国虽然已结束了帝国主义、封建主义和官僚资本主义的统治，建立起由五种经济成分共同发展的经济制度，但私有制经济仍占主体地位，因而这种经济制度还是属于新民主主义社会的经济基础，整个社会还是新民主主义社会，还不是社会主义社会的初级阶段，这同十一届三中全会以后的状况是两回事。十一届三中全会以后，我们的经济改革在所有制上的一个主要任务，就是调整所有制关系。鉴于 1956 年确立社会主义经济制度以后，存在着一个严重弊端，就是公有制经济比重过大，国民经济公有化程度过高，非公有制经济比重太小，越是到后来，非公有制经济成分几乎全部消失，这样很不利于调动和增强国民经济的发展活力，因此中央在经济改革中，决定适当降低公有制经济的比重和国民经济公有化的程度，允许和鼓励个体、私营、外资经济等非公有制经济与公有制经济共同发展。但是中央同时强调，要始终坚持以公有制经济为主体，也就是要坚持公有制经济的主体地位不能动摇，坚持社会主义的基本经济制度不能动摇。总之，虽然我们现在也是实行多种经济成分共同发展，但它的主体早已并且始终是公有制经济。这是社会主义社会初级阶段同新民主主义社会在经济上的根本区别所在。

党在过渡时期总路线的提出，是在实践发展中得到的新认识

最早谈到党在过渡时期的总路线，是在1952年9月24日的一次中央书记处会议上。那次会议听取周恩来赴苏联同他们商议第一个五年计划轮廓的汇报。周恩来在去苏联时准备的材料中谈到一个重要事实：到1952年，工业总产值中的公私比重已变成67.3％与32.7％之比，商业经营总值中的公私比重已变成62.9％与37.1％之比。也就是说，在工商业中，公有制经济都已占六成以上，而在商业零售方面私商仍占67％。农村中，这个问题还没有解决，但合作化运动正在顺利开展，社会主义集体经济的成分正在逐步增加。毛泽东在这次书记处会议上说："10年到15年基本上完成社会主义，不是10年以后才过渡到社会主义。""工业，私营占32.7％，国营占67.3％，是三七开；商业零售是倒四六开。再发展5年比例会更小(资小我大)，但绝

对数字(指资)仍会有些发展，这还不是社会主义。5年以后如此，10年以后会怎么样，15年以后会怎么样，要想一想。”“农村也是向合作互助发展。”

1953年，毛泽东对这条过渡时期总路线作出了正式的表达：“从中华人民共和国成立，到社会主义改造基本完成，这是一个过渡时期。党在这个过渡时期的总路线和总任务，是要在一个相当长的时期内，逐步实现国家的社会主义工业化，并逐步实现国家对农业、对手工业和对资本主义工商业的社会主义改造。这条总路线是照耀我们各项工作的灯塔，各项工作离开它，就要犯右倾或‘左’倾的错误。”

人的认识总是在实践中接受检验和发展的。原来没有完全预见到的事实，使中共中央的认识发生了变化。这个变化并不在于要不要搞社会主义，只在如何过渡到社会主义上。

本来，许多人认为新民主主义革命胜利后，大概要相对搞一个较长期的新民主主义社会，然后到某一天，采取“严重的社会主义步骤”，宣布资本主义工商业国有化、土地国有化，一步跨入社会主义。上面所说的事实，却使人们发现：从新中国成立那一天起，事实上每天都在变动，都在增加社会主义因素，都在逐步向社会主义过渡，也就是说，社会主义经济成分一直在不断发展，它在国民经济中的比重正在一天天增长，直到占有主体地位，这是过渡的基本途径。过渡时期总路线还提出：对资本主义工商业在条件成熟时可以采取“赎买”的办法，农业合作化可以分步骤过渡，从有着社会主义因素的互助组到半社会主义的初级社再到社会主义的高级社。要说变化，变化是在这里。那时预计的时间是10年到15年或者更多一些时间。

这种用和平方式逐步过渡的办法可以减少社会震荡，有利于社会生产力不间断地向前发展，显然比原来的设想更为妥善。它不仅符合实际情况，而且是中国共产党对怎样建立社会主义社会的创造性贡献。并不是忽然抛弃了新民主主义，要搞社会主义了。所以，《关于建国以来党的若干历史问题的决议》说："过渡时期总路线是完全正确的。"

建立起社会主义经济制度，经济基础的主体是靠社会主义工业化，"三改"是它的两翼，不能主次不分

过渡时期总路线的基本内容，通常称为"一体两翼"或"一化三改"。主体是社会主义工业化，两翼是对农业、手工业和资本主义工商业的社会主义改造。

其中最重要的、又恰恰被不少人忽略或遗忘的是：在中国建立起社会主义经济制度和社会主义经济基础的主体，是靠社会主义工业化。毛泽东在 1954 年上半年曾说过："现在我们能造什么？能造桌子椅子，能造茶碗茶壶，能种粮食，还能磨成面粉，还能造纸，但是，一辆汽车、一架飞机、一辆坦克、一辆拖拉机都不能造。"经历过那段历史的人都记得：从 1953 年起，在中国大地上掀起了历史上从来不曾见过的热气腾腾的大规模经济建设。多少人把青春年华无私地奉献给它。这是当时社会生活的主要内容。作为这场大规模经济建设的骨干的 156 项重点工程，主要是能源(煤炭、电力、石油)、原材料(钢铁、有色金属、基本化学工业)、机器制造(机床、重型机床、锅炉、电机、汽车、飞机、船舶、兵器)等我国空白和薄弱的工业。其中包括：鞍钢的三大工程、武钢、包钢、北满钢厂、富拉尔基重型机器厂、白银有色金属公司、洛阳拖拉机厂、第一汽车制造厂、哈尔滨仪表厂、洛阳矿山机械厂、兰州炼油厂、沈阳和南昌的飞机修理厂等等。中国的经济面貌发生了巨大变化。这些都属于全体中国人民所

有。没有它们，就谈不上在中国建立社会主义经济制度和社会主义经济基础，也就没有以后的社会主义现代化可言。

不能把中国社会主义经济制度和社会主义经济基础的建立，看成主要是对资本主义工商业进行社会主义改造的结果，或者过多地把注意力集中在这一点上。旧中国留下的民族工商业力量实在很薄弱，在三座大山的压迫下到解放前已近奄奄一息。1956 年年底清产核资时核定的私人资本共 241864 万元，其中工业 169345 万元，商业和饮食业 58639 万元。当然，由于种种原因，当时有低估的问题，同清产前的账面金额对比，武汉低了 43.91%，重庆低了 24.62%。但即便算高一点——低了一半，也没有到 50 亿元。而且这些私营企业十分分散，企业大多很小。最大的荣氏家族，经营的纺织(申新集团)、面粉(茂新集团)、印染、机械工业企业，加起来只有 24 家。号称煤炭大王、火柴大王的刘鸿生自己说：他的资本总额是 2000 万元。单靠把这一点经济力量赎买过来，显然远不足以在中国建立起社会主义经济制度和社会主义经济基础。

拿它同社会主义工业化比较一下：第一个五年计划中，国家对基本建设的投资是 4274000 万元(其中工业投资 2485000 万元，占 58.2%；其次是运输和邮电等基础设施，821000 万元，占 19.2%)。实际执行的结果，全民所有制固定资产的投资为 6115800 万元。资金从哪里来？以 1953 年到 1957 年计算，全民所有制企业的上缴利润占国家财政收入增加的 74.7%。

国家在五年内的投资是 6115800 万元，私营企业的资金总额最多也不到 50 亿元。比一比就可以知道：中国之所以能建立起社会主义经济制度和社会主义经济基础，首先是靠全国人民流血流汗苦干出来的，而不是靠“赎买”得到的。忽视主体，只谈两翼，不说是本末倒置，至少是主次不分。

还要谈一下农村的问题。农业合作化是分互助组、低级社、高级社这几步走的。毛泽东在《论联合政府》中说："中国一切政党的政策及其实践在中国人民中所表现的作用的好坏、大小，归根到底，看它对于中国人民的生产力的发展是否有帮助及其帮助之大小，看它是束缚生产力的，还是解放生产力的。"中国的农业生产总值，1949 年是 326 亿元，1950 年是 384 亿元（这是按 1952 年的不变价格算的），1951 年是 420 亿元，1952 年是 484 亿元，1953 年是 510 亿元，1954 年是 535 亿元，1955 年是 575 亿元，1956 年是 610 亿元。7 年内增加将近一倍，可见合作化总的说是成功的。

对高级社，似乎批评的话多，肯定的话不多，往往忽略了它的一个突出的历史贡献：初级社是土地入股，高级社是土地公有。这对建立公有制为主体的社会主义经济制度有着极为重要的意义。以后在一次次改革中，这一条始终没有改变和动摇。为什么说家庭联产承包责任制没有改变它的社会主义集体经济性质？因为土地这个农村最基本的生产资料仍然是公有的，改变的只是经营方式，并不是回到土地私有为基础的那种分户单干。现在，在社会主义现代化建设的进程中，"土地公有"这一条的重要性，越来越明显地表现出来，几乎处处都会遇到。对于高级社这个重大历史功绩，应该给以充分的重视和肯定。

社会主义改造中的缺点和失误，应该而且可以在社会主义制度的自我完善和发展中得到解决，不用也不能开回头车

中国在建立社会主义基本经济制度时，确实发生过缺点以至严重失误。主要是两条：一是后期走得过快过急，因此工作就做得粗，留

下不少后遗症。中共中央《关于建国以来党的若干历史问题的决议》中把它概括为："在1955年夏季以后，农业合作化以及对手工业和个体商业的改造要求过急，工作过粗，改变过快，形式也过于简单划一，以致在长期间遗留了一些问题。1956年资本主义工商业改造基本完成以后，对于一部分原工商业者的使用和处理也不很适当。"二是对社会主义社会追求"纯而又纯"，其实无论奴隶社会、封建社会、资本主义社会都不是"纯而又纯"的，社会主义社会也不可能、不应该这样。经济学家薛暮桥1980年在一篇文章中写道："只要社会主义公有制占绝对优势，可以允许多种经济成分、多种经营形式同时存在。"这一点，很值得深思。

1956年底，党中央已经多少觉察到这个问题。毛泽东说："可以搞国营，也可以搞私营。可以消灭了资本主义，又搞资本主义。当然要看条件，只要有原料，有销路，就可以搞。现在国营、合营企业不能满足社会需要，如果有原料，国家投资又有困难，社会有需要，私人可以开厂。""这叫新经济政策。"刘少奇说："有这么一点资本主义，一条是它可以作为社会主义经济的补充，另一条是它可以在某些方面同社会主义经济作比较。"周恩来稍后也说："在社会主义建设中，搞一点私营的，活一点有好处。""主流是社会主义，小的给些自由，这样可以帮助社会主义的发展。工业、农业、手工业都可以采取这个办法。"但是，这种认识在当时并不深刻。从1957年起，由于"左"的指导思想发展起来，这些可贵的探索不仅中止了，而且向着相反的方向发展得越来越严重，直到党的十一届三中全会后这个问题才得到解决。

总之，从新中国成立到1956年，经过国民经济的3年恢复，经过国家工业化建设的迅速展开和三大改造的基本完成，中国成为社会主义国家、全面进入社会主义社会初级阶段的基本条件已经具备，公有制经济在国民经济中的主体地位已经确立。这是中华民族历史发展进程中的伟大变革，是中国开始全面的大规模的社会主义建设、以后又迈向社会主义现代化的伟大起点。这的确是伟大的历史性胜利。对它的历史意义应该给予充分的估计。在它的后期虽然有过缺点和失误，包括重大的失误，那是可以在社会主义制度的自我完善和发展中来解决的，不用也不能开回头车。

打个也许不恰当的比喻。常话说："十月怀胎，一朝分娩。"要能分娩，总得基本条件具有后才行，如果只有四五个月，那只能是流产，连早产也谈不上。在临近产期后期由于缺乏经验，又急了些，有些缺点和失误，8个月就生下来，这自然会带来某些先天不足的后遗症。但我们首先总得要充满热情地欢呼一个新生命的诞生，因为这是一件了不得的大事。既然社会主义基本制度在中国诞生的基本条件已经具备，尽管由于过急而留下某些先天不足的后遗症，那也总是次要的，只能也完全可以通过认真总结经验教训在后天加以调整补充，相信它会有在自我完善和发展的过程中解决这些问题的能力。历史不能开倒车，总不能走回头路，把它塞回母腹里补好了再生下来。

20世纪中国历程的启示

——写在新中国成立60周年之际

人们常说：实践是检验真理的唯一标准。历史，可以说是集体的记忆，是人类实践记录的总汇。一部20世纪中国的历史，也可以说是中国人在这100年内实践记录的总汇。在这个总汇中，中国人有过悲惨的遭遇，也有过胜利的欢乐；在不断前进的过程中，有过巨大的成功，也有过严重的挫折。一切言论和主张，都在如此丰富的实践中经受检验。历史比任何滔滔雄辩都更能说明什么是正确的、什么是谬误的，更能给后人留下无穷启示。

剧烈的不停顿的社会变动和巨大的社会进步，是20世纪中国历史的显著特点。在新中国成立60周年之际，站在新世纪的新起点上，把20世纪刚刚来临时的中国同它结束时的中国比较一下不难看出，变化之大真可以说是“换了人间”。

当20世纪揭开帷幕的时候，中国是那样贫穷衰败、任人摆布，已经到了奄奄一息、濒临灭亡的边缘。有些傲慢的西方人把中华民族看成“劣等民族”。救亡，成为千千万万有爱国心的中国人苦苦追求的第一目标。如果连国家都灭亡了，其他事情说得再好听也没有什么用处。“灵台无计逃神矢，风雨如磐暗故园。寄意寒星荃不察，我以我血荐轩辕。”年轻的鲁迅在20世纪初饱含悲愤写下的这首七言绝句，呼喊出当时无数爱国者的共同心声。

到20世纪结束时，中国人不仅早已站立起来，而且已经过上总体小康的生活，正在中国特色社会主义道路上大步前进，迅速改变着中国的面貌。在新中国成立60周年时，我们正满怀信心地大踏步走向实现社会主义现代化和中华民族伟大复兴的未来。这也许是20世纪初年的爱国者们很难想象得到的。

占世界人口将近1/4的中国，在不长的100年时间里竟发生了这样翻天覆地的变化，确实称得上人类历史上罕见的奇迹。它是怎么发生的？又是怎样一步一步走过来的？这个问题，不仅中国人一直在深入探讨，而且正引起世界上越来越多人的浓厚兴趣。回顾20世纪中华民族一步一步走过来的路程，有几个问题特别引人注目。

实现中华民族伟大复兴

实现中华民族伟大复兴，在整个20世纪一直是中国无数志士仁人顽强追求的目标，一直是时代潮流中的突出主题。中国的革命也好、建设也好、改革也好，归根到底都是为了实现这个目标。这可以说是贯穿20世纪中国历史的基本线索。

怎样看待这种现象：为什么实现中华民族伟大复兴在如此漫长的岁月中一直紧紧牵动着亿万中华儿女的心？

中国是一个文明古国，中华民族曾经创造出灿烂的古代文明，站在世界文明的前列，并且在几千年内绵延不绝，从来没有中断过。这是举世公认的事实。“汉唐盛世”不去多说了，就以离近代不远的18

世纪、也就是清朝康雍乾时期来说，中国在不少方面依然居于世界的前列。根据一些学者的研究，1800 年中国的工业产值(主要是手工业生产)占世界的 33.3%，而整个欧洲只占 28.1%；18 世纪全世界超过 50 万人口的大城市共有 10 个，中国占了 6 个：北京、南京、扬州、苏州、杭州、广州。法国启蒙思想家伏尔泰在 18 世纪中叶写道："由于它是世界上最古老的民族，它在伦理道德和治国理政方面，堪称首屈一指。"但是，18 世纪和 19 世纪之交的法国大革命和英国工业革命以后，西方在经济上和政治上发生重大变化，中国很快就落后了。随着时间的推移，中国同西欧和美国的差距越拉越大。

1840 年鸦片战争后，在西方国家炮舰的威胁下，中国被迫签订《南京条约》，开始丧失独立地位，渐渐成为一个半殖民地半封建国家。随之而来的第二次鸦片战争、中法战争和一系列不平等条约的签订，使中华民族越来越沦入被西方列强恣意掠夺和压榨的悲惨境地。到 19 世纪和 20 世纪相交的时候，这种不断沦落的步伐大大加快了。中日甲午战争的失败给了中国人太大的刺激。翻开 20 世纪历史的第一页，呈现在中国人面前的是一幅更加令人痛心的情景：八国联军占领了中国的首都北京，耀武扬威地统治北京达一年之久。

中国真的要灭亡了吗？昔日的辉煌同任人宰割的现实之间形成如此强烈的反差，使每个有血性的中国人对这种屈辱的生活感到格外难堪而无法忍受。"振兴中华"这个响亮的口号，便是孙中山先生在中日甲午战争发生那年喊出来的。它成为一代又一代中国人顽强追求的目标，成为时代潮流中的突出主题。

但是，前进的道路并不平坦。在这以后，日本军国主义者出于独霸东亚的野心，对中国进行规模空前而极端野蛮的侵略掠夺。他们向袁世凯政府提出了企图独占中国的"二十一条"。从九一八事变到七七事变后，日本侵略军铁蹄所到的地方，各族人民沦为连生命财产都没有起码保障的“亡国奴”。在近代中国面对的种种矛盾中，帝国主义和中华民族的矛盾是最主要的矛盾。大家清楚地看到：离开祖国的独立和民族的解放，个人的前途和命运是根本谈不上的。这就毫不奇怪，当人们唱起“中华民族到了最危险的时候”时，不管是汉族同胞还是其他所有兄弟民族同胞，都同样难以抑制地热血沸腾。面对空前深重的民族灾难，无论是八路军、新四军和抗日民主根据地的军民们，还是国民党军队中的许多爱国将领和士兵，无数志士仁人为着民族生存而浴血奋战，直至献出自己的生命，他们都是永远值得后人怀念的。外来的横暴侵略，使中华民族更紧密地凝聚成一个利益与共、命运与共的整体。这是中华民族解放史上光辉的一页。

经过100多年不屈不挠、可歌可泣的顽强奋斗，中国人终于从帝国主义侵略和本国反动政府的压迫下摆脱出来，建立起中华人民共和国。这是一个新的起点。新中国成立前夜，毛泽东同志响亮地宣布：“我们的民族将从此列入爱好和平自由的世界各民族的大家庭。以勇敢而勤劳的姿态工作着，创造自己的文明和幸福，同时也促进世界的和平和自由。我们的民族将再也不是一个被人侮辱的民族了，我们已经站起来了。”

新中国的成立跨出了实现中华民族伟大复兴的第一步，但毕竟只是第一步。中国人经过千辛万苦，赢得了政治上的独立，但在经济上依然十分落后，还没有过上富裕的好日子。没有经济上的强大，政治上的独立是不巩固的、缺乏保障的。在恢复了遭受战乱严重破坏的国民经济后，全体中国人又立刻在祖国大地上展开热气腾腾的大规模经济建设。这样大规模的经济建设在中国是史无前例的，虽然中间经过曲折，但依然从根本上改变了中国的面貌。1964年12月，周恩来总理在第三届全国人民代表大会第一次会议上作《政府工作报告》时，在中国人面前响亮地提出要努力实现“四个现代化”的宏伟目标。

经过“文化大革命”的十年动乱，党的十一届三中全会后，以邓小平同志为核心的党的第二代中央领导集体，果断地实现了工作重点的根本转移，下决心排除一切干扰，一心一意搞经济建设，努力实现“四个现代化”。邓小平同志客观分析了中国同发达国家经济上的差距，提出从 20 世纪 80 年代到 21 世纪中叶分三步走实现现代化的战略目标。这个战略目标，成了凝聚全党全国各族人民的基点。坚持社会主义道路也好，坚持改革开放也好，奉行独立自主的和平外交政策也好，一个重要原因是：只有这样做，才能保证既定战略目标的实现，才能实现中华民族的伟大复兴。实现中华民族伟大复兴，这是历史和时代赋予中国人民的庄严使命。

实现中华民族伟大复兴，既是几代中国人 100 多年来的强烈愿望，也是中国对人类应尽的责任。中国人历来坚决反对一切以大压小、以强凌弱的霸权主义和强权政治，力求为世界和平与人类进步事业做出自己应有的贡献。毛泽东同志在 1956 年发表的《纪念孙中山先生》一文中写道：“因为中国是一个具有九百六十万平方公里土地和六万万人口的国家，中国应当对于人类有较大的贡献。而这种贡献，在过去一个长时期内，则是太少了。这使我们感到惭愧。”

实现中华民族伟大复兴的真正含义，就是“中国应当对于人类有较大的贡献”。它同国际交往中的“大国主义”是完全对立的。和平发展，珍惜同世界上一切国家和人民的友谊和合作，力争对人类作出更大的贡献，这是追求实现中华民族伟大复兴的中国人民的基本原则和美好愿望。

关于革命和现代化的关系

实现国家现代化，是几代中国人的共同梦想。可是，在20世纪的前一半时间里，中国人主要在从事革命斗争，集中力量先解决民族独立和人民解放的问题。这是不是如有些人认为的那样，是走入误区或走了弯路？无数先烈为革命作出的牺牲是不是多余的？当然不是。

党的十五大报告明确指出："鸦片战争后，中国成为半殖民地半封建国家。中华民族面对着两大历史任务：一个是求得民族独立和人民解放；一个是实现国家繁荣富强和人民共同富裕。前一任务是为后一任务扫清障碍，创造必要的前提。"这段话把实现两大历史任务的关系说得很明白：前者是后者的"前提"，也就是说，只有先实现了前一个目标，扫清了障碍，才有可能真正实现后一个目标；把它称为"必要的前提"，也就是说这个前提是绕不开的，是无法回避的，必须先这样做而无法用其他做法来实现自己的目标。

看一看近代中国的实际情况，事情就很清楚了：当国家的命运还不掌握在中国人自己手里的时候，当统治中国的反动势力拒绝一切根本社会变革的情况下，进行大规模现代化建设只能是一句空话。如果事情真能用和平的办法来解决，如果这条路还有一点点希望能够走得通，怎么会有那么多人奋起革命，不惜抛头颅、洒热血，作出巨大的牺牲呢？中国人只是在国家民族的生死存亡已悬于一发的极端危急的时刻，在万不得已的情况下，才万众一心地起来拼命。千百万人奋不顾身地投身革命，绝不是任何人想这样做便能这样做的，而是由深刻的社会原因造成的。

孙中山先生对人说过：建设是革命的唯一目的，如不存心建设，即不必破坏，更不必言革命。孙中山先生是一个热爱和平的人。在下决心投身革命实际行动的前夜，他还想尝试一下推动清政府实行自上而下的改革，曾上书当时掌握大权的李鸿章，看看这条路是不是有可能走得通。最后，希望化为泡影，他便义无反顾地去组织兴中会，发动反清革命。当清政府被推翻以后，他又几次想全力投入实业建设，特别是铁路建设。当他正在日本考察铁路的时候，袁世凯派人暗杀了国民党代理理事长宋教仁，几乎扑灭了国内的革命力量，以后又恢复帝制，做了83天的洪宪皇帝。无情的事实一再把他的美好愿望击得粉碎。他深深感到，在外国列强和国内反动势力统治中国的情况下，和平建设这条路根本无法走通。五四运动后不久，他在上海作了题为《改造中国之第一步》的演讲。他说："第一步的方法是什么？在兄弟的意思，只有革命。"这是他从亲身经历的无数次痛苦和失败中得出的结论。

毛泽东同志在五四运动那一年，在《湘江评论》上大声疾呼社会变革，但方法仍是温和的。后来他才得出结论："我看俄国式的革命，是无可如何的山穷水尽诸路皆走不通了的一个变计，并不是有更好的方法弃而不采，单要采这个恐怖的方法。"为什么中国共产党后来拿起武器展开武装斗争？也是在蒋介石发动反共政变之后，面对国民党当局的血腥屠杀政策、不能坐以待毙的情况下被迫进行的反抗。

尽管革命要付出巨大的代价，但它在一个短时间内对阻碍社会发展的旧事物所起的扫荡作用，是平时多少年也无法比拟的，并且要彻底得多，从而为以后社会经济的迅速发展开辟了广阔的道路。对此，中华人民共和国成立后60年的历史进程做出了最有力的说明。

从世界范围来看，18世纪末的美国独立战争和法国大革命，都曾出现这样的局面：千百万群众行动起来，以对旧有社会秩序毫不妥协的姿态采取激烈的革命行动，猛烈地摧毁这些旧的社会结构和政治体制，建立起新的社会结构和政治体制，在人们中树立起新的思想观念和生活方式。虽然中间也流了不少血、付出过相当大的代价，却为这些国家以后的现代化进程(包括工业化和民主政治建设)扫清了道路。它们对推动人类社会历史前进所起的巨大作用，是举世公认的。

在20世纪的中国历史中，革命和现代化并不是对立的：革命的目标是实现现代化；而现代化需要革命来为它扫清障碍，创造必要的前提。急风暴雨式的革命通常是人民被反动统治者“逼上梁山”而作出的万不得已的选择。这是一种正确的选择，舍此没有其他办法可以从根本上改变人们已无法忍受的旧秩序和旧生活。

在不断探索中前进

在不断探索中前进，是中华民族在20世纪艰苦跋涉中的重要特点，也是正确理解这段历史中许多重大问题的关键。中国人民在民族民主革命中经历过不断的探索，在社会主义建设以至改革开放中同样经历过不断的探索。离开“探索”这个重要特点，许多事情便很难正确理解。

为什么这种探索是不可避免的？中国是一个和任何西方国家都不同的东方农业大国，人口众多，经济文化落后，各地发展极不平衡。在这样一个国家里，无论革命还是建设和改革，遇到的都是一个又一个新问题。这些新问题，在书本上和别国经验中找不到现成的答案。唯一的办法，只能靠中国人自己，按照中国的实际情况，大胆探索，从成功和失败的实践中总结经验教训，逐步摸索出一条自己的路子来。除此以外，没有别的轻便的路可走。

既然是探索，自然不可能把什么都预先弄得清清楚楚，并有百分之百的把握。周围的局势又往往那样危急而紧迫，不容许你从从容容地做好一切准备后再起步。许多事只能看准一个大的方向，便勇敢地往前闯，在闯的中间作种种尝试。其中，难免会有风险，会有曲折。有时，人们的认识不符合客观实际，再加上不那么谦虚谨慎，还会付出很大的代价，碰得头破血流。人们只能在实践中不断总结成功的经验和失败的教训，发现问题就去解决，认识错误就去纠正，从而逐渐学会应该怎么做。路就是这样闯出来的。邓小平同志说的“摸着石头过河”，就是这个意思。

中国共产党在民主革命时期曾经遭受过两次大的失败：一次是1927年大革命的失败，一次是1934年第五次反“围剿”的失败。这两次失败的原因都包含自己的失误在内，都使革命濒临绝境，不少人以为已注定要失败了，最后却又打开了新的局面，取得了胜利。在社会主义建设时期，也犯过两次严重错误，一次是“大跃进”，一次是“文化大革命”。这两次错误，教训都十分惨痛。但是，中华民族是一个具有坚强意志和智慧的、充满强大生命力的民族。中国共产党是一个有着科学理论指导和优良传统、同人民建立起血肉联系的政党。无论怎样艰难困苦的环境，无论多少巨大的外来压力，无论自己一时犯过多么严重的错误、遭受过多么巨大的挫折，都没有把她压垮。她不但总能在失败和挫折中挺过来，并且总能靠自己的力量而不是由别人来纠正这些错误，经过严肃地总结经验教训，使自己变得更加成熟、更加聪明，使自己没有白白付出那些代价，而从实践中逐步摸索出一条正确的路子来。这是一部20世纪中国历史所反复证明了的。

中国有句老话说：“事非经过不知难。”很多在事后看来十分明白的事情，当事者有时会感到迷惘。这样讲，自然不是用来原谅过去所犯过的那些错误，更不是不需要去正视并记取其中的教训，而是说对事情需要放在当时的具体历史条件下设身处地地去分析，考虑到种种复杂的因素，真正从中找到对今后有益的教训。历史对人们的启迪，常常就在这些地方。

在推进社会主义现代化建设的过程中，今后还会遇到许多原来不熟悉或不了解的难题，还需要继续在实践中探索前进。人们喜欢讲“摸着石头过河”，这句话很形象地概括出探索前进的精神。探索是没有尽头的。由于已经有了在总结过去经验教训基础上形成的正确理论作指导，我们今后的探索可以进行得更顺利些，而实践又会使正确的理论不断得到丰富和发展。

走中国特色社会主义道路

中华民族在20世纪探求复兴之路的过程中，始终面临着一个必须回答的问题：是走社会主义道路，还是走资本主义道路？中国人对此作出明确的回答：必须走社会主义道路，走中国特色社会主义道路，而不能走别的路。

从世界范围来看，社会主义理想在相当程度上是人们对资本主义社会中贫富悬殊、以强凌弱等现象强烈不满的产物。它的产生并非凭空而来的，而是有着深刻的社会背景和客观的必然性。这种追求在马克思主义诞生以前早已有了。马克思主义的贡献在于，使社会主义学说从空想变成科学。

中国人在100多年中尝够了贫穷、社会不平等和外来压迫等苦涩滋味，强烈地期待生活在一个没有人压迫人、人剥削人的社会。以共同富裕为目标的社会主义理想，自然很容易对有过这种痛苦经历的中国人产生巨大的吸引力。早在历史刚跨入20世纪、中国共产党还没有诞生的时候，满怀忧国忧民之心的中国先进分子已经毫不掩饰地表达了他们对社会主义远景的憧憬，不希望在付出重大代价的革命取得胜利后建立起来的仍是一个人压迫人的社会。

中国共产党一成立，就把社会主义规定为自己长远的奋斗目标。随着对中国具体国情了解的加深，中国共产党逐渐认识到：理想社会不可能一步实现，既然中国当时还是一个半殖民地半封建国家，中国革命的主要对象只能是帝国主义和封建势力，不能超过实际国情而把建立社会主义社会作为现实目标。但它仍要求在从事民族民主革命时在心中要怀有社会主义和共产主义这个长远目标。毛泽东同志这样说："民主主义革命是社会主义革命的必要准备，社会主义革命是民主主义革命的必然趋势。"这清楚地指明：不能把长远目标和现实诉求混同起来，但中国共产党人从来没有忘记社会主义和共产主义这个最高目标，因为这是符合最大多数人的根本利益的。

新中国成立后，特别是随着 1956 年社会主义基本制度在中国的建立，中国人民开始了建设社会主义的历程。但社会主义对中国人来说，毕竟是一个全新的事物，实践的经验很少。人们虽然强烈地向往社会主义，但具体地说什么是社会主义、怎样建设社会主义，这个问题在很长时间内并没有真正搞清楚；对中国现在还处在不发达的社会主义阶段，对建设社会主义的长期性和艰巨性，也缺乏清醒的认识。所以，在摸索前进中犯过一些错误。

邓小平同志在领导改革开放和社会主义现代化建设这一新的历史进程中，不断地思考什么是社会主义、怎样建设社会主义这个根本问题。他一再强调：只有社会主义才能救中国，要走中国特色社会主义道路。他提出并始终坚持的四项基本原则，第一条就是坚持社会主义道路。与此同时，他又总结多年来离开发展社会生产力而抽象地谈论社会主义，把许多束缚生产力发展的、并不具有社会主义本质属性的东西当作社会主义原则加以固守，而把许多在社会主义条件下有利于生产力发展的东西当作“资本主义复辟”加以反对的历史教训，提倡解放思想、实事求是，走中国特色社会主义道路。之后，他在南方谈话中这样概括：“社会主义的本质，是解放生产力，发展生产力，消灭剥削，消除两极分化，最终达到共同富裕。”

怎样建设社会主义？邓小平同志始终以现阶段中国的实际国情为出发点，严格地以处在剧烈而深刻变动中的客观事实为依据，不受任何固定的模式或框框的限制。他明确地指出：必须从中国现在还处于并将长期处于社会主义初级阶段这个实际出发，一心一意以经济建设为中心，坚持四项基本原则，坚持改革开放。这就是以“一个中心，两个基本点”为中心内容的中国共产党在社会主义初级阶段的基本路线。根据这条基本路线的要求，又制定了一整套基本的方针政策。这就第一次比较系统地初步回答了在中国这样一个原来经济文化比较落后的国家如何建设社会主义的一系列基本问题。

当人类走向21世纪的时候，世界范围内蓬勃兴起的新科技革命推动世界经济以更快的速度向前发展。这种速度越来越快，中华民族面临着巨大的国际竞争压力。以江泽民同志为核心的党的第三代中央领导集体，在国内外政治风波、经济风险、严重自然灾害等严峻考验面前，依靠党和人民，捍卫中国特色社会主义，提出中国共产党在新的历史时期必须坚持“三个代表”重要思想，把中国特色社会主义伟大事业成功推向21世纪。进入新世纪，以胡锦涛同志为总书记的党中央，高举邓小平理论和“三个代表”重要思想伟大旗帜，深入贯彻落实科学发展观，使中国特色社会主义焕发出新的发展生机，给人民带来了更多福祉。

中华民族实现伟大复兴的前景，已光明在望。

中国共产党的领导

回顾百年历程，中华民族的独立和解放也好，正确处理革命和现代化的关系也好，在不断探索中前进也好，走中国特色社会主义道路也好，这些问题是怎样得到解决的？事实告诉我们：它们都是在中国共产党领导下，而不是靠其他政治力量领导得到解决的。

中国共产党的诞生和成为中国革命、建设、改革的领导力量，是20 世纪中国历史客观进程的必然结果。

中国共产党成立前，为了改变中华民族备受屈辱和奴役的命运，中国人曾经作过多种试验，作过多种不同的选择。事实证明：只搬用一些洋枪洋炮和近代工业技术而不根本改变腐朽的旧社会制度的洋务运动，救不了中国；期望清朝政府自上而下地进行改革的戊戌维新运动，虽然也起了重要的思想启蒙作用，但在旧社会势力反扑下，很快就失败了；义和团那种“扶清灭洋”的旧式反抗，也改变不了中国的命运。进入 20 世纪后不久，发生了孙中山先生领导的推翻统治中国几千年君主专制制度的辛亥革命，开创了完全意义上的中国近代民族民主革命，为中国的进步打开了闸门，但它仍没有能改变旧中国半殖民地半封建的社会性质和人民的悲惨境遇。

痛苦的事实迫使先进分子们深思：中华民族的出路到底在哪里？人们从实践中逐渐认识到：为了在中国国土上摧毁那些盘根错节的旧社会势力，建立起一个新社会，实现国家的独立、富强和现代化，需要有几个条件：第一，需要有一个能够正确把握航向的革命政党作为引路人。这个党要有正确的理论作为指导，能够对中国的具体国情作出深刻而符合实际的分析，能够提出正确的纲领、路线和方针政策并为其实现而始终不渝地奋斗。第二，需要以这个党为核心，需要这个党同人民群众有着血肉联系，并且团结一切可以团结的人，凝聚起一股不可阻挡、足以克服一切困难的力量。第三，这个党应该由一大批有着共同理想和严格纪律、密切联系群众的先进分子所组成，能够在极端复杂而艰难的环境中坚韧不拔地奋斗。以往的中国不曾有过这样的党。中国要前进，要走出一条新路，就必须解决这些问题。

正是适应这种客观的历史需要，同辛亥革命相隔只有10年，中国共产党成立了。她经历了一个从小到大、从不成熟到逐步成熟的过程，在中华民族发展的各个紧要历史关头，在异常错综复杂的局势面前，清楚地指明了中国前进的方向和办法，团结并带领人民前进。当前进历程中遭受挫折以至犯了错误的时候，她能够勇敢地起来批评并纠正自己的错误。在中国这样一个世界上人口最多的国家，能够把如此众多的各族人民凝聚成万众一心的力量，朝着一个正确坚定的方向团结奋进，而不是各行其是更不是四分五裂的，只有中国共产党。如果没有中国共产党，很难想象中国会在20世纪这短短的100年里，发生如此惊天动地的变化。

这是一部20世纪中国历史得出的结论，是历史的选择、人民的选择。

* * *　　* * *　　* * *

路是人一步一步走出来的。20世纪中国的历史，就像一幅波澜壮阔、绚丽多彩的漫长画卷。经过100年惊涛骇浪中的艰苦跋涉，不管中间有过多少成功的欢乐和挫折的痛苦，中国人终于从愤怒和痛苦的20世纪初走出来，重新掌握住自己的命运，步入充满阳光和希望的21世纪。没有一代又一代中国人在革命、建设、改革中的坚持不懈的奋斗，便没有今天中国的一切。在新中国成立60周年之际，我们应该十分珍惜20世纪这100年历史留给我们的宝贵遗产。

金冲及著作书目

1.《论清末的立宪运动》(与胡绳武合著)，上海：上海人民出版社，1959。

2.《辛亥革命史稿》(第一卷)(与胡绳武合著)，上海：上海人民出版社，1980。

3.《从辛亥革命到五四运动》(与胡绳武合著)，上海：上海人民出版社，1983。

4.《辛亥革命史稿》(第二卷)(与胡绳武合著)，上海：上海人民出版社，1985。

5.《邓小平传略》(与潘荣庭等合著)，北京：人民出版社、中央文献出版社，1988。

6.《周恩来传(1898—1949)》(主编)，北京：人民出版社、中央文献出版社，1989。

7.《辛亥革命的前前后后》，北京：中国文史出版社，1991。

8.《辛亥革命史稿》(第三、四卷，与胡绳武合著)，上海：上海人民出版社，1991。

9.《朱德传》(主编)，北京：人民出版社、中央文献出版社，1993。

10.《毛泽东传(1893—1949)》(主编)，北京：中央文献出版社，1996。

11.《孙中山和辛亥革命》，广州：广东人民出版社，1996。

12.《周恩来传（1949—1976）》（主编），北京：中央文献出版社，1998。

13.《刘少奇传》（主编），北京：中央文献出版社，1998。

14.《二十世纪中国的崛起》，上海：上海人民出版社，1999。

15.《李富春传》（与房维中共同主编），北京：中央文献出版社，2001。

16.《转折年代——中国的1947年》上海：生活·读书·新知三联书店，2002。

17.《金冲及自选集》，北京：学习出版社，2003。

18.《毛泽东传（1949—1976）》（与逄先知共同主编），北京：中央文献出版社，2003。

19.《五十年变迁》，北京：中央文献出版社，2004。

20.《陈云传》（与陈群共同主编），北京：中央文献出版社，2005。

21.《二十世纪中国史纲》，北京：社会科学文献出版社，2009。

22.《七十后治史丛稿》，北京：人民出版社，2010。

23.《从辛亥革命到五四运动（增订本）》，太原：山西人民出版社，2010。

24.《辛亥革命研究》，上海：上海辞书出版社，2011。

25.《辛亥革命的前前后后（增订本）》，北京：人民出版社、上海辞书出版社，2011。

26.《辛亥革命改变了中国》，北京：中国社会科学出版社，2011。

27.《决战：毛泽东、蒋介石是如何应对三大战役的》，北京：北京大学出版社，2012。